Noël 92 de H.

Reinhard Federmann
Hermann Schreiber

BOTSCHAFT AUS DEM JENSEITS

Zeugnisse des Okkulten

Mit 32 Bildtafeln

Umschlagmotiv:
»Hexenversammlung«
Gemälde, 1607, von Frans Francken II
(1581–1642) Ausschnitt

Lizenzausgabe 1992 für
Manfred Pawlak Verlagsgesellschaft mbH,
Herrsching
© 1967 by Drei Ulmen Verlag und
AVA-Autoren- und Verlags-Agentur GmbH,
München-Breitbrunn bzw.
Reinhard Federmann
Alle Rechte vorbehalten
Umschlaggestaltung: Bine Cordes, Weyarn
Umschlagabbildung: Archiv für Kunst und
Geschichte, Berlin
Gesamtherstellung: Mohndruck, Gütersloh
ISBN 3-88199-910-8

Inhalt

Einführung 11

MAGIE 21

Ein Gott als Medizinmann 23
Auge in Auge 26
Blicke, die töten 29
Der böse Blick 29
Ein Brief aus St. Domingo 30
Eine Eßkünstlerin 31
Einbohren und Einpflöcken 33
Vergebliche Warnung 34
Tat tvam asi 34
Das innere Licht des Menschen 35
Der Tiefschlaf als Vorgeschmack der Erlösung . . . 36
Die Dinge kehren zurück 37
Blutsbande 38
Ein Siegelring macht Geschichte 39
Unheilbringende Juwelen 42
Kubin entdeckt seinen Namen 43

PROPHETIE 45

Chinesische Inschriften 47
Die Hexe von Endor 49
Menetekel 51
Weissagung durch Träume 54
Caesars Schutzgeister 58
Vor Karls des Großen Tod 61
Nostradamus 63

INHALT

Des Mystikers Fluch und Segen 70
Die Visionen des Joachim Greulich: 73
   Die zweite Türkenbelagerung Wiens 1683 74
   Die Französische Revolution 1789 74
Ein schwedischer Joseph 75
Goethe und die Halsbandaffäre 77
Die Prophezeiungen des Herrn Cazotte 77
Todesahnungen eines Marschalls 83
Karriereträume 85
Goethe und das Erdbeben von Messina 86
Technik 88
Mme d'Ervieux 89
Richtig verbunden 92
Ins Leben gerufen 93

HEXEREI 95

Der Pakt mit dem Teufel 98
Der Hexenritt 100
Höllische Latwergen 101
Die Vorratskammer des Bösen 102
Kinder in der Flasche 103
Verhexte Manneskraft 104
Eine fromme Lüge 105
Dreimal schwarze Katz' 106
Eine Familie im Teufelskreis 109
Wie man Hagel macht 112
Eine Kirke auf Cypern 114
Besprechen 117
10 Hexen und 1 Opfer — oder umgekehrt 118
Mißhandlung angeblicher Hexen 122
Mord an einem geistlichen Aufklärer 124
Tilsiter Sibyllen 125
Zeitloser Hexenglaube 126
Hexenjagd 1960 129

INHALT

LIEBESZAUBER 135

Unheiliges Gebet 139
Liebe oder Tod 140
Beschwörung des Zukünftigen 140
Liebestränke in Mitteleuropa 143
Wiederherstellung verlorener Manneskraft 146
Drachensalat 147
Zaubersprüche aus Ozeanien 148
Das Damenkränzchen der Gräfin Cagliostro 149
Abgewehrter Liebeszauber 153
Säkularisierte Magie 154

OKKULTISMUS UND VERBRECHEN 155

Porträt des Scharlatans 158
Lavater bei Cagliostro 159
Ein Kardinal zu Canaan 160
Der Stein der Weisen 161
Eine teure Beschwörung 163
Schatztruhen überall 165
Entzauberung 170
Tödliches Kartenlegen 171
Ein Wechselbalg 172
Die abgehauene Hand 174

TEUFELSGLAUBE UND TEUFELSAUSTREIBUNG . 177

Behandlung einer ›Besessenen‹ in Alt-Österreich . . . 181
Der Exorzist Johann Josef Gaßner 184
Den Teufel ausgehaucht 191
Feuerprozedur 191

DIE VAMPIRE 193

Der Vampirismus 196
Der Vampir in der Sicht des Mystikers 197
Vampire in amtlichen Berichten 202
Vampir-Gerüchte 206

INHALT

Der Kaiser distanziert sich 207
Leichenschändungen 209
Vampir-Prozesse in Preußen 210

DIE WIEDERGÄNGER 215

Die Leiche im Garten 218
Ein Rektor als Spökenkieker 219
Engelszungen 224
Spiel mit dem Tod 225
Eine Vision Karls XI. von Schweden 227
Gräfin Steenbock 233
Geistermesse 234
Zeichen und Wunder 235
Ein entlarvtes Gespenst 236
Ein Schuß im Hotelzimmer 236
Spukhäuser 239
Spaziergang eines Toten in Graz 241
Eine Selbstmörderin als Schloßgespenst 244
Pfarrhausspuk 245
Der Ruf des Fährmanns 246
Doppelgänger 248
Telekinetische Experimente 250
Die Brüder Schneider 257
Strafanzeige gegen Spuk 266

TELEPATHIE 269

Das Schlachtfeld von Marathon 274
Scipios Traum 275
Der Papst sieht die Seeschlacht von Lepanto . . . 284
Der Tod des Kardinals 285
Ein Fiebertraum der Katharina von Medici 285
Das zweite Gesicht eines Dichters 286
Die Vision des ersten Quäkers 288
Swedenborg 289
Die Seherin von Prevorst 292

INHALT

Über Kontinente hinweg 303
Verspäteter Wahrtraum 305
Eine sensitive Ärztin 306
Geschichte einer römischen Münze 308
In Zungen reden 312
Begegnung mit sich selbst 314
Telepathie in Goethes Familie 315
Tschechows Manen 316
Der unheimliche Herr von Dorsday 318
»... trifft ihn die telepathische Botschaft« 318
Ein telepathisches Experiment 321
Tierversuche in Rußland 322
Telepathie in der Psychoanalyse 324
Oedipus rex 327
Zwang, Angst, Träume, Bilder 328

MAGNETISMUS 331

Wünschelruten 333
Versunkene Glocken 335
Mesmer 336
Die magnetische Kur 340
Lehrsätze Mesmers 348
Wunderdoktoren überall 348
Goethe über Magnetismus 352

ABERGLAUBE IM ALLTAG 359

Aberglaube vor Gericht 361
Meineidszeremonien 366
Prozeßtalismane 368
Bauopfer 370
Stützen des Aberglaubens 372
Aberglaube in der Schule 374
Ein Test 376

Quellennachweise 379

Das Dunkel zu erhellen,

das Unbekannte zu enträtseln ist, nach landläufiger Meinung, Aufgabe der exakten Wissenschaften. Nun ist die moderne Naturwissenschaft noch recht jung — wenn wir sie vom Weltsystem des Kopernikus an datieren, etwas über 400 Jahre alt —, die Zeugnisse des Okkulten hingegen, die auf uns gekommen sind, reichen Jahrtausende zurück.

Zu Anfang unseres Jahrhunderts galt der Okkultismus, laut Meyers Konversationslexikon, als »die Lehre von den noch verborgenen Dingen, richtiger das Bestreben, das Verborgene wissenschaftlich zu erforschen und aufzuklären. Das Verborgene, Unbekannte, Unerfahrene zerfällt in das noch in Zukunft Erkennbare und das ewig Unerkennbare.«

Heute, rund sechzig Jahre später, wird sich wohl kaum ein Naturwissenschaftler mit dem Begriff »ewig unerkennbar« mehr abfinden.

Im allgemeinen pflegt man sich unter den Begriffen ›okkult‹ und ›okkultistisch‹ einen enger begrenzten Bereich vorzustellen: Prophezeiungen, Wahrsagen, Wahrträume, Gedankenübertragung, Erscheinung von Toten, Spuk, Wunderheilungen, rätselhafte Fügungen, Gedankenlesen, Kartenlegen, Tischrücken und so fort und hinunter bis zur Jahrmarktvorstellung.

Die moderne Wissenschaft hat erst vor knapp hundert Jahren damit begonnen, sich mit diesen Phänomenen zu beschäftigen, genauer: im Jahr 1882 mit der Gründung der ›English Society for Psychical Research‹ in London unter Mitwirkung einiger Universitätsprofessoren, so des Physikers Barrett. Das Material dieser grenzwissenschaftlichen Disziplin waren möglichst gut beglaubigte Zeugnisse; ihre Methode war das Experiment.

Sehr rasch gelangten die Forscher dazu, gewisse Phänomene von vornherein auszuklammern — etwa von Geisterbeschwörungen abwärts — und sie in spiritistische Bereiche zu verbannen. Zum zentralen Forschungsobjekt wurde die Telepathie.

EINFÜHRUNG

Eine Übersetzung dieses Ausdrucks würde wenig ergeben. Wir wollen ihn uns zurechtlegen, indem wir sagen: die Fähigkeit des Sehens über räumliche und zeitliche Entfernungen hinweg.

Mit dieser immer wieder belegten Erscheinung hat sich die Naturwissenschaft freilich schon in ihrer Frühzeit befaßt, so in der Person des Enzyklopädisten Francis Bacon (1561—1626), der in seiner Schrift ›Sylva Sylvarum‹ sagt:

»Es ist eine verbreitete Erfahrung, daß Hunde den Hundeschlächter kennen. Wenn etwa in Zeiten einer Seuche irgendein Bursche ausgeschickt wird, die Hunde zu töten, werden sie alle herauskommen, bellen und vor ihm die Flucht ergreifen, obwohl sie ihn niemals zuvor gesehen haben.

Die Berichte über die Kraft der Imagination und die geheimen Vorgänge der Natur sind so ungewiß, daß sie ein großes Maß von Prüfung erfordern, bevor wir Schlüsse aus ihnen ziehen können. Zunächst empfehle ich eine gründliche Untersuchung, ob es irgendwelche geheimen Sympathiebeziehungen zwischen blutsverwandten Personen gibt, wie Eltern, Kindern, Brüdern, Schwestern, Milch-Geschwistern, Ehemännern, Ehefrauen usw. Aus der Geschichte gibt es viele Erzählungen, daß Menschen beim Tod so nah verbundener Personen ein inneres Gefühl davon hatten. Ich selbst erinnere mich, daß ich zwei oder drei Tage, bevor mein Vater in London starb, in Paris einen Traum hatte, den ich verschiedenen englischen Landsleuten erzählte: Ich träumte, daß das Landhaus meines Vaters über und über mit schwarzem Mörtel übertüncht war. Es geht das Gerede — ob müßig oder nicht, kann ich nicht sagen —, daß liebende und zugewandte Ehemänner die Schwangerschaft ihrer Frauen durch Vorgänge in ihrem eigenen Körper mitempfinden.

Nach diesen nah verwandten Menschen könnten dieselben naturverwobenen Beziehungen zwischen großen Freunden und Feinden bestehen. Manchmal äußert sich das bei einer anderen Person und nicht bei den Betroffenen selbst. Ich erinnere mich, daß Philippus Commineus (ein ernstzunehmender

Schriftsteller) berichtet, daß der Erzbischof von Wien (ein ehrwürdiger Geistlicher) eines Tages nach der Messe zu König Ludwig IX. von Frankreich sagte: ›Sire, Ihr Todfeind ist umgekommen.‹ Zur selben Zeit wurde Charles, Herzog von Burgund, in der Schlacht von Granson gegen die Schweizer getötet.«

Diese Vorstellungen muten schon insofern modern an, als sie auf Erfahrungen gegründet sind. Seltsam scheint, daß einer der bemerkenswertesten Eigenbrötler unter den deutschen Philosophen, Arthur Schopenhauer, auf rein spekulativem Weg zu ganz ähnlichen Ergebnissen gelangte. In seiner Schrift über das Geistersehen (1851) kommt er in einer Weise auf telepathische Phänomene zu sprechen, die unbeschadet ihrer krausen Form zeitgenössische Erkenntnisse vorwegnimmt:

»Animalischer Magnetismus, sympathetische Kuren, Magie, zweites Gesicht, Wahrträume, Geistersehen und Visionen aller Art sind verwandte Erscheinungen, Zweige eines Stammes, und geben sichere, unabweisbare Anzeige von einem Nexus der Wesen, der auf einer ganz andern Ordnung der Dinge beruht, als die *Natur* ist, als welche zu ihrer Basis die Gesetze des Raumes, der Zeit und der Kausalität hat, während jene andere Ordnung eine tiefer liegende, ursprünglichere und unmittelbarere ist, daher vor ihr die ersten und allgemeinsten, weil rein formalen Gesetze der *Natur* ungültig sind, demnach Zeit und Raum die Individuen nicht mehr trennen und die eben auf jenen Formen beruhende Vereinzelung und Isolation derselben nicht mehr der Mitteilung der Gedanken und dem unmittelbaren Einfluß des Willens unübersteigbare Grenzen setzt, so daß Veränderungen herbeigeführt werden auf einem ganz anderen Weg als dem der physischen Kausalität und der zusammenhängenden Kette ihrer Glieder, nämlich bloß vermöge eines auf besondere Weise an den Tag gelegten und über das Individuum hinaus potenzierten Willensaktes.«

Die heutige Parapsychologie nämlich, die sich allmählich einen Platz an den Universitäten erobert (seit 1950 gibt es in Freiburg ein Institut für Grenzgebiete der Psychologie und

EINFÜHRUNG

Psychohygiene), zieht zwar das Individuum in Betracht, soweit sie bei telepathischen Vorgängen einen ›Sender‹ und einen ›Empfänger‹ unterscheidet, schaltet aber schon beim Hellsehen den ›Sender‹ aus. Hier erwirbt der ›Empfänger‹ sein Wissen ohne die Aktivität eines fremden ›Senders‹.

Damit verbleibt den wissenschaftlichen Bestrebungen unserer Zeit ein großes X, das sich in nichts vom Nichtwissen der breiten Massen unterscheidet. Mit einem Unterschied: die Wissenschaft ist dabei, dieses X aufs Korn zu nehmen, wogegen das ›Volk‹ sich, wie von jeher, mit dem Unerklärlichen abfindet, es als etwas Gegebenes hinnimmt. Schopenhauer schreibt dieser voraussetzungslosen Einstellung eine gewisse Qualität zu:

»Der Gespensterglaube ist dem Menschen angeboren: er findet sich zu allen Zeiten und in allen Ländern, und vielleicht ist kein Mensch ganz frei davon. Der große Haufen und das Volk, wohl aller Länder und Zeiten, unterscheidet *Natürliches und Übernatürliches*, als zwei grundverschiedene, jedoch zugleich vorhandene Ordnungen der Dinge. Dem Übernatürlichen schreibt er Wunder, Weissagungen, Gespenster und Zauberei unbedenklich zu, läßt aber überdies auch wohl gelten, daß überhaupt nichts durch und durch bis auf den letzten Grund natürlich sei, sondern die Natur selbst auf einem Übernatürlichen beruhe. Daher versteht das Volk sich sehr wohl, wenn es frägt: ›Geht das natürlich zu oder nicht?‹«

Von jeher waren es die Dichter, die dem Unerkannten und Unerklärlichen ihren Blick zuwendeten, und dies nicht erst seit den griechischen Schicksalstragödien. Es kommt nicht von ungefähr, daß die ersten Zeugnisse der Weltliteratur von Königen stammen. Was ist denn ein König? Ein Häuptling, ein Medizinmann, einer, der mehr weiß als die gewöhnlichen Sterblichen, der zugleich Priester, Richter und Arzt ist; er steht auf du und du mit den Göttern, er ist selbst ein Gott (noch bei den Ägyptern), ein Prophet (bei den Chinesen), ein Dichter (bei den Juden). Wenn auch seit den Königen Salomo und David die Dichter selten königlichen Geblüts waren, so spricht ihnen die öffentliche Meinung auch heute noch eins nicht ab: daß es ihr Trachten sei, den Blick in unbekannte Sphären zu richten.

Das Ergebnis dieser Schau muß nicht unbedingt ein utopischer Roman sein; zu rasch eilt die objektive Wirklichkeit der erdachten oder auch gesehenen nach. Daß es den Utopisten unseres Jahrhunderts mit ihrem Bestreben, die Grenzen der wahrnehmbaren Wirklichkeit zu durchstoßen, jedoch durchaus ernst ist, beweist einer der ihren, Aldous Huxley, der an sich selbst Experimente mit dem Rauschgift Meskalin vornahm, um in unbekannte Zonen vorzudringen. Seine Erfahrungen schilderte er in der Schrift ›Die Pforten der Wahrnehmung‹ (1954).

»Wir leben miteinander«, sagt er eingangs, »wir wirken eins auf das andre ein und reagieren aufeinander; aber immer und unter allen Umständen sind wir einsam. Die Märtyrer schreiten Hand in Hand in die Arena; gekreuzigt werden sie allein. In ihren Umarmungen versuchen Liebende verzweifelt, ihre isolierten Ekstasen zu einer einzigen Selbsttranszendenz zu verschmelzen: vergebens. Schon von Natur ist jeder verkörperte Geist dazu verurteilt, Leid und Freud in Einsamkeit zu erdulden und zu genießen. Empfindungen, Gefühle, Einsichten, Einbildungen — sie alle sind etwas Privates und nur durch Symbole und aus zweiter Hand mitteilbar. Wir können Berichte über Erfahrungen austauschen und sammeln, niemals aber die Erfahrungen selbst. Von der Familie bis zur Nation ist jede Gruppe von Menschen eine Inselwelt, deren jede Insel ein Weltall für sich ist.«

Ist es die Suche nach der Weltseele, fern im Osten erdacht oder erkannt und durch den hellenistischen Schmelzprozeß auch im Abendland sichtbar geworden, die den Dichter bewogen hat, sein Bewußtsein teilweise auszuschalten? Jedenfalls bedient er sich durchaus zeitgemäßer Methoden. Alles, was Huxley während seines Rauschzustands sagt, wird auf Tonband genommen, und zwar im Beisein eines neutralen Beobachters. Der fragt ihn:

EINFÜHRUNG

»Ist es angenehm?«

»Weder angenehm noch unangenehm«, antwortet Huxley. »Es *ist* eben.«

»Wie steht's mit räumlichen Beziehungen?« fragt der Beobachter.

Huxley später: »Das war schwer zu beantworten. Gewiß, die Perspektive nahm sich recht sonderbar aus, und die Wände des Zimmers schienen nicht mehr rechtwinklig aneinanderzustoßen. Aber das waren nicht die wirklich wichtigen Tatsachen. Die bestanden darin, daß räumliche Beziehungen nicht mehr viel ausmachten.

Hand in Hand mit dieser Gleichgültigkeit gegen den Raum ging eine noch größere Gleichgültigkeit gegen die Zeit.

›Es scheint reichlich viel von ihr zu geben‹, war alles, was ich antwortete, als der Experimentator mich aufforderte, ihm zu sagen, was für ein Gefühl ich bezüglich der Zeit habe.«

Und später, dem ›Bewußtsein‹ zurückgegeben, zieht Huxley das Resumée seines Experiments:

»Was in der Sprache der Religion ›diese Welt‹ genannt wird, ist das Universum verminderten Bewußtseins, ausgedrückt und sozusagen versteinert in der Sprache. Die verschiedenen ›Jenseitswelten‹, mit denen der Mensch hie und da einmal in Berührung gerät, sind ebensoviele Teilinhalte des dem Geist als Ganzem eigenen Gesamtbewußtseins. Die meisten Menschen kennen die meiste Zeit nur das, was durch das Reduktionsventil gelangt und von der Landessprache als echt und wirklich geheiligt ist.«

Gewiß, die Neigung, sich mit dem Übersinnlichen zu befassen, setzt die Sucht, in die Zukunft einzudringen, nicht voraus. Oft finden wir sie bei Autoren, die als durchaus konservativ zu bezeichnen sind, ja geradezu als vergangenheitssüchtig, wie der deutsche Erzähler Wilhelm von Scholz, dessen Verdienst es war, übersinnliche Merkwürdigkeiten zu sammeln (›Der Zufall und das Schicksal‹, 1924). Die Beweggründe, die ihn dabei leiteten, sind von ihm selbst formuliert:

EINFÜHRUNG

»Große Gruppen von Geschehnissen, und zwar gerade die, bei denen man am ehesten an Schicksal denken sollte, die sogenannten übersinnlichen Erscheinungen: Vorhersagung, Ahnungen, Hellsehen, Telepathie, Doppelereignisse, wurden bisher fast nur psychologisch betrachtet: als merkwürdige seelische Vorgänge, im Hinblick auf die seltsame Veranlagung der Erlebenden, ihre mediale sensitive Begabung. Wenige seltene Männer gingen, ohne sich ins Psychologische zu verlieren, dem Geschehen selbst nach und suchten sein Gesetz, fanden auch wichtige Einzelheiten, wie zum Beispiel Jean Paul eine häufig auftretende Verdoppelung in den Ereignissen.«

In seiner Sammlung zitiert Scholz unter vielen anderen den Berliner Arzt und Biologen Wilhelm Fließ, der sich, ursprünglich Hals-, Nasen- und Ohrenarzt, intensiv um den Nachweis einer bestimmten Rhythmik im Ablauf des menschlichen Lebens bemüht hat. Die folgenden Sätze schildern möglicherweise den Ansatzpunkt seiner Forschungsarbeit:

»Es hat mir im Erleben großen Eindruck gemacht, als ich zu einem jungen Mädchen gebeten wurde, die ich von einem Typhus genesen glaubte. Um zehn Uhr vormittags hatte sie plötzlich wieder zu fiebern begonnen, und damit war das Rezidiv da. Um dieselbe Stunde bat mich die Großmutter wegen eines schweren Asthmaanfalls um Hilfe, und die Tante (Mutterschwester) hatte ebenfalls um zehn Uhr vormittags quälendes Nesselfieber bekommen. Wie später der Telegraph meldete, war um zehn Uhr vormittags der Onkel (Mutterbruder) gestorben. Zur Todesstunde ihres Sohnes hatte also eine Mutter Asthma, eine Schwester Nesselfieber und eine Nichte den Fieberanfall eines Typhusrezidivs.

In einer befreundeten Familie wird ein Mann vom Schlage getroffen. Nach einigen Stunden kommt plötzlich die Sprache wieder. Und wie ich seinen Bruder ins Krankenzimmer hineinrufen will, war dieser eben von einem heftigen Schüttelfrost befallen, dem Beginn einer Lungenentzündung, von der er zwar wieder genas, die aber doch die Etappe seines raschen Niedergangs war.

EINFÜHRUNG

Mehrfach habe ich akute Diphtherie der Tochter an den Todestag des Vaters oder der Mutter sich anschließen sehen, und ich weiß von einem Arzt, der eine akute Lungenentzündung in Wien an demselben Tage bekam, an dem sein in London lebender Bruder von der gleichen Krankheit kritisch genas. Der Wiener Bruder aber starb daran, und zwar an seinem eigenen Geburtstag.

Daß die Tochter am Todestag des Vaters oder der Mutter in die Wehen kommt, ist nicht selten.«

Anderthalb Jahrzehnte hindurch (1887–1902) war Wilhelm Fließ mit dem Erfinder der Psychoanalyse intim befreundet. Sind auch von der ausführlichen Korrespondenz zwischen den beiden Medizinern nur die Briefe erhalten, die Sigmund Freud an Wilhelm Fließ geschrieben hat, so ist der wechselseitige Einfluß doch unverkennbar. Besonderen Eindruck machte Freud wohl die Hypothese des Biologen, daß jeder Mensch, gleich welchen Alters und Geschlechts, je einem 28-Tage- und einem 23-Tage-Rhythmus unterliege. Auch dem Parapsychologen muß diese Theorie interessant sein, könnte sie doch auf die Bedeutung bestimmter Daten im Leben des einzelnen und ganzer Familien hinweisen.

In seinem Buch ›Das Siebenerjahr‹ hat Hermann Swoboda die Fließsche Theorie später weiter ausgebaut. Es ist seither bekannt geworden, welchen Sturm im Wasserglas diese Ideenähnlichkeit hervorgerufen hat. Swoboda war nämlich ein Freund des Philosophen Otto Weininger (›Geschlecht und Charakter‹), und so kam Fließ dazu, seinem Ex-Intimus Freud den Vorwurf zu machen, er habe seine Rhythmen-Theorie an Weininger weitergegeben, denn Weininger war Freuds Patient. Das einzige, was uns an diesem Gelehrtenstreit interessieren kann, ist die, wenn auch periphere, Beziehung zwischen Parapsychologie und Psychoanalyse. Im übrigen werden wir spätestens an dem Material, das uns zum Thema Telepathie zur Verfügung steht, erkennen, daß diese Beziehung gar nicht so oberflächlich ist, wie sie auf den ersten Blick erscheinen mag. Freud selbst hat sich in seinen Vorlesungen zur

Traumdeutung mehrfach mit der Disziplin befaßt, die er, zeitgemäß, noch als Okkultismus bezeichnet:

»Der Okkultismus behauptet die reale Existenz jener ›Dinge zwischen Himmel und Erde, von denen unsere Schulweisheit sich nichts träumen läßt‹. Nun, wir wollen nicht an der Engherzigkeit der Schule festhalten; wir sind bereit zu glauben, was man uns glaubwürdig macht.

Wir gedenken mit diesen Dingen zu verfahren wie mit allem anderen Material der Wissenschaft, zunächst festzustellen, ob solche Vorgänge wirklich nachweisbar sind, und dann, aber erst dann, wenn sich ihre Tatsächlichkeit nicht bezweifeln läßt, uns um ihre Erklärung zu bemühen. Aber es ist nicht zu leugnen, daß schon dieser Entschluß uns schwer gemacht wird durch intellektuelle, psychologische und historische Momente. Es ist nicht derselbe Fall, wie wenn wir an andere Untersuchungen herangehen.«

Zweifellos ist es wissenschaftlich, an die Prüfung jeglichen Materials mit allen nur möglichen Vorbehalten heranzutreten. Abgesehen davon jedoch, daß Freud in späteren Jahren ein Gutteil der hier geäußerten Vorbehalte fallenließ, ist es nicht weniger wissenschaftlich, auf dem Standpunkt zu beharren, daß Unbeweisbarkeit nicht mit dem Gegenbeweis gleichzusetzen sei.

So haben wir uns bemüht, uns dem Thema ›Okkultes und Okkultismus‹ möglichst voraussetzungslos zu nähern. Das vorliegende Buch ist eine Materialsammlung. Wir wollen nicht deuten. Wir beschränken uns darauf, wo es uns nötig scheint, Zusammenhänge klarzustellen. Ehe wir das Material vorlegen, möchten wir nur noch auf eine Trennungslinie hinweisen, die von der zeitgenössischen Parapsychologie deutlich genug gezogen worden ist: Telepathie ist bewiesen; Telekinese nicht. Oder noch nicht. Unter den Sammelbegriff der Telepathie rechnen wir auch Voraussagungen und Wahrträume; zum Sammelbegriff der Telekinese gehören etwa Spuk und Materialisation oder, verständlicher ausgedrückt: objektiv wahrnehmbare Geistererscheinungen. Daß man all diese Manifestationen bis in jüngste Zeit in einen Topf geworfen hat, ist nicht schwer zu erklären: denn ihren gemeinsamen Ursprung haben sie alle in der Magie, die von Urzeiten her menschliches Denken beeinflußt.

> Noch hab ich mich ins Freie nicht gekämpft.
> Könnt ich Magie von meinem Pfad entfernen,
> Die Zaubersprüche ganz und gar verlernen,
> Stünd ich, Natur! vor dir ein Mann allein,
> Da wär's der Mühe wert, ein Mensch zu sein.
>
> *Faust, Zweiter Teil*

MAGIE

Altägyptische, orientalische und neuere
Zeugnisse

Die erste geistliche Tat des vorgeschichtlichen Menschen muß es gewesen sein, zur Überwindung seiner Urangst die Gefahren, die ihn umlauerten, in Dämonen zu personifizieren, sie sich anschaulich zu machen, sie zu beschwören: Der nackte Mensch, um so vieles wehrloser als die Schlange mit ihrem Giftzahn, der Büffel mit seinen Hörnern, der Tiger mit seinen Pranken: im Kampf gegen die übermächtig wuchernde Natur, gegen Kälte und Hitze, Wasser und Feuer hat er sich eine Phantasiewelt aufgebaut, die ihn beflügelte, die Nase von der Erde zu erheben und aufrecht zu stehen. Alle Kulte, alle Kunst haben hier ihren Ursprung, hier in der Welt der Magie.

Der Mann, der zum erstenmal die Konturen des Bären, des Urs und des Wolfs in die Felswand ritzte, sagte sich: Ich habe dich erkannt, ich habe dich erfaßt, ich habe dich gebannt. Du kannst mir nichts mehr anhaben. Jede Zeichnung war zunächst eine Beschwörung, jeder Tanz eine Siegesfeier, das Geheul ein Gebet, das Opfer ein Menschenopfer. Den bösen Dämonen, die den Blitz vom Himmel fahren ließen und den Urwald in Brand setzten, die Sturmfluten schickten, daß die Wohnstätten versanken, mußten gute Dämonen gegenüberstehen, die Regen fallen ließen, um den Waldbrand zu löschen, und die Sonne aufgehen ließen, daß die Fluten wichen. Sie mußte der Mensch für sich gewinnen. Er tat es, indem er ihnen Opfer brachte und Tempel baute. Und er machte sich Bilder von ihnen, Tierbilder zuerst, er bildete sie sich ein und er bildete sie zuletzt nach seiner Gestalt. Er sprach mit ihnen durch den Mund des Priesterkönigs, der ihr irdischer Stellvertreter war. In der ägyptischen Frühzeit noch war der König ein Sohn des Sonnengotts Ra.

Ein Gott als Medizinmann

Als der König von Ägypten wieder einmal in Mesopotamien weilte, wie er es alljährlich zu tun pflegte, huldigten ihm die Fürsten der umliegenden Länder: Malachit, Gold und Silber brachten sie als Gaben mit. Unter ihnen erschien auch der Fürst von Bechten mit seiner ältesten Tochter, die an der Spitze seines Gefolges dem Pharao ihre Huldigung darbrachte. Sie war ein besonders schönes Mädchen, und so geschah es, daß der Pharao sie liebgewann und zur Frau nahm. Er führte sie mit nach Ägypten und verlieh ihr den Titel ›Große Königliche Gemahlin Nefru-Re‹.

Als nun einst in Theben ein großes Fest gefeiert wurde und der König den Gottesdienst zu Ehren des Gottes Amon-Re leitete, wurde ihm gemeldet, daß ein Bote des Fürsten von Bechten mit Geschenken für die Königin eingetroffen sei. Der Bote wurde vor den Pharao gebracht, verneigte sich ehrerbietig vor ihm und sagte: »Verehrung dir, o Sonne der neun Völker, durch dich leben wir! Ich habe dir eine Botschaft zu überbringen: Bentresch, die jüngere Schwester der Königin, ist schwer erkrankt. Gefällt es deiner Majestät, einen weisen Mann zu schicken, der sie besuchen kann?« Darauf befahl der Pharao die Tempelschreiber und die Beamten des Hofes zu sich und sprach zu ihnen: »Ich habe euch rufen lassen, damit ihr vernehmt, was vorgeht. Einer aus eurer Mitte, ein kluger Mann, der gut schreiben kann, soll den Boten nach Bechten begleiten.« Darauf trat einer der königlichen Schreiber vor, und der Pharao befahl ihm, nach Bechten zu reisen.

Als der weise Mann dort ankam, fand er Bentresch von einem bösen Geiste besessen; er fühlte sich zu schwach, den Geist zu bezwingen und auszutreiben. Darum sandte der Fürst von Bechten abermals eine Botschaft an den Pharao mit der Bitte, diesmal nicht einen Menschen, sondern einen Gott zu schicken. Da wandte sich der Pharao an den großen Gott von Theben, Chons-nefer-hetep, und trug ihm die Angelegenheit vor. Der Gott Chons aber pflegte seinen Platz nicht zu verlassen, denn der Ruhm seiner Macht war so groß, daß er jeden Augenblick an einen anderen Ort gerufen wurde, um dieses oder jenes Mißgeschick abzuwenden. Ein Nachgeben würde zur Folge gehabt haben, daß er den größten Teil seines Lebens außerhalb seiner Residenz hätte zubringen müssen. So

MAGIE

tat der große Chons, was auch Könige zu tun pflegten: er schickte einen Abgesandten, der berechtigt war, in seinem Namen zu handeln.

Da es aber darum ging, einen bösen Geist auszutreiben, war kein gewöhnlicher menschlicher Abgesandter imstande, diese Aufgabe zu erfüllen. Im Chons-Tempel zu Theben gab es den ›Großen Chons‹, der Theben nie verließ, und ›Chons den Ratgeber‹, der in seinem Namen Aufträge ausführte. Darum ließ der Pharao den ›Großen Chons‹ zu ›Chons dem Ratgeber‹ bringen und bat ihn: »Wenn es dir gefällt, Chons den Ratgeber, der die bösen Geister austreibt, als deinen Stellvertreter nach Bechten zu schicken, so nicke gnädig mit dem Haupte.« Der große Chons-nefer-hetep nickte zweimal nachdrücklich mit dem Kopf, und auf Bitten des Pharao übertrug Chons-nefer-hetep seine Kraft auf ›Chons den Ratgeber‹.

Dann wurde der mit großer Kraft ausgestattete ›Chons der Ratgeber‹ auf ein Schiff gebracht, das fünf Transportschiffe mit Wagen und Pferden begleiteten, denn die Fahrt ging zum Teil über das Meer, zum Teil über Land. Sie dauerte siebzehn Monate, und als die Gesandtschaft in Bechten ankam, brach der Fürst von Bechten mit seinen Soldaten und den Großen des Reiches auf, um den göttlichen Heilbringer zu empfangen. Er warf sich vor ihm zur Erde und sprach: »Du kommst zu uns auf Bitten des Königs von Ägypten, um uns eine Gnade zu erweisen.« Der Gott Chons begab sich geraden Wegs zu der kranken Prinzessin, und als er die in ihm wohnende Kraft auf sie übertragen hatte, wurde sie sofort gesund.

Der böse Geist aber, der aus Bentresch ausgetrieben war, sprach, überzeugt von seiner Ohnmacht diesem mächtigen Gott gegenüber, zu ihm: »Willkommen, großer Gott, der die Geister austreibt. Bechten ist deine Stadt, seine Bewohner sind deine Diener, wie auch ich dein Diener bin. Ich werde an den Ort zurückkehren, von dem ich gekommen bin, um dir die Freude zu machen, daß du dein Ziel erreicht hast. Möchte es dir gefallen, mit mir und den Bewohnern dieser Stadt ein Fest zu feiern.« Der Gott nickte zustimmend und befahl, daß die

MAGIE

Priester von Bechten für den ausgetriebenen Dämon ein großes Opfer bereiteten. Der Fürst von Bechten und die Großen seines Reiches standen bei den Vorbereitungen zu diesem Fest dabei und sahen zitternd zu, und der Fürst befahl, auch seinerseits ein Opfer für Chons und den Geist zu rüsten. Darauf begab sich der Dämon, dem Befehl des Gottes Chons gemäß, dorthin, woher er gekommen war, und der Fürst von Bechten und seine Leute waren sehr froh, daß die Gefahr gebannt war.

> G. Roeder: Urkunden zur Religion
> des alten Ägypten

Zu den magischen Vorstellungen gehört, daß man durch bloßes Anblicken Einfluß auf Lebende und Tote gewinnt. Was die Lebenden betrifft, so kann uns die Hypnose heute als Beweis für diese Auffassung gelten.
  Der zaubergläubige Mensch spricht mit den Toten. Er weiß auch, daß die Redensart »wenn Blicke töten könnten« kein leeres Wort ist.

Auge in Auge

Wenn man so von Angesicht-zu-Angesicht gesetzt wird, erreicht man, wie schwach auch die geistigen Fähigkeiten sein mögen, sicherlich Befreiung. Dennoch gibt es Klassen von Menschen, die, obgleich oft von Angesicht-zu-Angesicht gesetzt — so viel böses Karma geschaffen oder ihre Gelübde nicht gehalten haben oder deren Bestimmung (für höhere Entwicklung) vollends fehlt —, trotzdem nicht erkennen können: Ihre Verdunkelungen und ihr schlechtes Karma aus Begehren und Geiz erzeugen Schauer von Klängen und Strahlungen, so daß sie fliehen. (Wenn man zu diesen Klassen gehört), werden dann am vierten Tag der Bhagavān Amitābha und seine begleitenden Gottheiten zusammen mit dem Lichtpfad aus dem Preta-Loka, der aus Geiz und Anhänglichkeit kommt, ebenfalls einen empfangen.

Wieder geschieht das Von-Angesicht-zu-Angesicht-Setzen, indem man den Verstorbenen beim Namen ruft, folgendermaßen:

O Edelgeborener, höre gesammelt zu. Am vierten Tag scheint das rote Licht, das die Urform des Elementes Feuer ist. Zu dieser Zeit scheint auf dich aus dem Roten Westlichen Reich des Glücks der Bhagavān Buddha Amitābha, rot an Farbe, einen Lotus in der Hand, auf einem Pfauenthron sitzend und von der Göttlichen Mutter Gökarmo umarmt, (zusammen mit) den Bodhisattvas Tschenrazie und Jampal, begleitet von den weiblichen Bodhisattvas Ghirdhima und Aloka. Die sechs Körper der Erleuchtung scheinen mitten aus einem Regenbogenlichtkreis auf dich.

Die Urform der Gesamtheit der Gefühle als das rote Licht Alles-Unterscheidender Weisheit, glänzend rot, mit Sternenwelten und Satelliten-Sternenwelten verherrlicht, hell, durchsichtig, herrlich und blendend, das vom Herzen des Göttlichen Vater-Mutter Amitābha ausgeht, trifft dein Herz (so strahlend), daß du es kaum anzusehen vermagst. Fürchte es nicht.

Zugleich damit scheint auf dich ein trübes rotes Licht aus der Preta-Loka, das Seite an Seite mit dem Licht der Weisheit kommt. Handle so, daß du es nicht liebgewinnst. Gib Anhänglichkeit (und) Schwäche (für es) auf.

Zu dieser Zeit wirst du durch den Einfluß starker Anhänglichkeit von dem blendend roten Licht erschreckt und vor ihm fliehen (wollen). Und du wirst eine Liebe für jenes trübe rote Licht der Preta-Loka gewinnen.

Fürchte dich dann nicht vor dem herrlichen, blendenden, durchsichtigen, strahlenden roten Licht. Wenn du es als Weisheit erkennst und deinen Intellekt im Zustand der Entsagung verharren läßt, wirst du unzertrennlich (darein) eingehen und Buddhaschaft erreichen.

MAGIE

Wenn du es nicht erkennst, denke »Es sind die Gnadenstrahlen des Bhagavān Amitābha; zu ihnen will ich meine Zuflucht nehmen«, vertraue einfach darauf und bete zu ihm. Das ist der Haken der Gnadenstrahlen des Bhagavān Amitābha. Vertraue demütig darauf; fliehe nicht. Selbst wenn du fliehst, wird es dir — unzertrennlich (von dir selbst) — folgen. Fürchte es nicht. Laß dich nicht von dem trüben roten Licht der Preta-Loka anziehen. Das ist der Lichtpfad, der aus den Ansammlungen deiner starken Anhänglichkeit (an sangsārische Existenz) herrührt, der gekommen ist, dich zu empfangen. Wenn du dich daran klammerst, wirst du in die Welt Unglücklicher Geister fallen und unerträgliches Elend von Hunger und Durst erleiden. Du wirst keine Möglichkeit haben, (darin) Befreiung zu erreichen. Jedes trübe rote Licht ist eine Unterbrechung, um dich vom Pfad der Befreiung abzuziehen. Klammere dich nicht daran und gib gewohnte Neigungen auf. Sei nicht schwach. Vertraue dem hellen leuchtenden roten Licht. Setze dein Vertrauen zielstrebig auf Bhagavān Amitābha, den Vater-Mutter, und bete so:

»Ach, daß (ich), wandernd im Sangsāra — ob der
  Macht der Anhänglichkeit —
Auf den leuchtenden Lichtpfad der Unterscheidenden
  Weisheit
Geführt werde vom Bhagavān Amitābha,
Daß die göttliche Mutter, Sie-Mit-Dem-Weißen-Zügel,
  (meine) Deckung sei,
Daß (ich) sicher geführt durch den gefährlichen Hinterhalt des Bardo
Und versetzt werde in den Zustand Allvollkommener
  Buddhaschaft.«

Wenn du also demütig und ernstlich betest, wirst du in das Herz des Göttlichen Vater-Mutter, des Bhagavān Amitābha, im Regenbogenlichtkreis eingehen und Buddhaschaft im Sambhoga-Kāya erlangen, im Westlichen Reich, das da heißt Glücklich.

Tibetanisches Totenbuch

MAGIE

Blicke, die töten

Auf einem Baum sitzt ein Buntspecht und schreit und windet sich wie in Krämpfen. In seiner Nähe liegt auf einem Zweig eine große Schlange, regungslos, mit vorgestrecktem Kopf, die den Vogel mit funkelnden Augen anstarrt. Der hat anscheinend die Fähigkeit verloren davonzufliegen. Ein Begleiter Levaillants geht eine Flinte holen. Als er zurückkommt, ist der Buntspecht tot; ein Schuß tötet die Schlange. Levaillant untersucht den Vogel aufs genaueste: keine Spur irgendeiner Verletzung. Die Entfernung zwischen den beiden Tieren hatte $3^{1}/_{2}$ Fuß betragen. Ein andermal macht er dieselbe Erfahrung mit einer Maus und einer Schlange. Eingeborene versichern ihm, daß dies durchaus alltäglich sei.

Eine verwandte Wirkung des Schlangenblickes will Levaillant an sich selber, auf Ceylon, erfahren haben: Er jagt in einem Sumpfe. Da ergreift ihn plötzlich ein Zittern, wie es ihm ganz fremd war. Zugleich fühlt er sich gegen seinen Willen zu einer Stelle hingezogen, die aufzusuchen nicht in seiner Absicht lag. Als er hinkommt, findet er, nur zehn Fuß von sich entfernt, eine große Schlange, die ihn unverwandt anstarrt. Er hat noch so viel Kraft und Willen, auf sie zu schießen, und der Knall löst den Bann.

François Levaillant: Zweite Reise im Innern Afrikas

Der böse Blick

Madame d'Aulnoy, die 1679 Spanien bereiste und darüber ein Buch schrieb, dessen deutsche Übersetzung 1782 in Nordhausen erschienen ist, ließ sich von einer jungen spanischen Frau erzählen: »Mit Ihrer Erlaubnis! Sie müssen wissen, daß es in diesem Lande Leute gibt, die ein solches Gift in den Augen haben, daß sie, wenn sie jemand, vorzüglich ein kleines Kind, starr ansehen, verursachen, daß er an der Auszehrung stirbt. Ich habe einen Mann gesehen, der ein also süchtiges Auge hatte; da er nun die Leute krank machte, wenn er sie mit diesem Auge ansah, so zwang man ihn, es mit einem Pflaster zu bedecken, denn das andere war unschädlich. Wenn er manchmal bei guten Freunden war, brachte man ihm wohl einige Hühner, worauf er sagte: sucht euch eines aus, das ihr wollet totgesehen haben. Zeigte man nun auf eines, dann blickte er dieses starr an. Und dann sah man es ein paar Mal im Kreise umhertaumeln und nach kurzer Zeit tot niederfallen.«

In der Magie ist alles wirklich. Handlungen, die wir als Symbolhandlungen kennen: Berühren, Beschwören, Segnen bedeuten in der Magie keine Veränderung, sondern bewirken sie. Der Glaube an das Walten außermenschlicher Kräfte ist übermächtig. Wer aber in den Zauber eingeweiht ist, kann sich seiner bedienen.

Ein Brief aus St. Domingo

. . . Täglich droht das Gift der Schwarzen unserm Leben. Glaubt ein Schwarzer, von seinem Herrn beleidigt zu seyn; so vergiftet er dessen Sclaven, seine schwarzen Landsleute, in der Absicht, seinen Herrn zu ruinieren, ja er trachtet wol gar diesem nach dem Leben. Man kann sich nicht vorstellen, wie bekannt sie mit den Kräften der Kräuter sind und was für wunderbare Wirkungen sie dadurch hervorzubringen wissen. Neulich habe ich ein merkwürdiges Beyspiel davon gesehen. Ein alter Neger war gegen meine Frau aufgebracht, und beredete seine Tochter, die Krankenwärterinn war, alle Kranke, die man ihr anvertrauen würde, zu vergiften. Zwölf Schwarze und die Tochter meiner Frau wurden ein Opfer seiner Rache. Ich selbst wollte mich eines Bades bedienen, und fand in selbigem einige Kräuter, die ich nicht herausnahm. Ich kam voller Flecken aus dem Bade. Dieser Zufall erregte bey mir einigen Verdacht. Ich ließ in den Hütten der Schwarzen und ihres Vaters nachsuchen, und man fand endlich die giftigen Kräuter. Die Folter brachte sie bald zum Geständnisse. Ich übergab sie, wie gewöhnlich, den Schwarzen, um sie zu verbrennen. Ich war dabey zugegen. Ein junger Neger wollte die Beine des Alten an den Pfahl binden, woran er verbrannt werden sollte. Der alte Neger berührte ihm mit der Hand den Schenkel, worauf der junge ein gräßliches Geschrey erhob, niederfiel, und nicht wieder aufstehen konnte. Ich bin nicht leichtgläubig, und begegnete dem jungen Schwarzen ziemlich hart, fand aber bald, daß sein Schenkel übernatürlich kalt war. Hierauf befahl ich dem Alten, bey Strafe einer längern Marter, ihm zu helfen. Er that es, der Schmerz hörte auf, der Schenkel bekam seine natürliche Wärme wieder, und der junge Schwarze entfloh mit äußerster Geschwindigkeit. Ich bin ein Augenzeuge von dieser Begebenheit, was auch die Ursache davon seyn mag. Mir ist sie unbegreiflich; aber ich habe das Unglück gehabt, sie anzusehen, zum völligen Verlust meiner Ruhe. Glücklich sind die Länder, wo Schnee und Eis den Boden bedecken, wo man Haberbrod isset, und weder Coffee, Zucker noch Gift kennt.

Hamburgischer Correspondent, 1767

Eine Eßkünstlerin

Der Graf von Gennes, Kommandant eines königlichen Schiffsgeschwaders, der im Jahre 1696 das Fort Gorée (Senegambien) genommen hatte, ließ auf zweien seiner Schiffe die Neger verladen, die er in den Magazinen der Engländer fand, um sie nach den französischen Inseln zu bringen. Auf einem dieser

MAGIE

Schiffe befanden sich einige Negerinnen, die in den teuflischen Künsten sehr erfahren waren. Da diese die Reise nicht mitmachen wollten, verlangsamten sie den Lauf des Schiffes so sehr, daß die Strecke, die man gewöhnlich in zweimal vierundzwanzig Stunden machte, jetzt sieben Wochen lang dauerte... Das Wasser und die Lebensmittel fingen an auszugehen, viele von den Negern starben, andre mußte man ins Meer werfen. Einige, die im Sterben lagen, beklagten sich über eine bestimmte Negerin, die sie beschuldigten ihren Tod zu verursachen, weil sie ihnen gedroht hätte, ihr Herz zu essen, und sie nun starke Schmerzen hätten und dahinsiechten. Der Kapitän ließ einige dieser Neger öffnen, und man fand in der Tat das Herz und die Leber so trocken und so leer wie einen Ballon, wenngleich sie sonst in ihrem natürlichen Zustand zu sein schienen. Nach einigem Überlegen ließ der Kapitän die beschuldigte Negerin festnehmen, an ein Geschütz binden und durchpeitschen, um von ihr ein Geständnis zu erhalten. Da es schien, als ob sie die Schläge gar nicht verspürte, glaubte der Schiffsarzt, daß der Profoß sie nicht stark genug schlüge, nahm selbst ein Tauende und versetzte ihr damit ein paar kräftige Hiebe. Die Negerin bemühte sich noch mehr als vorher, jeden Schmerzenslaut zu unterdrücken, und sagte zu dem Arzt, da er sie, ohne Grund und ohne das Recht dazu zu haben, mißhandele, würde sie sich rächen und sein Herz verzehren. Nach zwei Tagen starb der Arzt unter großen Schmerzen. Man ließ ihn öffnen und fand die edlen Organe trocken wie Pergament... Der Kapitän faßte den Entschluß, sie milde zu behandeln, und um ihm eine Probe ihrer Kunst zu zeigen, fragte sie ihn, ob er Früchte hätte. Er antwortete, er hätte Wassermelonen. »Zeigt sie mir«, sagte sie, »und seid sicher, ich werde sie in vierundzwanzig Stunden, ohne sie zu berühren oder mich ihnen zu nähern, gegessen haben.« Er zeigte sie ihr und verschloß sie dann in einem Kasten, dessen Schlüssel er in die Tasche steckte. Am andern Tage fragte ihn die Negerin nach seinen Melonen; er öffnete den Kasten und wunderte sich sehr, als er alle unversehrt erblickte. Aber die Freude war nicht von langer Dauer, denn bei näherem Zusehen entdeckte er zu seiner großen Überraschung, daß die Früchte leer waren und nur aus der Schale bestanden, die hohl war wie eine Ballonhülle und trocken wie Pergament...

> S. Seligmann: *Die Zauberkraft des Auges und das Besprechen*

Einbohren und Einpflöcken

In Bayern, und zwar im Allgäu, lebte in den fünfziger Jahren des vorigen Jahrhunderts ein alter Mensch, der die Leute von Zahnweh sowie allerlei anderen Schmerzen heilen konnte, indem er einige abgeschnittene Haare und Fingernägel des Patienten in Papier einwickelte und in einen Obstbaum einbohrte. Man erzählt, daß in der Umgebung allmählich alle Obstbäume infolge dieser Prozedur abstarben, daß den Leidenden aber immer geholfen wurde. Hier scheint also das Eingehen des angebohrten Baumes kein ungünstiges Vorzeichen für den Verlauf der Krankheit zu sein. Gleichfalls in Bayern ist es üblich, gegen Fallsucht unter bestimmten Zeremonien von den Patienten Blut zu nehmen, den Spruch aus Jesaia 53, 4 »Fürwahr er trug unsre Krankheit und lud auf sich unsre Schmerzen« auf ein Blatt Papier zu schreiben, dieses in das Blut zu tauchen und am Karfreitag vor Sonnenaufgang dieses Papier in einen Obstbaum einzupflöcken unter Anrufung der Dreieinigkeit. Nachher betet man noch ein Vaterunser und den Glauben. Hier hat also, wie so oft, die Vornahme rein heidnischer Prozeduren religiöse Färbung angenommen. Man meint dann: »Wie das Blut verwächst, hören die Geister auf.« In der Steiermark ist gleichfalls eine ganze Menge von Gebräuchen im Schwange. Die vermeintlichen Krankheitsträger, wie Partikelchen des kranken Körpers, Exkremente usw., pflöckt man besonders gerne in Holunder, Weiden und Pfirsichbäume, wobei man stets darauf achten muß, daß die Prozedur an der Ostseite und vor Sonnenaufgang vorgenommen wird. Um den Kranken von Abzehrung zu heilen, läßt man ihn zur Ader, bohrt ein möglichst großes Loch in einen Kirschbaum und schüttet dann das Blut hinein: »Der Baum stirbt, der Kranke genest!« Also hier dient der Baum gewissermaßen als Sündenbock, der an Stelle des genesenden Kranken sterben muß.

Hellwig

Vergebliche Warnung

Am 8. Juni 1934 stirbt in Brühl, Bezirk Köln am Rhein, der Ingenieur Eugen Broggle. Broggle war vor Jahren im Bugginger Bergwerk beschäftigt, verließ diesen Posten aber auf Drängen seiner Mutter wegen der gerade in Buggingen für den Grubeningenieur bestehenden Gefahr. Er starb an einer Blutvergiftung. Am 11. Juni 1934, zwischen 11 und 12 Uhr, fand seine Totenfeier statt. Wohl jeder wird über den Zufall erschrecken, der nun hier waltete:

Zu gleicher Stunde nämlich war auch die Totenfeier von seinen früheren Bugginger Arbeitskameraden, die bei einem Bergwerksunglück umkamen. Und unter diesen Toten befand sich auch Broggles Nachfolger; also der Mann, der die Stelle innehatte, die Broggle wegen deren Gefährlichkeit auf den Wunsch seiner Mutter hatte verlassen sollen.

Scholz

Tat tvam asi

Uddâlaka Âruni belehrt seinen Sohn Shvetaketu.

»Bringe mir eine Frucht von dem Feigenbaum dort.« »Hier ist sie, Erhabener.« »Spalte sie.« »Sie ist gespalten, Erhabener.« »Was siehst du darin?« »Diese fast atomgroßen Kerne.« »Spalte einen von diesen.« »Er ist gespalten, Erhabener.« »Was siehst du darin?« »Gar nichts, Erhabener.« Da sagte (der Vater) weiter zu ihm: »Dieses ganz Feine, das du nicht mehr wahrnimmst, mein Lieber, aus diesem (erwachsen) steht dieser große Feigenbaum da. Glaube mir, mein Lieber, aus diesem Feinen besteht diese ganze Welt. Dies ist das Wahre (d. h. die letzte wirkliche Realität), dies ist der âtman, das bist du (tat tvam asi), o Shvetaketu.«

Das innere Licht des Menschen

Der Weise Yâjnavalkya fragte den König Janaka: »Was dient dem Menschen als Licht?« Der Weise antwortete: »Die Sonne, denn bei der Sonne als Licht sitzt er, wandert er umher und vollbringt sein Werk.« »Und wenn die Sonne untergegangen ist?« »Der Mond.« »Und wenn auch der Mond untergegangen ist?« »Das Feuer.« »Und wenn auch das Feuer erloschen ist?« »Die Rede, denn wenn es so dunkel ist, daß man seine Hand nicht mehr (vor dem Auge) sehen kann, geht man auf eine Stimme zu, die sich erhebt.« »Wenn aber auch die Stimme verstummt ist, was dient dann dem Menschen als Licht?« »Dann ist das Selbst (der âtman, d. h. der Geist) sein Licht, mit dem Selbst als seinem Licht sitzt er da, wandert er umher und tut sein Werk.« »Was für ein Selbst ist dies?« »Es ist der aus Bewußtsein bestehende, im Herzen als inneres Licht befindliche Geist (purusha, eigentlich der innere ›Mensch‹) ... Wenn dieser Geist bei der Geburt in den Leib eingeht, dann wird er mit den Übeln vermengt, wenn er aber stirbt, dann tritt er (aus dem Leibe heraus) und läßt die Übel fahren.«

MAGIE

Der Tiefschlaf als Vorgeschmack der Erlösung

Das ist die Wesensform des (Menschen), in der er über jedes Verlangen erhaben ist, alles Böse abgetan hat und ohne Furcht ist. Wie einer, von einer geliebten Frau umschlungen, nicht weiß, was außen noch innen ist, so auch weiß der von dem erkenntnishaften Selbst umschlungene Mann (Geist) nicht, was außen oder was innen ist. Das ist seine Wesensform, wo seine Wünsche erfüllt sind, wo das Selbst (âtman) sein (einziger) Wunsch ist, wo er frei von Wunsch, und wo er ohne Gram ist. Da ist der Vater nicht mehr Vater, die Mutter nicht mehr Mutter, die Welten sind nicht mehr Welten, die Götter nicht mehr Götter, die Veden nicht mehr Veden. Da ist der Dieb nicht mehr Dieb, der Mörder nicht mehr Mörder, der Auswürfling nicht mehr Auswürfling, der Bettelmönch nicht mehr Bettelmönch, der Asket nicht mehr Asket. Diese Wesensform ist unberührt von Gutem und Bösem (Verdienst und Schuld), denn (der Geist) ist (dann) herausgekommen über alle Kümmernisse des Herzens.

Wenn er dann nicht sieht, riecht, schmeckt, redet, hört, denkt, fühlt, erkennt, so ist er doch sehend usw., obwohl er nichts sieht, denn für den Sehenden (das Subjekt der Erkenntnis) findet kein Aufhören (Verlust) des Sehens statt, weil er unvergänglich ist, aber es gibt kein zweites, anderes, von ihm verschiedenes mehr, das er sehen usw. könnte.

Wo nämlich noch etwas anderes zu sein scheint, da kann einer das andere sehen, einer das andere riechen, einer das andere schmecken, einer vom anderen reden, einer das andere hören, einer an ein anderes denken, einer das andere berühren, einer das andere erkennen. Im Ozean (der Welt) aber ist er jetzt der einzige Sehende ohne einen zweiten. Das ist die Welt des Brahma, das ist sein höchster Weg, das ist seine höchste Vollendung, das ist seine höchste Welt, das ist seine höchste Wonne. Von dieser Wonne erleben die anderen Wesen nur einen Bruchteil.

Aus den Upanishaden

Die Dinge kehren zurück

»Es war im Jahre 1812, wo ich von meinen Freunden Beiträge zu dem ›Deutschen Dichterwald‹ einsammelte. Da sandte mir auch Eichendorff durch unseren gemeinsamen Freund Löben jenes Lied von sich (›In einem kühlen Grunde...‹) als Beitrag für unsere Sammlung mit der Unterschrift ›Florens‹ zu. Mein Wohnort war damals ein freigelegenes Haus in dem württembergischen Waldort Welzheim. Als ich nach Empfang des Briefes von Löben jenes schöne Lied mit Vergnügen gelesen hatte, legte ich es auf meinen Schreibtisch, nahe an ein offenstehendes Fenster, aber plötzlich weht es ein vorüberfahrender Windstoß vom Tisch durchs Fenster hoch in die Lüfte über Häuser und Bäume dahin. Ich bemühte mich nun, dieses wahrhaft zum fliegenden Blatt gewordene Lied viele Stunden lang, selbst in Begleitung eines scharfsehenden Jägers, eines Freundes von mir, in Wäldern und Feldern aufzusuchen, aber vergebens. Der Verlust desselben war mir um so empfindlicher, als das Manuskript der Sammlung schon längst zum Druck abgegangen und, sollte dieser Beitrag noch aufgenommen werden, eine schnelle Nachsendung nötig war. Was war nun das fernere Schicksal des Gedichts? Am anderen Tag kam ein mit Maultrommeln, Armbändern und Fingerringen handelnder Tiroler zu mir, und siehe da, ich erblickte das Blatt um eine dieser kleinen Waren gewickelt. Schnell frug ich ihn: ›Wo fandest du denn dies Papier?‹, worauf er mir erzählte, daß er es bei Kaisersbach, eine Stunde von Welzheim, auf einem blühenden Flachsfelde gefunden und diesen Fingerring darein gewickelt habe. Daß ich ihm, sehr vergnügt das Papier behaltend, ein Dutzend seiner Maultrommeln, meiner Lieblingsinstrumente, entnommen, ist begreiflich.«

Justinus Kerner

Blutsbande

Eine schicksalhafte Begebenheit, die ich dem Briefe einer Fürsorgerin entnehme:

Sie verbrachte, sonst in Hamburg lebend, ihren Urlaub einmal in Köln bei einer verheirateten Schwester. Die Familie hatte im Jahre 1904 ein schweres Schicksal getroffen. Ein Bruder der Erzählerin war mit sieben anderen jungen Kaufleuten von Schwarzen in Kamerun ermordet worden, wo er in Diensten der ›Deutschen Handelsgesellschaft‹ stand. Noch schmerzlicher wurde dies Ereignis für die Familie durch den Umstand, daß über die letzte Zeit und den Tod des Verstorbenen keinerlei Nachrichten zu erlangen waren, auch von seiner Firma und den Behörden nicht, und seine Gestalt sich wie bei einem Kriegsvermißten in Nebel und undurchsichtiges Dunkel verlor.

Gerade die Schwester, die Fürsorgerin geworden war, hatte mit besonderer Liebe an dem in der Fremde Ermordeten gehangen. Sie wollte als Kolonialschwester nach Afrika gehen, um dort dem Schicksal des geliebten Bruders nachforschen zu können. Das verhinderte der Krieg. Nach Beendigung ihrer Ausbildungszeit waren uns die Kolonien geraubt.

Während jenes Besuches in Köln nun wird ihr bei einem Spaziergang an stürmischem Tage der Hut vom Winde entführt. Es gelingt ihr ein paarmal beinahe, den Flüchtling wieder zu ergreifen — aber immer entkommt er von Neuem, bis er die Treppe zu einem kleinen Kellerladen hinuntergewirbelt wird, an deren Fuß er endlich schmutzig, verbogen und mit zerrissenem Band liegen bleibt.

Seine Eigentümerin stellt, als sie ihn da unten in der Hand hält, mit Ärger und Verlegenheit fest, daß sie so nicht weitergehen kann, sondern zunächst ein Hutgeschäft aufsuchen muß, um die notwendigsten Ausbesserungen machen zu lassen.

Während sie sich noch besinnt, ob sie hier in der Nähe ein Hutgeschäft weiß, und sich umschaut, entdeckt sie, daß sie vor einem Hutmacherladen steht, daß ihr Hut sich bei seinem Fluchtversuch gleich vor die richtige Tür begeben hat.

Im Laden ist eine Frau, die sich auf die Frage der eintretenden Dame bereit erklärt, den Hut sofort ein wenig instand zu setzen, einen Stuhl anbietet und zu warten bittet, während sie im Nebenzimmer das Nötige nähen werde.

Die Tür bleibt offen. An der Wand des Arbeitsraumes entdeckt da die Wartende ein ›Armaturstück‹ — wie man Schmuckzusammenstellungen aus Waffen, Helmen, Panzern, Trommeln und Ähnlichem in der Barockkunst nannte — aus afrikanischen Speeren, Bogen, Pfeilen, urtümlichen Rudern, Schilden, Flechtwerk; genau so strahlenförmig um einen Basthut angeordnet, wie sie es aus Geschenken des in Afrika gestorbenen Bruders zu Hause selbst besitzt.

Das daran geknüpfte Gespräch, Frage und Antwort, ergibt, daß der zur Stunde nicht anwesende Mann der Hutmacherin auch in Kamerun war.

Bald hält die Fürsorgerin dessen Tagebuch in der Hand und liest mit dem Namen ihres Bruders und mit allen Einzelheiten einen genauen Bericht über dessen Tod. Sie kann für sich und die anderen Angehörigen wenigstens den Trost daraus schöpfen, daß ihr Bruder von den Wilden nicht langsam zu Tode gemartert worden war — wie man das von einem seiner Freunde wußte —, sondern schnell ausgelitten hatte.

Ein Siegelring macht Geschichte

Hans Roger Madol hat ein fesselndes Werk über Naundorf, den vermutlichen Ludwig XVII. von Frankreich, geschrieben. Es führt die Sache dieses Prätendenten, der schließlich in Holland als echter Bourbone anerkannt wurde, nicht ohne Geschick und nicht ohne daß der Leser trotz mancher aufstoßender Zweifel immer wieder von der echten Königsgeburt des armen Uhrmachers sich überzeugen läßt. Für diese Schrift hier ist nun eine Nebensächlichkeit aus Madols Buch, die Geschichte eines Ringes eben dieses Naundorf, von Belang. Ich lasse Madol selbst sprechen:

»Der Graf d'Hérisson, Ordonnanz-Offizier, begleitete Jules Favre an dem denkwürdigen Tage, da er als Außenminister in dem von Bismarck bewohnten Hause in Versailles 1871 den Waffenstillstand unterzeichnete. Er berichtet über diese Zusammenkunft:

›Wir kamen beide traurig und niedergeschlagen zurück, in dem bescheidenen Wagen, der uns zur Brücke von Sèvres zurückbrachte, um die Fähre zu nehmen, die dazu dient, den Fluß zu überqueren. Wir unterhielten uns über das furchtbare Schauspiel, dessen letzter Akt sich soeben vollendete und unseren gequälten Herzen keine Hoffnung mehr ließ. Wir sprachen von dem Zwischenfall, der sich vor einigen Stunden ereignet hatte, als Bismarck, nachdem er die Abmachungen unterzeichnet und mit seinem Petschaft gesiegelt hatte, Jules Favre aufforderte, ein gleiches zu tun. — Aber ich habe kein Petschaft mitgebracht, Exzellenz, — hatte Jules Favre gesagt. — Das macht nichts, — hatte der Kanzler geantwortet, — setzen Sie neben Ihre Unterschrift irgendein Siegel... Der Abdruck des Ringes, den Sie am Finger haben, genügt vollständig. — Jules Favre zog tatsächlich seinen Ring ab und siegelte damit neben seiner Unterschrift.

Als wir uns über diesen Zwischenfall und über den unangenehmen Augenblick unterhielten, den ihm seine Vergeßlichkeit bereitet hatte, sagte Jules Favre zu mir: — Der Ring, der mir gute Dienste geleistet hat, hat eine merkwürdige Geschichte. Sie wissen ohne Zweifel, daß ich der Rechtsbeistand Naundorfs gewesen bin und mich jahrelang bemüht habe, in diese Angelegenheit zugunsten dieses Ehrenmannes, der so ungerecht verfolgt wurde, Licht zu bringen. Ich habe auch 1852 für ihn plädiert. Da ich von ihm niemals habe ein Honorar annehmen wollen, Naundorf indessen sehr viel daran lag, mir seine Dankbarkeit zu bezeugen, so hat er mir diesen Ring geschenkt, den ich seitdem ständig trage. — — Also mit diesem Ring des angeblichen Sohnes Ludwigs XVI. ist der Waffenstillstand besiegelt worden? — — So ist es! —

— Wollen Sie mir eine Frage gestatten —, sagte ich zu dem Minister, der, wie es schien, die schwarzen Gedanken, von denen sein Geist erfüllt war, durch irgendeine Ablenkung verscheuchen wollte. — Ich weiß, daß es die Pflicht eines Rechtsanwaltes ist, häufig Leute zu verteidigen, über deren Schuld er nicht im Zweifel ist und deren Unschuld zu beweisen er sich dennoch bemühen muß. Was nun Naundorf angeht, haben Sie daran geglaubt, und glauben Sie jetzt noch wirklich daran, daß er der Sohn Ludwigs XVI. gewesen ist? — — Ich bin fest davon überzeugt! Und ich habe seine Sache nicht geführt, weil mein Beruf mich zwang, und auch nicht aus anderen Interessen, das ist offensichtlich, sondern allein aus Liebe zur Wahrheit —. — Ihre republikanischen Gefühle wurden also nicht berührt durch den Versuch, den Sie unternommen hatten —? — Warum? Die Wahrheit kennt keine politische Meinung; wenn ich eine Sache für wahr halte, erkläre ich sie für wahr gegen alle Welt! —

Die Veranlassung, die Naundorfs Ring, eine antike Gemme in einfacher Goldfassung, im Jahre 1871 so berühmt machte, fand übrigens in unserer Zeit ihr Gegenstück. Mit dem gleichen Ring, der Frankreichs Niederlage 1871 besiegelte, hat Clémenceau nach Beendigung des Weltkrieges den Vertrag von Versailles gesiegelt! Aus dem Besitz Favres war der Ring nach mancher Wanderung während des Krieges in die Hände Clémenceaus gelangt.‹«

Schmuckstücke und Juwelen haben oft sonderbare Schicksale, und ein magischer Zusammenhang scheint sie mit bedeutenden Ereignissen oder einer Folge von Untaten zu verbinden.

MAGIE

Unheilbringende Juwelen

Der Golkonda-Stein aus dem Schatz der Habsburger ist ein berühmter Unheilbringer, dem Hove-Diamanten nicht unähnlich. Wichtig scheint mir, daß die Geschichte ausgezeichneter Edelsteine, seltener prachtvoller Stücke meist mit Mord und Totschlag schon beginnt und also Unglück sich sogleich mit ihnen magisch verbindet. Aber dieses Anfangsunheil, das sie stiften, ist durchaus noch nichts Merkwürdiges oder Geheimnisvolles. Es entspringt einfach dem besonderen Wert der Steine, der durch ihren Anblick entfachten Beuteleidenschaft gleich der ersten Menschen, die mit den eben ergrabenen Ausnahmefunden zu tun haben. Von den durchschnittlichen Steinen wird nicht soviel Aufhebens gemacht; an die braucht sich kein Verhängnis zu knüpfen.

Der Diamanten-Arbeiter, der das prachtvolle Juwel in den Minen nahe bei der Festung Golkonda (an der Südgrenze von Haiderabad) wohl im achtzehnten Jahrhundert oder früher fand, versteckte es im Felsgestein, um es bei sich bietender Gelegenheit durch die Wachen hinauszuschmuggeln. Als der Mann zu der Überzeugung gelangt war, daß das bei der genauen Aufsicht nicht möglich sei, zog er einen der Beamten, namens Turner, ins Vertrauen und bot ihm ein Halbpartgeschäft an. Der Stein blendete den bestochenen Wächter dermaßen, daß er den Arbeiter ermordete und verschwand. Man suchte den Verbrecher wegen des Mordes, ohne von dem geraubten Stein etwas zu wissen. Als es endlich gelang, Turners Spur zu entdecken und ihn in dem Augenblick der Einschiffung nach England ausweglos im Netz zu haben, da verschluckte er den Stein, der wenig bekömmlich war. Turner starb nach kurzer Zeit. Man vermutete auf ein indisches Gift. Der Arzt, der die Art des Giftes feststellen sollte, erkannte das Gift als sehr begehrenswert, brachte es heimlich nach London und fand in einem gewissen Henry Meikoll dafür den gut bezahlenden Käufer. Ob diesem etwas geschah, ist nicht

überliefert. Vielleicht kam er heil davon, da er den Stein nur
so lange behielt, um ihn schleifen, seine herrlichen Eigenschaften sichtbar machen zu lassen und ihn seiner Geliebten, einer
Tänzerin, zu schenken. Die neue Besitzerin des Juwels, die
sich gleich darauf mit dem Golkonda-Stein auf eine Seereise
nach Indien begab, verschwand von dem Schiffe spurlos, ohne
je ihr Reiseziel zu erreichen. Da die Tänzerin nie mehr, der
Stein aber im Jahre 1849 wieder zum Vorschein kam, ist anzunehmen, daß sie, ebenso wie der Arzt auf seiner Rückreise,
ertrank oder daß sie ertränkt und der Stein geraubt wurde.

Durch wieviel Hände er gegangen sein, wieviel Schicksale
er vom Tode der Tänzerin an bis zum Wiederauftauchen bereitet haben mag, liegt im Dunkel. 1849 bot ein unbekannter
französischer Abenteurer den Diamanten einem vornehmen
Engländer an. Der wußte über die Vorgeschichte des seltenen
Wertstücks genug, um eine Benachrichtigung von Scotland
Yard für richtig zu halten. Als die Polizei den Abenteurer in
seinem Gasthof fassen wollte, fand sie ihn erdrosselt in seinem Bett und weder von dem Mörder noch dem Stein eine
Spur; der Stein blieb wieder lange unentdeckt verschollen.

Er kam an den Tag zurück bei einem Amsterdamer Händler,
bei dem er durch Jahre dem Gebrauche gemäß stets in einer
frischen Kartoffel — um nicht zu altern, nicht sein Feuer zu
verlieren — aufbewahrt worden sein soll. Nach dieser Zeit seines Untergetauchtseins, in der wir wieder nichts von seinen
Untaten wissen, geriet er 1870 an die Habsburger, die bis
zum Verkauf des Steins im Jahre 1933 ja genug Unheils im
Privaten wie im Politischen erlebten.

Kubin entdeckt seinen Namen

Der mit den ungewöhnlichen Verflechtungen im Dasein kraft
seiner mystischen Veranlagung vertraute Maler Alfred Kubin
erzählt dem Münchner Verleger Reinhard Piper, als der Kubin
in seinem ländlichen Wohnsitz Zwickledt besucht:

MAGIE

»Das Ungewöhnliche muß eine seltsame Anziehungskraft auf mich ausüben... Seltsam war es, wie ich Zwickledt zum erstenmal betrat. Als ich mit meiner Frau auf dem gewölbten Flur stand, war das erste, was mir ins Auge fiel, eine nachgedunkelte Landschaft mit schönen Bäumen. In der Ecke stand, gerade noch lesbar: Kubin. Wie kam meine Signatur hierher? Ich fragte. Da sollte es ein altes Bild des Dorfes ›Kubing‹ sein, das hier in der Nähe liegt, von dem ich aber noch niemals etwas gehört hatte.«

Scholz

PROPHETIE

Texte berühmter Prophezeiungen
von den ältesten Zeugnissen
bis zur Gegenwart

Von Urzeiten an glaubt die Menschheit an die Fähigkeit bestimmter meist als heilig angesehener Personen, künftige Ereignisse vorauszusehen. In der Bibel wird der Prophet als ein Vertrauter Gottes aufgefaßt, die Griechen betrachten das Orakel von Delphi als eine feste, unangefochtene Institution, die römischen Auguren weissagen aus den Eingeweiden der Opfertiere und aus dem Vogelflug.

Wie stellen wir Heutigen uns zu den Propheten und den Weissagungen des Altertums? Sehen wir in ihnen nichts anderes als ein Relikt des unbedingten Glaubens an die göttlichen Eigenschaften des Medizinmanns? Oder rechnen wir die Gabe der Prophetie zu den telepathischen Fähigkeiten?

Vielleicht liegen diese beiden Versuche einer Deutung näher beieinander als wir denken. Der Typ des Visionärs ist uns zumindest in den Bereichen der Religion, der Philosophie und der Kunst geläufig. Denken wir daran, daß sich unter den Autoren dieses Kapitels Aristoteles, Plutarch und Goethe finden, so könnten wir es uns einfach machen, indem wir die Prophetie als die Gabe einer genialen Fähigkeit zur Zusammenschau einstufen, als den nur dem Genie eigenen ungewöhnlichen Grad einer Manifestation des Unterbewußten. Und wir haben keine Bedenken, den Begriff des Medizinmanns mit dem des Genies gleichzusetzen. Und doch bleibt immer wieder dunkel, wie ein Mensch, und habe er noch so große Geisteskräfte, über Jahrhunderte hinweg Ereignisse hat voraussehen können. Besonders groß wird dieses Rätsel im Fall des Mediziners Nostradamus, dessen Prophezeiungen wir mit gläubigen wie ungläubigen Kommentaren in den Mittelpunkt dieses Kapitels stellen.

Chinesische Inschriften

Wahrsageinschriften auf Knochen von Opfertieren und Schildkrötenpanzern; gegen Ende des vergangenen Jahrhunderts im Dorfe Hsiao-dun in der Nähe der Stadt Anyang gefunden.

PROPHETIE

Älteste bekannte Denkmäler des chinesischen Schrifttums. Man datiert sie in die letzten Jahrhunderte der Schang (Yin)-Dynastie (1766—1122 v. u. Z.).

Jagd

1. Man erlegte Hirsche 200.
2. Am Tage Ding-mao[1] ist es richtig, zu jagen[2]. Erschlagen wurden in der Umzäunung Hirsche 262, Eber 113 und Hasen 10 ...

Fischfang

1. In Bu[3] fing man Fische, elfter Mond.
2. Am Tage Kui-wei[1] Schildkrötenorakel:
Am Tage Ding-hai[1] soll man Fische fangen.
3. Der Häuptling fing Fische.

Viehzucht

1. Schildkrötenorakel: Wann soll man das Vieh weiden? Im sechsten Mond.
2. Sie gehen, das Vieh zu weiden .. vom Westen ...
3. Am Tage Hsing-yu[1] wurde gesagt: Man muß das Vieh weiden.

Opferdarbringung

1. Weissagung: Man soll Wein ausschenken und dreihundert Kühe zum Opfer bringen.
2. Am Tage Ding-hai[1] Schildkrötenorakel: [Ist es richtig], wenn man früher am Tage I-yu[1] den (verstorbenen) Häuptlingen Tai-ding[4], Tai-djia[5], Dsu-i[6] Köcher mit Pfeilen und

[1] Zeichen aus dem Zyklus von sechzig Jahren oder Tagen, in diesem Falle von Tagen.
[2] Der Häuptling befragte das Schildkrötenorakel.
[3] Ort, der sich wahrscheinlich in der heutigen Provinz Honan im Kreise Mou befindet.
[4] 1194—1192 v. u. Z.
[5] 1753—1721 v. u. Z.
[6] 1525—1507 v. u. Z.

Kriegslieder darbrachte sowie hundert Schöpfkellen Wein, hundert Hammel, dreihundert Kühe?

3. Weissagung am Tage Hsin-dji[1]: Wird es ein reiches Jahr (?) sein? Man hat drei Hunde verscharrt, man hat fünf Hunde, fünf Schweine, vier Kühe gekocht; erster Mond.

Ackerbau

1. Schildkrötenorakel am Tage Gëng-schëng[1]: Wir werden in diesem Jahr Hirse sammeln, dritter Mond.

2. Weissagung: In diesem Jahr wird es Regen geben, die Ähren werden nicht kurz sein.

3. Weissagung am Tage Gëng-wu[1]: Sät Korn, es wird Regen geben, dritter Mond.

Sklaverei

1. Weissagung am Tage Wu-hsiu[1]: Wir werden viele Sklaven erbeuten.

2. Weissagung am Tage Gue-dji[1]: Befehl, die Hirten zu bestrafen.

Kriege

1. Schildkrötenorakel am Tage Hsü-schën[1]: Bei den Gefangenen erbeuten wir viele Muscheln.

2. Weissagung am Tage Gëng-hsü[1]: Wir werden viel Frauenschmuck aus Muscheln darbringen.

Kuo Mo-jo: Studien über die alte Gesellschaft in China

Die Hexe von Endor

Und es begab sich zu derselbigen Zeit, daß die Philister ihr Heer versammelten, in den Streit zu ziehen wider Israel. Da aber der König Saul sahe der Philister Heer, fürchtete er sich, und sein Herz verzagte sehr. — Und er ratfragte den Herrn,

PROPHETIE

aber der Herr antwortete ihm nicht, weder durch Träume, noch durchs Licht, noch durch Propheten. Samuel aber, der Seher und Freund Gottes, war gestorben, und ganz Israel hatte Leid um ihn getragen und ihn begraben in seiner Stadt Rama. Und Saul hatte aus dem Lande vertrieben die Wahrsager und Zeichendeuter.

Da sprach Saul zu seinen Knechten: »Sucht mir ein Weib, die einen Wahrsagergeist hat, daß ich zu ihr gehe und sie frage.« Seine Knechte sprachen zu ihm: »Siehe, zu Endor ist ein Weib, die hat einen Wahrsagergeist.«

Und Saul wechselte seine Kleider und zog andere an, und ging hin, und zween Männer mit ihm, und kamen bei der Nacht zu dem Weibe, und er sprach: »Liebe, weissage mir doch durch den Wahrsagergeist und bringe mir herauf, den ich dir sage.« Das Weib sprach zu ihm: »Siehe, du weißt wohl, was Saul getan hat, wie er die Wahrsager und Zeichendeuter ausgerottet hat vom Lande, warum willst du denn meine Seele in das Netz führen, daß ich getötet werde?« Saul aber schwur ihr bei dem Herrn und sprach: »So wahr der Herr lebt, es soll dir dies nicht zur Missetat geraten.« Da sprach das Weib: »Wen soll ich dir denn heraufbringen?« Er sprach: »Bringe mir Samuel herauf.« Da nun das Weib Samuel sah, schrie sie laut und sprach: »Warum hast du mich betrogen? Du bist Saul!« Und der König sprach zu ihr: »Fürchte dich nicht! — Was siehst du?« — Das Weib sprach zu Saul: »Ich sehe Götter heraufsteigen aus der Erde.« Er sprach: »Wie sind sie gestaltet?« Sie sprach: »Es kommt ein alter Mann herauf und ist bekleidet mit einem Priesterrock.« — Da vernahm Saul, daß es Samuel war, und neigete sich mit seinem Antlitz zur Erde. Samuel aber sprach zu Saul: »Warum hast du mich unruhig gemacht, daß du mich heraufbringen lässest?« Saul sprach: »Ich bin sehr geängstet: die Philister streiten wider mich, und Gott ist von mir gewichen und antwortet mir nicht, weder durch Propheten noch durch Träume. Darum hab' ich dich lassen rufen, daß du mir weisest, was ich tun soll.« Samuel sprach: »Was willst du mich fragen, weil der Herr von dir gewichen und dein Feind worden ist? Der Herr wird dir tun, wie er durch mich geredet hat und wird das Reich von deiner Hand reißen und David geben, darum, weil du der Stimme des Herrn nicht gehorcht und den Grimm seines Zornes nicht ausgerichtet hast wider Amalek, darum hat dir der Herr solches jetzt getan. Dazu wird der Herr mit dir auch Israel geben in der Philister Hände. Morgen wirst du und deine Söhne bei mir sein.« — Da fiel Saul zur Erde, so lang er war, und erschrak sehr vor den Worten Samuels, daß keine Kraft mehr in ihm war, denn er hatte nichts gegessen den ganzen Tag und die ganze Nacht.

Und das Weib ging hinein zu Saul und sah, daß er sehr erschrocken war, und sprach zu ihm: »Siehe, deine Magd hat deiner Stimme gehorcht, so gehorche auch nun du deiner Magd Stimme. Ich will dir einen Bissen Brotes vorsetzen, daß du essest, daß du zu Kräften kommest und deine Straße gehest.« Er aber weigerte sich und sprach: »Ich will nicht essen!« Da nötigten ihn seine Knechte und das Weib, daß er ihrer Stimme gehorchte. Und er stund auf von der Erde und setzete sich aufs Bette. Das Weib aber hatte daheim ein gemästet Kalb; da eilte sie und schlachtete es, und nahm Mehl und knetete es und buk es ungesäuert. Und brachte es herzu vor Saul und vor seine Knechte. Und da sie gegessen hatten, standen sie auf und gingen in die Nacht hinaus.

Altes Testament, 1. Buch Samuel, 28

Menetekel

Der Babylonierkönig Belsazer machte ein herrlich Mahl seinen tausend Gewaltigen und soff sich voll mit ihnen. Und da er trunken war, hieß er die güldenen und silbernen Gefäße herbringen, die sein Vater Nebukadnezar aus dem Tempel zu Jerusalem weggenommen hatte, daß der König mit seinen Gewaltigen, mit seinen Weibern und mit seinen Kebsweibern, daraus tränken. Und da sie so soffen, lobeten sie die güldenen, silbernen, ehernen, eisernen, hölzernen und steinernen Götter. Eben zur selbigen Stunde gingen hervor Finger aus einer Menschenhand; die schrieben, gegenüber dem Leuchter, auf die getünchte Wand in dem königlichen Saal; und der König ward gewahr der Hand, die da schrieb. Da entfärbte sich der König, und seine Gedanken erschreckten ihn, daß ihm die Lenden schütterten und die Beine zitterten. Und der König rief überlaut, daß man die Weisen, Chaldäer und Wahrsager hereinbringen sollte; und ließ den Weisen zu Babel sagen: »Welcher Mensch diese Schrift lieset und sagen kann, was sie bedeute, der soll mit Purpur gekleidet werden und eine güldene Kette am Halse tragen und der dritte Herr sein in meinem Königreiche.« Da wurden alle Weisen des Königs hereingebracht, aber sie konnten weder die Schrift lesen, noch die Deutung dem Könige anzeigen. Des erschrak der König Belsazer noch härter und verlor ganz seine Farbe, und seinen Gewaltigen ward bange.

Da ging die Königin um solcher Sache willen des Königs und seiner Gewaltigen hinein in den Saal und sprach: »Der König lebe ewiglich! Laß dich deine Gedanken nicht so erschrecken und entfärbe dich nicht also! Es ist ein Mann in deinem Königreich, der den Geist der heiligen Götter hat. Denn zu deines Vaters Zeit ward bei ihm Erleuchtung gefunden, Klugheit und Weisheit, wie der Götter Weisheit ist. Und dein Vater, König Nebukadnezar, setzte ihn über die Sternseher, Weisen, Chaldäer und Wahrsager, darum, daß ein hoher Geist bei ihm gefunden ward, dazu Verstand und Klugheit, Träume zu deuten, dunkle Sprüche zu erraten und verborgene Sachen zu offenbaren: nämlich Daniel. So rufe man nun Daniel, der wird sagen, was es bedeutet.« Da ward Daniel hinein vor den König gebracht. Und der König sprach zu Daniel: »Du bist Daniel, der Gefangenen einer aus Juda, die der König, mein Vater, aus Juda hergebracht hat? Ich habe von dir hören sagen, daß du den Geist der Götter habest und Erleuchtung, Verstand und hohe Weisheit bei dir gefunden sei. Nun hab'

PROPHETIE

ich vor mich fordern lassen die Klugen und Weisen, daß sie mir diese Schrift lesen und anzeigen sollen, was sie bedeutet; und sie können mir nicht sagen, was solches bedeutet. Von dir aber höre ich, daß du könntest Deutungen geben und das Verborgene offenbaren. Kannst du nun die Schrift lesen und mir anzeigen, was sie bedeutet, so sollst du mit Purpur gekleidet werden und eine güldene Kette an deinem Halse tragen und der dritte Herr sein in meinem Königreiche.«

Da fing Daniel an und redete vor dem Könige: »Behalte deine Gaben selber und gib dein Geschenk einem andern; ich will dennoch die Schrift dem Könige lesen und anzeigen, was sie bedeutet. Herr König, Gott der Höchste hat deinem Vater Nebukadnezar Königreich, Macht, Ehre und Herrlichkeit gegeben. Und vor solcher Macht, die ihm gegeben war, fürchteten und scheueten sich vor ihm alle Völker, Leute und Zungen. Er tötete, wen er wollte. Er ließ leben, wen er wollte. Er erhöhete, wen er wollte. Er demütigte, wen er wollte. Da sich aber sein Herz erhub und er stolz und hochmütig ward, ward er vom königlichen Stuhl gestoßen und verlor seine Ehre; und ward verstoßen von den Leuten hinweg, und sein Herz ward gleich den Tieren, und er mußte bei dem Wild laufen, und fraß Gras wie Ochsen, und sein Leib lag unter dem Tau des Himmels und ward naß, bis daß er lernete, daß Gott der Höchste Gewalt hat über der Menschen Königreiche, und gibt sie, wem er will. Und du, Belsazer, sein Sohn, hast dein Herz nicht gedemütigt, ob du wohl solches alles weißt, sondern hast dich wider den Herrn des Himmels erhoben, und die Gefäße seines Hauses hat man vor dich bringen müssen, und du, deine Gewaltigen, deine Weiber und deine Kebsweiber habt daraus getrunken; dazu die güldenen, silbernen, ehernen, eisernen, hölzernen, steinernen Götter gelobet, die weder sehen noch hören noch fühlen; den Gott aber, der deinen Odem und alle deine Wege in seiner Hand hat, hast du nicht geehret. Darum ist von ihm gesandt diese Hand und diese Schrift, die da verzeichnet stehet. Das ist aber die Schrift allda verzeichnet: Mene, mene, tekel, u-pharsin. Und sie bedeutet dieses: Mene, das ist: Gott hat dein Königreich gezählet und vollendet. Tekel, das ist: man hat dich in einer Waage gewogen und zu leicht befunden. Peres, das ist: dein Königreich ist zerteilt und den Medern und Persern gegeben.« — Da befahl Belsazer, daß man Daniel mit Purpur kleiden sollte, und eine güldene Kette an den Hals geben, und ließ von ihm verkündigen, daß er der dritte Herr sei im Königreich.

Aber in derselben Nacht ward der Chaldäer König Belsazer getötet. Und Darius aus Medien nahm das Reich ein, da er zweiundsechzig Jahre alt war.

Altes Testament, Buch Daniel, 5

Weissagung durch Träume

I

Über Weissagung, die im Schlaf vorkommt und aus den Träumen sich ergeben soll, darf man weder verächtlich noch leichtgläubig reden. Denn daß alle oder doch viele glauben, Träume hätten etwas zu bedeuten, wirkt überzeugend wie ein Erfahrungssatz, und daß es Dinge gibt, die man in den Träumen voraussahen kann, ist schon zu glauben, da es seine Gründe hat, weswegen man auch für die andern Träume auf denselben Glauben kommt. Aber daß keine vernünftige Ursache zu finden ist für einen solchen Vorgang, macht die Sache wieder zweifelhaft. Die Annahme nämlich, sie kämen von Gott, hat neben anderen Ungereimtheiten noch den Widersinn, daß er sie nicht den besten und verständigsten Menschen sendet, sondern irgendeinem beliebigen. Ist aber dieser Weg der Erklärung abgeschnitten, zeigt sich sonst kein vernünftiger mehr. Denn daß jemand voraussehen könne, was an den Säulen des Herakles oder am Borysthenes vorgeht, dafür eine Ursache zu finden, geht über unsern Verstand. Die Träume müßten entweder Ursachen der Ereignisse sein oder Anzeichen oder mit ihnen zusammenfallen, sei es alles dies auf einmal oder nur einiges oder eines davon. Unter Ursache verstehe ich z. B. den Mond für die Sonnenfinsternis und die Anstrengung für die Erhitzung, unter Anzeichen der Verfinsterung, daß das Gestirn in die Sonnenscheibe eindringt, oder die belegte Zunge für das Fieber, unter Zusammentreffen, daß während eines Spazierganges die Sonnenfinsternis eintritt; dies letzte ist ja weder ein Anzeichen für die Verfinsterung noch eine Ursache, auch die Verfinsterung nicht für den Spaziergang. Daher findet ein Zusammentreffen weder immer noch auch nur meistens statt. Sind nun die Träume teils Ursachen, teils Anzeichen, z. B. etwa für körperliche Vorgänge? Jedenfalls gibt es tüchtige Ärzte, die behaupten, man müsse sehr auf die Träume achten. Und diese Auffassung empfiehlt sich auch für Nichtfachleute, die auf Erkenntnis und Weisheit aus sind.

Die tagsüber verlaufenden Bewegungen nämlich bleiben, wenn sie nicht nachhaltig und stark genug sind, neben größeren Bewegungen des Wachseins verborgen. Im Schlaf dagegen ist es umgekehrt, da erscheinen auch die kleinen groß, wie man häufig aus den Vorgängen beim Schlaf erkennt: man glaubt, es habe gepoltert und gedonnert, wenn nur ein kleiner Nachhall im Ohre ist, und man glaubt Honig und süßen Geschmack auf der Zunge zu haben, wenn nur ein Tröpfchen Speichel herabrinnt, und durch Feuer zu waten und zu verbrennen, wenn nur eine kleine Erwärmung an irgendeiner Stelle eintritt. Wird man wach, dann entpuppt es sich so. Da also aller Dinge Anfang geringfügig ist, so ist begreiflich, daß es auch bei Krankheiten und anderen körperlichen Leiden, die sich anbahnen, so ist. Man sieht also, daß diese in den Schlafzuständen sich eher bemerkbar machen müssen als im Wachen. Aber auch das ist nicht unwahrscheinlich, daß manche Erscheinungen im Schlaf sogar Ursache sind für die besonderen Vorgänge in einem Körper. Denn wie man oft in den Traum hinein verfolgt wird von dem, was man vorhat oder womit man beschäftigt ist oder was man eben getan hat — der Grund ist, daß die Bahn für solche Bewegungen durch das am

Tage Begonnene vorbereitet ist –, so müssen ja umgekehrt oft auch die im Schlaf erfolgenden Bewegungen die Ursache sein für die Handlungen des Tages, weil nun wieder für sie die Bahn des Nachdenkens frei gemacht ist durch die nächtlichen Vorstellungsbilder. Auf diese Weise können manche von den Träumen Ursachen und Anzeichen sein. Aber die meisten sind doch einem Zusammentreffen gleichzuachten, besonders alle überschwenglichen und solche, deren Inhalt man nicht selbst in der Hand hat, wenn man z. B. von einer Seeschlacht träumt und von weit entfernten Dingen. Hiermit wird es sich so verhalten, wie wenn etwas gerade dann eintritt, wenn man daran denkt. Warum soll dies nicht auch für die Vorgänge beim Schlaf gelten? Ja es ist nur natürlich, daß viel derartiges sich ereignet. So wenig also, wie man die Erinnerung als Ursache oder Anzeichen für die Ankunft des Freundes auffaßt, ist auch der Traum für das, was sich am Träumenden erfüllt, Ursache oder Anzeichen, sondern nur ein Zusammentreffen. Daher gehen viele Träume nicht in Erfüllung, weil Zusammentreffen weder immer noch auch nur meist erfolgen.

II

Überhaupt kommen die Träume, da auch gewisse andere Tiere träumen, nicht von Gott noch haben sie diesen Zweck, göttlich freilich sind sie, wie die ganze Natur, nur nicht aus Gott. Ein Beweis: auch wenig wertvolle Menschen haben Ahnungen und bedeutsame Träume, nicht als ob diese von Gott gesandt wären, sondern sie haben nur mannigfache Gesichte von dem, was die Natur gleichsam ausplaudert und ausbrütet. Weil sie nämlich so viele und mannigfache Bewegungen mitmachen, haben sie auch passende Gesichte und entwickeln darin eine Treffsicherheit, wie manche beim Glücksspiel. Denn nach dem Wort »Wer häufig wirft, trifft diesen bald und manchmal den« geht es auch hier. Daß aber viele Träume nicht in Erfüllung gehen, ist kein Wunder, tun dies doch auch nicht alle Vorzeichen im Körper und am Himmel, z. B. für Regen und Wind.

Denn wenn sich eine andere Strömung ausbildet, die kräftiger ist als die angedeutete, dann tritt die andere nicht ein, die das Vorzeichen verkündet hatte, und viel, was gut überlegt war und geschehen sollte, unterblieb, weil man etwas Wichtigeres anfing. Überhaupt tritt nicht alles ein, was bevorstand, und Zukunft ist nicht gleichbedeutend mit dem, was kommen sollte. Trotzdem muß man auch Anfänge anerkennen, die nicht zur Vollendung führen, und das sind nun einmal Anzeichen für Dinge, die nicht eintreten.

Über Träume, die nicht die genannten Zusammenhänge mit den Dingen haben, sondern die Grenzen der Zeit, des Raumes und der Größe überschreiten oder doch, wenn dies nicht, in sich keinerlei Macht haben über die Verhältnisse des Träumenden, sofern nicht die Voraussicht an ein bloßes Zusammentreffen anknüpft, ist diese Erklärungsweise besser als die des Demokritos, der Abbilder und Ausströmungen dafür verantwortlich macht. Denn wie wenn man Wasser oder Luft anstößt, diese die Erregung weitergeben, und wie diese Bewegung dann bis zu einer gewissen Stelle weiterläuft, auch wenn jener Anstoß längst aufgehört hat und der Erreger gar nicht mehr anwesend ist, so kann sehr wohl eine Erregung oder Wahrnehmung zu den schlafenden Seelen gelangen, die jene veranlassen, Abbilder oder Ausströmungen anzunehmen, und die eben in der Weise ankommen, daß sie bei Nacht besser bemerkbar sind, weil sie auf ihrer Bahn am Tage viel mehr gestört werden — nachts ist ja auch die Luft ruhiger, weil die Nächte windstiller sind —, und die schließlich im Körper gerade wegen des Schlafes einen Eindruck hervorrufen, weil Schlafende die kleinen Erregungen im Innern besser spüren als Wachende. Und diese Erregungen wecken Erscheinungen, aus denen man das Kommende vorausahnt, soweit es damit zu tun hat. Deshalb erleben dies auch beliebige Menschen und nicht nur die klügsten. Bei Tage fände man es nur bei den Weisen als wäre es von Gott gesandt, aber so ist es verständlich, daß irgendwer die Voraussicht hat, da sein Denken eben nicht vernünftig ist, sondern gleichsam frei und aller Gedanken bar, so daß es bei einer Erregung dem Anstoß folgt. Auch daß manche, die außer sich sind, Voraussicht haben, kommt daher, daß bei diesen keine eigenen Regungen im Wege stehen, sondern im Keime erstickt werden: so bemerken sie die fremden besonders gut. Daß es Träumer gibt und daß Bekannte besonders für ihre Bekannten Ahnungen haben, liegt daran, daß man sich um seine Bekannten am meisten sorgt. Denn wie Befreundete sich schon von weitem erkennen und bemerken, so ist es auch mit den Bewegungen: die der Bekannten sind einem geläufiger. Und die galligen Menschen sind wegen ihrer Hitzigkeit zielsicher, wie aus weiter Entfernung Treffende, und weil sie an raschen Wechsel gewöhnt sind, so erscheinen ihnen schnell die weiteren Zusammenhänge. Mit den Besessenen nämlich ist es wie mit den Gedichten des Philaigides: sie reden und denken vom Ähnlichen aus im Zusammenhang weiter, z. B. Aphrodite – Weggenosse, und verknüpfen so immer das nächste. Auch wird bei ihnen wegen der Nachhaltigkeit nicht eine Bewegung von der andern verdrängt.

Der berufenste Deuter von Träumen ist der, der die Ähnlichkeiten zu sehen weiß. Klarträume nämlich kann jeder beurteilen.

Aristoteles

Caesars Schutzgeister

Das Verhängnis scheint nicht sowohl etwas Unerwartetes wie etwas Unvermeidliches zu sein, denn auch bei Caesars Ermordung am 15. März 44 vor Christus haben sich seltsame Zeichen und Erscheinungen ereignet. Die Feuer am Himmel, das nächtlicherweise an vielen Orten umgehende Getöse und die einsamen Vögel, die auf den Marktplatz herabflogen, verdienen vielleicht nicht, bei einer so wichtigen Begebenheit erwähnt zu werden. Dagegen meldet der Philosoph Strabo, man habe viele ganz feurige Menschen aufeinander losgehen sehen, dem Be-

PROPHETIE

dienten eines Soldaten sei eine Flamme aus der Hand gefahren, und er habe anscheinend hell gebrannt, soll aber, als das Feuer verlosch, ganz unverletzt gewesen sein. Caesar selbst soll, als er opferte, kein Herz in dem Opfertier gefunden haben, und dies wurde für ein ganz schlimmes Vorzeichen gehalten, weil der Natur nach ein Tier ohne Herz nicht bestehen kann. Auch hört man von vielen erzählen, daß ein Wahrsager ihn gewarnt habe, er solle sich an dem Tag des Monats März, den die Römer Idus nennen, vor einer großen Gefahr in acht nehmen. Als dieser Tag dann erschienen war, begrüßte Caesar auf dem Weg zum Ratshause den Wahrsager und sagte scherzend zu ihm: »Nun, die Iden des Märzen sind da!« (Die Iden hießen der 13. und der 15.) Jener aber antwortete ihm leise: »Ja, sie sind da, aber sie sind noch nicht vorüber.«

Den Tag vorher speiste Caesar abends bei Marcus Lepidus und unterschrieb dabei nach seiner Gewohnheit einige Briefe. Als unterdessen die anderen darauf zu sprechen kamen, welcher Tod wohl der beste wäre, rief er als erster mit lauter Stimme: »Der unerwartete!« Bald danach ging er zu Bett und schlief wie gewöhnlich bei seiner Gemahlin. Auf einmal sprangen alle Türen und Fenster des Schlafzimmers auf, und da er über das Geräusch sowohl wie über den hereinfallenden hellen Mondschein erschrocken auffuhr, bemerkte er, daß Calpurnia zwar in tiefem Schlafe lag, aber viele unverständliche Wörter und Seufzer ausstieß. Es träumte ihr nämlich, sie halte ihren ermordeten Gatten in den Armen und weine über ihm. Nach anderen war dies aber nicht der Traum, den Calpurnia in dieser Stunde hatte, sondern daß das spitzige Dach (Giebeldach, sonst den Tempeln vorbehalten), welches gemäß einer Ratsverordnung, wie Livius meldet, zur Zierde und zum Zeichen der Würde auf Caesars Haus gesetzt worden, wieder abgerissen werde, und darüber weinte und jammerte sie im Schlafe.

Des Morgens früh aber beschwor sie Caesar, wenn es irgend möglich wäre, heute nicht auszugehen, sondern die Sitzung des Senats zu verschieben; wolle er jedoch auf ihre Träume keine Rücksicht nehmen, so möge er durch andere Mittel der

PROPHETIE

Wahrsagerkunst und durch Opfer sich über die Zukunft des Rats erholen. Dieses erregte dann auch, wie es schien, bei ihm Argwohn und Besorgnis, weil er bei Calpurnia noch nie den weiblichen Hang zu Aberglauben bemerkt hatte, und sie jetzt so sehr gerührt und geängstigt sah. Da nun auch die Wahrsager nach vielen Opfern sagten, daß sie lauter ungünstige Vorzeichen fänden, so beschloß er, die Sitzung des Senats durch Antonius absagen zu lassen.

(Schließlich läßt sich Caesar aber doch von Brutus, einem der gegen ihn Verschworenen, der ihm Wahrsager und Träume lächerlich macht, verleiten, an der Senatssitzung teilzunehmen, wobei er ermordet wird.)

Jedoch sein großer Schutzgeist, der ihn im Leben leitete, folgte ihm auch nach seinem Tode als Rächer des Mordes und spürte in allen Ländern und Meeren seine Mörder auf, bis alle, die auf irgendeine Weise mit Hand ans Werk gelegt oder durch Rat dazu beigetragen hatten, zur Strafe gezogen worden waren.

Unter den menschlichen Ereignissen ist das wunderbarste das Schicksal des Cassius, der nach der Niederlage bei Philippi sich mit eben dem Dolche erstach, den er gegen Caesar gebraucht hatte; unter den göttlichen aber der große Komet, der sieben Nächte hindurch nach Caesars Ermordung sich zeigte und dann verschwand, und außerdem die Verdunkelung des Sonnenlichts. In diesem Jahre nämlich ging die Sonne immer bleich und ohne Strahlenglanz auf, gab auch nur eine schwache und unwirksame Wärme von sich, so daß die Luft immer düster und schwer war, und die Früchte wegen der Kälte vor ihrer Reife verwelkten und abfielen.

Allein mehr als alles andere verriet das dem Brutus erschienene Gespenst, daß Caesars Ermordung den Göttern mißfällig war. Damit nun verhielt es sich also: Als Brutus im Begriff war, seine Armee von Abydos (an der asiatischen Küste des Hellespont) nach Europa überzusetzen, ruhte er die Nacht vorher in seinem Zelte, seiner Gewohnheit gemäß ohne zu schlafen, und dachte über die Zukunft nach, wie man denn sagt, daß dieser Mann unter allen Feldherren dem Schlafe am wenigsten ergeben gewesen sei. Hier glaubte er nun an der Tür ein Geräusch zu vernehmen, und da er bei dem schwachen Schein der dem Verlöschen nahen Lampe hinsah, erblickte er die fürchterliche Gestalt eines Mannes von ungeheurer Größe und schrecklichem Aussehen. Anfangs entsetzte er sich, als er aber sah, daß der Mann nichts weder tat noch sagte, sondern stillschweigend neben dem Bette stehen blieb, da fragte er ihn, wer er wäre? Das Gespenst antwortete: »Ich bin dein böser Genius, Brutus, bei Philippi wirst du mich wieder sehen.« Darauf versetzte Brutus unerschrocken: »Gut, ich werde dich wiedersehen.« Und damit verschwand ihm die Erscheinung aus den Augen. In der Folge stellte er sich bei Philippi dem Antonius und dem Oktavian entgegen, trieb in der ersten Schlacht die Feinde in die Flucht und verfolgte sie so hitzig, daß er sogar des Oktavian Lager eroberte. Als er nun im Begriff stand, die zweite Schlacht zu liefern, erschien ihm in der Nacht der Geist wieder, ohne ihn anzureden. Brutus aber erriet daraus sein Verhängnis und stürzte sich blindlings in die Gefahr. Doch fiel er nicht im Kampfe selber, sondern nach der Niederlage der Seinigen floh er auf eine steile Anhöhe, stemmte die Brust gegen sein Schwert und starb so, indem noch ein Freund, wie man sagt, den Druck vermehrte.

Plutarch

Vor Karls des Großen Tod

Verschiedene Vorzeichen hatten auf das Herannahen seines Todes hingewiesen, so daß nicht bloß andere, sondern auch er selber ihn kommen fühlte. In den letzten drei Jahren seines Lebens gab es sehr viele Sonnen- und Mondfinsternisse, und an der Sonne bemerkte man sieben Tage lang einen schwarzen Flecken. Der Säulengang, den er zwischen der Kirche und dem Schlosse mit großer Mühe hatte aufführen lassen, stürzte am Himmelfahrtstage plötzlich bis auf den Grund zusammen. Die

PROPHETIE

Rheinbrücke in Mainz, ein herrliches Werk, die er in einem Zeitraum von zehn Jahren mit unendlicher Mühe so fest aus Holz gebaut hatte, daß man glaubte, sie müßte für die Ewigkeit stehen, wurde durch eine zufällig entstandene Feuersbrunst in drei Stunden so vollständig verzehrt, daß außer dem, was vom Wasser bedeckt war, kein Span übrigblieb. Er selbst sah auf dem letzten sächsischen Heereszug, den er gegen Godofrid, den Dänenkönig, unternahm, eines Tages, als er vor Sonnenaufgang das Lager verlassen und den Marsch angetreten hatte, mit einem Male eine Fackel vom Himmel herabfallen und in hellem Glanze von der rechten auf die linke Seite durch die heitere Luft fliegen. Wie alle verwundert waren, was wohl dieses Zeichen zu bedeuten habe, stürzte plötzlich das Roß, das er ritt, und warf ihn, indem es den Kopf zwischen die Beine nahm, so heftig zur Erde, daß die Spange seines Mantels brach, sein Schwertgurt zerriß und er, von der hinzueilenden Dienerschaft seiner Waffen entledigt, nicht ohne fremden Beistand aufstehen konnte. Der Wurfspieß, den er gerade in der Hand gehalten hatte, wurde dabei zwanzig oder noch mehr Fuß weit fortgeschleudert. Zu diesem Unfall kam noch eine häufige Erschütterung seines Palastes zu Aachen und ein beständiges Krachen des Gebälkes in den Häusern, die er bewohnte. Auch wurde die Kirche, in der er nachmals begraben ward (Aachener Dom), vom Blitz getroffen und dabei der goldene Apfel, der die Spitze des Daches schmückte, heruntergerissen und auf das an die Kirche stoßende Pfarrgebäude geschleudert. Auf dem Reif des Kranzes, der zwischen dem oberen und unteren Bogen im Innern dieser Kirche herumging, war eine Inschrift in roter Farbe, die besagte, wer der Gründer des Gotteshauses sei und in deren letzter Reihe die Worte standen: Carolus princeps. In seinem Sterbejahr, wenige Monate vor seinem Tode, wurde, wie das etliche bemerkt haben, das Wort princeps ganz und gar verlöscht. — Aber auf alle diese Vorzeichen gab er, entweder nur scheinbar oder aus wirklicher Verachtung, nichts, als beträfen sie ihn nicht.

Einhard: Kaiser Karls Leben

PROPHETIE

Nostradamus

Nostradamus wurde 1503 als Sohn eines Arztes namens Michel geboren; er hieß also Michel und erhielt traditionsgemäß als Beinamen den Namen seiner Taufkirche: de Notre Dame. Er wurde ebenfalls Arzt und ging, nachdem ihm Frau und Kinder gestorben waren, auf eine zehnjährige Reise durch Frankreich und Italien. Vierzigjährig ließ er sich in Salon, Provence, nieder, heiratete wieder und half 1546 bei der Bekämpfung der Pest, zum Teil auch in Lyon. Danach zog er sich ins Privatleben zurück.

In diesen Jahren entstand das Werk, das ihn berühmt gemacht hat: die ›Zenturien‹, Vierzeiler (›Quatrains‹), die zu je 100 ein Buch bilden; insgesamt erschienen zehn solcher Bücher, die ersten sieben 1555, die letzten drei 1558, acht Jahre vor Nostradamus' Tod. Jeder der Quatrains ist ein Orakelspruch, eine Prophezeiung. (Bilder gegenüber S. 33 und 64.)

Der 34. Quatrain der IX. Centurie lautet in der im Todesjahre des Nostradamus (1566) zu Lyon erschienenen Ausgabe von Rigaud folgendermaßen:

Le part soluz mary sera mitré
Retour: conflict passera sur le thuille
Par cinq cens: un trahyr sera tiltré
Narbon: et Saulce par coutaux avous d'huille.

Le Pelletier, der seine Ausgabe aufs sorgfältigste nach dem alten Druck von Pierre Rigaud (Lyon 1558—1566) mit den Varianten der folgenden Ausgaben hergestellt hat, erklärt die altfranzösischen Ausdrücke wie folgt:

Part ist = époux, Gatte; soluz = solus, lateinisch: also seul, allein; mary = affligé, betrübt, par in der letzten Zeile ist soviel wie parmi, unter; coutaux = lateinisch custos, Wächter, Hüter. Avous = lateinisch avus, aieux, Vorfahren. Tiltré = tituliert.

Demnach heißt der Vierzeiler: Der Gatte wird einsam betrübt mit der Mitra geschmückt werden nach seiner Rückkehr. Ein Angriff wird geschehen auf den Tuille durch fünfhundert:

ein Verräter wird sein Narbon mit hohem Titel und Saulce unter seinen Vorfahren Hüter des Öls (habend).

Die Sprache ist zweifellos höchst dunkel. Wenn wir allerdings die historischen Begebenheiten als Auflösung in die Rechnung einsetzen, dann sind wir gezwungen, die Prophezeiung zu den verblüffendsten zu rechnen, die überhaupt möglich sind.

Am 20. Juni 1791 ereignete sich bekanntlich die Flucht des Königs Ludwigs XVI. von Frankreich und seiner Gemahlin Marie Antoinette. Genau ein Jahr später, am 20. Juni 1792, fand die Massendemonstration der Jakobiner gegen den König statt und der Einfall eines Pöbelhaufens in die Tuilerien. Dabei wurden der König sowie seine Gemahlin nicht nur beschimpft, sondern ihnen auch die rote Jakobinermütze aufs Haupt gesetzt, bzw. er setzte sie sich selbst auf.

Jetzt hat der erste Satz einen erstaunlichen Sinn erhalten, wie kaum jemand wird bestreiten können. Er heißt also: Der betrübte Gatte, nämlich Ludwig XVI., wird allein — denn er war von der Königin getrennt, die im Beratungssaal der Minister ähnlichen Kränkungen wie der König im Saale Oeil de Boeuf ausgesetzt war — mit der Mütze geschmückt nach seiner Rückkehr. *Jedes Wort stimmt!*

Übersetzt man mit Bormann mitré mit infuliert, was durchaus zulässig wäre, so würde die bittere Ironie desto drastischer wirken, da hier statt des Priesters der »Gatte« infuliert wird. Übrigens sei bemerkt, daß die bischöfliche Mitra gleich der Jakobinermütze rot ist.

Der eigentliche Angriff auf die *Tuilerien* (le thuille) erfolgte in der Nacht vom 9. auf den 10. August 1792, als die sogenannten *Fünfhundert* féderés marseillais, die den schlimmsten Auswurf der großen Hafenstadt enthielten, sich in die Hauptstadt ergossen hatten. Die Folge war bekanntlich die Niedermetzelung der tapferen Schweizergarde sowie die Gefangennahme des Königs und das Ende des Königtums. Also sogar die *Zahl*, die ja den Mordbrennern ihren Namen gab, wird im Quatrain *richtig angegeben!*

Ebenso der Ort. Katharina von Medici hatte erst kurz vor dem Tode des Nostradamus (1564) an der Stelle, wo früher Ziegeleien standen — daher der Name — den Grundstein zu den Tuilerien gelegt. Das Schloß wurde später von den Königen erweitert. Bekanntlich war die gewöhnliche Residenz nicht dieses Schloß, sondern das von Versailles, das Ludwig XIV. mit ungeheurer Pracht und Verschwendung gebaut hatte. Ludwig XVI. war erst, dem Zwange folgend, am 5. Oktober 1789 in das Pariser Schloß übergesiedelt. Berücksichtigt man noch, daß das älteste Königsschloß der Louvre war, so ist diese Ortsbestimmung nur desto verblüffender. Als Nostradamus seine Prophezeiungen schrieb, ja als sie — 1566 — bereits im Druck erschienen, existierten die Tuilerien noch gar nicht.

Um das Rätselhafte der Prophezeiung voll zu machen, wollen wir noch auf die Namen eingehen.

Narbon »mit hohem Titel« wird als »Verräter« bezeichnet. Dieser Narbon ist natürlich identisch mit Louis Graf Narbonne-Lara (1755—1813), der vom Dezember 1791 bis 10. März 1792 Kriegsminister Ludwigs XVI. war. Seine Mutter, aus spanischem Geschlecht, war eine natürliche Tochter Ludwigs XV. Er selbst wurde am königlichen Hofe in Frankreich erzogen und auf alle Weise bevorzugt, wie ja schon daraus hervorgeht, daß er im Alter von 36 Jahren ein Minister-Portefeuille inne hatte.

Da er über den Parteien stehen wollte und sowohl dem Königtum wie der neuen Verfassung gerecht zu werden trachtete, das Königtum im Kriege gegen das Ausland, Österreich und Preußen, stärken wollte und gleichzeitig vor der Nationalversammlung Reden voll Elan über die militärischen Hilfsmittel Frankreichs hielt, wurde er von beiden Parteien verdächtigt. Der König entließ ihn unter dem Einfluß der Hofkreise kurzerhand durch einen lakonischen ungnädigen Brief.

Ein Verräter war der Graf, der am 10. August von den Jakobinern fast umgebracht worden wäre, dann nach England floh, später in die Dienste Napoleons trat und dessen Gesandter in Wien wurde, sicherlich nicht.

PROPHETIE

Da nun aber, wie Kiesewetter in einer Untersuchung der Prophezeiungen des Nostradamus feststellt, diese durchgehends vom royalistischen Standpunkt aus geschrieben sind, ist es begreiflich, daß unter diesem Gesichtswinkel der Enkel Ludwigs XV., der nicht *unbedingt* seinem König durch dick und dünn beisteht, sondern über den Parteien schweben will, als Verräter gilt.

Der andere Verräter ist Saulce »unter seinen Ahnen Hüter des Öls«.

Auch dieser Name ist historisch.

Sauce, ohne l, hieß nämlich der Krämer und Gastwirt in Varennes, der Ludwig XVI. auf der Flucht erkannte und anhalten ließ. Wie Le Pelletier feststellte, waren schon die Vorfahren von Sauce seit langem Inhaber dieses Krämerladens. Wie Madame Campan erzählt, saß in diesem Laden Marie Antoinette zwischen zwei Paketen Talglichtern im Gespräch mit der Frau des Inhabers Sauce. Was das »Hüter des Öls« betrifft, so entspricht dieser Ausdruck, wie auf der Hand liegt, etwa unserem »Heringsbändiger«. Er soll als despektierliche Bezeichnung des kleinen Krämers im Gegensatz zum vornehmen Narbonne dienen.

Übrigens wurde der Verrat des Sauce, bestehend in der Verhinderung der Flucht des Königs am 18. August 1791, durch Beschluß der Nationalversammlung feierlich anerkannt und durch eine Dotation von 20 000 Livres belohnt.

Max Kemmerich

Richard Baerwald (›Okkultismus und Spiritismus‹) zieht Kemmerichs Deutungsversuch in Zweifel. »Wer diese Darlegung naiv durchliest«, schreibt er, »fühlt sich in der Tat geblendet. Mir war es sogleich klar, daß hier einiges nicht stimmte und eine Glanzleistung psychischer Osmose vorlag. Da ich mich aber als Historiker nicht zuständig fühlte, machte ich Herrn Professor Richard Hennig ... darauf aufmerksam ... Es ergab sich uns nun folgendes Bild:

Le part soluz, der einsame Gatte. Wenn ein Gatte ›einsam‹ ist, sobald seine Frau im Nebenzimmer sitzt, ist es leicht, Strohwitwer zu werden.«

Man könnte freilich auch sagen, der König sei einsam gewesen, weil er von all seinen Anhängern verlassen war. Baerwald fährt fort:

»mary, traurig. Sicher war Ludwig XVI. im August 1792 traurig. Aber soluz mary heißt doch wohl ›einsam und traurig‹, weil man verlassen ist, oder um so trauriger, als man zugleich verlassen ist, und das traf hier durchaus nicht zu. Nostradamus muß, als er diesen Vers schrieb, an eine ganz andere Art und Veranlassung der Traurigkeit gedacht haben.«

Das klingt einigermaßen überzeugend, aber es steht bei Nostradamus wirklich nicht, daß sich die Verlassenheit und Trauer auf Marie-Antoinette bezieht. Kann jemand nicht verlassen und traurig und überdies noch ein Gatte sein? Marie-Antoinette hat schon in der Vorgeschichte der Revolution (nicht zuletzt durch die Halsbandaffäre) eine so große Rolle gespielt, daß man gewöhnt ist, König und Königin, die zudem das gleiche Schicksal erlitten haben, als Paar zu sehen; also spricht man von ›ihm‹ und von ›ihr‹, vom Gatten und von der Gattin.

»mitré, mit der Mitra geschmückt. Mitra war im Altertum die Kopfbinde persischer und anderer orientalischer Könige, in der christlichen Zeit nannte man die Bischofsmütze mit diesem Namen. Zwischen der phrygischen Mütze, die die Jakobiner als Abzeichen wählten und dem unglücklichen Ludwig XVI. auf den Kopf setzten, und der Mitra gibt es weiter keine Ähnlichkeit, als daß beide aus Vorderasien und aus dem Altertum stammen.«

Baerwald argumentiert noch weiter; aber was spricht dagegen, sich mit der von ihm herausgestellten Ähnlichkeit zufriedenzugeben?

»Retour, heimgekehrt. Pflegen wir, wenn wir im Juni *vorigen* Jahres eine kleine Reise unternommen haben, uns noch im Juni dieses Jahres als ›heimgekehrt‹ zu bezeichnen?«

PROPHETIE

Dieses Gegenargument Baerwalds ist wohl das schwächste. Die Flucht des Königs kann man nicht als kleine Reise bezeichnen. Und ›retour‹ heißt einfach ›zurück‹. Man hat den König zurückgeholt, und wenn dies im August 1792 auch schon mehr als ein Jahr her war, so war es doch von der ungeheuersten Bedeutung für ihn, denn hätte man ihn nicht zurückgeholt, so hätte man ihn auch nicht guillotinieren können.

Wir wollen uns einer anderen Prophezeiung des Nostradamus zuwenden, die sich auf das Jahr 1939 bezieht und deren Deutung 1921 gedruckt wurde.

Nostradamus vergißt nicht, das Geschick Englands im Auge zu behalten. In III, 57 wird sowohl die Ursache von Englands Größe angegeben, wie auch ziemlich klar ein Zeitpunkt, an dem der Beginn des Niedergangs zu erwarten ist.

Er lautet:

»Man wird sehen, daß das Britenvolk sich sieben Mal in 290 Jahren ändert, nachdem es mit Blut befleckt ist. Eine französische keineswegs, durch eine deutsche Stütze. Der Widder zweifelt an seinem Bastarner Schutzland.«

England hat zwar viele Male im Laufe der Geschichte Blutschuld auf sich geladen, aber nur einmal hat es sich in blutiger Weise seines eigenen Königs entledigt. Dieses Ereignis, das rund hundert Jahre nach der Herausgabe der Zenturien stattfand, hat Nostradamus, wie wir schon früher gesehen haben, zum Gegenstand eines besonderen Vierzeilers gemacht (VIII, 37). An den Königsmord des Jahres 1649 sollen sich also innerhalb 290 Jahren sieben Änderungen anschließen. Ohne Frage sind solche kirchlicher und politischer Art gemeint. In der englischen Geschichte finden sich nun tatsächlich bisher sechs Umwälzungen ganz eigener Art:

1. Von 1649 bis 1660 bildete England eine Republik mit dem Protektorat Cromwell.

2. 1660 kehrte Karl II. mit Hilfe des Generals Monk auf den englischen Thron zurück.

3. 1685 suchte Jakob II. die katholische Kirche wieder in England einzuführen. Dies war die Ursache

4. 1689 für seine Entthronung durch Wilhelm III., den früheren Statthalter von Holland. Von diesem stammt, nebenbei bemerkt, die politische Lehre vom europäischen Gleichgewicht.
5. 1711 große wirtschaftliche Krise unter der Königin Anna.
6. 1714 Thronbesteigung Georgs I., des Kurfürsten von Hannover. In dessen Nachkommen fand England die deutsche Stütze. Die Politik Ludwigs XIV. hoffte mit dem Ableben der Königin Anna einen bourbonischen Prinzen auf den englischen Thron zu bringen. Dieses Streben kennzeichnet Nostradamus als aussichtslos mit den wenigen Worten: Keineswegs eine französische.

Von da ab verläuft die Politik Englands ziemlich in derselben Richtung. Besonders bemerkenswerte Umwälzungen finden nicht statt.

7. Da nun 1649 und 290 = 1939 sind, so müßte zu diesem Zeitpunkt die letzte bemerkenswerte Änderung in England eintreten.

Offenbar wird *dann* »der Widder an seinem Schutzland Bastarnien verzweifeln«. Nostradamus war ein Vielwisser. Zu Zeiten Tacitus' (Germania) saß der deutsche Stamm der Bastarner jenseits der Weichsel, also in ›Polen‹. Auf die astrologische Einteilung der Länder Europas unter die Zeichen des Tierkreises ist bereits einmal hingewiesen. Dem Widder, der den Tierkreis beginnt, gehörte der Osten. Nostradamus will uns also offenbar erzählen, daß 1939 mit der letzten und größten englischen Krise auch eine Krise für das wiedererstandene Polen Hand in Hand geht.

C. Loog: Die Weissagungen des
Nostradamus, 1921

Auch dem schlesischen Mystiker Jakob Böhme (1575-1624), einem visionären, autodidaktischen Denker, werden prophetische Kräfte nachgesagt.

PROPHETIE

Des Mystikers Fluch und Segen

Es ist der selige Mann Jacob Böhme nebenst Herrn David von Schweinitz und Anderen bei einem Edelmann gewesen. Als nun der Herr David von Schweinitz von dar abgereist, hat er den Edelmann gebeten, wann er den Jacob Böhmen von sich lassen würde, sollte er ihn zu ihm auf sein Gut Seifersdorff schicken, welches dieser auch gethan. Es hat aber ein Medicus, der dem seligen Böhmen sehr Feind gewesen, dem Jungen, der ihn führen hat sollen, einen Ortsthaler mit dem Beding gegeben, daß er denselben, Jacob Böhmen, in eine Pfütze werfen sollte, welches selbiger auch redlich gethan. Denn als er nahe bey Seifersdorff bey einer großen Pfütze kommen, hat er den guten Mann hinein geworfen, welcher sich demnach nicht allein uebel besudelt, sondern weil er mit dem Kopfe auf einen spitzigen Stein getroffen, ihm ein Loch geschlagen, daß er sehr geblutet. Als dieses der Junge gesehen, ist er sehr erschrocken, hat angefangen zu weinen, ist auf den Edelhof gelaufen und hat berichtet, was vorgegangen. Als nun Herr David von Schweinitz dieses erfahren, hat er den seligen Böhmen in die Schäferei führen, auch allda verbinden und reinigen lassen, ihm auch ein ander Kleid zum Anziehen geschickt. Nachdem er nun ausgehen können und in die Hofstube kommen, hat er allen Anwesenden die Hand geboten, und weil des Herrn David von Schweinitz Kinder daselbst in der Ordnung gestanden und er zu einer unter den Töchtern kommen, gesagt: »Diese ist das frömmste Mensch unter allen, so hier in dieser Stuben versammelt sind!« Hat auch seine Hand auf ihr Haupt gelegt und einen besonderen Segen gesprochen. Es soll diese Tochter mehrbesagten Herrn David von Schweinitz eigener Bekänntniß nach auch das frömmste unter seinen Kindern gewesen sein. Weilen nun damals der Herr David von Schweinitz einen Schwager samt seiner Frau und Kindern bey sich gehabt, welchem dem nunmehr seligen Böhmen sehr Feind gewesen, ihn agirt, einen Propheten gescholten und von ihm begehret, daß er ihm etwas prophezeien sollte, hat er sich sehr entschuldiget, daß er kein Prophet, sondern ein einfältiger Mann wäre, sich auch niemals für einen Propheten ausgegeben, und gar sehr gebeten, daß er seiner verschonen wolle. Der Edelmann aber mit agiren immer fortgefahren und unterschiedlich angehalten, daß er ihm etwas prophezeien sollte. Und ob gleich der Herr David von Schweinitz seinem Schwager eingeredet und gebeten, daß er doch diesen Mann wolle zufrieden lassen, hat es doch nichts helfen wollen. Als nun der gute Böhm so oft von ihm gereizet worden, hat er angefangen: »Weil Ihr's ja so haben wollt und ich für Euch keine Ruhe haben kann, so werde ich Euch sagen müssen, was Ihr nicht gerne hören wollet.« Der Edelmann erblassend versetzte: Er solle nur sagen, was er wollte. Darauf hat er angefangen und erzählet, was für ein gottlos ärgerlich und leichtfertiges Leben hin und wieder bis dahin er geführet, wie es ihm darbey ergangen und wie es ihm ferner ergehen werde, welches denn auch alles wahrhaftig erfolget ist. Dessen hat sich nun der Edelmann heftig geschämet, sich über die Maßen erbittert und erzürnet und auf den lieben Böhm losschlagen wollen, welches aber Herr David von Schweinitz unterbunden, und, damit er demselben Ruhe verschaffte, hat er ihn nebenst 6 Speisen zum Pfarrer P. T. geschickt und bitten lassen, daß er ihn bey sich behalten wolle. So dann auch geschehen und er über Nacht alldorten geblieben und des folgenden Morgens wieder nach Görlitz gebracht worden. Vor etlichen Jahren aber hat Einer, von Görlitz gebürtig, etwas ausführlicher gemeldet von demselben Edelmann, als sollte derselbe damals in solchem, ihm selbst erweckten Grimm und Zorn nicht lange bei Herrn David von Schweinitz verblieben, sondern ganz entrüstet aufgestanden seyn, sich zu Pferde gesetzt haben und nach Hause reiten wollen. Sey aber vom Pferde gestürzt, den Hals gebrochen und tot gefunden, wie ihme denn von Böhmen (daß nämlich sein Ende nahe vorhanden wäre) solches auf sein eigen Begehren angekündigt.

Seine, Jacob Böhmens, äußere Leibesgestalt war verfallen und von schlechtem Ansehen, kleiner Statur, niedriger Stirne, erhabener Schläfe, etwas gekrümmter Nasen, grau und fast himmelblaulich glitzernden Augen (sonsten wie die Fenster am Tempel Salomonis), kurz dünnen Bartes, klein lautender Stimme (doch holdseeliger Rede), züchtig in Gebährden, bescheidentlich in Worten, demütig im Wandel, geduldig im Leiden, sanftmütig von Herzen. Seinen über alle Natur von Gott hoch erleuchteten Geist und ganz reine wohlverständliche hochdeutsche Redensweise hat man aus diesen seinen unverfälschten Schriften in göttlichem Lichte zu prüfen und zu erkennen.

Folget nun sein seliger Abschied aus dieser Welt, welcher sonsten anderwärts mit allen Umbständen weitläufiger beschrieben, achten aber dieses Orts genug zu seyn, nur das Nötigste daraus zu erzählen.

Als er im Jahre 1624 etliche Wochen über bey uns in Schlesien war und neben andern erbaulichen Gesprächen von dem hochseeligen Erkänntnüß Gottes und seines Sohnes, sonderlich aus dem Lichte der geheimen und offenbaren Natur zugleich die drey Tafeln von göttlicher Offenbarung (an Johann Sigmund von Schweinich und mich, Abraham von Frankenberg gerichtet) verfertigte, ist er nach meinem Abreisen mit einem hitzigen Fieber überfallen, wegen zuvielen Wassertrinkens zerschwollen und endlich seinem Begehren nach also krank nach Görlitz in sein Haus geführet worden. Allwo er nach zuvor gethaner rein evangelischer Glaubens-Bekänntnüß und würdigem Gebrauch des Genaden-Pfandes folgenden 27. Novemb. Sonntags verschieden, da er zuvor seinen Sohn Tobiam rufte und fragte: ob er auch die schöne Music hörte? Als er sagte Nein, sprach er, man sollte die Thür öffnen, daß man den Gesang besser hören könne. Darnach fragte er, wie hoch es an der Uhr? Als man antwortete, es habe 2 geschlagen, sprach er: „Das ist noch nicht meine Zeit, nach dreyen Stunden ist meine Zeit." Unterdessen redete er diese Worte einmal: „O du starker GOTT Zebaoth, rette mich nach deinem Willen! O du gekreuzigter HERR JESU Christe, erbarme dich mein und nimm mich in dein Reich!" Als es aber kaum umb 5 Uhr des

Morgends, nahm er Abschied von seinem Weibe und Sohne, segnete sie und sprach darauf: „Nun fahre ich hin ins Paradeis!" Heißet sich seinen Sohn umbwenden, er seufzet tief und entschlief, fuhr also mit Fried gar sanfte und stille von dieser Welt.

> *Abraham von Franckenberg: Bericht von dem Leben und Abscheid des in Gott selig ruhenden Jacob Böhmens*

Die Visionen des Joachim Greulich

So schrieb anno 1653 am H. Pfingsttage im namen der Heiligen Dreyfaltigkeit, ich Joachim Greulich, und bekenne mit GOTT und dem Vater, den Sohn, und den Heiligen Geist, wie folgt . . .

Am 18. August kam der Engel GOTTES wieder zu mir um die mitternachtsstunde und sprach zu mir: Siehe in den himmel, wie er so blutig ist; da sahe ich darinne ein blutiges schwerd, und neben dem schwerd stund mit güldenen buchstaben geschrieben: Du schöne stadt Erfurt; und auff der andern seiten stund wieder mit güldenen buchstaben geschrieben: Große feuersbrünsten, die in dieser Stadt auskommen werden; über dem schwerdt aber stund geschrieben, *groß aufruhr*, rebellerey wird sich da begeben, sonsten keinen krieg weiß ich Ihnen anzuzeigen; dann dieses schwerd ist ihnen selbst in ihre Hand gegeben.

Diese Prophezeiung bezieht sich auf die Belagerung Erfurts durch französische Truppen, die 1664 im Reichsauftrag erfolgte. Auch Weissagungen über die zweite Türkenbelagerung Wiens und die Französische Revolution sind belegt.

PROPHETIE

Die zweite Türkenbelagerung Wiens 1683

Den 29. August um 4 uhr zu nachts kam der Engel GOTTES wieder zu mir und sprach: Siehe wieder in den Himmel, wie er so blutig ist; da sahe ich darin pfitzschpfeile, bögen und blutige säbel, und ein creutz auch dabey, und neben dem säbel stund geschrieben mit güldenen buchstaben: Du schöne stadt Wien, du wirst schrecklich von den Türcken betränget werden; und über den pfitzschpfeilen, bögen und blutigem säbel stund ein schöner adler, und ich fragte den Engel GOTTES, was der adler bedeuten wird; da sagte er mir, der Engel GOTTES, nach Eroberung der stadt Raab werden sich die Türcken für Wien machen, daß gleichsam Käyserliche Majestät von seiner Residentz-stelle weichen wird müssen, jedoch werde unsere Käyserl. Majestät den Türcken gewaltig schlagen, und die Türcken mit schand und spott wieder vor Wien werden abziehen müssen; keinen Teutschen krieg kan ich der stadt Wien anzeigen, auch keine straff als sterben und den Türken.

Die Französische Revolution 1789

Den 28. Aug. zu nacht um 4 auff der großen uhr, kam der Engel GOTTES wieder zu mir und sprach: ... Und nach diesem sprach der Engel GOTTES wieder zu mir, ich solte in den himmel sehen, wie er so blutig sey, da sahe ich darinnen ein blutiges schwerd, und ein kreyß oben darauff, und auf der rechten seiten neben dem schwerd stund geschrieben mit güldenen buchstaben: Ihr Königl. Majestät in *Franckreich*, und auf der lincken stund abermal mit güldenen buchstaben geschrieben: Schönes Franckreich, es wird jämmerlich mit dir zugehen, da fragte ich den Engel GOTTES, was das bedeuten wird, da sagte er zu mir, siehe wol an den himmel, wie des Königes in Franckreich sein Name sich *daran verdunckelt*, *und er hat sich gantz verlohren, das bedeut, daß er soll mit den seinen verjagt und verderbet werden,* und es wird ein sterben auch dazu kommen.

... Über eine weile kam der Engel GOTTES wieder zu mir und sprach: Sihe in den himmel, wie er so blutig ist, und ich sahe darinnen einen grausamen stuhl gesetzt; und auf dem stuhl saß einer in einer güldenen crone, und er hatte in seiner rechten Hand Scepter und Reichs-apfel, und über seinen stuhl (der grausam schön war anzusehen) stund mit güldenen buchstaben geschrieben: *Königl. Majestät in Franckreich,* und über der schrifft stund eine blutige fahne; und der Engel GOTTES sagte zu mir: Siehe jüngling, da kommen des Königs in Franckreich seine Räthe, die ältisten so wol als die jüngsten, daß beysamt der blutigen fahnen kniend für dem König in Franckreich sie müssen einen eid ablegen, daß sie bey ihrer treu und glauben bey ihme leben und sterben wollen, und auch gegen ihres Königs feinde seyn und wie das verrichtet war, saß der König noch auf seinem stuhl, *und der Engel* GOTTES *sprach zu mir: Siehe, jüngling, wie des Königs seine crone, scepter und Reichs-apfel alles verrostet,* und es anfangs alles schöne geglissen hat, nun aber siehestu, daß es mit allem Königlichen Ornat von seinem stuhl herunter gestoßen wird.

Gottfried Arnold: Kirchen- und Ketzergeschichte

Ein schwedischer Joseph

Berlin, den 18. Februar 1716. Ein Schwedischer bald im Anfang der Belagerung Stralsund gefangener Lieutenant will alles voraus wißen und das prognosticon jedermann stellen können, wiewohl er gar sonderlich mit dieser seiner Wißenschaft ist, hat J. K. M. der Königinn versichert, daß sie dieses Mahl mit einer Princeß noch würde gesegnet werden, solcher aber würden künfftig viele Printzen folgen, unter denen ein zweiter

PROPHETIE

Brandenburger Achilles sich sonderlich hervorthun und den Päbstlichen Stuhl zu Rom überziehen, auch den Pabst herunterstürtzen würde. Die elteste Princeß Friderica Augusta, so 1709 von dreyen Königen und einer Königin aus der Tauffe gehoben, würde wegen ihres ungemeinen Verstandes alß ein Wunder der Welt consideriret und von vielen Potentaten dermahleins zur Gemahlin gesuchet werden. Das erste von diesem allen wird sich in kommenden Monath offenbahren, die übrige Propheceyungen aber des Himmels Schlus anheimgestellet werden müßen. Man versichert, daß er dem Könige bald nach seiner Gefangenschafft alle suites der Pommerschen Campagne, wie er erfolget, zuvor gesagt. Er kömpt vielfältig bey Hofe und zu der Königin. Der König soll aber wenig reflexion auf seine Wißenschafft machen.

Berlin, den 24. März 1716 ... Des gefangenen Schwedischen Capitains prognosticon hatt in diesem punct (Entbindung der Königin von einem Mädchen) also eingetroffen und flattiret man sich mit der Hofnung der weiteren Erfüllung, daß künfftig keine als Printzen folgen werden, welches man dennoch der Göttlichen Fürsehung wird anheim gestellet seyn laßen müßen.

Berlin, den 4. April 1716 ... Der vorhin erwehnte gefangene und hier sich aufhaltende Schwedische Capitain sol diesen der Dähnen Verlust einigen bey Hofe zuvor gesagt, auch gegen den König ein prognosticon vom Türcken-Kriege gestellet haben: Wie nemlich das erste Jahr die Pforte einige avantage wieder Se. Kayserliche Majestät überkommen, welches aber in folgenden 2 Campagnen redressiret und der Türcke aus Constantinopel und gantz Europa würde verjaget werden. Es hat der König diesem Officier bey jetziger Anwesenheit auf der Königin intercession 100 Rthlr. aus seiner chatoul reichen laßen.

Franz Hermann Ortgies:
Aus geschriebenen berliner
Zeitungen

PROPHETIE

Goethe und die Halsbandaffäre

Kaum war ich in das weimarische Leben und die dortigen Verhältnisse, bezüglich auf Geschäfte, Studien und literarische Arbeiten wieder eingerichtet, als sich die französische Revolution entwickelte und die Aufmerksamkeit aller Welt auf sich zog. Schon im Jahre 1785 hatte die Halsbandgeschichte einen unaussprechlichen Eindruck auf mich gemacht. In dem unsittlichen Stadt-, Hof- und Staatsabgrunde, der sich hier eröffnete, erschienen mir die greulichsten Folgen gespensterhaft, deren Erscheinung ich geraume Zeit nicht loswerden konnte; wobei ich mich so seltsam benahm, daß Freunde, unter denen ich mich auf dem Lande aufhielt, als die erste Nachricht hiervon zu uns gelangte, mir nur zu spät, als die Revolution längst ausgebrochen war, gestanden, daß ich ihnen damals wie wahnsinnig vorgekommen sei.

Goethe: Annalen 1789

Die Prophezeiungen des Herrn Cazotte

Es dünkt mich als sei es gestern gewesen, und doch war es Anfang des Jahres 1788. Ich war zu Tisch bei einem meiner Kollegen von der Akademie, einem sehr vornehmen und geistreichen Manne. Die Gesellschaft war zahlreich und aus den verschiedensten Ständen ausgewählt: Hofleute, Richter, Gelehrte. Man hatte sich wie gewöhnlich an einer reichbesetzten Tafel wohl sein lassen. Beim Nachtisch erhöhte der Malvasier die Fröhlichkeit und vermehrte jene Art von Freiheit, die sich nicht immer in strengen Grenzen hält. Man war zu jener Zeit in der großen Welt auf dem Punkt angelangt, wo alles zu sagen erlaubt ist, wenn es lachen zu machen bezweckt.

Chamfort hatte uns aus seinen gotteslästerlichen und unzüchtigen Erzählungen vorgelesen, und die vornehmen Damen hatten zugehört, ohne auch nur zum Fächer zu greifen. Nun ward die Unterhaltung ernsthafter. Man sprach mit Bewunderung von der Revolution des Geistes, die Voltaire bewirkt habe, und war darin einig, daß sie der vorzüglichste Grund seines Ruhmes sei. Er habe seinem Jahrhundert den Ton gegeben und so geschrieben, daß man ihn in den Vorzimmern wie in den Salons lese. Einer der Gäste erzählte lachend, daß sein Friseur ihm beim Pudern gesagt habe: »Gehen Sie, mein Herr, wenn ich auch nur ein armer Geselle bin, so hab' ich doch nicht mehr Religion als irgend ein anderer.« Man folgerte, daß die Revolution unverzüglich sich vollenden würde, und daß Aberglaube und Fanatismus durchaus der Philosophie Platz machen müßten. Man berechnete die Wahrscheinlichkeit des Zeitpunkts, und wer von der Gesellschaft das Glück haben würde, die volle Herrschaft der Vernunft noch zu erleben. Die Älteren bedauerten, daß sie sich dessen nicht schmeicheln dürften, die Jüngeren freuten sich der Wahrscheinlichkeit ihrer Aussichten. Und man beglückwünschte inssonderheit die Akademie, daß sie das große WERK vorbereitet habe und der Hauptort, der Mittelpunkt, die Triebfeder der Freiheit, zu denken, gewesen sei.

Ein einziger hatte sich an dieser ganzen fröhlichen Unterhaltung nicht beteiligt, ja sogar gelegentlich ganz sacht einigen Spott in unsere so schöne Begeisterung geträufelt. Das war Herr Cazotte, ein liebenswürdiger und origineller Mann, der aber glücklicherweise von der Wahnidee höherer Erleuchtung besessen war. Jetzt ergriff er das Wort und sagte in ernsthaftestem Tone:

»Meine Herren, freuen Sie sich: Sie alle werden Zeugen jener großen und erhabenen Revolution sein, die Sie so sehr wünschen. Sie wissen ja, daß ich mich ein wenig auf die Prophezeiung verstehe. Ich wiederhole Ihnen: Sie alle werden es erleben.«

»Dazu bedarf es keiner großen prophetischen Gabe«, antwortete man ihm.

»Das ist wahr«, erwiderte er, »aber vielleicht doch für das, was ich Ihnen noch zu sagen habe. Wissen Sie, was aus dieser

Revolution, in der die Vernunft über die geoffenbarte Religion triumphiert, entstehen wird, was sie für Sie alle, soviel Ihrer hier sind, bedeuten wird, was ihre unmittelbaren Folgen, ihre unleugbaren Wirkungen sein werden?«

»Laßt uns sehen!« rief Condorcet mit sich einfältig stellendem Gesichtsausdruck, »einem Philosophen ist es nicht leid, einen Propheten anzutreffen.«

»Sie, Herr Condorcet«, fuhr Herr Cazotte fort, »Sie werden auf dem Fußboden eines unterirdischen Gefängnisses ausgestreckt Ihren Geist aufgeben. Sie werden an dem Gift sterben, das Sie verschluckt haben werden, um dem Henker zu entgehen, an dem Gift, das immer bei sich zu tragen diese kommenden glücklichen Zeiten Sie zwingen werden.«

Darob anfangs großes Erstaunen. Aber dann erinnerte man sich, daß der gute Cazotte bisweilen wachend träumte, und brach in ein lautes Gelächter aus.

»Herr Cazotte«, sagte einer der Gäste, »das Märchen, das Sie uns da auftischen, ist nicht ganz so lustig wie Ihr ›Verliebter Teufel‹ (solches war ein artiger kleiner Roman, den Herr Cazotte geschrieben hatte). Welcher Teufel hat Ihnen denn das vom Gefängnis, dem Gift und dem Henker eingeflüstert? Was hat denn dies alles mit der Philosophie und mit der Herrschaft der Vernunft zu tun?«

»Das ist es gerade«, versetzte Cazotte, »im Namen der Philosophie, im Namen der Menschheit, im Namen der Freiheit wird es geschehen, daß Sie ein solches Ende nehmen. Und ganz zweifellos wird alsdann die Vernunft herrschen, denn sie wird sogar Tempel haben, ja es wird zu der Zeit in ganz Frankreich keine anderen mehr geben als solche der Vernunft.«

»Wahrlich«, sagte Chamfort mit einem höhnischen Lächeln, »Sie werden kein Priester einer dieser Tempel sein!«

Cazotte erwiderte: »Das hoffe ich. Aber Sie, Herr Chamfort, der Sie einer davon sein werden und auch sehr würdig sind, einer zu werden, Sie werden sich durch 22 Schnitte mit dem Rasiermesser die Adern öffnen, gleichwohl aber erst einige Monate danach sterben.«

PROPHETIE

Man sieht sich an und lacht wieder . . .

»Sie, Herr d'Azir«, fährt Herr Cazotte fort, »Sie werden sich die Adern nicht selbst öffnen, aber Sie werden sie sich in einem Anfall von Podagra sechsmal am Tag öffnen lassen, um Ihrer Sache desto gewisser zu sein; und in der Nacht werden Sie sterben. Sie, Herr Nicolai, werden auf dem Schaffot sterben. Sie, Herr Bailly, auf dem Schaffot; Sie, Herr von Mallesherbes, auf dem Schaffot!«

»Gott sei Dank!« ruft Herr Roucher, »es scheint, Herr Cazotte hat es ausschließlich auf die Akademie abgesehen; ich, dem Himmel sei's gedankt! ich . . .«

»Sie?« fällt ihm Cazotte ins Wort, »Sie werden auf dem Schaffot sterben.«

»Ha, dies ist ein Glück«, ruft jemand, »er hat geschworen, alles auszurotten!«

»Nein, ich bin es nicht, der geschworen hat, alles auszurotten«, erwidert Cazotte.

»So werden wir denn von den Türken und Tataren unterjocht werden und dennoch . . .«

»Nichts weniger als das«, unterbricht Cazotte, »ich habe es Ihnen ja schon gesagt, Sie werden alsdann ausschließlich unter der Herrschaft der Philosophie, der Vernunft, stehen. Die, welche Sie so behandeln, werden lauter Philosophen sein, werden genau dieselben Redensarten im Munde führen, die Sie hier vor einer Stunde ausgegraben haben, werden wie Sie Verse von Diderot und aus der ›Pucelle‹ anführen.«

Man raunt sich zu: »Sie sehen ja, daß er den Verstand verloren hat« (denn er blieb bei seinen Aussprüchen höchst ernsthaft) . . . »Sehen Sie nicht, daß er spaßt, und wir wissen doch, daß er in seine Scherze immer gern etwas Wundersames mischt . . .«

»Gewiß«, meint Chamfort, »aber ich muß gestehen: sein Wundersames ist nicht lustig, ist mir zu galgenmäßig . . .«

»Und wann soll dies alles geschehen?« fragte jemand. Cazotte erwidert: »Es werden keine sechs Jahre vergehen, bis alles, was ich Ihnen sage, erfüllt ist!«

»Das sind ja grausliche Wunder!« Diesmal war ich es, der das Wort ergriff. »Und von mir sagen Sie nichts?«

»An Ihnen«, antwortete Cazotte, »wird sich ein Wunder begeben, das mindestens ebenso außerordentlich sein wird: Sie werden alsdann ein Christ sein.«

»Nun bin ich beruhigt«, warf Chamfort ein, »kommen wir erst um, wenn Laharpe ein Christ ist, so sind wir unsterblich!«

»Wir vom weiblichen Geschlecht«, sagte da die Herzogin von Grammont, »wir sind glücklich, daß wir bei Revolutionen für nichts erachtet werden. Wenn ich sage ›für nichts‹, so heißt das nicht soviel, als ob wir uns nicht ein wenig einmischten, aber ich nehme an, daß man sich deswegen doch nicht an uns und unserm Geschlecht vergreifen wird.« —

Cazotte erwiderte: »Ihr Geschlecht, meine Damen, wird Ihnen diesmal nicht zum Schutz gereichen, und Sie mögen noch so sehr sich in nichts einzumischen wünschen, man wird Sie genau so behandeln wie die Männer.«

»Aber«, entrüstete sich die Herzogin, »was sagen Sie da, Herr Cazotte? Sie predigen uns ja den Untergang der Welt!«

»Das weiß ich nicht«, antwortete Cazotte, »was ich aber weiß, ist, daß Sie, Frau Herzogin, werden zum Schaffot geführt werden, Sie und viele andere Damen mit Ihnen, und zwar auf dem Schinderkarren und mit auf dem Rücken zusammengebundenen Händen.«

Die Herzogin: »In diesem Fall hoffe ich doch, daß ich wenigstens eine schwarz ausgeschlagene Kutsche haben werde!«

Cazotte: »Nein, Madame, noch vornehmere Damen als Sie werden wie Sie auf dem Schinderkarren gefahren werden, die Hände auf dem Rücken zusammengebunden.«

Die Herzogin: »Noch vornehmere Damen? Wie? Die Prinzessinnen von Geblüt?«

Cazotte: »Noch vornehmere!«

Jetzt bemächtigte sich der ganzen Gesellschaft eine starke Bewegung, und der Herr des Hauses nahm eine finstere Miene an. Man begann einzusehen, daß der Scherz zu weit getrieben wurde. Die Herzogin von Grammont, um das Gewölk zu zerstreuen, ließ Cazottes letzte Antwort unbeachtet und sagte nur: »Sie werden sehen, daß er mir nicht einmal den Trost eines Beichtvaters lassen wird.«

»Nein, Madame«, bestätigte Cazotte, »man wird Ihnen keinen geben, weder Ihnen noch sonst jemand. Der einzige Hingerichtete, dem man aus Gnade einen Beichtvater gewährt, wird ...« Er stockte.

»Nun wohlan!« forschte die Herzogin, »wer wird denn der glückliche Sterbliche sein, dem man solchen Vorzug vergönnt?« —

Cazotte: »Es wird der einzige Vorzug sein, den er noch behält ... der König von Frankreich ...«

Da stand der Hausherr auf und alle Gäste mit ihm. Er trat zu Herrn Cazotte und sagte in beweglichem Tone: »Mein lieber Herr Cazotte, dieser klägliche Scherz hat nun lange genug gedauert! Sie treiben ihn zu weit und bis auf einen Grad, wo Sie die Gesellschaft, in der Sie sich befinden, und sich selber in Gefahr bringen.«

Cazotte antwortete nichts und schickte sich an zu gehen. Da trat die Herzogin von Grammont, die noch immer verhüten wollte, daß man die Sache allzu ernst nähme, in dem Wunsche, die Fröhlichkeit wiederherzustellen, an ihn heran und sagte:

»Nun, mein Herr Prophet, Sie haben uns allen gewahrsagt, aber von Ihrem eigenen Schicksal sagen Sie nichts?«

Cazotte schwieg und schlug die Augen nieder. Dann sagte er: »Haben Sie, Madame, im Josephus die Geschichte der Belagerung Jerusalems gelesen?«

»Freilich«, erwiderte die Herzogin, »wer hätte die nicht gelesen. Aber bitte, nehmen Sie an, ich kennte sie nicht.«

»Wohlan, Madame«, sprach Cazotte, »während dieser Belagerung ging ein Mensch sieben Tage nacheinander angesichts der Belagerer und der Belagerten auf den Wällen um die Stadt und schrie unaufhörlich: ›Wehe, Jerusalem! Wehe, Jerusalem!‹ Am siebenten Tage aber schrie er: ›Wehe, Jerusalem! Wehe auch mir!‹ Und in demselben Augenblicke zerschmetterte ihn ein ungeheurer Stein, den eine der feindlichen Wurfmaschinen geschleudert hatte.«

Nach diesen Worten verbeugte sich Herr Cazotte und ging fort. *Jean François de Laharpe*

Cazotte selbst wurde im September 1792 guillotiniert.

Todesahnungen eines Marschalls

»Am 30. Mai 1813 brachte das kaiserliche Hauptquartier die Nacht in Weißenfels zu. Auch der Marschall Bessières, welcher die ganze Kavallerie kommandierte, schlief hier. Ich frühstückte am anderen Morgen allein mit ihm, fand ihn sehr traurig und niedergeschlagen, und konnte ihn lange nicht bewegen, etwas von den aufgetragenen Speisen zu genießen; er antwortete immer, er habe keinen Hunger. Ich machte ihm bemerklich, daß unsere und die feindlichen Vorposten einander gegenüber ständen und wir folglich einen ernsthaften Kampf erwarten müßten, der uns wahrscheinlich den ganzen Tag nicht erlauben würde, etwas zu essen. Der Marschall gab endlich nach und sagte: ›Nun, wenn mich diesen Vormittag eine Kugel trifft, so soll sie mich wenigstens nicht mit nüchternem Magen finden.‹

Als er vom Tische aufstand, gab mir der Marschall den Schlüssel zu seinem Portefeuille und sagte: ›Suchen Sie doch gefälligst die Briefe von meiner Frau.‹ — Ich tat es und gab sie ihm. Er nahm sie und warf sie ins Feuer. Bis dahin hatte er sie sorgfältig aufbewahrt. Die Frau Herzogin von Istrien[1] hat mich seitdem versichert, der Marschall habe beim Abschiede zu mehreren Personen gesagt, er werde von diesem Feldzuge nicht zurückkommen.

Der Kaiser stieg zu Pferde, und der Marschall folgte ihm. Sein Gesicht war so bleich und seine Züge verrieten so tiefe

---

[1] Herzog von Istrien war der Titel Bessières'.

Traurigkeit, daß es mir nicht entgehen konnte, und ich sagte zu einem Kameraden: ›Wenn es heute zu einer Schlacht kommt, wird der Marschall wohl bleiben.‹ —

Die Schlacht begann. Der Herzog von Elchingen[2] hatte das Dorf Rippach mit seiner Infanterie besetzt, und der Herzog von Istrien bereitete sich das Defilé zu rekognoszieren, aus welchem der Feind verdrängt war, während er mit seinen Truppen hindurch marschieren wollte. Als er auf der Höhe angelangt war, welche das Dorf beherrscht am Ende desselben nach Leipzig zu, befand er sich vor einer Batterie, die der Feind da aufgefahren hatte, um die Straße zu bestreichen. Die erste Kugel, welche von dieser Batterie kam, riß einem Quartiermeister der Garde der polnischen Chevaulegers den Kopf weg; er hatte seit mehreren Jahren Ordonnanzdienste beim Herzog getan. Dieser Verlust verstimmte den Herzog von Istrien und er entfernte sich im Galopp. Nach einigen Augenblicken kam er jedoch mit Gefolge wieder zurück und sagte, indem er auf den Leichnam deutete: ›Der junge Mann muß begraben werden; auch würde der Kaiser unzufrieden sein, wenn er einen Unteroffizier seiner Garde tot hier liegen sähe; denn wenn der Posten wieder gewonnen wird, könnte der Feind glauben, die Garde sei zurückgewichen.‹

Eine Kugel, welche von derselben Batterie kam, streckte den Marschall in dem Augenblicke nieder, als er diese Worte gesagt hatte. Die linke Hand, welche den Zügel hielt, als er gerade sein Fernrohr einsteckte, wurde ganz zerschmettert; die Kugel ging ihm durch den Leib. Seine Uhr blieb stehen, ob sie gleich nicht getroffen wurde; sie zeigt noch jetzt seine Todesstunde an, denn sie wurde seitdem nicht wieder aufgezogen."

De Baudus: Etudes sur Napoléon

---

[2] Marschall Ney.

PROPHETIE

Karriereträume

Goethe über seinen Großvater, den Frankfurter Stadtschultheißen Johann Wolfgang Textor:

Was jedoch die Ehrfurcht, die wir für diesen würdigen Greis empfanden, bis zum höchsten steigerte, war die Überzeugung, daß derselbe die Gabe der Weissagung besitze, besonders in Dingen, die ihn selbst und sein Schicksal betrafen. Zwar ließ er sich gegen niemand als gegen die Großmutter entschieden und umständlich heraus; aber wir alle wußten doch, daß er durch bedeutende Träume von dem, was sich ereignen sollte, unterrichtet wurde. So versicherte er z. B. seiner Gattin zur Zeit, als er noch unter die jüngeren Ratsherren gehörte, daß er bei der nächsten Vakanz auf der Schöffenbank zu der erledigten Stelle gelangen würde. Und als wirklich bald darauf einer der Schöffen, vom Schlage gerührt, starb, verordnete er an dem Tage der Wahl und Kugelung, daß zu Hause im stillen alles zum Empfang der Gäste und Gratulanten solle eingerichtet werden, und die entscheidende goldene Kugel ward wirklich für ihn gezogen. Den einfachen Traum, der ihn hiervon belehrt, vertraute er seiner Gattin folgendermaßen: Er habe sich in voller gewöhnlicher Ratsversammlung gesehen, wo alles nach hergebrachter Weise vorgegangen. Auf einmal habe sich der nun verstorbene Schöff' von seinem Sitz erhoben, sei herabgestiegen und habe ihm auf eine verbindliche Weise das Kompliment gemacht, er möge den verlassenen Platz einnehmen, und sei darauf zur Tür hinausgegangen.

Etwas Ähnliches begegnete, als der Schultheiß mit Tode abging. Man zauderte in solchem Falle nicht lange mit Besetzung dieser Stelle, weil man immer zu fürchten hatte, der Kaiser werde sein altes Recht, einen Schultheißen zu bestellen, irgend einmal wieder hervorrufen. Dreimal ward um Mitternacht eine außerordentliche Sitzung auf den andern Morgen durch den Gerichtsboten angesagt. Weil diesem nun das Licht in der Laterne verlöschen wollte, so erbat er sich ein Stümpfchen, um seinen Weg weiter fortsetzen zu können. »Gebt ihm ein ganzes«, sagte der Großvater zu den Frauen, »er hat ja die Mühe um meinetwillen.« Dieser Äußerung entsprach auch der Erfolg: er wurde wirklich Schultheiß, wobei der Umstand noch besonders merkwürdig war, daß, obgleich sein Repräsentant bei der Kugelung an der dritten und letzten Stelle zu ziehen hatte, die zwei silbernen Kugeln zuerst herauskamen, und also die goldene für ihn auf dem Grunde des Beutels liegen blieb.

Völlig prosaisch, einfach und ohne Spur von Phantastischem oder Wundersamem waren auch die übrigen der uns bekannt gewordenen Träume. Ferner erinnere ich mich, daß ich als Knabe unter seinen Büchern und Schreibkalendern gestöbert und darin unter andern auf Gärtnerei bezüglichen Anmerkungen aufgezeichnet gefunden: »Heute nacht kam N. N. zu mir und sagte...« Name und Offenbarung waren in Chiffren geschrieben. Oder es stand auf gleiche Weise: »Heute nacht sah ich...«, das übrige war wieder in Chiffren, bis auf die Verbindungs- und anderen Worte, aus denen sich nichts abnehmen ließ. — Bemerkenswert bleibt es hierbei, daß Personen, welche sonst keine Spur von Ahnungsvermögen zeigten, in seiner Sphäre für den Augenblick die Fähigkeit erlangten, daß sie von gewissen gleichzeitigen, obwohl in der Entfernung vorgehenden Krankheits- und Todesereignissen durch sinnliche Wahrzeichen eine Vorempfindung hatten. Aber auf keines seiner Kinder und Enkel hat sich eine solche Gabe fortgeerbt; vielmehr waren sie meistenteils rüstige Personen, lebensfroh und nur aufs Wirkliche gestellt.

Goethe und das Erdbeben von Messina

Vor einigen Tagen, als ich nachmittags bei schönem Wetter die Straße nach Erfurt hinausging, gesellte sich ein bejahrter Mann zu mir, den ich seinem Äußern nach für einen wohlhabenden

Bürger hielt. Wir hatten nicht lange geredet, als das Gespräch auf Goethe kam. Ich fragte ihn, ob er Goethe persönlich kenne. »Ob ich ihn kenne!« antwortete er mit einigem Behagen, »ich bin gegen zwanzig Jahre sein Kammerdiener gewesen!« Und nun erging er sich in Lobsprüchen über seinen früheren Herrn. Ich ersuchte ihn, mir etwas aus Goethes Jugendzeit zu erzählen, worein er mit Freuden willigte.

»Als ich bei ihn kam«, sagte er, »mochte er etwa siebenundzwanzig Jahre alt sein; er war sehr mager, behende und zierlich, ich hätte ihn leicht tragen können.«

Ich fragte ihn, ob Goethe in jener ersten Zeit seines Hierseins auch sehr lustig gewesen. Allerdings, antwortete er, sei er mit den Fröhlichen fröhlich gewesen, jedoch nie über die Grenze; in solchen Fällen sei er gewöhnlich ernst geworden. Immer gearbeitet und geforscht und seinen Sinn auf Kunst und Wissenschaft gerichtet, das sei im allgemeinen seines Herrn fortwährende Richtung gewesen. Abends habe ihn der Herzog häufig besucht, und da hätten sie oft bis tief in die Nacht hinein über gelehrte Gegenstände gesprochen, so daß ihm oft Zeit und Weile lang geworden und er gedacht habe, ob denn der Herzog noch nicht gehen wolle.

»Und die Naturforschung«, fügte er hinzu, »war schon damals seine Sache. Einst klingelte er mitten in der Nacht, und als ich zu ihm in die Kammer trete, hat er sein eisernes Rollbett vom untersten Ende der Kammer herauf bis ans Fenster gerollt und liegt und beobachtet den Himmel.

›Hast du nichts am Himmel gesehen?‹ fragte er mich, und als ich dies verneinte: ›So laufe einmal nach der Wache und frage den Posten, ob der nichts gesehen.‹ Ich lief hin, der Posten hatte aber nichts gesehen, welches ich meinem Herrn meldete, der noch ebenso lag und den Himmel unverwandt beobachtete. ›Höre‹, sagte er dann zu mir, ›wir sind in einem bedeutenden Moment, entweder wir haben in diesem Augenblick ein Erdbeben, oder wir bekommen eins.‹ Und nun mußte ich mich zu ihm aufs Bett setzen, und er demonstrierte mir, aus welchen Merkmalen er das abnehme.«

Ich fragte den guten Alten, was es für Wetter gewesen.

»Es war sehr wolkig«, sagte er, »und dabei regte sich kein Lüftchen, es war sehr still und schwül.«

Ich fragte ihn, ob er denn Goethen jenen Ausspruch sogleich aufs Wort geglaubt habe.

»Ja«, sagte er, »ich glaubte ihm aufs Wort, denn was er vorhersagte, war immer richtig.«

»Am nächsten Tage«, fuhr er fort, »erzählte mein Herr seine Beobachtungen bei Hofe, wobei eine Dame ihrer Nachbarin ins Ohr flüsterte: ›Höre, Goethe schwärmt!‹ Der Herzog aber und die übrigen Männer glaubten an Goethe, und es wies sich auch bald aus, daß er recht gesehen; denn nach einigen Wochen kam die Nachricht, daß in derselben Nacht ein Teil von Messina durch ein Erdbeben zerstört worden.«

Eckermann: Gespräche mit Goethe

Technik

Gebet acht in jenen Tagen! — auf Wagen, Equipagen, Reisesalons auf der Landstraße, ohne Pferde, ohne Dampf, ohne jedwede sichtbare Bewegungskraft, alles bewegt sich mit großer Schnelle und weit größerer Sicherheit als gegenwärtig. Equipagen und Wagen schwerer Gattung werden durch eine seltsame und dabei einfache Verbindung von Wasser und atmosphärischen Gasen bewegt werden. Diese Verbindung wird so leicht kondensiert, so einfach entzündet und unseren gegenwärtigen Lokomotiven ähnlich angewendet, daß der ganze Apparat zwischen den Vorderrädern verborgen und gehandhabt werden kann. Diese Fahrgelegenheiten werden viele Verlegenheiten verhindern, wie solche jetzt die Bewohner wenig bevölkerter Gegenden durchzumachen haben. Die erste Bedingung für diese Landlokomotiven wird eine gute Straße sein, auf der mit der neuen Lokomotive ohne Pferde mit großer Schnelligkeit gefahren wird. Diese Fahrgelegenheiten werden von wenig komplizierter Bauart sein ...

Es ist nur ein Ding notwendig, um Luftschiffahrt zu haben, und das ist die Anwendung dieser soeben in Betracht gezogenen höheren Bewegungskraft, die eben jetzt im Begriff ist, entdeckt zu werden. Der nötige Mechanismus, die Gegenluftströmung zu überwinden, um in der Luft ebenso leicht, sicher und angenehm wie die Vögel zu segeln, — hängt ebenfalls von dieser neuen Bewegungskraft ab. *Diese Kraft wird kommen!* Sie wird nicht nur die Lokomotiven auf den Schienen, die Wagen aller Gattung auf der Landstraße, sondern auch die Luftwagen in Bewegung setzen, die durch den Äther hin von Land zu Land reisen.

John Davis: The Penetralia, 1856

Mme d'Ervieux

Eine Freundin von mir, Lady A., wohnte in den Champs-Elysées. An einem Oktoberabend 1883 hatte ich bei ihr diniert. Trotz ihres großen Vermögens war sie eine sehr häusliche, ordnungsliebende Dame und machte jeden Abend ihre Abrechnung vor dem Schlafengehen.

Wie sehr war sie betroffen, als ihr an diesem Abend 3500 Francs aus der Innentasche ihres großen Reisekoffers fehlten, in dem sie ihre Juwelen und ihr Geld verwahrte.

Das Schloß war nicht verletzt; nur die Ränder der Tasche waren ein wenig verbogen. Und doch war Lady A. überzeugt, daß sie um zwei Uhr nachmittags in Gegenwart ihrer Kammerfrau die Tasche geöffnet und eine Nota bezahlt hatte. Dann hatte sie das Geld bestimmt wieder an seinen Platz gelegt. Sie schellte ihrer Kammerfrau und teilte ihr den Verlust mit. Diese wußte auch nichts anzugeben, erzählte aber dem Personal den Verlust. Die Folge war, daß der oder die Schuldige Zeit finden konnte, das gestohlene Gut in Sicherheit zu bringen.

PROPHETIE

Zeitig früh wurde der Polizeikommissar der rue Berryer benachrichtigt. Alles wurde verhört und durchsucht, umsonst.

Der Kommissar besprach noch mit Lady A. den Fall und fragte sie aus, wen sie am ehesten für den Schuldigen halte.

Lady A. gab ihre ganze Dienerschaft als vertrauenswürdig an; ganz ausgeschlossen sei aber von dem Verdacht der zweite Kammerdiener, ein großer, neunzehnjähriger Mensch, den sie aus einer Art Protektion, die er sich durch seine musterhafte Haltung erworben, zärtlich ›den Kleinen‹ zu nennen pflegte.

Der Morgen verlief resultatlos. Um elf Uhr vormittags schickte Lady A. die Erzieherin ihrer jüngsten Tochter zu mir mit der Bitte, ich möchte diese Dame doch zu einer Hellseherin begleiten, deren Fähigkeit ich vor einigen Tagen gerühmt hatte.

Ich kannte diese Hellseherin auch nur aus den Erzählungen einer Dame, und wir machten uns auf den Weg.

Unsere Hellseherin, Frau E., brachte eine mit Kaffeesatz gefüllte Tasse und ersuchte die Erzieherin, dreimal darauf zu blasen. Dann goß sie den Kaffeesatz in eine zweite Tasse, und in der ersten blieb in verworrenen Linien nur der festere Kaffeestaub zurück. Darin schien unsere Pythia zu lesen.

Sie breitete ihre Karten aus und begann: »Ah! Ein Diebstahl ... Der Dieb ist im Hause selbst und hat sich nicht erst eingeschlichen. Warten Sie, jetzt will ich aus dem Kaffeesatz die Details herauslesen.«

Sie nahm die Tasse, die Erzieherin mußte wieder dreimal blasen, und sie griff nach ihrem Lorgnon.

Als hätte sie der Szene beigewohnt, beschrieb sie auf das genaueste das Zimmer der Lady A. Sieben Bediente, die sie dem Alter und Geschlecht nach genau beschrieb, sah sie in dem Haus. Dann kam sie wieder in Lady As. Zimmer zurück und bemerkte einen eigenartigen Schrank[1].

---

[1] Anm. der Erzählerin: Ein englischer Schrank, wie sie ihn wohl noch nie gesehen hatte. — Der Fall trägt bei Flammarion, Rätsel des Seelenlebens, die Nummer LXXV und steht auf S. 411 ff.

»Warum ist dieser Schrank nicht versperrt? Er enthält viel Geld ... in ... wie komisch das Ding ist! ... es öffnet sich wie ein Portemonnaie ... es ist kein Koffer ... ah, ist weiß ... ein Reisesack ... welche Idee, hier sein Geld aufzubewahren und wie unvorsichtig, es so unverschlossen zu lassen! — Die Diebe kennen den Sack wohl ... sie haben das Schloß nicht verletzt. Sie biegen die Seiten auseinander, und mit einer Schere oder mit einer Pinzette ziehen sie die Banknoten heraus.«

Wir lassen sie sprechen; alles, was sie sagt, stimmt in den feinsten Details mit der Wahrheit überein. Sie hält ermüdet inne. Wir beschwören sie, uns den Schuldigen zu nennen. Sie erklärt, dies sei gegen die französischen Gesetze, denn man dürfe ohne Beweise, nur durch okkultes Wissen, niemand als einen Verbrecher bezeichnen.

Da wir weiter in sie dringen, erklärt sie, das Geld werde niemals gefunden und der Dieb nicht für den Diebstahl bestraft werden, aber in zwei Jahren würde er die Todesstrafe erleiden.

So oft sie von dem ›Kleinen‹ spricht, sieht sie ihn bei den Pferden. Wir versichern ihr, er sei Kammerdiener und komme mit den Pferden gar nicht in Berührung. Aber sie besteht auf ihrer Behauptung.

Wir lassen also diese Kleinigkeit fallen, die uns aber in ihren sonst so richtigen Angaben stört.

Vierzehn Tage später entläßt Lady A. ihren Portier und ihre Kinderfrau; der ›Kleine‹ tritt ohne Grund einige Wochen später aus ihrem Dienst. Das Geld wird nicht gefunden, und ein Jahr später reist Lady A. nach Ägypten.

Zwei Jahre nach dem Diebstahl erhält Lady A. die Aufforderung vom Tribunal de la Seine, als Zeugin nach Paris zu kommen. Man hatte den Dieb gefunden. Es war Marchandon, der Mörder Frau Cornets, ehemals der so hochgeschätzte ›Kleine‹.

Wie es die Hellseherin von rue Notre-Dame-de-Lorette vorausgesehen, erlitt er die Todesstrafe. Im Prozeß konstatierte man auch, daß der ›Kleine‹ ganz nahe der Residenz von Lady A. einen Bruder hatte, der als Kutscher in einem großen Haus bedienstet war. Der ›Kleine‹ war ein großer Pferdeliebhaber und hatte jeden freien Moment bei seinem Bruder im Stall zugebracht.

Kemmerich

Richtig verbunden

Eine Nachricht ging durch die Blätter, daß ein nächtlicher Telefonanruf — noch dazu ein, wie sich nachher herausstellte, »Falsch verbunden« — für mehrere Menschen zum Lebensretter wurde. Ein Bankbeamter in New York hörte in tiefer Nacht das Klingelzeichen, das Mühe gehabt hatte, in seinen Schlaf einzudringen, und sich dort erst in Träume verspann. Der Mann konnte sich kaum ermuntern und merkte, als er schließlich wach geworden, schweren Schwindel, Kopfschmerzen, Übelkeit. Mit Anstrengung stand er auf, tappte taumelig zum Apparat, erfuhr dort nur, daß der Anruf ihn nicht betreffe, und faßte in dem ihn beunruhigenden Dämmerzustand, dem er sich nicht zu entreißen vermochte, den Entschluß, seine Frau zu wecken, ehe er schlaftrunken sich wieder ausstrecken wollte. Er fand die Frau nicht schlafend, sondern in voller Bewußtlosigkeit, wurde in seinem Schrecken nun heller wach, spürte Gasgeruch, nahm alle Energie zusammen, öffnete die Fenster und telefonierte der Polizei. Es gelang, das Ehepaar mit den Kindern am Leben zu erhalten. Mittels Sauerstoffapparates brachte man die schon tief Betäubten ins Bewußtsein zurück. Die falsche Telefonverbindung hatte Eltern und Kinder gerettet.

PROPHETIE

Ins Leben gerufen

Ein Herr Goeßmann, der im Felde Leutnant war, berichtet: »Sternklare Frühlingsnacht im vordersten Kampfgraben in Französisch-Flandern. Ich sitze im Unterstand. Von draußen her höre ich den Ruf: ›Leutnant Goeßmann zum Kompanieführer.‹ Ich komme heraus und frage den Posten, ob er gerufen habe. Nein, er hat weder gerufen noch etwas gehört. Also Irrtum! Ich gehe in den Unterstand zurück. Es ist ziemlich ruhig, nur ab und zu heult eine Granate heran oder belfern die englischen MGs. Nach kurzer Zeit wieder der Ruf: ›Leutnant Goeßmann zum Kompanieführer!‹ Ich komme heraus. Der vor meinem Unterstand stehende Posten hat gerufen; der Ruf sei durch die Postenkette von rechts gekommen. Ich gehe zum Kompanieführer, finde ihn am Ende der Kompanie und melde mich. Der macht ein erstauntes Gesicht, er habe mich nicht rufen lassen. Also wieder falsch! Ärgerlich gehe ich zu meiner Behausung zurück. Mein Bursche kommt mir aufgeregt entgegen und zieht mich zu meinem Unterstand. Ein Granatvolltreffer hat ihn vollständig zerstört. Wäre ich nicht fortgegangen, ich wäre nicht mehr! Während ich vor den Trümmern stehe, schießt mir der Gedanke durch den Kopf: Wer hat dich denn rufen lassen, wenn es der Kompanieführer nicht gewesen ist? Ich stelle fest: Die Posten stehen sämtlich noch wie bei meinem Weggange. Ich befrage sie. Der Posten vor meinem Unterstand hat den Ruf von rechts gehört, der nächste Posten ebenfalls, der übernächste Posten hat weder etwas gehört noch hat er gerufen, ebenso die anderen Posten. Woher kam nun der Ruf, der mir zweifellos das Leben rettete?«

Scholz

HEXEREI

Alte und neue Dokumente zum Hexenglauben
und zur Hexenverfolgung

Die Hexenverfolgung in Europa währte rund drei Jahrhunderte, von 1400 etwa bis 1700. Nach Schätzungen fielen ihr allein in Deutschland 300 000 Menschen zum Opfer (gegen 3000 Hinrichtungen während der Französischen Revolution). Volle Sanktion erhielt sie durch Papst Innozenz' VIII. Bulle ›Summis Desiderantes Affectibus‹ (1484), in der es heißt:

»Wir haben neulich nicht ohne große Betrübnis erfahren, daß es in einzelnen Teilen Oberdeutschlands und in den mainzischen, kölnischen, trierischen, salzburgischen, bremischen Provinzen und Sprengeln in Städten und Dörfern viele Personen von beiden Geschlechtern gebe, welche, ihres eigenen Heils uneingedenk, vom wahren Glauben abgefallen, mit dämonischen Inkuben und Sukkuben sich fleischlich vermischen, durch zauberische Mittel mit Hilfe des Teufels die Geburten der Weiber, die Jungen der Tiere, die Früchte der Erde, die Trauben der Weinberge, das Obst der Bäume, ja Menschen, Haus- und andere Tiere, Weinberge, Baumgärten, Wiesen, Weiden, Körner, Getreide und andere Erzeugnisse der Erde zugrunderichten, ersticken und vernichten, die Männer, Weiber und Tiere mit heftigen innern und äußern Schmerzen quälen, die Weiber am Gebären, beide an der Verrichtung ehelicher Pflichten zu verhindern vermögen.«

Durchgesetzt hatten diese Bulle die beiden Inquisitoren für Nord- und Süddeutschland, Heinrich Institoris und Jakob Sprenger. Sie bekamen nun Vollmachten, Zauberer und Hexen ausfindig zu machen und auszurotten. Der Bischof von Straßburg, Albrecht von Bayern, wurde beauftragt, die beiden Inquisitoren zu unterstützen. Zwei Jahre später verfaßten Institoris und Sprenger ihren berühmt und berüchtigt gewordenen Hexenkodex ›Malleus maleficarum‹, den ›Hexenhammer‹.

Dieses Kompendium enthält alles, was der Hexenrichter wissen muß, angefangen von den zurechtgebogenen theologischen Grundlagen der Hexerei. Hexer und Hexen (vorwiegend solche) sind von Dämonen besessen (Inkubus und Sukkubus), mit denen sie schändlicher Weise Geschlechtsverkehr treiben; überdies, und das ist das Kardinalverbrechen, lassen sie sich *von ihren dämonischen Liebhabern zum Abfall vom Glauben bewegen. Die Dämonen können in menschlicher Gestalt auftreten, sie können sich aber auch im Körper der Hexe einnisten. Zum allgemeinen Hexentreffen, der Walpurgisnacht, fahren die Hexen durch die Lüfte aus. Zu erkennen sind sie am Hexenmal. Dieses zu suchen (es ist meist ein gewöhnliches Muttermal) ist die erste Aufgabe des Inquisitionsbüttels. Daher wird jede unter dem Verdacht der Hexerei verhaftete Frau zunächst entkleidet, oft auch geschoren. Als weiteres Beweismittel dient die Hexenprobe. Die Hexe wird gefesselt und ins Wasser geworfen; schwimmt sie oben, ist sie schuldig. Geht sie unter, ist sie unschuldig (und für gewöhnlich tot). Drittes Beweismittel ist das Geständnis, das durch alle Spielarten der Folter erpreßt wird. Das Urteil lautet in jedem Fall auf Tod, meist durch Verbrennen bei lebendigem Leib. Als Zeugen zugelassen sind praktisch alle Menschen einschließlich persönliche Feinde, Verbrecher, Verwandte, ja selbst Hexen. Also bedeutete Verhaftung Tod. (Bilder gegenüber S. 113 und 160.)*

In seinem mittleren Teil bringt der ›Hexenhammer‹ eine Fülle exemplarischer Beispiele von Hexerei:

Der Pakt mit dem Teufel

Ein junger Mann, der samt seinem Weibe, einer Hexe, gefangen worden war und getrennt von ihr in einem besonderen Turme verwahrt wurde, sagte vor dem Berner Gerichte aus:

»Wenn ich für meine Taten Verzeihung erlangen könnte, würde ich alles, was ich von der Hexerei weiß, gern offenbaren, denn ich sehe, daß ich werde sterben müssen.« Und als er von den anwesenden Gelehrten gehört hatte, er könne jedwede Verzeihung erlangen, wenn er wahrhafte Reue empfände, da ging er freudig in den Tod und berichtete von den Arten der ersten Befleckung. Er sprach: »Die Ordnung, in der auch ich verführt bin, ist die folgende: Zuerst muß der zukünftige Schüler am Sonntage, bevor das Weihwasser geweiht wird, mit den Meistern in die Kirche gehen und dort vor ihnen Christum, den Glauben, die Taufe und die allgemeine Kirche verleugnen. Darauf muß er dem *Magisterulus,* d. h. dem *kleinen Magister* (denn so und nicht anders nennen sie den Dämon) die Huldigung darbringen. (Hier ist zu bemerken, daß diese Art mit den anderen, erwähnten übereinstimmt.) Es hindert nicht, daß der Dämon, wenn ihm die Huldigung dargebracht wird, bisweilen zugegen ist, zuweilen aber auch nicht: denn in dem Falle handelt er listig, indem er die Disposition des zukünftigen Schülers wohl bemerkt, der vielleicht, als Novize, bei jenes Anwesenheit, aus Furcht zurücktreten möchte, während der Dämon andererseits meint, daß er durch seine Bekannten und Freunde sich leichter bewegen lassen könnte. Darum nennen sie ihn auch dann, wenn er abwesend ist, kleiner Magister, damit (der Novize) nur eine kleine Meinung von dem Magister bekomme und daher weniger erschrocken sei. — Endlich trinkt er aus der oben erwähnten Bauchflasche, worauf er sofort im Innern fühlt, wie er die Bilder unserer Kunst betreffs der Hauptriten dieser Sekte erfaßt und bewahrt. Auf diese Weise bin ich verführt worden und auch mein Weib, die, wie ich glaube, so verstockt ist, daß sie lieber den Feuertod aushält, als die kleinste Wahrheit eingestehen will. Aber ach! wir sind beide schuldig!« — Wie der junge Mann ausgesagt, so fand sich alles in voller Wahrheit bestätigt: den vorher bußfertigen Mann sah man in großer Zerknirschung sterben; seine Frau aber wollte, wiewohl von Zeugen überführt, die Wahrheit durchaus nicht gestehen, auch auf der Folter nicht; auch nicht im Angesicht des Todes; sondern als der Henker den Scheiterhaufen angebrannt hatte, fluchte sie ihm mit häßlichen Worten und ward so eingeäschert.

Darin besteht also die *feierliche* Art, das Teufelsbündnis zu schließen: die andere, die *private,* geschieht auf verschiedene Weisen. Bisweilen nämlich tritt der Dämon zu solchen Männern oder Weibern, die in eine körperliche oder zeitliche Bedrängnis geraten sind; manchmal tut er das sichtbar, manchmal redet er durch Mittelspersonen: und wenn sie nach seinem Rate handeln wollten, verspricht er, würde alles nach Wunsch und Lust gehen. Von kleinen Anfängen geht er jedoch aus, wie im ersten Kapitel gesagt ist, daß er sie allmählich zu Größerem führe.

Der Hexenritt

In der Stadt Waldshut am Rhein, in der Diözese Konstanz, lebte eine Hexe, die den Einwohnern sehr verhaßt war und auch zu einer Hochzeitsfeier nicht eingeladen wurde, während doch fast alle Einwohner derselben beiwohnten. Voll Zorn und Rachbegierde ruft sie den Dämon an und sagt ihm den Grund ihrer Traurigkeit, bittet auch, daß er einen Hagel erregen und alle Leute im Hochzeitszuge damit treffen möge. Jener sagte zu, hob sie hoch und führte sie vor den Augen einiger Hirten durch die Luft hinweg, zu einem Berge nahe der Stadt. Da ihr, wie sie später gestand, das Wasser fehlte, um es in eine Grube zu gießen, (welches Mittel sie, wie sich zeigen wird, beobachten, wenn sie Hagel erregen), da ließ sie selbst in die Grube, die sie gemacht hatte, ihren Urin an Stelle des Wassers hinein und rührte das nach der gewöhnlichen Sitte in Gegenwart des Dämons mit dem Finger um. Dann warf der Dämon die feuchte Masse plötzlich in die Luft und schickte einen Hagelschlag mit gewaltigen Schloßen, aber bloß über die Hochzeitler und Städter. Als diese dadurch auseinandergejagt waren und sich dann gegenseitig über die Ursache besprachen, kehrte die Hexe nach der Stadt zurück, weshalb der Verdacht noch mehr bestärkt ward. Als aber jene Hirten berichtet, was sie gesehen hatten, da wuchs der Verdacht gegen die Verbrecherin gewaltig. Sie ward also verhaftet und gestand, daß sie jene Tat deshalb verübt hätte, weil sie nicht eingeladen worden war. Wegen vieler anderen Hexentaten, die sie vollbracht hatte, ward sie eingeäschert.

Höllische Latwergen

In einer Stadt, die zu nennen nicht frommt, wie das Gebot der Liebe und die Vernunft es befiehlt und rät, nahm eine Hexe den Leib des Herrn, und plötzlich sich verneigend, wie es die verfluchte Weiberart ist, brachte sie das Kleid an den Mund, nahm den Leib des Herrn (aus dem Munde) heraus, wickelte ihn in das Tuch und legte ihn, also vom Dämon unterwiesen, in einen Topf, in dem eine Kröte war, und verbarg ihn in der Erde im Stalle nahe bei der Scheune ihres Hauses, unter Beifügung sehr vieler anderer Dinge, mit denen sie ihre Hexentaten hätte vollbringen sollen; aber durch die Liebe Gottes ward eine so schwere Tat entdeckt und kam ans Licht. Denn am folgenden Tage, als ein Tagelöhner am Stalle vorbei nach seiner Arbeit ging, hörte er eine Stimme, wie von einem heulenden Kinde; und als er näher trat, bis zum Estrich gekommen war, unter dem der Topf verborgen lag, hörte er um so deutlicher; und in der Meinung, ein Kind sei dort von einem Weibe vergraben, holte er den Schulzen oder Ortsvorsteher und erzählte die Geschichte, die seiner Meinung nach von einem Mörder begangen war. Nachdem jener schnell Diener geschickt hatte, fand sich, daß es so war, wie er erzählte. Sie wollten aber das Kind nicht ausgraben, sondern Wächter in der Ferne aufstellen, daß sie mit klarem Sinne Acht hätten, wenn etwa ein Weib sich nahe. Sie wußten ja nicht, daß dort der Leib des Herrn versteckt lag. Daher traf es sich auch, daß dieselbe Hexe den Ort betrat und unter dem Mantel den Topf barg, was aber die andern heimlich sahen. Daher ward jene gefangen, gefoltert und gestand das Verbrechen, indem sie sagte, der Leib des Herrn sei mit einer Kröte in dem Topfe dort verborgen worden, damit sie aus diesem Pulver nach ihrem Gefallen den Menschen und Tieren Schaden zufügen könnte.

HEXEREI

Die Vorratskammer des Bösen

Zu jener Zeit, da in der Stadt Innsbruck über die Hexen Inquisition abgehalten ward, wurde unter anderem folgender Fall vorgebracht. Eine gewisse ehrbare Person nämlich, die mit einem der Diener des Erzherzogs ehelich verbunden war, bekundete in Gegenwart des Notars usw. in Form Rechtens: Als sie zur Zeit ihres Jungfernstandes bei einem Bürger diente, ereignete es sich, daß seine Frau an heftigem Kopfschmerz zu leiden hatte. »Als zu dessen Heilung eine Frau herbeigekommen war, und mit ihren Sprüchen und gewissen Praktiken den Schmerz lindern sollte, bemerkte ich, während ich ihre Praktik aufmerksam beobachtete, daß gegen die Natur des Wassers, welches in eine Schüssel gegossen war, dieses selbe Wasser unter weiteren Zeremonien, die aufzuzählen nicht nötig ist, in einen anderen Topf emporgestiegen war. In der Erwägung, daß davon der Kopfschmerz bei der Herrin nicht gelindert würde, stieß ich einigermaßen unwillig die Worte gegen die Hexe aus: ›Ich weiß nicht, was Ihr treibt: Ihr tut nichts als abergläubiges Zeug, und zwar um Eures Vorteiles willen.‹ Da entgegnete die Hexe sogleich: ›Ob es abergläubiges Zeug ist oder nicht, wirst du am dritten Tage merken.‹ Das bewies der Ausgang der Sache, denn am dritten Tage, als ich am frühen Morgen dasaß, merkte ich einen Erguß, und plötzlich befiel meinen Körper ein so gewaltiger Schmerz, zuerst im Innern, daß kein Teil des Körpers war, an dem ich nicht schreckliche Stiche fühlte. Dann schien es mir nicht anders, als wenn fortwährend feurige Kohlen auf meinen Kopf geschüttet würden, drittens wäre auf der Haut des Körpers vom Scheitel bis zu den Fußsohlen kein nadelstichgroßer Raum gewesen, wo nicht eine mit weißem Eiter gefüllte Pustel gewesen wäre. So verblieb ich in diesen Schmerzen bis zum vierten Tage, indem ich heulte und mir nur den Tod wünschte. Schließlich forderte mich der Gatte meiner Herrin auf, in einen gewissen Stall zu treten. Während er voranging und ich langsam einherging, sagte er, als wir vor der Tür des Stalles waren, zu mir: ›Siehe da über der Stalltür das Stück weißes Tuch!‹ ›Ich sehe es wohl.‹ Darauf er: ›Soviel du kannst; beseitige es, weil du dich dadurch vielleicht besser fühlen wirst.‹ Da hielt ich mich mit einem Arme an der Tür und nahm mit dem anderen, soviel ich konnte, das Stück weg. ›Öffne‹, sagte der Herr, ›und betrachte das darin Niedergelegte genau.‹ Als ich das Stück geöffnet hatte, fand ich dort mehrerlei eingeschlossen, besonders aber gewisse weiße Körner von der Art wie die Pusteln, die an meinem Körper waren; auch Samen und Hülsenfrüchte, dergleichen ich nicht essen oder sehen konnte, samt Knochen von Schlangen und anderen Tieren erblickte ich. Und als ich, darüber erstaunt, den Herrn fragte, was zu tun sei, forderte er mich auf, alles ins Feuer zu werfen. Ich tat es, und siehe, plötzlich, nicht nach Verlauf einer Stunde oder Viertelstunde, sondern im Augenblick, wie die Sachen ins Feuer geworfen worden waren, bekam ich meine alte Gesundheit wieder.« — Und weil gegen die Frau jenes Mannes, der sie diente, noch mehr ausgesagt worden war, weshalb jene nicht sowohl für leicht, als vielmehr für schwer verdächtig gehalten wurde, besonders auch wegen ihrer großen Vertrautheit mit (anderen) Hexen, so wird angenommen, daß sie voll Schuldbewußtsein wegen des hingelegten Hexenmittels es dem Manne mitteilte, worauf es dann in der angegebenen Weise bekannt wurde und die Magd ihre Gesundheit wiederfand.

Kinder in der Flasche

Es ging allgemein das Gerücht, wie der Richter Petrus in Boltingen berichtet, daß im Berner Lande dreizehn Kinder von Hexen verzehrt worden seien, weshalb auch die öffentliche Gerechtigkeit ziemlich hart gegen solche Meuchelmörder verfahren sollte. Als nun Petrus eine gefangene Hexe fragte, auf welche Weise sie die Kinder verzehrten, antwortete sie: »Die Weise ist die folgende: Besonders stellten wir den noch nicht getauften Kindern nach, aber auch den getauften, besonders wenn sie nicht mit dem Zeichen des Kreuzes oder durch Gebete geschützt werden. (Leser, merke, daß sie auf Betreiben des Teufels deshalb besonders den Ungetauften nachstellen, damit sie nicht getauft werden.) Diese töten wir, wenn sie in der Wiege oder an der Seite der Eltern liegen, durch unsere Zeremonien, und während man glaubt, daß sie erdrückt oder sonst aus einem Grunde gestorben sind, stehlen wir sie heimlich aus der Gruft und kochen sie in einem Kessel, bis nach Ausscheidung der Knochen das ganze Fleisch fast trinkbar flüssig wird. Aus der festen Masse machen wir Salben, um unsere Wünsche, Künste und Fahrten bequem ausführen zu können, die flüssige Masse aber füllen wir in eine bauchige Flasche; wer hiervon unter Hinzufügung etlicher Zeremonien trinkt, wird sofort Mitwisser und Meister unserer Sekte.«

Verhexte Manneskraft

In der Stadt Regensburg hing sich ein Jüngling an ein Mädchen; und als er es im Stiche lassen wollte, verlor er sein Männliches, natürlich durch Gaukelkunst, so daß er nichts sehen und fassen konnte als den glatten Körper, worüber er beängstigt ward. Nun ging er einst in ein Gewölbe, um Wein zu kaufen; hier blieb er eine Weile, als ein Weib hinzukam, dem er den Grund seiner Traurigkeit entdeckte und alles erzählte, auch ihr zeigte, daß es so mit seinem Leibe stände. Die verschmitzte Alte fragte, ob er keine im Verdacht hätte; und er nannte jene und erzählte ausführlich die Geschichte. Jene erwiderte: »Es ist nötig, daß du mit Gewalt, wo Freundlichkeit dir nicht hilft, sie zwingst, dir die Gesundheit wiederzugeben.« Und der Jüngling beobachtete im Dunkeln den Weg, den die Hexe zu gehen pflegte; und als er sie sah, bat er sie, ihm die Gesundheit wieder zu verleihen. Als jene sagte, sie sei unschuldig und wisse von nichts, stürzte er sich auf sie, würgte sie mit einem Handtuche und schrie: »Wenn du mir meine Gesundheit nicht wiedergibst, stirbst du von meiner Hand.« Da sagte sie, da sie nicht schreien konnte, und ihr Gesicht schon anschwoll und blau wurde: »Laß mich los, dann will ich dich heilen.« Und als der Jüngling den Knoten oder die Schlinge gelockert hatte und sie nicht mehr würgte, berührte die Hexe ihn mit der Hand zwischen den Schenkeln oder dem Schambeine und sprach: »Nun hast du, was du wünschest.« Und, wie der Jüngling später erzählte, fühlte er deutlich, bevor er durch Sehen und Befühlen sich vergewisserte, daß ihm das Glied durch die bloße Berührung der Hexe wiedergegeben war.

Eine fromme Lüge

Ein erlauchter Graf von Westerich, in der Nachbarschaft der Diözese Straßburg, heiratete eine Jungfrau aus gleich hohem Geschlecht, die er jedoch nach der Hochzeitsfeier bis ins dritte Jahr fleischlich nicht erkennen konnte, da er durch Hexenwerk gehindert ward, wie das Ende der Geschichte bewies. Er war voller Angst, wußte nicht, was er tun sollte und rief inbrünstig die Heiligen Gottes an. Da traf es sich, daß er nach der Stadt Metz zur Ausführung einiger Geschäfte kam, und als er dort durch die Gassen und Straßen, von Dienern und Familie umgeben, einherschritt, kam ihm eine Frau entgegen, die vor jenen (drei) Jahren seine Beischläferin gewesen war. Als er sie sah und gar nicht an die ihm angetane Hexerei dachte, redete er sie von ungefähr freundlich aus alter Freundschaft an und fragte sie, wie es ihr ginge und ob sie gesund sei. Als sie des Grafen Liebenswürdigkeit sah, forschte sie ebenso eifrig nach des Grafen Gesundheit und Wohlergehen, und als er antwortete, es ginge ihm gut und er habe mit allen Dingen Glück, da schwieg sie bestürzt eine Weile. Der Graf, der sie bestürzt sah, sprach weiter mit ihr mit freundlichen Worten und wollte sie zu einer Unterredung bringen. Jene forschte nach dem Befinden seines Weibes und bekam eine ähnliche Antwort: Es stände in allem gut mit ihr. Darauf fragte sie, ob sie Kinder geboren habe, worauf der Graf antwortete: »Drei Knaben sind mir geboren worden, jedes Jahr einer.« Da ward jene noch bestürzter und schwieg eine Weile. Dann fragte der Graf: »Sag mir doch, Liebste, warum du so eifrig danach forschest; ich zweifle nicht, daß du mir zu meinem Glücke gratulierst.« Und jene: »Ja, ich gratuliere; aber verflucht sei die Vettel, die sich erbot, Euren Leib behexen zu wollen, daß Ihr des Beischlafs mit Eurer Frau nimmermehr pflegen könntet. Zum Zeichen dessen enthält der Brunnen, der inmitten Eures Hofes steht, auf dem Grunde einen Topf mit gewissen Hexenmitteln, der deshalb dorthin gelegt wurde, daß, solange er dort läge, Ihr impotent sein solltet; aber siehe, alles ist vergebens, worüber ich mich freue usw.« Ohne Verzug ließ der Graf, sobald er nach Hause gekommen war, den Brunnen ausschöpfen und fand den Topf; und nachdem alles verbrannt war, gewann er plötzlich die verlorene Kraft wieder. Daher lud die Gräfin von neuem jedwede adligen Frauen zur neuen Hochzeit ein und sagte, jetzt sei sie in Wahrheit die Herrin des Schlosses und der Herrschaft, während sie so lange Jungfrau geblieben sei.

Dreimal schwarze Katz'

Es gibt eine Stadt in der Diözese Straßburg, deren Namen zu verschweigen die Pflicht der Liebe und des Anstandes fordern, wo einst ein Arbeiter in einem Hause Brennholz zersägte; da kam eine Katze von nicht geringer Größe, die sich abarbeitete, an ihm emporzuspringen und ihn so zu belästigen. Er verjagte sie, aber siehe da, eine zweite, noch größere, kam zugleich mit der ersten, und beide griffen ihn noch ungestümer an; als er sie wieder vertreiben wollte, da wurden es drei und griffen ihn an, indem sie bald nach seinem Gesichte drangen, bald ihn in die Hüfte bissen. Jener, in Furcht gesetzt und erschrocken (wie er selbst erzählte), wie nie zuvor, schützte sich mit dem Zeichen des Kreuzes, ließ seine Arbeit im Stich, und, indem er mit einem Stück gespaltenem Holz auf die feindseligen Katzen, die immer wieder bald nach seinem Kopfe, bald nach seiner Kehle drangen, losschlug, der einen auf den Kopf, der anderen auf die Beine oder über den Rücken, verjagte er sie endlich mit Mühe und Not. Und siehe, nach Verlauf einer Stunde, als er wieder mit seiner Arbeit beschäftigt war, kamen zwei Diener des Stadtrates, nahmen ihn als einen Hexer gefangen und wollten ihn vor den Landvogt oder Richter führen. Als dieser ihn von weitem sah, wollte er ihm kein Gehör schenken, sondern befahl, daß er bis zum Tode in einen tiefen Turm oder Gefängnis geworfen würde, wo die zum Tode Verurteilten eingeschlossen zu werden pflegten. Jener heulte und klagte jammernd drei Tage lang den Wächtern des Gefängnisses, warum er so behandelt würde, da er sich keiner Schuld bewußt wäre. Aber je mehr diese dabei blieben, daß ihm Gehör geliehen werden müsse, um so heftiger schäumte der Richter vor Zorn und rief mit Schmähreden, wie ein solcher Hexer seine Schuld noch nicht zugeben oder wie er sich unschuldig nennen könne, da doch seine Schandtaten klar und deutlich gezeigt seien. Aber wenn auch jene nichts ausrichteten, so ward der Richter doch durch die Fürsprache anderer Ratsherren bewogen, ihm Gehör zu schenken. Er ward also aus dem Kerker geführt; und als er vor dem Richter stand und dieser ihn nicht ansehen wollte, da fiel der Arme vor den anderen Anwesenden auf die Knie und bat, daß man ihm den Grund seines Unglücks angäbe; und da brach der Richter in die Worte aus: »Du nichtswürdiger Schurke, wie kannst du deine Schandtaten ableugnen? An dem und dem Tage, zu der und der Stunde, hast du drei angesehene Frauen aus unserer Stadt verwundet, daß sie im Bette liegen und nicht aufstehen noch sich bewegen können.« Der Arme, der wieder zur Besinnung kam und bei sich über Tag und Stunde und den Verlauf der Geschichte nachdachte, sagte darauf: »Wahrlich, mein Lebtag habe ich niemals ein Weib geschlagen und geprügelt, und daß ich an dem und dem Tage zu der und der Stunde mich mit Holzsägen beschäftigt habe, werde ich durch gesetzmäßige Aufstellung von Zeugen beweisen. Aber auch Eure Diener haben gesehen, wie ich in der folgenden Stunde diese Arbeit tat.« Da rief wiederum der Richter voll Wut: »Seht, wie er seinem Verbrechen auch noch ein Mäntelchen umhängen will! Die Frauen bejammern ihre Schläge und zeigen sie, auch daß er sie geschlagen habe, bezeugen sie öffentlich!« Indem nun der Arme noch mehr über die Geschichte nachdachte, sagte er: »Zu jener Stunde, erinnere ich mich, habe ich Tiere geprügelt, aber keine Frauen.« Voll Erstaunen rufen die Anwesenden, was für Tiere er geschlagen habe. Und da erzählte er, zum Erstaunen aller die Geschichte, so wie sie oben erzählt ist. Da sie merkten, es sei ein Werk des Teufels gewesen, ließen sie den Armen los und ledig und trugen ihm auf, daß er von der Geschichte niemand etwas erzählte. Aber auch vor den Glaubenseiferern, die dabei gewesen, konnte das nicht verheimlicht werden.

Hexenhammer

Im Zusammenhang mit diesem Beispiel ist im ›Hexenhammer‹ davon die Rede, daß Hexen auch Tiergestalt annehmen können. Man ist also zunächst der Meinung, es solle dargetan werden, daß drei Hexen sich in Katzen verwandelt haben. Da nun wirklich drei Frauen gefunden werden, die genau jene Verletzungen aufweisen, die der Arbeiter den Katzen zugefügt hat, so sollte man annehmen, diese drei Frauen seien die Hexen. Zumindest der Inquisitor mußte das glauben. Aber siehe da, den Frauen geschieht nichts, denn es sind drei angesehene Frauen. So erfindet man eine Überkonstruktion, und flugs ist ein neuartiges Teufelswerk geschaffen. Der Sinn dieser Maßnahme geht eindeutig aus dem Satz hervor: sie »trugen ihm auf, daß er von der Geschichte niemand etwas erzählte«. Die Autoren des Hexenhammers gehen so weit, ihre eigenen Leute, die »Glaubenseiferer«, madig zu machen.

Die Situation war also nicht so eindeutig, wie man meinen möchte, daß niemand, gleich welchen Standes, vor der Inquisition sicher war. Wurde aber einmal eine hochmögende Hexe verbrannt, so wurde das gebührend herausgestrichen, damit die Meinung entstehe, vor dem Inquisitionsgericht seien alle gleich. Es wird dann jeweils wohl einen ganz bestimmten Grund für Verhaftung und Prozeß gegeben haben.

Eine Familie im Teufelskreis

In der Diözese Basel, in der Stadt Dann, hatte eine Eingeäscherte gestanden, mehr als vierzig Kinder in der Weise getötet zu haben, daß, sobald sie aus dem Mutterleib hervorkamen, sie ihnen eine Nadel in den Kopf durch den Scheitel bis ins Gehirn einstach. Eine andere endlich, in der Diözese Straßburg, hatte gestanden, Kinder ohne Zahl — weil nämlich bezüglich der Zahl nichts feststand — getötet zu haben. Sie wurde aber so ertappt: Als sie nämlich aus der einen Stadt in die andere gerufen worden war, um eine Frau zu entbinden, und sie nach Erfüllung ihrer Pflicht nach ihrer Behausung zurückkehren wollte, fiel zufällig, als sie aus dem Tore der Stadt hinausging, der Arm eines neugeborenen Knaben aus dem Linnen, mit dem sie gegürtet war und in welchem der Arm eingewickelt gewesen war, heraus. Das sahen die in dem Tore Sitzenden; und als jene vorübergegangen war, hoben sie es als ein Stück Fleisch, wie sie glaubten, von der Erde auf. Als sie es aber betrachteten und an den Gliedergelenken erkannt hatten, daß es nicht ein Stück Fleisch, sondern der Arm eines Knaben sei, wurde ein Rat mit den Vorsitzenden abgehalten, und da befunden ward, daß ein Kind vor der Taufe mit Tod abgegangen war und ihm ein Arm fehlte, wurde die Hexe verhaftet, den Fragen ausgesetzt und das Verbrechen entdeckt; und so bekannte sie, wie vorher gesagt ist, Kinder getötet zu haben, ohne die Zahl anzugeben.

Aus welchem Grunde aber? Man muß jedenfalls annehmen, daß sie durch das Drängen böser Geister gezwungen werden, derlei zu tun, bisweilen auch gegen ihren Willen. Denn der Teufel weiß, daß solche Kinder vom Eintritt in das himmlische Reich wegen der Strafe der Verdammnis oder der Erbsünde ausgeschlossen werden. Daher wird auch das jüngste Gericht länger hinausgeschoben, unter dem sie den ewigen Qualen überliefert werden, je langsamer sich die Zahl der Auserwählten ergänzt: ist sie voll, so wird die Welt aufgehoben werden.

Und wie es im Vorausgeschickten berührt worden ist, haben sie sich auf Anraten der Dämonen aus solchen Gliedern Salben zu bereiten, die zu ihrer Benützung dient.

Aber auch diese schauderhafte Schandtat darf zur Verwünschung eines so großen Verbrechens nicht mit Stillschweigen übergangen werden, daß sie nämlich, falls sie die Kinder nicht umbringen, sie den Dämonen auf folgende Weise weihen: Wenn nämlich das Kind geboren ist, trägt es die Hebamme, falls die Wöchnerin nicht selber schon Hexe ist, gleichsam, als wollte sie eine Arbeit zur Erwärmung des Kindes vollbringen, aus der Kammer heraus und opfert es, indem sie es in die Höhe hebt, dem Fürsten der Dämonen, d. h. Luzifer, und allen Dämonen; und statt dessen über dem Küchenfeuer.

Als ein gewisser jemand, wie er selbst berichtete, bei sich erwog, daß seine Frau zur Zeit der Niederkunft, gegen die gewohnte Weise der Wöchnerinnen, keine Frau zu sich hineinkommen ließ, außer der eigenen Tochter allein, die das Amt der Hebamme versah, versteckte er sich um jene Zeit heimlich im Hause, da er den Grund derartigen (Verhaltens) erfahren wollte. Daher bemerkte er auch die Ordnung bei der Gotteslästerung und teuflischen Opferung in der vorbezeichneten Weise; dazu, daß, wie ihm schien, das Kind durch das Werkzeug einer Hänge, woran die Töpfe aufgehängt werden, nicht durch menschliche Hilfe, sondern durch die der Dämonen gestützt in die Höhe fuhr. Darüber im Herzen bestürzt, und da er auch die schauerlichen Worte bei der Anrufung der Dämonen und die anderen nichtswürdigen Riten bemerkt hatte, bestand er gar heftig darauf, daß das Kind sofort getauft würde; und da es nach einem anderen Flecken getragen werden mußte, wo die Parochialkirche war, und man dabei über eine Brücke über einen gewissen Fluß zu gehen hatte, stürzte er sich mit entblößtem Schwerte auf seine Tochter, die das Kind trug, und rief vor den Ohren der beiden Männer, die er sich zugesellt hatte: »Ich will nicht, daß du das Kind über die Brücke trägst, weil es entweder allein hinübergehen wird, oder du in dem Flusse untergetaucht wirst.« Da erschrak sie samt den anderen Weibern, die dabei waren, und fragte, ob er nicht seiner Sinne mächtig sei; denn jenes Geschehnis war allen übrigen unbekannt, mit Ausnahme der beiden Männer, die er sich beigesellt hatte. Da rief er: »Elendestes Weib, durch deine Zauberkunst hast du das Kind durch die Hänge hochsteigen lassen; bewirke jetzt auch, daß es über die Brücke geht, ohne daß es jemand trägt, oder ich tauche dich im Flusse unter!« Also gezwungen, legte sie das Kind auf die Brücke, und indem sie mit ihrer Kunst den Dämon anrief, sah man das Kind plötzlich auf der anderen Seite der Brücke. Nachdem also das Kind getauft worden war, kehrte er nach Hause zurück; und wenn er auch schon die Tochter durch Zeugen der Hexerei überführen konnte, während er das erste Verbrechen, die Opferung, gar nicht hätte beweisen können, da er ganz allein jenem gotteslästerlichen Ritus beigewohnt hatte, so verklagte er die Tochter samt der Mutter (erst) nach der Zeit der Reinigung vor dem Richter, und gleicherweise wurden sie eingeäschert.

Hexenhammer

Hier also liefert ein Mann seine eigene Familie ans Messer, wohl vorbereitet, denn er hat vorsorglich zwei Zeugen mitgebracht. Dies soll keine Verteidigung der Diktaturen in unserem Jahrhundert sein, die gleichartige Zustände hervorgebracht haben. Im Gegenteil, das Beispiel soll uns dazu dienen, die Inquisition als umfassenden Gesinnungsterror zu begreifen. Und in solcher Massenstimmung läßt sich's eben trefflich denunzieren, arisieren und liquidieren.

HEXEREI

Wie man Hagel macht

In der Diözese Konstanz, von der Stadt Ravensburg achtundzwanzig deutsche Meilen nach Salzburg zu, hatte sich ein ganz wütendes Hagelwetter erhoben und alle Feldfrüchte, Saaten und Weinberge dermaßen in der Breite einer Meile zermalmt, daß man glaubte, kaum das dritte Jahr danach werde an den Weinbergen wieder Ernte bringen. Als nun dies Geschehnis durch den Notarius der Inquisition bekannt geworden war und wegen des Geschreis des Volkes Inquisition nötig wurde, indem einige, ja fast alle Bürger dafür hielten, daß solches durch Behexungen geschehen sei, so wurde mit Zustimmung der Ratsherren vierzehn Tage hindurch in Form Rechtens über die Ketzerei, nämlich der Hexen, von uns inquiriert und gegen zwei Personen wenigstens vorgegangen, die vor den anderen, welche jedoch nicht in kleiner Zahl vorhanden waren, in üblem Ruf standen. Der Name der einen, einer Badmutter, war Agnes; der der anderen Anna von Mindelheim. Sie wurden verhaftet und einzeln in getrennte Zellen getan, ohne daß die eine von der anderen das geringste wußte. Am folgenden Morgen wurde die Badmutter von dem Rektor oder Magister der Bürger, einem großen Glaubenseiferer mit Beinamen Gelre, und von anderen aus den Ratsherren, die er sich beigesellt hatte, in Gegenwart des Notars ganz gelinden Fragen ausgesetzt; und wiewohl sie zweifellos die Hexenkunst der Verschwiegenheit besessen hatte, wegen derer die Richter auch immer Befürchtung hegen müssen, weil sie nämlich beim ersten Angriff schon nicht mehr mit weiblichem, sondern mit männlichem Mute versicherte, sie sei unschuldig, so enthüllte sie doch plötzlich aus freien Stücken und von den Fesseln losgebunden, wenn auch noch am Orte der Folterung, alle von ihr bewirkten Schandtaten, indem die göttliche Gnade uns günstig war, daß ein solches Verbrechen nicht ungestraft bleibe. Denn vom Notarius der Inquisition über die Artikel aus der Aussage der Zeugen bezüglich der den Menschen und

Haustieren angetanen Schädigungen befragt, auf Grund derer sie schon verdächtig als Hexe wurde, während kein Zeuge über die Ableugnung des Glaubens und fleischliche Unfläterei mit einem Incubus gegen sie ausgesagt hatte, darum weil sie die geheimsten Zeremonien jener Sekte sind, so gestand sie doch, nachdem sie bezüglich der den Menschen und Haustieren angetanen Schädigungen geantwortet hatte, nach der Ableugnung des Glaubens und den teuflischen Unflätereien mit dem Incubus gefragt, alles offen ein, indem sie berichtete, sie habe sich achtzehn Jahre jenem Incubus unter jeglicher Ableugnung des Glaubens preisgegeben. Als dies erreicht war und sie bezüglich des vorerwähnten Hagels verhört wurde, ob sie davon etwas wüßte, antwortete sie mit ja; und befragt, auf welche Weise und wie, antwortete sie: »Ich war im Hause, und zur Mittagsstunde holte mich der Dämon und gab mir auf, mich auf das Feld oder die Ebene Kuppel (so heißt sie nämlich) zu begeben und ein wenig Wasser mitzunehmen. Als ich fragte, was für ein Werk er mit dem Wasser ausführen wollte, antwortete er, er wollte einen Regen verursachen. Als ich nun aus dem Stadttore hinausging, fand ich den Dämon unter einem Baume stehen.« Vom Richter aber gefragt, unter welchem Baume, antwortete sie, indem sie hinzeigte: »Unter dem da, gegenüber jenem Turme«; und befragt, was sie unter dem Baume betrieben hätte, antwortete sie: »Der Dämon gab mir auf, eine kleine Grube zu graben und das Wasser hineinzugießen.« Befragt, ob sie nicht gleicherweise zusammengesessen hätten, antwortete sie: »Der Dämon selbst stand, während ich saß.« Endlich befragt, mit was für Worten und auf welche Weisen sie das Wasser umgerührt hätte, antwortete sie: »Mit dem Finger zwar, aber im Namen jenes Teufels und aller anderen Dämonen.« Und wiederum der Richter: »Was geschah mit dem Wasser?« Sie antwortete: »Es verschwand, und der Teufel hob es in die Luft.« Und schließlich befragt, ob sie eine Genossin gehabt hätte, antwortete sie: »Gegenüber unter dem Baume habe ich eine Gefährtin gehabt« — wobei sie die andere verhaftete Hexe Anna, nämlich von Mindelheim nannte —,

»was sie aber getrieben hat, weiß ich nicht.« Und schließlich über den Zeitraum vom Nehmen des Wassers bis zum Hagelschlag befragt, antwortete die Badmutter: »Es dauerte so lange, bis sie nach Hause gekommen waren.«

Aber auch das war wunderbar, daß, als am folgenden Tage die andere zunächst ebenfalls ganz gelinden Fragen ausgesetzt worden, nämlich kaum am Finger vom Erdboden hochgehoben worden war, danach aus freien Stücken (von den Fesseln) gelöst, alles vorerwähnte, so wie es die andere gestanden hatte, einzeln enthüllte, ohne die geringste Abweichung, weder betreffs des Ortes: daß sie unter dem und dem Baum gewesen war, die andere unter dem anderen; noch betreffs der Zeit: um die Mittagsstunde; noch betreffs der Art: durch Umrühren des in eine Grube hineingelassenen Wassers, im Namen des Teufels und aller Dämonen; noch betreffs des Zeitraumes: denn sie bestätigte, während der Teufel das Wasser unter Hochheben in die Luft angenommen hätte, sei sie nach Hause zurückgekehrt, worauf der Hagel darübergekommen sei.

So wurden sie am dritten Tage eingeäschert; und zwar war die Badmutter zerknirscht und geständig und befahl sich sehr Gott an, indem sie bemerkte, sie sterbe gern, um den Beleidigungen seitens des Dämons entgehen zu können; wobei sie das Kreuz in den Händen hielt und küßte, was jedoch die andere verschmähte: diese hatte auch über zwanzig Jahre einen Incubus unter jeglicher Ableugnung des Glaubens gehabt und übertraf die erste in vielen Behexungen, die sie Menschen, Haustieren und Feldfrüchten angetan hatte, wie der beim Rate niedergelegte Prozeß(bericht) beweist.

Eine Kirke auf Cypern

Wir haben von den streitbaren Brüdern des Ordens des heiligen Johannes von Jerusalem nach wahrheitsgetreuer Erzählung mehreres erfahren, besonders aber, daß in der Stadt Salamis im Königreich Cypern sich folgender Fall ereignet hat: Weil nämlich dort ein Seehafen ist, landete ein mit Waren beladenes Schiff, und da die Fremden ausstiegen, um sich ein jeder mit Lebensmitteln zu versehen, trat ein gewisser kräftiger Jüngling unter ihnen an das außerhalb der Stadt am Gestade des Meeres gelegene Haus einer Frau heran und fragte sie, ob sie Eier zu verkaufen hätte. Als aber die Frau den kräftigen, auswärtigen, vom Vaterlande fernen Jüngling erblickte, woher auch bezüglich seiner Verderbung weniger Verdacht bei den Einheimischen entstehen konnte, sagte sie: »Warte ein wenig, du sollst alles nach Wunsch bekommen!« Und als sie säumte und auch der innere Teil des Hauses verschlossen war, fing der Jüngling von draußen zu rufen an, damit sie ihm um so schneller aushülfe, um nicht zu erleben, daß das Schiff ihn sitzen ließ. Da brachte die Frau einige Eier, gab sie dem Jüngling und stellte ihm anheim, zu ihr zurückzukehren, falls das Schiff ihn habe sitzenlassen. In schnellem Lauf eilte er also nach dem Schiffe, welches am Gestade des Meeres lag, und bevor er einstieg, beschloß er, da die anderen Gefährten noch nicht alle zusammen waren, die Eier zu verzehren und sich zu stärken. Und siehe, nach einer Stunde wurde er stumm und gleichsam des Verstandes beraubt; wie er später selbst zu erzählen pflegte, wunderte er sich über sich selbst und konnte nicht herausbekommen, was ihm zugestoßen war. Er wollte also das Schiff betreten, wurde aber von der Bemannung mit Stöcken geschlagen und zurückgetrieben, indem alle riefen: »Seht, seht! Was ist denn mit dem Esel los? Verflucht sollst du sein, Bestie; willst du etwa auch das Schiff betreten?« Also zurückgetrieben überlegte der Jüngling, der ihre Worte, die ihn für einen Esel erklärten, verstand, bei sich und begann zu glauben, daß er durch eine Behexung seitens der Frau infiziert sei; besonders darin, daß er kein Wort bilden konnte, während er selbst doch alle verstand. Als er nochmals das Schiff zu besteigen versuchte, wurde er mit noch schlimmeren Schlägen verprügelt, so daß er mit bitterem Herzen zurückbleiben und die Abfahrt des Schiffes mitansehen mußte. Während er nun hierhin und dorthin fiel und ihn alle für einen Esel hielten, wurde er notwendigerweise auch von allen wie ein Tier behandelt. Notgedrungen kehrte er also nach dem Hause der Frau zurück und diente ihr nach ihrem Gefallen um der Erhaltung seines Lebens willen über drei Jahre, wobei er keine Arbeit mit den Händen verrichtete, außer daß er die Bedürfnisse des Hauses an Holz und Getreide herbeitrug und auch das, was hinauszuschaffen war, wie ein Lasttier hinaustrug, wobei ihm nur der Trost blieb, daß, wenn er auch von allen anderen für ein Lasttier erachtet wurde, er von den Hexen selbst, die zusammen oder einzeln vorsprachen, als wahrer Mensch in Gang, Stand und Haltung anerkannt wurde, indem sie sich nach Menschenart mit ihm unterhielten.

Wenn gefragt wird, auf welche Weise ihm wie einem Lasttiere Lasten aufgeladen wurden, so ist zu sagen, daß, wie *Augustinus, De civ. dei XVIII, 17* von den Stallmägden erzählt, die die Gäste in Lasten tragende Zugtiere verwandelten, und vom Vater des Praestantius, der erzählte, er sei ein Klepper oder Pferd gewesen und habe mit anderen Tieren Säcke getragen — daß wir durchaus auf Grund dieser Geschehnisse über das gegenwärtige urteilen: daß nämlich durch Gaukelkunst eine dreifache Täuschung geschah. Erstens bezüglich der Menschen, welche den Jüngling nicht als Menschen, sondern als Esel sahen. Wie die Dämonen das leicht bewirken können, hat sich oben im achten Kapitel ergeben. Zweitens, daß jene Lasten nicht illusorisch waren, sondern, wo sie die Kräfte des Jünglings überstiegen, der Dämon sie unsichtbar trug. Drittens, daß der Jüngling, während er mit anderen verkehrte, sich selbst auch als Lasttier erschien, wenigstens in der Vorstellung und in der Schätzungskraft, die körperlichen Organen angeheftet sind; nicht aber in der Vernunft, die nicht so sehr gebunden war, daß er sich nicht als Menschen gekannt hätte. Er wußte sich aber durch Zauberkraft getäuscht, daß er für ein Vieh gehalten wurde, wie auch ebendort das Beispiel von Nebukadnezar gegeben wird.

Nachdem also in dieser Weise drei Jahre verflossen waren, traf es sich im vierten, daß, als er eines Tages am Vormittag in die vorerwähnte Stadt gegangen war und die Frau von weitem folgte, der also behexte Jüngling an einer Kirche vorbeikam, in der Gottesdienst abgehalten wurde. Als er den Schall der Glocke zur Erhebung des Leibes des Herrn hörte — in jenem Lande wird nämlich der Gottesdienst nach Art der Lateiner und nicht der Griechen abgehalten —, wandte er sich zur Kirche, und weil er hineinzugehen aus Furcht, Schläge zu bekommen und hinausgetrieben zu werden, nicht wagte, kniete er draußen mit Knien und Hinterschenkeln nieder und blickte, indem er die gefalteten Vorderfüße, d. h. die Hände, zugleich in die Höhe hob, das Sakrament in der Erhebung, wie er meinte, aus einem Eselskopfe, an. Dieses Wunder sahen einige genuesische Kaufleute; voll Verwunderung folgten sie dem Esel, und während sie sich über das wunderbare Ereignis besprachen, siehe, da setzt die Hexe dem Esel mit dem Stocke nach. Weil nun, wie vorausgeschickt ist, derartige Behexungen in jenen Landen sehr viel ausgeführt werden, wird der Esel samt der Hexe auf Drängen der Kaufleute durch den Richter verhaftet, verhört und den Fragen ausgesetzt, gesteht sie das Verbrechen und verspricht, dem Jüngling seine frühere Gestalt wiederzugeben, damit er imstande sei, nach Hause zurückzukehren. Sie wird entlassen und kehrt nach Hause zurück; der Jüngling wird in seine alte Gestalt zurückversetzt. Sie selbst wurde von neuem verhaftet und empfing die gebührende Strafe für ihre Vergehungen; der Jüngling kehrte mit Freuden in seine Heimat zurück.

Besprechen

Es ist ein Ort in der Diözese Brixen, wo ein junger Mann über sein Weib, das ihm behext war, einen solchen Fall aussagte: »Ich liebte in der Jugend«, so sagte er, »ein Mädchen, und sie bestand fest darauf, daß ich sie ehelichte; ich aber verschmähte sie und heiratete eine andere, aus einer anderen Herrschaft; ich wollte ihr jedoch aus Freundschaft gefällig sein und lud sie zur Hochzeit. Sie kam, und während die anderen ehrbaren Frauen alle ihre Gaben und Geschenke darbrachten, erhob sie, die geladen war, die Hand und sagte, so daß die umstehenden Frauen es hören konnten, zu meinem Weibe: ›Du wirst nach diesem Tage nur noch wenige gesunde Stunden haben.‹ Und als meine Frau, die jene nicht kannte, weil sie, wie gesagt, aus einer anderen Herrschaft geheiratet war, erschrocken die Anwesenden fragte, wer sie denn sei, die ihr derartige Drohungen entgegengeworfen hätte, sagten die anderen, sie sei eine Herumstreicherin und ein verwahrlostes Frauenzimmer. Nichtsdestoweniger aber erfolgte das, was sie vorausgesagt und in dieser Ordnung. Denn einige Tage darauf war meine Frau so behext und an allen Gliedern so geschwächt, daß sich auch heute noch, nach mehr als zehn Jahren, an ihrem Leibe die Behexung zeigt.«

Hexenhammer

10 Hexen und 1 Opfer — oder umgekehrt

Anno 1621 hat sich dieser denckwürdige Fall zu St. Albrechts zugetragen, welcher von dem damahligen Pfarrer des Orths, Magister Johann Büchnern, im Druck hinterlassen und vor nöthig erachtet worden, allhier mit anzubringen. Nemlich an einem Dienstag den 16. Juli ist Osanna, des Valtin Alberst, Schultheißen zu St. Albrechts Tochter, damahls im sechzehenden Jahre ihres Alters, auff der Wiesen, da sie mit ihren Eltern und Geschwistern Heu gemachet, unversehens krank und ihr im Leibe sehr übel worden, also daß sie von der Wiesen schwerlich heimgehen können. Da sie nun daheim sich zu Bett geleget, ist sie bald am dritten Tag hernach, aus Zulassung und Verhängnis Gottes, von etlichen Hexen und Zauberinnen solchergestalt angefochten worden, daß ihr zu Mitternacht zwey Weiber, so ihr wohlbekannt, vor dem Bett erschienen, ihr einen Apffel zu essen geben wollen, der voller Würme und Maden gewesen, und da sie sich gewehret, auch ihre Schwester, so bey ihr im Bette gelegen, umb Hülffe angeruffen, sind sie bald wieder vor ihren Augen vergangen, sie aber ist darauff je länger je kränker geworden. — Kurtz hernach in der Schnitt-Ernte, da ihre Eltern und Geschwister sampt, notwendiger Arbeit halber, hinaus auffs Feld gangen, da hat sie ein großes Prasseln und Platzen gehört, nicht anders, als wenn das ganze Haus brennete und die Kammer voller Reutter were. Dann ist sie bey den Beinen genommen, zum Bett hinausgeworffen, nieder gedruckt, und ihr ein Tranck, so gar übel wie etwa gebrant Horn gestuncken, neben anderen Sachen eingegossen worden, welches aber doch durch Hülffe Gottes vermittelst gebrauchter Artzney wieder von ihr kommen. — Bald nach diesem sind die Unholden und bösen Weiber abermals kommen, welche sie nicht alle gekennt, weil sie nicht eigentlich weiß, ob dieselben vermummet oder sonst geblendt Werck gewesen; die haben sie aus dem Bett, bald an einen andern Ort, bald in die Höhe, bald nieder zur Erde geworffen, sie gezerret und geschlagen, daß man's hat klitschen hören (wiewohl diejenigen, so dabey gewesen, nichts gesehen) sie gewunden und gedrähet, wie man einen Braten am Spieß wendet, sie hin und wieder gerissen und gezocket, wie die Weiber das Garn zu zocken pflegen, und wie sie diejenigen Weiber, so sie jetzt erzehlter maßen geplaget, hat nahmhafftig machen wollen, hat eine aus ihnen sie über das Angesicht und den Mund herab gestrichen, davon sie alsobalden verstummet, und in acht Wochen nicht reden können, auch alsobalden sie übers Angesicht hinauff gestrichen, davon sie ist blind worden und in zehen Wochen nicht hat sehen können, und solches hat gewäret bis auff den Christ-Abend abgesetzten, damals zu Ende lauffenden 1621. Jahres, da sie wiederumb angefangen zu lallen, aber doch kein recht deutlich und verständlich Wort außzureden vermögt. Als sie aber auff den andern Christ-Feyertag von dem Herrn Decano und Ampts-Schultheißen zu Suhla besuchet und ihr zugesprochen worden, sie solte aus dem 51ten

Psalm beten: Herr thue meine Lippen auff, daß mein Mund deinen Ruhm verkündige etc., ist ihr die Sprache ziemlich wieder kommen, und da sie wenig Tage darnach von dem Herrn Keller in Meiningen besuchet worden, und da er nur zur Stuben hinein gegangen und zu ihr gesprochen, ist sie alsobalden auch wieder sehend worden. Ob sie nun gleich hernacher vielmals auff Begehren die Weiber, so sie gantz unmenschlicher Weise gemartert und geplaget, hat offenbahren und mit Nahmen nennen wollen, so ist ihr jedoch der Kopf allewege herumgedrähet worden, daß sie alsobalden verstummet und nicht ein einziges Wort hat reden können, biß so lang ihr die rechte Hand durch viel Persohnen mit Gewalt zum Mund hat gebracht werden müssen, und sie im Namen der heyl. Dreyfaltigkeit mit dem heyligen Creutze gesegnet. — Solche große, fast ungläubliche und unaussprechliche Marter und Quaal, deren sich wohl ein Stein, geschweige ein Mensch erbarmen mögen, hat von abgesetzter Zeit gewäret alle Tage, biß so lange der bösen Weiber neun nach Urtel und Recht sind justifiziret worden den 28. Februarii 1622. Nachfolgends hat sichs in etwas damit, aber doch nicht gar gelindert, denn sie noch immer des Tags und auch des Nachts, wenn das angezündete und brennende Liecht offt unversehens verloschen (auch einmal, worüber sich sonderlich zu verwundern, das Liecht mit dem Leuchter aus der Stuben hinaus ist kommen, daß noch biß auf den heutigen Tag niemand weiß, wohin) zu unterschiedlichen Mahlen aus dem Bett heraußgeworffen, oder mit den Häupten ingrimmiglich an die Wand geschmissen, auch des Abends oft ein oder zwey Stunden ist gewunden und gedrähet worden, daß allwegs vier starke Persohnen an ihr zu halten gehabt, da sie fürnehmlich noch eine gesehen, N. N., welche sie grausamlich gebissen, geschmissen und geschlagen, ihr die Nägel von den Fingern heruntergerissen und dieselben neben andern Sachen ihr eingegeben, die aber gantz wieder von ihr kommen; und damit hat es nun auch gewäret, biß angedeutetes Weib aus der Flucht herbei geholet und neben einer andern auch zu Meiningen verbrannt worden den 18. November 1624, denn da hat zu eben derselben Stunden zwischen 10 und 11 Uhren im Mittage, als das Supplicium vollzogen worden, das vielfältige Plagen nachgelassen, unangesehen, daß sie denselben Morgen noch 10 malen aus dem Bette geworffen, sich die Hexen auch bey Teuffelhohlen versprochen, nicht ehe nachzulassen und wenn sie gleich auff den Scheiterhauffen sässen, biß sie sie umbgebracht hätten. Welche Bedräuung auszurichten der liebe Gott keineswegs verstattet. Allein es hat sie, Osanna, wegen außgestandener Marter bißhero noch nicht gehen und stehen, noch weiter kommen können, alß man sie von Bett gehoben und getragen, gleichwol sich aber unter wärender aller erzelter Marter und Beschwerung sich gar gedüldig erzeiget, die Bibel zum öfftern mal durchlesen, etliche unterschiedene Psalmen und Capitel, und unter diesen sonderlich das 8. an die Römer von Wort zu Wort außwendig gelernet, und selbige, wie sonst, also auch, wenn sie angedeuteter massen gequälet worden, sich dadurch zu trösten und zu stärcken, mit eiffriger Andacht widerholet und gebett, mittlerweile auch dabey des Näens und Strickens, dessen sie sonst nicht unterrichtet gewest, sich beflissen, da sie unter andern auch einen neuen Umbhang zum Tauffstein verfertiget, und in die Kirchen zu Albrechts verehret. — Am nächsterschienen 25. Aprilis, als Dienstag nach Misericordias Domini [1626] hat sichs begeben, daß sie zu Gevatter gebeten worden, da sie denn nach der Kirchen, so sie fast in fünf Jahren nicht gesehen, ein sehnliches Verlangen getragen, und das Kindlein, so es möglich wäre, in eigener Persohn aus der Tauffe zu heben, instendigst begehret, der ungezweiffelten Hoffnung und gläubigen Zuversicht, es würde ihr Traum, so sie bisher zu unterschiedlichen Malen gehabt, (wie sie nemlich Gevatter würde und in die Kirchen sich müsste tragen lassen, heraus aber wieder gehen könte) wahr, und aus göttlicher gnädiger Verleihung würde erfüllet werden. Inmassen denn auch geschehen: denn da liessen sie ihre Eltern auff einem Karren biß zur Kirchen führen, dann wurde sie von ihrem Vater, dem Schultheissen, in die Kirche hineingetragen, für dem Altar auff einen

Stuhl gesetzet, und ihr das Kindlein auff die Arme gegeben; nach verrichtetem Gebet wurde sie auff ihrem Stuhl sitzend von ihren Eltern ferner für den Tauffstein getragen, und als ihr die Amme das Kind wiederumb in die Arme gab, und man nun zum Tauffstein schreiten wollte, ehe denn noch ein Wort geredt wurde, da stand sie von ihrem Stuhl vor dem Tauffstein auff, und verrichtete das Ihre stehend, gieng auch auß der Kirchen, (alß sie zuvor nach vollbrachter Tauff für dem Tauffstein wieder auff ihre Knie gefallen, und den barmhertzigen gütigen GOTT für seine geleistete Hülff Lob und Danck gesaget) wieder heim, und trug das Kind selbst in ihres Gevattern Haus, gab dann auff Befragung zur Antwort, es hätte sie gedäucht, als gnackten ihr alle Glieder im Leibe, und käme sie ein Leichtlein an, gleich als wenn sich die Gelencke ohne einige Schmertzen von selbst wieder einrichteten, und wäre demnach auß einem starcken Glauben vor Freuden auffgefahren, und hätte also ihre Stärcke und Leibes-Kräfften ziemlicher massen wieder bekommen.

Magister J. S. Güth: Chronik der Stadt Meiningen, 1676

Mißhandlung angeblicher Hexen

In dem Weiler Cras-Culot auf La Louvière erkrankte 1893 das kleine Söhnchen der Eheleute Reps-Danneau an einem Leiden, das man nicht anders erklären konnte, als daß der Teufel durch die Schuld einer Nachbarin in den Knaben gefahren sei. Man fand es daher geraten, die Hexe in das Haus des Patienten zu locken und zu einer Beschwörung des bösen Geistes zu bringen. Als die Frau erklärte, hiervon nichts zu verstehen, wurde sie eine Stunde lang mißhandelt. Unter anderen zerstach ihr einer der Hausbewohner Hals und Schulter mit Haarnadeln, vermutlich wohl, um Blut abzuzapfen, während eine andere bedauerte, daß kein Scheiterhaufen vorhanden sei, um die Hexe zu verbrennen. Schließlich gelang es der Mißhandelten, zu entfliehen. Von dem Zuchtpolizeigericht wurde die Angeklagte zu vierzehn Tagen Gefängnis und zu sechsundzwanzig Francs Geldbuße verurteilt.

Ein ganz analoger Vorfall wird gerade, während ich dies schreibe, aus dem Osten Deutschlands berichtet. Ende November 1907 wurde in Hohensalza eine Witwe mit einem jungen Ehepaar bekannt. Die beiden Frauen trafen sich öfters, und als die Arbeiterfrau nun eines Tages im Körper »Ziehen« und Reißen verspürte, schickte sie nach der Witwe, die sie »streichen« (massieren) sollte. Die Witwe tat dies bereitwillig auch einigemal. Einige Zeit später, eines Abends, Ende Oktober 1908, wurde sie von dem Ehemann besagter Ehefrau zu demselben Zwecke abgeholt und ging auch mit. Am anderen Morgen fand man sie auf dem Flur halb ohnmächtig daliegen, blutig, braun und blau geschlagen, mit Striemen und Beulen bedeckt; man brachte sie ins Bett, wo sie schwer krank darniederlag. Als die Ärmste wieder einigermaßen zu sich gekommen war, erzählte sie folgendes:

»Nachdem mich der Mann in seine Wohnung geführt hatte, in der die Frau anscheinend krank zu Bette lag, sagte er zu mir: ›Sie haben meine Frau behext, nehmen Sie ihr sofort den Teufel ab!‹ Als ich erwiderte, das kann ich nicht, denn ich bin keine Hexe, ergriffen sie mich, stopften mir den Mund zu, banden mich im Nu an Händen und Füßen und bearbeiteten mich mit zwei Knüppeln, daß ich mich nicht rühren konnte und mir die Sinne schwanden. Kam ich wieder zu mir, bekam ich neue Schläge. Als ich unter das Bett kroch, wurde ich mit dem Knüppel gestoßen, hervorgezerrt und wieder bearbeitet. So ging es in Zwischenräumen bis fünf Uhr morgens, wo die Frau aus dem Bette sprang und mich dann noch mit einer Kartoffelhacke im Verein mit ihrem Manne bearbeitete. Jetzt entfesselte man mich und stieß mich unter Schlägen zur Tür hinaus, von wo ich mich mühsam nach Hause schleppte.«

HEXEREI

Mord an einem geistlichen Aufklärer

Im Jahre 1905 wurde aus Odessa über die Ermordung eines russischen Dorfpredigers in der Krim berichtet. Da eine große Trockenheit die Ernte vernichtete, schob man im Volke dieses Unglück auf den Tod eines alten Mannes, den man für einen ›Opyr‹ oder Zauberer hielt, denn seit seiner Beerdigung war kein Regen gefallen. Nun herrscht ein Aberglaube im Volk, daß der Geist des Zauberers besänftigt werden müsse, und zwar müsse man um Mitternacht seine Gebeine ausgraben, ein Pope muß sie mit geweihtem Wasser besprengen, und dann werden sie wieder ins Grab gelegt. An einem Sonntag zogen deshalb die Dorfbewohner nach dem Kirchhofe in einer langen Prozession. Knaben und Mädchen, die Fackeln trugen, an der Spitze, dann Geiger und Flötenspieler, die Trauerlieder spielten. Der Leichnam des Zauberers wurde ausgegraben, in sitzender Stellung gegen den Baum gelegt, und nun führten bei der Musik der Dorfmusikanten vierzig bis fünfzig Bauern einen seltsamen Tanz um den Leichnam aus. Doch plötzlich erschien mitten unter den Tanzenden der Dorfpope, Vater Konstantin, und die Bauern jubelten ihm freudig zu, weil sie meinten, er wolle den Leichnam mit Weihwasser besprengen und ihrem Brauch dadurch die rechte Wirksamkeit verleihen. Doch der Priester schalt sie wegen ihrer gotteslästerlichen Barbarei, verfluchte ihren Aberglauben und weigerte sich, bei solch sündigen und heidnischen Zeremonien mitzuwirken. Nun wurden die Bauern, die wohl auch schon etwas angetrunken und durch die Musik und den Tanz seltsam erregt waren, von Wut gegen ihren Priester erfüllt und schrien, er sei der eigentliche Zauberer, denn der Geist des Toten sei in seinen Körper gefahren und richte neues Unheil an. Die fanatische Menge ergriff den Priester und stieß ihn in das geöffnete Grab hinein, dann warf man die Leiche nach und schüttete Steine und Erde darüber.

Am folgenden Tag schickte der von zwei Frauen benachrichtigte Polizeikommissar Leute nach dem Friedhof, die den aufgeschütteten Hügel wieder aufgruben, aber nur noch den Leichnam des Popen vorfanden; der Tod war durch Ersticken erfolgt.

Tilsiter Sibyllen

Im Jahre 1906 erließ die Arbeiterfrau Luise Borrmann in Tilsit in verschiedenen der dortigen Zeitungen Annoncen, in denen sie sich als Kartenlegerin empfahl, und da schon ihre Mutter sowie ihre Großmutter, »die vielbekannte Frau Lorenz«, berühmte Sibyllen gewesen waren, hatten die Anzeigen den erhofften Erfolg. Im Frühjahr kam die Wirtschafterin Luise L. ebenfalls zu der klugen Frau, um deren Weisheit zu hören. Frau B. gab ihr auf Befragen, wie sie ihren Liebsten an sich fesseln könne, eine kleine Menge von verbrannten Karten und Nadeln. Die schwarze Asche sollte die L. ihrem Liebsten eingeben und die Nadeln an einem Kreuzwege ausstreuen. Für die Asche ließ sich die Borrmann 20 Mark und fürs Kartenlegen 50 Pfennig bezahlen. Das schwarze Mittel sollte in dem Kaffee oder durch ein anderes Getränk dem Liebsten beigebracht werden. Von der Frau Borrmann, die eine übermenschliche Kraft in sich habe und selbst kranke Pferde gesund machen könne, hörte der Besitzerssohn Julius L. aus K.-L. Als er seine Schwester Luise darum befragt hatte, eilte er schleunigst in die Wohnung der B., ließ sich für 80 Pfennig Karten legen und erfuhr dabei, daß seine Pferde nicht genügend fressen. Der Landmann war überrascht, schöpfte Vertrauen und kaufte das angebotene Medikament ›Wolfsfleisch‹, bereitet aus einem Pulver (das aus dem Drogengeschäft geholt wurde), Wasser und zwei Metzen Schrotmehl zu einem Brei, der zu Kugeln geformt, den Pferden ins Wasser geschüttet werden sollte. Die

10 Mark, die das Mittel kostete, wurden gern bezahlt. Leider aber half die Medizin den Pferden nicht. Ein Fräulein B. aus Ruß zahlte für Wahrsagen 50 Pfennig und für die Asche ebenfalls 10 Mark. Diese Asche, bestehend aus verbrannten Karten und Nadeln, sollte die B. am Kreuzwege zu Hause ausstreuen, damit ihr Liebster beim Militär weiter diene. Das Tilsiter Schöffengericht erblickte in allen diesen Fällen Betrug und verurteilte die Wahrsagerin, da hier eine exemplarische Strafe am Platze sei, und das Publikum gewarnt werden müsse, zu zwei Monaten Gefängnis und wegen groben Unfugs, nämlich Wahrsagen aus Karten, in denen die Zukunft der Menschen doch nicht zu lesen ist, zu einer Geldstrafe von 21 Mark, im Unvermögensfalle zu 7 Tagen Haft.

Hellwig

Zeitloser Hexenglaube

»Einwohner des Dorfes W.«, so wurde 1926 aus dem braunschweigischen Ganersheim gemeldet, »bezichtigten öffentlich eine alte Frau der Hexerei. In der Nähe ihres Hauses erlitt ein Auto eine Panne. Es wurde festgestellt, daß die Verdächtige kurz vorher die Stelle passiert und — auf das Pflaster gespuckt hatte. Als ein Mädchen erkrankte, war man sich sofort klar, daß es ›verhext‹ worden war. Um nun die Geister zu bannen, sperrte man die arme Kranke drei Tage in ein völlig verdunkeltes Zimmer, und nachts stellten sich mehrere der abergläubischen Dorfbewohner schwer bewaffnet vor die Tür, um den bösen Geistern gewappnet begegnen zu können.«

»In dem Dorf B.«, schrieben 1927 holsteinische Zeitungen, »glaubte sich die kranke Tochter eines Handwerkers behext und befragte in Hamburg eine Wahrsagerin um Rat. Da sich aber die Krankheit verschlimmerte, mußte das Mädchen ins Krankenhaus. Dadurch beunruhigt, besuchte der Vater ebenfalls die Wahrsagerin. Zu Hause wieder angelangt, machten sich bei ihm Zeichen von Geistesgestörtheit bemerkbar. Er tötete Katzen und vergrub sie. Seine alte Mutter beschuldigte er, daß sie Hexen ins Haus brächte. Seine Krankheit artete derart aus, daß man ihn einige Tage ins Krankenhaus bringen mußte.«

In einer solchen Wahnvorstellung töteten in Horneburg an der Niederelbe im Juni 1929 ein Tagelöhner und seine Frau ihre beiden Kinder Johann und Karl Peter. »Die Mutter dieser Opfer«, so berichteten die Zeitungen unter der Überschrift »Hexenglauben und Wahnsinnstat«, »kränkelte seit der Geburt ihres jüngsten Sohnes, seit etwa anderthalb Jahren. Sie war stark tuberkulös. Für die 21jährige Frau schien keine Rettung mehr zu bestehen. Ärztliche Kunst konnte sie, wie sie glaubte, von ihrem Leiden nicht mehr befreien, und so vertraute sie sich einem Hamburger Kurpfuscher an. Ihm wurde auch der letzte Groschen des kargen Verdienstes geopfert. Zudem waren auch die Wohnungsverhältnisse in dem Waldhause nicht derart, eine kranke Frau gesunden zu lassen. So sah sie alle Hoffnung auf Rettung in irgendeinem Wunder. Schon seit längerer Zeit trug die Mutter ein ganz abnormes Wesen zur Schau. Ihr Sinn lenkte sich mehr und mehr auf das Mystische. Nur aus dieser Geistesverfassung ist die folgende Wahnsinnstat zu erklären. Dem Einfluß ihrer Sinnesverwirrung erlag im Laufe der Monate dann auch der Mann. Das Ehepaar unternahm mittelalterliche Beschwörungsversuche. Über der Haustür wurden Hufeisen und Schere befestigt, und die Frau schrie den Nachbarn zu: ›Wer das Eisen und die Schere herunterreißt, ist eine Hexe!‹ Auch über der Küchen- und Stubentür fand die Staatsanwaltschaft solche Zeichen längst vergessenen Aberglaubens. An dem Unglückstage zogen Mann und Frau ihre Abendmahlskleider an. Die Frau umlief dauernd das Haus und flehte irgendwelche Geister um Rettung aus der Krankheit an. Dann gingen die Eheleute in die Stube und zerhackten mit Beil und Axt die Kleider und verbrannten sie unter einem Waschkessel. Am Nachmittag muß der Mann noch einmal lichte Momente gehabt haben. Er ging mit seinen beiden Kindern zum Melken und trug den kleinen Peter zärtlich auf dem Arm. Über die Tat selbst, wie die Eltern den Mord begangen haben, schwebt noch völliges Dunkel. Als die Landjäger nach der Inhaftierung der Mutter in Horneburg vor dem Haus erschienen, fanden sie die Wohnungstür verbarrikadiert. Der Mann drohte, jedem den Schädel einzuschlagen, der es wage, das Haus zu betreten. Als man Verstärkung heranholte, gelang es, die Haustür zu öffnen und in die Wohnung einzudringen. Dort fand man den Vater im schwarzen Anzug, den Zylinder auf dem Kopf, auf dem Sofa sitzend. Neben ihm auf dem Bauche liegend die kleinen Kinder mit zerschmetterter Wirbelsäule. Tot!«

»Als das Ehepaar D. aus dem Dorfe Schw. in Ostfriesland«, so war 1951 zu lesen, »sich behext fühlte, wandte es sich um Rat an eine 68 Jahre alte Frau, die als Hexenaustreiberin einen großen Ruf hat. Sie kam in das Haus der Abergläubischen und fand in den Betten kranzförmige Gebilde aus Federn, die vermutlich durch Feuchtigkeit entstanden waren. Die weise Frau deutete sie als Totenkränze und sagte, es käme kein Unglück und kein Sarg ins Haus, wenn man dreizehn Beutel mit Glaubersalz und Teufelsdreck in die Betten lege. Auf ihre Anordnung hin verhängte der Ehemann die Fenster und verschloß die Türen. Der abergläubischen Ehefrau, die ein Kind erwartete, redete die Hexenbannerin ein, sie bekäme einen Jungen. Als es dennoch ein Mädchen wurde, behauptete die Alte, das Kind sei verhext. Die junge Mutter warf sich daraufhin vor einen Zug und liegt heute nervenkrank und mit nur einem Arm im Krankenhaus.«

J. Kruse: Hexen unter uns?

Zu dem folgenden Bericht über eine alte Frau aus Oberfranken, der man, da sie für eine Hexe gehalten wurde, das Haus niederbrannte, siehe auch das Bild gegenüber Seite 161.

Hexenjagd 1960

Im Sitzungssaal des Bamberger Landgerichts versuchen Richter und Schöffen seit zwei Tagen, sich ein Bild von der Persönlichkeit des 25jährigen Angeklagten Johann Georg Vogel und von allen Vorgängen jenes Sonntags und Pfingstmontags des Jahres 1960 zu machen, als der junge Vogel das Haus der Elisabeth Hahn in Mailach in Brand steckte, weil sie seiner Ansicht nach eine Hexe war. Jedenfalls glaubten dies der Angeklagte und mit ihm viele Leute aus dem Dorf. Wie berichtet, ist der Mechaniker Vogel vor dem Schwurgericht der vorsätzlichen Brandstiftung und des Verbrechens des versuchten Totschlags angeklagt. Er wollte, daß die Hexe in Flammen umkomme, behauptet der Staatsanwalt.

Während die Zeugen mit unbeholfenen Worten über den Angeklagten und die von ihm längst zugegebene Tat reden, wird am Rande das armselige Leben der Elisabeth Hahn deutlich, die in Mailach als Hexe galt. Vor zwölf Jahren war sie von ihrer Freundin Philomena Schmitt fortgezogen, mit der sie bis dahin im Hause Untere Königsstraße 32 in Bamberg gelebt hatte. »Die Elisabeth Hahn war hier in guten Häusern tätig gewesen, sie hat gekocht und ihren Herrschaften immer treu gedient«, berichtet Philomena Schmitt dem Gericht. Acht Jahre lang hatten die beiden zusammen gewohnt, dann entschloß sich Elisabeth Hahn, zu ihrem Bruder nach Mailach zu ziehen, um dort, wie Fräulein Schmitt erzählte, ihren Lebensabend zu verbringen. Fräulein Hahn war damals 52 Jahre alt.

Es dauerte nicht lange, bis die Mailacher von ihrer Anwesenheit Kenntnis genommen und ihr den Namen »die Schneidera«, entsprechend dem Gewerbe ihres Bruders, zugelegt hatten. Die Schneidera machte sich beim Nähen nützlich, bis ihr Bruder starb. Wahrscheinlich ist sie damals »ein wenig schrullig« geworden, wie sich der Vorsitzende des Schwurgerichts, Landgerichtsdirektor Dr. Hans Maier, ausdrückte. Sie hatte nun niemand mehr, um den sie sich kümmern konnte. Mit um so größerer Liebe hing sie an ihren drei Hunden, den Hühnern und einer Kuh. »Sie hat mal vom ganzen Ort die schönste Kuh gehabt«, meinte Philomena Schmitt, die ihre Freundin jedes Jahr mehrmals besuchte.

Indessen füllte Elisabeth Hahn in Mailach offenbar eine Lücke. »Ich hab' nicht an a Hex gedacht, weil ich doch gemeint hab', daß es des nimmer gibt«, versicherte die 35 Jahre alte Zeugin Christiane Berlet, Nachbarin des Angeklagten und der Elisabeth Hahn. Frau Berlet erklärte dann aber weiter: »Schon vorher war in der Nachbarschaft a alte Frau, die galt auch als Hex'.« Und auch die Großmutter der Zeugin hatte einst von einer Hexe erzählt. Die neue Hexe vom Dienst in der 274 Seelen zählenden Gemeinde Mailach wurde Elisabeth Hahn. Kinder warfen ihr Steine aufs Dach und liefen schreiend davon. Erwachsene machten einen Umweg, wenn Fräulein Hahn den Weg gekreuzt hatte, denn nach dem Mailacher Aberglauben bringt es Unglück, wenn eine Hexe über den Weg geht.

Es kam der Pfingstsonntag 1960. Die Zeugin Christiane Berlet erzählt: »Es war am späten Nachmittag. Ich war in der Küche. Da kam die Frau Hahn herein und hat geschrien. Sie hat gesagt, ich soll ihr helfen. Der Vogel ist da draußen, hat sie gesagt. Da schau' ich zum Fenster 'naus, und da ist der Vogel mit einem Prügel.« Was tat Frau Berlet darauf? »Ich hab' gesagt, 'naus, und da ist sie 'naus. Dann ist sie aber wieder 'rein und hat die Haustür von innen zugesperrt. Da hab' ich sie gefragt, was sie sich erlaubt, und hab' wieder aufgesperrt.« Aber dann bemerkte Frau Berlet am Arm der vor Angst zitternden Elisabeth Hahn einen roten Streifen. »Als wenn sie sich aufgekratzt hätte.« Sie hörte auch, wie der Johann Vogel die Hahn anschrie: »Du bist a Hex' und a Drecksau. Ich bring' dich um.« Da kamen ihr doch Bedenken, und sie lief in die Gastwirtschaft Veth, um Hilfe zu holen. Ihr Vetter Hermann Ochs ging mit ihr, nahm dem Vogel den Prügel ab und brachte ihn nach Hause. »Der Vogel hat gesagt, er will die Hahn erschlagen«, sagte Ochs als Zeuge.

Einige Anstalten dazu hatte er am Nachmittag dieses Pfingstmontags gemacht. In der »polizeilichen Niederschrift der Vernehmung der ledigen Häuslerin Elisabeth Hahn« vom 7. Juni 1960 heißt es: »Seit dem vergangenen Herbst hat mich Vogel geärgert. Er hat mein Haus mit Steinen beworfen. Auch gestern hat er das wieder gemacht. Ich lief hinaus und sah nach. Da stand Hans Vogel mit einem Holzprügel. Er hat mich damit dreimal geschlagen und hat gesagt: ›Heute verreckst noch.‹ Ich habe Angst vor ihm und wage deshalb nicht gegen ihn Strafantrag wegen Körperverletzung zu stellen. Er schlägt mich sonst tot.« Elisabeth Hahn wurde nicht totgeschlagen. Sie starb im vergangenen Sommer im Krankenhaus zu Höchstadt an der Aisch.

Der Mechaniker und Wünschelrutengänger Johann Vogel hat bei Verhandlungsbeginn entschieden bestritten, daß er die Elisabeth Hahn umbringen wollte. Bevor er den Strohhaufen an der Schuppentür ihres Anwesens ansteckte, habe er sogar noch ein Stück Rohr gegen das Fenster geworfen, um festzustellen, ob Elisabeth Hahn im Hause sei. Als sich nichts rührte, habe er das Feuer gelegt. Dagegen sind die polizeilichen Vernehmungsprotokolle und auch die Niederschriften des Untersuchungsrichters voll von Zeugenaussagen, nach denen Vogel den Tötungsvorsatz noch unmittelbar vor der Tat deutlich zum Ausdruck gebracht hat. Vor Gericht stecken aber viele Zeugen aus Mailach erheblich zurück. So zum Beispiel der 28 Jahre alte Zimmermann Hans Frühwald. Auf jede Frage des Vorsitzenden nach den Vorgängen vor dem Brand sagt er schlicht: »Ich kann mich nicht entsinnen.«

Anderen Zeugen geht es ähnlich. Haben sie Angst? Mindestens der Vorsitzende des Schwurgerichts glaubt dies und versichert ausdrücklich, daß jeder Zeuge den vollen Schutz des Staates genieße. Gestern war Staatsanwalt Keime die halbe Nacht in Mailach, um zu ermitteln, ob Vogel, der seit einem Jahr wieder frei ist, jüngst auf einer Bürgerversammlung die Mailacher vor belastenden Aussagen gewarnt habe. Niemand konnte sich erinnern.

HEXEREI

Der Angeklagte Johann Georg Vogel spricht so leise, daß ihn gerade noch der Vorsitzende des Schwurgerichts verstehen kann. Seine Antworten auf die Fragen des Landgerichtsdirektors Dr. Hans Maier sind spärlich. Oft begnügt er sich mit zweimaligem scharfem Kopfnicken, wenn er seine Zustimmung, und zweimaligem scharfem Kopfschütteln, wenn er seine Ablehnung ausdrücken will. Der Angeklagte ist höchstens 1,65 Meter groß und hat schmale Schultern. Er trägt einen schlechtsitzenden grauen Anzug mit Nadelstreifen und dazu ein gelbes Hemd. Aus seinen tiefliegenden Augen wandern seine Blicke den Richtertisch entlang. Er ist 25 Jahre alt.

Johann Georg Vogel aus Mailach im Landkreis Höchstädt an der Aisch, Mechaniker von Beruf, ist laut Eröffnungsbeschluß der 1. Strafkammer des Landgerichts Bamberg angeklagt, »vorsätzlich ein Gebäude, welches als Wohnung für Menschen diente, in Brand gesetzt zu haben und durch die gleiche Handlung versucht zu haben, einen Menschen zu töten«. Was das Strafgesetzbuch als Verbrechen der schweren Brandstiftung und als versuchtes Verbrechen des Totschlags bezeichnet, wurde am Pfingstmontag des Jahres 1960 in dem Dorf Mailach im Aischgrund verübt.

Es war ein sonniger Tag in Mailach. Aber die 64 Häuser des Dorfs, das wegen der außergewöhnlich hohen Bonität seiner Böden die Perle des Aischgrundes genannt wird, sahen so grau aus wie eh und je. Nur vor dem Kriegerdenkmal blühten die Stiefmütterchen. Durch das Dorf sausten die Autos der Bamberger, die den Feiertag im Aischgrund verbracht hatten. Einige Bauern waren in das drei Kilometer entfernte Lonnerstadt in die evangelische Kirche gepilgert zu Pfarrer Wendlandt, zu dessen Pfarrei 18 Dörfer gehören. Von den 274 Einwohnern des Orts Mailach sind fast alle Bauern. Außer landwirtschaftlichen Betrieben gibt es nur die Gaststätte *Zur frohen Einkehr* von Erwin Veth und die Gastwirtschaft Stark. Am Ortsrand steht die neue Schule, deren Bau vom Gemeinderat vor wenigen Jahren beschlossen wurde, um einer finanziellen Beteiligung am Schulhausbau in Lonnerstadt aus dem Weg zu gehen.

Am Nachmittag des Pfingstmontags waren die beiden Gastwirtschaften voll junger Leute. Johann Georg Vogel war unter ihnen — nachmittags bei Stark, abends bei Veth. Es gab nur wenige Gesprächsthemen: Autos, Mopeds, Mädchen — und »die Hexe«. Vogel sprach nur von »der Hexe«. Sie müsse heute noch verrecken, sagte er. Er werde ihr Haus anzünden. Das Haus der als Hexe verschrienen Elisabeth Hahn befand sich unmittelbar neben dem Anwesen seiner Eltern.

Um 22.15 Uhr schepperte durch Mailach der Feuerwehrwagen mit zwei Dutzend der freiwilligen Helfer. Es dauerte nur wenige Minuten, bis die Feuerwehrleute an der Brandstätte eintrafen. Aus den Flammen taumelte ihnen schreiend, von Rauch und Ruß geschwärzt, an Armen und Füßen verbrannt, die 64jährige Elisabeth Hahn entgegen. Ihre drei Hühner waren in den Flammen umgekommen und zwei Hunde dazu. Ihre einzige Kuh mußte notgeschlachtet werden. Die alte Frau sah zu, wie der Dachstuhl ihres Hauses zusammenstürzte. Sie weinte und klammerte sich an den Hund, der mit ihr den Flammen entkommen war. Sie war obdachlos. Niemand von ihren Nachbarn wollte die »Hexe« aufnehmen. Erst die Ortsbäuerin Pfeiffer, die ein ganzes Stück weiter weg wohnt, erbarmte sich ihrer.

Johann Georg Vogel wurde noch in der gleichen Nacht verhaftet. Er gab seine Tat zu. Der Inspektor Körber von der Kriminalaußenstelle Bamberg hörte in dieser Nacht zum erstenmal das Stichwort von der »Hexe Hahn«. Es beschäftigte ihn mehrere Monate lang. Körber kam auf die seltsamsten Dinge. In Mailach, so stellte er fest, hantieren evangelische Bauern gelegentlich mit Weihrauch und Weihwasser, wenn es gilt, Hexenwerk zu beseitigen. Manchmal finden sie morgens seltsame Spuren im Stall, die wie Krähenfüße aussehen. Manchmal wird ihnen eine Kuh krank. Dann muß schnell der Weihrauch her, um den Stall auszuräuchern. Als gutes Vorbeugungsmittel gilt es, abends die Mistgabeln mit den Zinken nach oben gegen die Hausmauern zu stellen. Das schreckt die Hexen ab. Wenn schließlich kein Mittel mehr hilft, muß der Hexenbanner aus Höchstadt her oder die sogenannten Einrichterinnen, die verrenkte Knochen wieder ins Lot bringen und auch gegen Hexenwerk etwas ausrichten können. Auch anderswo im Aischgrund ziehen nachts junge Leute durch die Gegend und knallen mit Peitschen herum. So trifft man nämlich die Hexen. Die nächste Frau mit einem Kopftuch, der man nach einem solchen Peitschenausflug begegnet, ist die jeweilige Hexe.

Die Hexe von Mailach war Elisabeth Hahn. Sie war eine alte, verhutzelte Frau mit gebeugtem Gang. »Einmal fing ich nachts an, zu schwitzen«, sagte Johann Vogel vor Gericht. »Da sprang ich aus dem Bett und lief ans Fenster. Draußen stand die Hexe Hahn.« Der Mann auf der Anklagebank erzählt von den blutigen Striemen, die ihm Elisabeth Hahn angeblich auf den Rücken gehext habe. Wenn sie ihm morgens über den Weg lief, passierte immer etwas. Entweder brach eine Feder an seinem Bohrwerkzeug und Rohre lösten sich aus ihren Verschraubungen oder es kam zu sonst einem Unfall. »Wenn ich die Hahn traf, hatte ich Pech«, sagt Vogel. Elisabeth Hahn lebte mit ihren Hunden und Hühnern zusammen in einem Zimmer. Das machte sie ihm doppelt verdächtig. Auch bei den Aussagen der Zeuginnen kehrte stets ein Satz wieder: »Sie schlief mit ihre Hünd.«

»Sie war eine arme und einsame Frau«, sagt der Vorsitzende. Auf diese Bemerkung reagiert der Angeklagte zum erstenmal mit einem allgemein verständlichen Satz: »Arm war sie nicht. Sie hat Wald gehabt.« In der Tat hatte Elisabeth Hahn ein winziges Stückchen Wald von ihrem Bruder in Mailach geerbt. Sie war vor 12 Jahren ins Dorf gekommen, den hexengläubigen Mailachern gerade recht. Denn fortan war sie an jedem Unglück schuld. Aber von solchen Sachen reden die Zeugen in diesem Prozeß lieber nicht. Auch gegen den Angeklagten sagten sie bisher wenig Böses aus. Vielleicht erinnern sie sich an eine Bürgerversammlung, die vor einiger Zeit stattfand.

Da war auch Johann Vogel dabei und hat sie gewarnt: »Sieben müssen hier noch dran glauben«, soll er damals gesagt haben. Und mit dem Johann legt man sich auch aus einem anderen Grund nicht gern an. Schließlich besitzt auch er außergewöhnliche Kräfte, wie es in Mailach heißt: er findet nämlich mit der Wünschelrute Wasser. Elisabeth Hahn starb im vorigen Jahr. Sie hatte nur eine einzige Freundin: Fräulein Philomena Schmitt aus Bamberg. Fräulein Schmitt kannte sie seit 1932. Sie sagte über ihre Freundin vor Gericht: »Die Elisabeth war gut, ehrlich, brav und christlich.«

Süddeutsche Zeitung, 6. Juli 1962

LIEBESZAUBER

Magische Riten und Volksbräuche
in Zeugnissen und Schilderungen

Dies ist die Kehrseite des Glaubens an Hexen und der Hexenverfolgung: der Glaube an die Fähigkeit, selbst zu hexen, den andern zu verzaubern, zu beschwören. Dieser Glaube hat mit religiösen Doktrinen wenig zu tun. Er beruht auf einer ursprünglichen, nicht-intellektuellen, geradezu natürlichen Beziehung zur Magie.

Hier ist die Hexe nicht eine vom Dämon besessene todeswürdige Verbrecherin, sondern die weise Frau, in den Traditionen der Vorvorderen bewandert und mit den Geheimnissen der Natur auf du und du.

Es ist der harmlosere, liebenswürdigere Aspekt des Hexenglaubens, der sich uns hier bietet. Sein Inhalt ist nicht Vernichtung, sondern deren Gegenteil.

Der Kräutersud der Hexe ist aber nicht nur ein naturwissenschaftlich erklärbares Aphrodisiakum, er ist oft nur Grundstoff und Beiwerk einer metaphysischen Bestrebung, die ebenso das große Glück herbeiführen kann wie den Tod, er kann Vorwand sein für Täuschung und Orgie. Immer aber werden wir beim Liebeszauber auf Übungen stoßen, die aus uralten Überlieferungen stammen und — vielleicht — auf ein Wissen zurückgehen, das uns verlorengegangen ist.

Unheiliges Gebet

Willst du die Liebe eines Mannes oder einer Frau gewinnen, dann geh kurz vor Vollmond hinaus zur Rosenpappel, wenn sie blüht, und bete das Vaterunser. Dann sag:

»Im Namen des Vaters, des Sohnes und des Heiligen Geistes! Ich habe dich gesucht, ich habe dich gefunden. Ich befehle dir, Rosenpappel, bei den heiligen Namen Gottes, Helios, Eloah und Adonai, mir jedweden Menschen, den ich begehre oder berühre, in Gehorsam zu unterwerfen, auf daß er mir in allen Dingen zu Willen sei, wenn ich dich, Rosenpappel, in meinem Mund trage. Fiat. Fiat. Amen.«

16. Jahrhundert

LIEBESZAUBER
Liebe oder Tod

Dantzig / den 14. Januarii. Dieser Tagen bate eine galante Weibs-Person auß Schottland / vor diser Statt ligende / 3 von ihren Gästen auff eine Wein-Kalte-Schale / so sich auch damit sehr lustig gemacht / dieselbe aber seynd deß andern Tags alle 3 gestorben. Da sie aber deßwegen zur Verantwortung gefordert wurde / gab sie zur Antwort / daß sie etwas gewisses in die Schale under den Wein gethan / solche Gäste zur Liebe zu bewögen; selbige Kunst (wie sie es nennet) hätte sie / da sie noch unverheyrathet gewesen / ein altes Weib gelernet / hätte aber dieselbe niemals also jetzo gebraucht / sie sahe aber / zu ihrem grossen Leidwesen / daß sie wäre betrogen worden; Unterdessen hat man sie in Verhafft genommen / und dörffte vor solche Kunst ein schlechtes Recompens erhalten.

   Trau / schau / wem.
       Beilage zu Mercurii Relation
       [München] 1697

Beschwörung des Zukünftigen

Am Andreasabend vor dem Schlafengehen, am besten in der Mitternacht, spricht das heiratslustige Mädchen: »O du heiliger Andreas, ich bitte dich, du mögest lassen erscheinen den Herzallerliebsten meinen wie er geht und wie er steht, wie er mit mir zur Kirche geht, im Namen usw.« oder: »O du lieber Andreas mein, hier steh ich vor meinen Bettsäulen, laß meinen Liebsten bei mir erscheinen; soll ich mit ihm leiden Not, so laß ihn erscheinen bei Wasser und Brot; soll ich mit ihm leiden keine, so laß ihn erscheinen mit Semmel und Weine«; oder: »deus meus (oder dees mees rees und andere entstellte Formen), heil. St. Andreas, ich bitte dich, laß mir erscheinen den Herzallerliebsten meinen, in seiner Gestalt, mit seiner Gewalt, wie er mit mir vor dem Altar steht«, und ähnliche Sprüche; der Geliebte muß ihr nun im Traume, oder auch in einem sichtbaren Spuk erscheinen (Schlesien, Thüringen, Sachsen, Erzgebirge, Vogtland, Baden); das Mädchen stößt bei jedem Spruche dreimal mit der großen Zehe an den Bettstollen (Erzgebirge), darf kein Wort mehr als den Spruch sagen und sich nicht versprechen, sonst erhält sie von unsichtbarer Hand eine Maulschelle (Erzgebirge); sie muß vorher schweigend einen Hering essen, muß rücklings ins Bett steigen und darf nicht beten (Erzgebirge). Das heiratslustige Mädchen schließt sich mit Einbruch der Nacht in ihre Schlafkammer, zieht sich nackt aus, nimmt zwei Becher, gießt in den einen Wasser, in den andern Wein, und stellt beides auf einen weißgedeckten Tisch. Dann spricht sie die oben angeführten Reime, oder indem sie in der Mitternacht nackt sich auf die Kante der Seitenwand des Bettes stellt: »Bettspond (oder Bettbrett), ich trete dich, Sankt Andres, ich bitt' dich, laß doch erscheinen usw.« Dann kommt (manchmal nur im Traume, meist aber in Spukgestalt) die Gestalt des künftigen Geliebten herein und trinkt aus einem der Becher; wenn er den Wein trinkt, wird es ein reicher sein, wenn aber das Wasser, ein armer (Nord- und Mitteldeutschland). Am Rhein legt sich das neugierige Mädchen oder der Bursche an diesem Abend umgekehrt ins Bett, den Kopf am Fußende, und sagt dabei: »Ich lege mich nieder in des Teufels Namen.« Um Mitternacht stellt dann der Teufel dem Fragenden den künftigen Gatten vor; dabei darf man aber ja kein Wort sprechen. Die Mädchen decken um Mitternacht des Andreasabends den Tisch, legen Messer und Gabel darauf und öffnen dann das Fenster; dann kommt der Zukünftige vor das Fenster und zeigt sich ihnen (Thüringen); oder das Mädchen deckt in derselben Zeit den Tisch mit einem selbstgesponnenen weißen Tischtuch, stellt ein Glas Wein und ein Glas Wasser darauf und wartet nun in der Ecke; der Erwartete kommt nun, und wenn er den Wein trinkt, ist er reich, trinkt er das Wasser, so ist er arm; erscheint er aber im Leichentuche, stürzt die

LIEBESZAUBER

Gläser um und stellt eine Sanduhr hin, so stirbt er vor der Hochzeit (Oberpfalz). In ähnlicher Absicht wird in der Thomasnacht von den Mädchen, mitunter auch wohl von den Burschen, ein Strohsack auf die Erde gelegt und das Sprüchlein gesprochen: »Strohsack, ich tret' dich, St. Thomas, ich bitt' dich, laß mir erscheinen, den Herzliebsten meinen«, oder das Mädchen tritt oder kniet nackt an das untere Ende der Bettstelle oder auf einen Schemel und spricht: »Bettbrett, ich kniee dich, Herschedame, ich bitt dich, laß mir erscheinen usw« oder: »Bettbrett, ich tret' dich, heil. St. Thomas, ich bitt dich usw« (Thüringen, Bayern, Franken, Österreich). In Hessen macht sich das Mädchen am Tage Pauli Bekehrung (25. Januar) ihr Bett gänzlich verkehrt, die Kopfkissen zu Füßen, das Deckbett zuunterst usw., dann legt sie sich nackt hinein, tritt zwölfmal gegen das untere Bettbrett und spricht dreimal: »Heute ist Pauli Bekehrungsfest, da bekehren sich alle himmlischen Gäste und alle Gotteskinder; wer nun mein Gemahl will sein, erscheine mir mit Weck und Wein; doch soll ich leiden große Not, so komme er mit Wasser und Brot«; ist der Zukünftige reich, so erscheint er wie verlangt, und zwar zu Pferde, ist er arm, zu Fuß. Ist bei dem Entkleiden das Hemd kreisförmig zu Boden gefallen, so bedeutet es langes Leben und glückliche Ehe, wenn aber eckig, so bedeutet es das Gegenteil.

In der Sylvester- oder Matthiasmitternacht kehrt das Mädchen nackt mit ihrem Hemde drei Ecken ihres Schlafgemachs aus und schaut dann aus der dritten Ecke über die rechte Schulter nach der vierten, da erblickt sie den Zukünftigen leibhaftig (Hessen). Oder sie kehrt am Andreasabend während der Mette nackt eine Stube, in welcher der Tür gegenüber ein Spiegel hängt, den Kehricht nach dem Spiegel zu, den Blick nach der Tür zu; sobald sie sich umsieht, sieht sie den Liebsten im Spiegel (Mähren). Oder sie kehrt in der Christ- oder Neujahrsnacht nackt die Stube bis zur Tür, ohne sich umzusehen, (sonst muß sie sterben); sobald sie fertig ist, sieht sie sich um, da sitzt der Zukünftige am Tische.

Liebestränke in Mitteleuropa

Liebestränke, bei fast allen Völkern vorkommend, auch bei den Deutschen uralt, und Liebesspeisen werden mannigfaltig angegeben; hier spielt die Magie sehr stark herein. Im Jahr 1859 wurde bei Berlin ein Frauenzimmer verhaftet, welches mit Liebestränken handelte und täglich um mehrere Taler verkaufte. Liebestränke werden bereitet aus der Wurzel des Liebstöckels (Franken); oder man tröpfelt dem andern Fledermausblut ins Bier (Böhmen); das Mädchen kocht dem Geliebten heimlich spanische Fliegen, denen sie vorher den Kopf abgebissen, im Kaffee (Franken), oder gibt ihm Ostereier, die sie am Ostersamstag beim geweihten Feuer rot gesotten (Tirol).

Die bei weitem meisten Liebesmittel bestehen aber darin, daß man der geliebten Person irgend etwas von dem eigenen Körper, Haare, Nägel, Schweiß, Blut usw., besonders im Essen oder Getränk, beibringt, dadurch wird sie an die erstere aufs engste gefesselt; die Verbindung der Vorstellungen bedarf keiner Erörterung. Man entwendet dem Geliebten heimlich einen Schuh oder Stiefel, trägt ihn acht Tage lang selbst, und gibt ihn dann wieder (Hessen); der Bursche steckt sich, wenn er zum Tanze geht, ein weißes Tuch unter den linken Arm (wohl auf den bloßen Leib), gibt einem ihm gefallenden Mädchen zu trinken und wischt ihr mit jenem Tuche die Stirn ab (Böhmen); man verschluckt eine Muskatnuß von der Größe einer Haselnuß ganz, und wenn sie wieder abgegangen ist, pulvert man sie und mischt sie dem Geliebten ins Essen (Franken); man denkt sich diese Nuß als von dem Wesen des Menschen, durch den sie hindurch gegangen, getränkt. Man trägt Obst, besonders einen Apfel, oder Weißbrot, oder ein Stück Zucker so lange auf der bloßen Haut unter dem Arme, bis es von Schweiß durchdrungen ist und gibt es dem andern zu essen (Hessen, Schlesien, Böhmen, Oldenburg, Baden). Wenn ein Bursche nach einem Mädchen von demselben Stücke ißt, so verliebt er sich in sie (Böhmen). Man streicht dem andern etwas Ohrenschmalz von sich aufs Brot, und läßt es essen (Wetterau); das Mädchen reißt sich einige Haare unter der Achselhöhle aus, trocknet und pulvert sie und bäckt dies in einen Kuchen; wenn der Mann davon ißt, ist er unlösbar an sie gefesselt; und als ein Hund davon fraß, lief er ihr in festester Anhänglichkeit nach (Böhmen). Frauen, um ihre Männer verliebter zu machen, ließen sich im Mittelalter auf ihren bloßen Hintern Brotteig kneten und gaben von diesem Brote ihrem Gatten. Man schneidet sich in der letzten Stunde des Jahres in den Finger, mischt drei Tropfen Blut in einen Trank und läßt ihn den Geliebten trinken (Hessen, Böhmen, Oldenburg). Der bereits im 9. Jahrhundert vorkommende Zauber, den Männern weibliches Menstrualblut in Speise und Trank zu mischen, kommt vereinzelt noch vor (Rhein, Baden, Mecklenburg); ja selbst das semen virile wird, wie im frühesten Mittelalter, der Speise oder dem Trank eines Mädchens beigemischt (Böhmen).

Erhaltung der Liebe und Freundschaft. Liebende dürfen einander keine Schuhe schenken, weil sonst die Liebe »zerlatscht« wird (Schlesien, Thüringen), kein Buch, außer dem Gesangbuch, (in Böhmen auch dieses nicht), weil sonst die Liebe »verblättert« wird (Sachsen, Baden, Oberpfalz, Böhmen, Vogtland), keine Schere, Messer, Nadeln, weil sonst die Liebe durchgeschnitten wird (Schlesien, Thüringen, Rhein, Sachsen, Pfalz, Böhmen, Vogtland), oder es muß wenigstens lachend gegeben werden (Thüringen, Schlesien), keine Perlen, denn diese bedeuten Tränen (Thüringen). Sie dürfen nicht zusammen Pate stehen, sonst geht die Liebe auseinander (Baden, Ostpreußen, Altenberg); sie dürfen, wenn sie zusammen sind, nicht Brot oder Butter anschneiden, sonst entsteht Zank unter ihnen (Erzgebirge, Vogtland); sie dürfen sich nicht an demselben Handtuch abtrocknen, sonst werden sie einander gram, aus gleichem Grunde darf das Mädchen den Mann sich nicht an ihrer Schürze abtrocknen lassen (Vogtland); sie dürfen nicht von einer Frucht essen, von der der andere schon abgebissen (Vogtland). Beim Abschied dürfen Liebende und

Freunde sich nicht die Hände kreuzweise reichen (Vogtland). Eine Braut darf keine Myrte pflanzen, sonst kommt sie nicht zum Brautkranz (Ostpreußen), auch kein Mädchen darf es, denn wer Myrte baut, wird nimmer Braut (Schlesien); die Braut darf sich vor der Hochzeit nicht im Brautkleide zeigen (Pommern, Schlesien); beides gilt als eine Art Berufung. Brautleute dürfen einander nicht zu sehr lieben, sonst gibt es eine unglückliche Ehe (Oldenburg); es ist wohl der Neid des Schicksals; übrigens hat es etwas für sich, daß schwärmerisches Verliebtsein in der Ehe sich sehr abkühlt. Ist einem Mädchen der Schatz untreu geworden, so zündet sie in der Kirche drei Wachslichter verkehrt an und betet drei Vaterunser, dann kehrt derselbe zurück (Böhmen). Ist die Geliebte gleichgültig geworden, so nimmt der Bursche um Mitternacht drei Schollen Erde von dem frischen Grab eines ungetauft gestorbenen Kindes und wirft sie ihr über den Kopf, so wird die Liebe wieder wach (Böhmen). Eine etwas andere Wendung der Sympathie ist diese: will man recht häufigen Besuch des Geliebten, so reißt man ihm heimlich ein Haar aus und steckt es unter die eigene Türschwelle oder in den Türpfosten (Böhmen); der Mensch wird zu dem eignen hingezogen.

Untreue strafen. Das betrogene Mädchen sticht um Mitternacht in eine unter Beschwörungen angezündete Kerze einige Nadeln und spricht: »ich stech das Licht, ich stech das Licht, ich stech das Herz, das ich liebe«, so muß der Ungetreue sterben (Oberpfalz); oder sie sperrt, während der Ungetreue sich trauen läßt, einen Hund, eine Katze und eine Henne in eine Stube; dann wird sich das neue Ehepaar ebenso zanken wie diese (Böhmen); oder sie sucht den Ungetreuen noch einmal zu sprechen und spuckt ihm dabei ins Gesicht, so wird er für alle Mädchen abscheulich (Böhmen); oder sie wirft zu gleichem Zweck Erde von dem Grabe einer Wöchnerin ihm über den Kopf (Böhmen).

Liebe abwehren und loswerden. Wenn ein Mädchen ausgeht, streut die Mutter Salz hinter ihr her, damit sie sich nicht verliebe (Böhmen). Eine lästig gewordene Liebe wird man wieder los, wenn man sich irgend etwas von dem Leibe des andern verschafft, und es im Sonnenlichte oder im Schornsteinrauche vertrocknen läßt; freilich schwindet mit der Liebe bisweilen auch der Leib des Bezauberten hin (Oberpfalz). Will man eine quälende Liebe loswerden, so legt man drei Totenknochen kreuzweise nebst einigen Haaren und Eierschalen unter die Kuhstallschwelle; oder man schabt den Kot vom Absatze des rechten Schuhes ab, tut ihn in den Schuh und wirft ihn von einem Wassersteg rückwärts über den Kopf ins Wasser und geht, ohne sich umzusehen, nach Hause (Mähren), also ein Hinwegschwimmen wie bei Krankheiten.

A. Wuttke: Der deutsche Volksaberglaube der Gegenwart

Wiederherstellung verlorener Manneskraft

Als Salomo sein 154. Kebsweib sich angeschafft hatte, mußte er nach hundert vergeblichen Bemühungen beschämt aus dem Brautgemach sich entfernen. Als sich dies in der zweiten und dritten Nacht wiederholte, erfüllte es sein Herz mit gerechten Besorgnissen. Als seine Gelehrten ihm keine Erklärung geben konnten, schloß er sich in sein magisches Gemach ein und erfuhr von den Geistern, daß ein Kammerdiener ihm für eine ungerechte Behandlung einen Possen gespielt habe. Auf seine Befehle mußten die Geister seine Manneskraft nicht nur wiederherstellen, sondern verzehnfachen, und er erlabte sich an 50 neuen Kebsweibern von dem überstandenen Schrecken. König Salomo hat das Rezept zur Wiederherstellung der verlorenen Manneskraft veröffentlicht: »Nimm Samen von dem Kraut Bardane (Klettenstaude), zerstoße ihn in einem Mörser. Tue dazu die linke Testikel von einem dreijährigen Ziegenbocke, eine Messerspitze voll Staub aus dem Kamm eines ganz schneeweißen Hundes, dem man am ersten Tage des Neumondes die Haare abgeschoren hat, verbrenne dazu 7 dieser Haare und lege die Asche ebenfalls in den Mörser. Darauf gieße nun eine halbe Flasche Kornbranntwein, lasse das ganze 21 Tage lang unverkorkt stehen, damit die Gestirne gehörig darauf einwirken können. Dem Manne, welchem du diese große Wohltat erzeigen willst, reibe nun drei Tropfen von der Flüssigkeit auf jede Fußsohle, 7 Tropfen auf den Scheitel, 9 Tropfen unter jeden Arm, 11 Tropfen auf den Nabel und 13 Tropfen auf das Rückgrat ein, und du wirst ihn wahre Wunder tun sehen.« Diese Wunderessenz ist so über alle Begriffe wirksam, daß man es nicht selten erlebt, wie 80—86jährige Männer noch plötzlich mit Nachkommenschaft zu aller Welt Überraschung gesegnet werden. Dieses Ersatzmittel verdankt König Salomo übrigens selbstgeständig nicht seiner Weisheit, sondern der überaus gottesfürchtigen Königin Dahira von Ninive.

Der wahrhaftige feurige Drache

Drachensaat

In Japan teilte der Liebende die Asche aus verbrannten Wassermolchen, kleinen Salamandern, die sowohl im Wasser wie auf dem Land leben, in zwei Teile. Eine Hälfte behielt er, die andere streute er heimlich entweder zwischen die Besitztümer des Mädchens oder auf ihr Haar. In Mitteleuropa verwendete man auf die gleiche Weise verkohlte und zu Pulver zermahlene Froschschenkel. Noch um die Jahrhundertwende bliesen in Italien die Mädchen einen widerstrebenden Galan mit einem Pulver an, das sie aus einer in Wein getränkten und in der Sonne gedörrten Eidechse gewonnen hatten; in Indien mischte man solche Pulver aus getrockneten Blumen, Wurzeln, Samen, Bienenflügeln und Totenkränzen. In Guayana in Südamerika bereiten junge Frauen ein Pulver aus den verdorrten Blüten einer heimischen Weinrebe und bestreuen damit den Erwählten und sein Lager. Dieses südamerikanische Pulver erfüllt für gewöhnlich seinen Zweck, da der damit bestäubte Mann, wenn er trotzdem nicht heiraten will, den Verstand verliert.

Zaubersprüche aus Ozeanien

Hortense Powdermaker hat solche magischen Liebessprüche gesammelt und erhielt einige von einem alten Mann aus Lossu auf Neu-Irland, der sich erst vorsichtig davon überzeugte, ob sich die in seinem Haus arbeitende junge Eingeborene außer Hörweite befand. In seinem Alter, so erklärte er, wolle er keine Schereien mit Frauen mehr haben. Ich nehme an, daß er Miss Powdermaker für immun gegen seine Magie hielt. So sagte er ihr seine Beschwörungsformel auf:

»Geh, geh hinunter durch den Hals,
hinab in Leber, Milz und Magen,
dorthin mußt du den Zauber tragen,
und mach des Mädchens Mund
rund, ganz rund ...«

Ein »runder Mund« soll andeuten, daß die Maid benommen ist, daß sie also weder reden noch essen kann. Noch wirksamer ist vielleicht die Zauberformel, die man über einem Tsil-Blatt spricht, bevor man das Blatt über ein Feuer hängt. Wie das Blatt heiß wird und zu rauchen beginnt, so wird auch der Magen des Mädchens heiß vor Verlangen und Liebe werden. Der Spruch ist deutlich:

»Blatt, geh hinunter durch die Luftröhre und in
den Magen.
Sie niest. Sie setzt sich nieder.
Ihr Magen wird heiß vor Verlangen.«

Wenn die Frau zufällig verheiratet ist, dann bespricht der Zauberer mehrmals ein Kuskusblatt und tippt dann mit dem

Blatt auf die Brust der Frau, wenn er ein vorübergehendes Verhältnis plant; wirft er es aber ins Feuer, dann will der Liebende auf Dauer der Nachfolger des Gatten werden. Um seinem Kunden eine attraktive, aber nicht mehr ganz junge Dame namens Tsanatsoa zu verschaffen, sagte er zu dem Blatt:

»Flieg zu Tsanatsoa, geh, geh in ihr Aug',
Geh, geh hinunter in ihren Leib.
Mach ihr innen heiß.
Dann denkt sie nur an diesen einen Mann.
Blut, Blut, trag den Zauber hinunter
zu Magen und Leber.«

Die Frauen Neu-Irlands benützen weit seltener Liebeszauber als die Männer, und wenn sie ihn anwenden, dann gibt es keine unfeinen Anspielungen auf Innereien. Ein sehnsüchtiges neu-irisches Mädchen breitet einfach seine Grasschürze vor sich aus und sagt:

»Ich mag den Mann, ich mag den Mann,
Geh, Schürze, und such ihn.«

Wenn die junge Frau draufgängerisch ist, dann lautet der Spruch kühner:

»Mann, du bist hinter mir,
du folgst mir.
Du willst mich.
Du kommst mir von hinten nach.«

E. S. Gifford: Liebeszauber

Das Damenkränzchen der Gräfin Cagliostro

Bis daher war das schöne Geschlecht ganz von den Thesmophorien des Grafen Calliostro ausgeschlossen. Izt schien es ihm Zeit zu seyn, es an die Reihe kommen zu lassen. Die Gräfin Calliostro war schon längst belagert, eine Loge von Dames zu errichten. Sie wies sie immer zur Geduld. Endlich erklärte sie der Prinzessin Tingry, welche der Wortführer war, daß sie sich ergäbe, sobald 36 Kompetenten beisamm wären.

Ehe die Sonne unterging, war die Zahl voll. Nun legte die Oberpriesterin der Gesellschaft einen Plan vor. 1) Sollte jede Schülerin hundert Louisdor einlegen: 2) sollte sie sich Neun Tage lang vom Genuß der Liebe enthalten: 3) einen feyerlichen Eid schwören auf die zween Punkte: Gehorsam und Verschwiegenheit.

Am 7. August (1785) wurde die Loge eingeweiht. Man versammelte sich Abends 11 Uhr. Beim Eintritt mußte jede Schülerin ihren Cul de Paris, ihre Bouffante, ihren Schnürleib, ihren falschen Chignon, ihre Soutiens, alle ihre Schnurrpfeiffereyen ablegen. Dafür bekam sie den Logehabit. Diß war eine weiße Levite mit einer gefärbten Schärpe.

Nach diesen Schärpen war die Schwesterschaft in sechs Farben eingetheilt: schwarz, blau, violett, rosenfarb, coquelicot und impossible.

Nachdem sie umgekleidet waren: so führte man sie in einen prächtig beleuchteten Tempel, welcher mit 36 Bergeren von schwarzem Taffent besezt war. Auf einem Thron sas die Oberpriesterin, ganz weiß gekleidet und glänzend wie eine Juno. Zu ihrer Seite zwo besondere Figuren, die sich nicht beschreiben lassen. Waren es Menschen oder Geister: waren sie männlichen oder weiblichen Geschlechts: das ist ungewis.

Unmerksam schwächte sich das Licht. Der Saal verdunkelte sich bis zur Dämmerung. Kaum ließen sich die Gegenstände noch unterscheiden. Izt gab die Oberpriesterin ein Zeichen, daß jede Schülerin das linke Bein in die Höhe heben sollte. Zu gleicher Zeit mußte sie den rechten Arm ausstrecken. In diesem Moment tretten zween weibliche Geister ein, werfen sich vor den Thron der Priesterin, und empfangen aus ihren Händen ein Gebund rosenfarbe Bänder. Mit diesen binden sie jede Schülerin an Hand und Fuß.

So stehen sie nun ins Kreuz gefesselt da. Nun hält die Oberste eine Rede. Sie erklärt den Weihlingen, daß ihr gegenwärtiger Zustand das Symbol von ihrer Bestimmung in der Gesellschaft wäre. »Erkennen Sie hieran, meine Töchter«, sagte sie, »daß wir Sklaven der Männer sind. Aber lassen wir ihnen immer den Vorzug Kriege zu führen, — Gesezze zu geben, und über die Schwächern zu herrschen. Der unsrige mus der seyn, die Meinungen und die Sitten zu regieren, den Geistern ihre Richtung zu geben, das Reich der Sanftmut, der Empfindnisse und der schönen Regungen auszubreiten.«

Am Schluß dieser Rede, deren Reize man umsonst zu wiederholen sich bemühen würde, erschienen die Geister wieder, und entfesselten die Dames. Nun kündigte die Oberpriesterin an, daß die Prüfungen vorhanden wären. Jede Schülerin muste zum Thron tretten und den Eid ablegen. Man las die Gesezze vor. Sie enthielten unter andern, daß jene Priesterin, welche der Versuchung, so ihr bevorstünde, unterliegen würde, ohne Gnad verstossen seyn solle. Hierauf theilte sich die Gesellschaft in sechs Gruppen, nach ihren Farben. Jede Gruppe wurde in ein eigenes Kabinet, so an den Saal gränzte, geführt, und allein gelassen; aber nicht lang: denn es fand sich bald Besuch ein. Auserlesene Mannsbilder, Jünglinge mit allen Reizen des Körpers und Geists begabt, von den Grazien und Liebesgöttern begleitet, überraschen sie. Verlohrne Mühe! Umsonst wenden sie alle Künste der Versuchung an. Weder Seufzer noch Schwühre, noch Thränen, noch Verzweiflung können eine von den Schülerinnen bewegen, das Gelübd zu brechen. So sehr übertrift die Macht des Fürwizes noch selbst die Wollust im weiblichen Herzen.

Sowie die Morgenröthe sich zeigt: so hört man ein Zeichen. Der Tempel eröfnet sich wieder. Die Schülerinnen verlaßen ihre Zellen. Sie finden die Oberpriesterin wieder auf dem Thron. Diese legt den Finger auf den Mund, zum Zeichen, daß sie Stillschweigen gebiete. Hierauf ergreift sie eine Ruthe und schwenkt solche gegen die im Grunde des Saals befindliche Nische.

LIEBESZAUBER

Sogleich fährt der Vorhang vor derselben auf. Ein mutternackter Mann steht auf einer goldenen Weltkugel; in der Hand hält er eine Schlange, und von seiner Stirne blinkert eine Flamme.

»Derjenige, den sie izt hören werden, Bräute der Weisheit«, sprach die Oberpriesterin, »ist der berühmte, der ungleichbare, der große, der göttliche Calliostro, entsprungen aus dem Schooß Abrahams ohne Empfängniß, begabt mit aller Weisheit, welche war, ist und auf die Erde kommen wird — Töchter der Wahrheit: wollt ihr sie sehen: so werft diese irdische Hülle ab, und — werdet wie sie!«

»Es ist nicht mehr Zeit«, fuhr der verklärte Calliostro fort, indem sich die Professen bis auf die Haut entkleideten, »ihnen, meine Freundinen, das Licht zu verbergen. Erfahren sie den Endpunkt aller Wahrheit: das Vergnügen ists. Es ist das Einzige, was solid, was sublim ist, was unsterblich macht. Alles Uebrige ist Tand. Sinnen sie fünfzig Jahre nach. Denken sie wie Locke, räsonieren sie wie Bayle, schreiben sie wie Rousseau: was werden sie herfürbringen? Daß der grosse Grundsaz der Natur die Liebe ist. Alle ihre Sinnen überzeugen sie davon. Wozu dienen ihnen die Augen, als Bilder fürs Herz aufzufangen? Für was ist das Ohr, als um diese Bilder durch die Töne der Liebe und der Harmonie zu erwärmen? Und was würden diese beiden nüzen ohne das Gefül, jenes süsse Spiel der Nerfen, welches uns über die Engel selbst erhebt, weil sie es nicht haben. Kurz alle Sinnen arbeiten nur fürs Vergnügen — Erscheinet, Söhne des Himmels, auserwählt diese Nimfen in den Genuß der Seeligkeit einzuweihen.«

Hier pfiff die Schlange: in diesem Augenblick erscheinen 36 Genien in weißen Gaze gekleidet.

»Ihr seids«, sprach der Zauberer, »welche das Schiksal beruft, meine Lehren zu vollenden« — und verschwand.

Das graue Ungeheuer 1785

Abgewehrter Liebeszauber

Es war in einem ländlichen Gute nahe bei Lindau, in der Diözese Konstanz, eine erwachsene Jungfrau von schönem Gesichte und gar feinem Benehmen; bei deren Anblick ward ein Mann von leichten Sitten, ein Geistlicher schier bloß dem Namen nach — o wenn doch kein Priester! — (von Liebe) gefangen. Da er die Wunde seiner Seele nicht weiter verheimlichen konnte, kam er in die Arbeitsstube besagter Jungfrau, und indem er sich in ehrbaren Worten als ein Netz des Dämons darbot, wagte er endlich zuerst nur mit Worten die Jungfrau zur Liebe zu ihm zu verlocken, und zwar ihren Geist. Als sie das durch himmlische Eingebung erfaßte, antwortete sie mannhaft, unberührt an Körper und Seele: »Herr, wollet mit solchen Worten mein Haus nicht aufsuchen; sonst werdet ihr eine Zurückweisung erfahren, dank der Ehrfurcht.« Ihr entgegnete jener: »Wenn du es auch eben abschlägst, mich zu lieben, nachdem du mit süßen Worten ermahnt worden bist, wirst du nun in Bälde durch Taten gezwungen, mich zu lieben; das verspreche ich dir.« — Jener Mann war als Beschwörer und der Hexerei verdächtig. Aber die Jungfrau hielt diese Worte für Wind und fühlte nicht ein Fünkchen fleischlicher Liebe zu dem Manne in sich für jetzt; aber als nicht viel Zeit verflossen war, begann sie, verliebte Vorstellungen von jenem erwähnten Manne zu haben. Als sie das bemerkte, nahm sie, von Gott aus inspiriert, ihre Zuflucht zur Mutter des Erbarmens und flehte sie inbrünstig um Erlangung von Hilfe von ihrem Sohne an; und indem sie sich eine ehrbare Gesellschaft aussuchte, begann sie eine Wallfahrt nach der Stätte der Einsiedler zu unternehmen: so heißt nämlich eine Kirche in der vorgenannten Diözese, die zu Ehren der wundertätigen Mutter Gottes selbst geweiht ist. Dort beichtete sie sakramentalerweise, damit der böse Geist nichts in ihr finden könnte; und indem sie an die Mutter der Liebe selbst ihre Bitten richtete, hörte sofort alle Machenschaft des Feindes auf.

Hexenhammer

LIEBESZAUBER

Säkularisierte Magie

Zur schwarzen Trüffel mußt du trinken,
und Undank wäre hassenswert.
Hat dir denn nicht den Sieg, den flinken,
der unscheinbare Pilz beschert?
Du konntest schnell ihn dir erringen
nach einer angenehmen Schlacht,
weil Gott ihn selbst vor andern Dingen
zu uns auf diese Welt gebracht.
Den Sterblichen zu Glück und Segen
vermittelt er der Liebe Macht.
Sei froh und dankbar dessentwegen
und nütz ihn aus bei Tag und Nacht.

Brillat-Savarin

Okkultismus und Verbrechen

Die Scharlatane der großen Zeit
und ihre modernen Nachfahren

Die drei großen Scharlatane des achtzehnten Jahrhunderts, die auf Kosten des Aberglaubens mit ungeheuren Summen jongliert haben, sind der Graf von Saint Germain, Giuseppe Balsamo, der sich Graf Cagliostro nannte, und Giacomo Casanova. Die mysteriöseste Figur von diesen dreien war zweifellos der Graf von Saint-Germain. Seine Herkunft liegt bis heute im Dunkel. Er betätigte sich als angeblicher Alchimist, Kunstliebhaber und politischer Intrigant. Er behauptete, das Arcanum erfunden zu haben — ein Mittel zur Erlangung ewigen Lebens — und zweitausend Jahre alt zu sein. Den österreichischen Grafen Cobenzl erleichterte er mit Hilfe eines Schwindelprojekts um die damals sagenhafte Summe von 200 000 Gulden, und auch der alternden Marquise d'Urfé schwindelte er gleich seinem Kollegen Casanova ungeheure Summen ab. Casanova lernte ihn bei dieser Gelegenheit kennen und beschreibt die Begegnung so:

»Das Diner, bei dem ich mich am besten unterhielt, war jenes, das die Marquise der Madame de Gergy gab, denn diese war in Gesellschaft des Grafen von Saint-Germain, des berühmten Abenteurers, gekommen. Statt zu essen, sprach dieser Mann von dem Augenblick an, da man sich zur Tafel setzte, bis sie aufgehoben wurde, und ich hörte ihm mit der größten Aufmerksamkeit zu, denn niemand verstand besser zu sprechen als er. Er gab sich als Universalgenie, legte es darauf an zu verblüffen und verblüffte auch tatsächlich. Er brachte alles, was er sagte, mit großer Entschiedenheit vor, verletzte jedoch niemanden dadurch, da er soviel wußte, sich in verschiedenen Sprachen ausgezeichnet ausdrückte und als Musiker wie als Chemiker besondere Kenntnisse verriet. Er hat ein einnehmendes Äußeres und verstand es, sich die Damen dadurch geneigt zu machen, daß er ihnen Salben für ihre Haut gab und zugleich versicherte, daß diese keineswegs dazu dienten, sie jünger oder schöner zu machen: das sei weder möglich noch notwendig. Vielmehr sollten seine Wundermittel die vorhandenen Reize jahrelang unverändert erhalten ... Trotz seiner großen Worte, der Widersprüche und der offen-

sichtlichen Unwahrheiten wollte es mir nicht gelingen, den Mann unverschämt zu finden — achten konnte ich ihn aber ebensowenig. Ich sah in ihm eine erstaunliche Erscheinung; er verstand es, mich gegen meinen Willen zu verblüffen.«

Das will etwas heißen, zumal Casanova doch selbst davon lebte (und zwar meist glänzend), seine Umwelt zu verblüffen. So hatte er besagter Marquise d'Urfé, die einst eine gefeierte Schönheit gewesen war, versprochen, ihr mittels magischer Prozeduren die Jugend wiederzugeben. Er engagierte dazu eine Assistentin, die der Marquise in magischer Beleuchtung als Göttin zu erscheinen hatte, bewog die Marquise, eine Schmuck-Kassette, deren Inhalt er vorsorglich mit Blei vertauscht hatte, als »Mondopfer« ins Meer zu werfen, und spiegelte ihr vor, sie werde sich (nicht ohne seine Mitwirkung) nach seinem unfehlbaren astrologischen und kabbalistischen Rezept neu gebären. Nach Angaben von Verwandten der Marquise hat Casanova ihr auf diese Weise im Lauf der Zeit rund eine Million Livres abgeschwindelt.

Der größte unter den Gauklern aber, die ihre Fischzüge mit okkultistischen Experimenten kaschierten, war Giuseppe Balsamo aus Palermo, der als der große Magier Cagliostro an Königshöfen glänzte und sein Leben im Kerker beschloß. (Bild gegenüber Seite 177.)

Porträt des Scharlatans

Aus dem Tagebuch eines Reisenden. Straßburg 1783. Heute führte man mich zu dem berühmten Grafen Cagliostro. Solch ein originaler, impertinenter, alles unter den Fuß tretender, Kopf aufwerfender Charlatan en gros war mir noch nie vorgekommen. Es ist ein kleiner, dicker, höchst breitschultriger, breit- und hochbrüstiger, dick- und steifnackichter, rundköpfiger Kerl, von schwarzem Haar, gedrungener Stirn, starken feingeründeten Augenbrauen, schwarzen glühenden, trübschimmernden, stets rollenden Augen, einer etwas gebogenen fein zugeründeten breitrückichten Nase, runden dicken aus einander geworfenen Lippen, rundem festen hervorstrebenden Kinn, runder eiserner Kinnlade, feinem fast kleinen Ohr, kleiner fleischichter Hand, kleinem schönen Fuß, gewaltig vollblütig, rothbraun, mit einer gewaltig klingenden und vollen Stimme. Das ist der Wundermann, Geisterseher, Geisterbeschwörer, menschenfreundliche unbezahlte Arzt und Held, der Jahre lang in diesen Gegenden groß lebt, ohne daß je einer weiß, wo er das Geld hernimmt...

Berlinische Monatsschrift, Dezember 1784

Lavater bei Cagliostro

Aus Straßburg. Der Graf Cagliostro, der so viel Lärmens in der Welt machte und von dem man sich mit so vielen Märchen trug, war klein, stark, und von einer Figur, welche Geist und Genie verräth; er hatte feurige Augen, die bis ins Innerste drangen. Er kam aus Rußland nach Strasburg, wo er sich bis ins vorige Jahr aufhielt. Niemand wußte, wer er war, noch wohin er ging. Die Vornehmen ehrten und liebten ihn; der gemeine Mann betete ihn an, und nur von einigen wenigen Personen wurde er gehaßt, verläumdet und gedrückt. Er aß sehr wenig, und lebte fast bloß von italienischem Nudelteig; er ging nie zu Bette, und schlief nur 2 oder 3 Stunden lang in einem Lehnstuhle; er bezahlte alles voraus, ohne daß man erfahren konnte, worin seine Einkünfte bestünden. Alle seine Kuren that er unentgeltlich, ja vielen Armen gab er noch aus seinem Beutel. Er hatte, wie selbst seine Feinde bezeugen müssen, während seines Aufenthalts mehr als 15 000 Kranke unter seinen Händen, von denen nicht mehr als drey gestorben sind. Er redete fast alle europäischen Sprachen und besaß eine hinreißende Beredsamkeit. Lavater that im Jahr 1781 bloß seinetwegen eine Reise nach Straßburg, wo er aber bey seinem Besuche nichts weiter von ihm herausbringen konnte, als folgende Worte: »Sind Sie von uns beyden der Mann, der am besten unterrichtet ist, so brauchen Sie mich nicht; bin ich es, so brauche ich Sie nicht.« So schieden sie wieder von einander. Des andern Morgens schrieb Lavater folgende Fragen an ihn: »Woher stammen Ihre Kenntnisse? Wie haben Sie selbige erlangt? Worin bestehen sie?« Der Graf antwortete noch lakonischer, als er befragt ward: in verbis, in herbis, in lapidibus, in Worten, in Pflanzen, in Steinen.

Vossische Zeitung. Berlin 1784

Ein Kardinal zu Canaan

Paris, den 5. September. Der Graf von Cagliostro und seine Frau sitzen nicht in der Bastille, sondern in dem Zuchthause[1]. Man will zuverläßig wissen, daß er ein eingebohrener portugiesischer Jude sey und daß er sich vor 20 Jahren bei einer heftigen Pest zu Alexandrien aufgehalten und von verschiedenen portugiesischen Juden, die sich allda seiner Kur bedienet, ansehnlich geerbt. Von diesen Erbschaften soll er den großen Aufwand, den seine Lebensart erforderte, bestritten haben. Man hat bei ihm verschiedene Schriften gefunden, die sich auf eine sogenannte egyptische Freimaurerei beziehen. Dieser Empiriker hielt vor der Arretirung in seinem Quartiere geheime Zusammenkünfte unter dem Namen der egyptischen Loge, wozu nur gewisse Personen beiderlei Geschlechts unter den fürchterlichsten Eidschwüren zugelassen wurden. Da aber nur gewisse Leute den Zutritt dazu erhielten, so hatte die Wachsamkeit der Polizei nicht in die Geheimnisse dieser Zusammenkünfte dringen können. Es wurde darin gespielt, gespeiset und gezecht. Cagliostro machte Experimente mit Schmelztiegeln und Kohlen und verblendete damit die Unerfahrnen, auch mit einer Blendlaterne bildete er dieser Gesellschaft ein, ihnen die Schatten verstorbener Leute zu zeigen. So glaubte

---

[1] Cagliostro war in den berühmten Halsbandprozeß verwickelt. Er wurde 1786 freigesprochen, gleichzeitig aber aus Frankreich ausgewiesen.

der Kardinal[2] bei der Hochzeit zu Canaan (!) in Galliläa gegenwärtig zu seyn, mit Voltairen, Montesquieu und Heinrich dem IV. zu speisen. Cagliostro behauptet zwar, daß er von dem Halsschmuck nichts wisse, weil er zu der Zeit, da solcher gekauft worden, zu Lyon gewesen wäre, allein er sagt nicht, daß er versprochen hatte, die Diamanten noch einmal so groß zu blasen.

Vossische Zeitung. Berlin 1785

Der Stein der Weisen

Paris, den 25. Februar. In der Vorstadt St. Victor hat sich vor etlichen Tagen zwischen einem betrügerischen Alchymisten, welcher von der Leute Leichtgläubigkeit zu profitiren Profeßion machet, und einem nach dem Lapide Philosophorum begierigen Menschen folgende Begebenheit zugetragen: Nemlich, es hatte der falsche Artisto diesen einfältigen Menschen durch einen Abgeschickten in seine Netze gelocket, und ihn nach der ersten Entrevue, um seinen Zweck desto eher zu erreichen, zur Mittags-Mahlzeit genöthiget, bey welcher sich auch, nebst der Haus-Wirthin, ein sehr schönes Frauen-Zimmer befand, woran der Gast ein gantz sonderbares Vergnügen hatte. Nachdem nun dieser arme Liebhaber von mehr als 1000 Blicken der Charmanten seinen Verstand meist verlohren hatte, so erbohte sich der Mann, demselben die Experientz von seiner Kunst sehen zu lassen. Der armselig betrogene Mensch, welcher so wol von demjenigen, was er anitzo gehöret, als von dem betrüglichen Geschnatter der beyden Frauens-Personen gantz bezaubert war, nahm die gethane Offerte mit Plaisir an. Wie man nun vom Tische aufgestanden war, gingen der Meister und Schüler nach denen Worten mit einander zur That, da denn alles so eingerichtet war, daß der Schüler, über die Probe dieses Artisten gantz entzücket, sich wieder zu dem

[2] Kardinal Rohan.

Frauen-Zimmer zurück begab; der Künstler aber sogleich sich mit einem Paquet voll Geheimnissen bey ihnen einfand, und sagte, wie hieraus mehr als 2 Millionen Livres zu machen wären, und daß, wenn er nur 100 000 Livres hätte, er dann so viel gewinnen wolle, daß keines von ihnen nach einem grössern Glück verlangen solte; Wie nun der Frauen-Zimmer ihre Caressen darzu kamen, und also der leichtgläubige Mensch von Liebe und Gewinnsucht angeflammt war, wolte er seine Generosite sehen lassen, und sagte, daß er zwar kein Geld, aber vor 50 000 Thaler Actien in seiner Tasche hätte, womit man baares Geld bekommen könte; worauf er seine Zettul hervorlangte, und sie unter die Geld-begierige Gesellschafft austheilete. Dieses erweckte eine so grosse Freude, daß ihm die eine Frauens-Person um den Hals fiele, sagende: Mein liebes Hertz, ihr machet itzo unser und euer Glück, ihr hättet in keine bessere Hände kommen können. Der Mann nahm solches ebenfals mit Dank an, und versicherte, daß er in 24 Stunden den Effect von seinem Versprechen sehen solte. Hierauf wurde der Schmauß mit viel Fröhlichkeit continuiret, und der neue eingebildete grosse Künstler ging mit Vergnügen nach Hause; des Morgens aber kam er wieder, und redete mit dem betrüglichen Alchymisten ab, wie man sein Geld zum Einkauffen der nöthigen Stücke, so zu der geheimen Kunst erfordert würden, anwenden solle, da denn beschlossen wurde, daß der Artiste nach Rouen, wo die Materialien im bessern Preise wären, reisen sollte, welches auch geschahe. Der neue Galant blieb indessen bey denen beyden Frauens-Personen, welche sich in der That gegen ihn danckbar bezeigten, und jede besondere Marquen davon zu erkennen gaben, so daß endlich eine von ihnen würcklich eyfersüchtig wurde, einen Streit anfinge, und sich dergestalt von der andern absonderte, daß sie dem neuen Liebhaber zu verstehen gab, daß, wenn er das Seinige nicht verliehren wolte, er Ursache hätte, demjenigen, welcher es mitgenommen, nachzureisen, weil so wol er als seine Frau nicht getreu wären. Diese spähte Nachricht nun machte bey dem armen Menschen fremde Gedanken, daß er bald darauf sich zu Pferde setzte, und seinem Lehr-Meister nachritte, welches aber vergeblich war, weil er ihn nicht antreffen konte. Als die zurück gebliebene Frau die Indiscretion ihrer Competentin erfuhr, räumte sie das Laboratorium aus, packte die besten Meublen ein, und reisete damit ihrem Manne nach, welcher das weite Feld genommen hatte. Der elende Dupe aber, welcher den verirrten Philosophischen Stein nicht gefunden hatte, erkannte zu spähte, daß er filoutiret worden, und brachte deswegen seine Klage bey Monsr. d'Ombreval an, welcher ebenfals eine vergebene Untersuchung anstellete, ob schon die zurück gebliebene Amante, welche sich entschuldigte, daß sie nichts mit dem Betrüger zu thun, und den Betrug viel zu späht gemercket habe, darüber befraget wurde. Solchem nach war der arme Lehr-Schüler in der Goldmacher-Kunst, welcher in einem Tage 2 Maitressen machen und den Lapidem Philosophorum erlangen wollen, durch seine Leichtgläubigkeit hintergangen.

Hamburgischer Correspondent, 1726

Eine teure Beschwörung

Seit Ende des Jahres 1905 fiel es den Bauern in der Nachbarschaft von Torre del Greco auf, daß ein fein gekleideter Herr viel durch die Wälder und die Auen schweifte, also ein Freund der Natur zu sein schien. Das erfüllte sie mit einer Art scheuer Bewunderung, die sich zur Verehrung steigerte, als der hohe Herr sich auch allmählich herabließ, mit einigen von ihnen zu sprechen. Bald war der Ackerer Luca Olivieri sein größter Bewunderer, um so mehr, als der große Unbekannte, nachdem er sich durch viele Eide Verschwiegenheit gesichert hatte, sich dazu hergab, ihm den Ursprung seiner Reichtümer zu offenbaren. Hauptsächlich beruhen diese auf einem Teufelsgeheimnis, durch das er verborgene Schätze entdecken könnte; daher wisse er, daß in den Feldern von Torre del Greco und auch auf dem Olivieris Schätze steckten. Olivieri machte große

Augen und ließ sich herbei, alle seine Nachbarn zu einer Genossenschaft behufs Schatzhebung zusammenzuschließen. Diesem Bunde brachte der Schwindler die Überzeugung bei, daß er alle Silbermünzen, die man ihm bringe, in ebensoviele Goldstücke verwandeln könne, und zwar mit Hilfe der Irrlichtergespenster.

Eines Tages begann die Beschwörung. Mattia Pane versammelte die Bauern auf Olivieris Felde um eine hölzerne Säule, die ein Kreuz trug, zog eine Schachtel hervor, die von selbst Licht geben würde (eine tragbare elektrische Lampe) und begann zu graben. Bald kam eine kleine Amphora zum Vorschein, auf deren Boden die erhofften Goldstücke lagen, aber da diese wenig zahlreich waren, gaben die Bauern ihrem Magier, dem »assisto«, wie sie ihn nannten, alle Silbermünzen, die sie bei sich trugen, erfuhren jedoch, daß für diese Nacht der Zauber gebrochen sei, man also eine andere Nacht abwarten müsse. Diese ließ aber lange auf sich warten. Darauf begann einer der am wenigsten Leichtgläubigen, Michele de Luca, die Jagd auf den »assisto«, entdeckte ihn auch in Neapel und forderte die Rückerstattung seines Beitrages, 270 Lire. Der »assisto« kehrte darauf zu seinem Freunde Olivieri zurück, beklagte sich über das Mißtrauen de Lucas, worauf der erstere, um das heilige Wort nicht zu gefährden, die 270 Lire aus seiner Tasche zahlte. Der Magier wußte jetzt, wo er daran sei; er versprach Olivieri hohe Lottogewinne und entlockte ihm noch nach und nach 2500 Lire. Als sein Bargeld verbraucht war, verkaufte Olivieri sein ganzes Hab und Gut und gab dem Magier auch noch den Arbeitslohn seiner Töchter, die Korallenarbeiterinnen waren. Der also beglückte Freund nahm noch mehr, nämlich auch eine der Töchter, die, als sie Mutter werden sollte, von ihm damit beschwichtigt wurde, daß das erwartete Kind, wenn man es töte und mit seinem Blute die Erde netze, fabelhafte Reichtümer hervorzaubern würde.

Zum Glück kam es nicht zur Ausführung dieses Beschlusses, da der Schwindler, ein gewisser Mattia Pane, Journalist,

Bühnenschriftsteller, Agent und noch vieles andere mehr, verhaftet wurde.

Hier spielt schon der zweite Gesichtspunkt mit hinein, der die Schatzgräberei für den Kriminalisten interessant macht: Es ist das die Idee, daß zur Hebung des Schatzes ein Menschenopfer erforderlich sei. Dieser Glaube geht vielleicht darauf zurück, daß man in früheren Zeiten Schätze vergrub und sie dadurch vor Dieben zu sichern suchte, daß man ein Tier oder einen Menschen (Sklaven) an dem Orte tötete und dann meinte, daß der Geist des Opfers als »Schutzgeist« den Schatz bewachen werde, ähnlich wie es auch von dem Bauopfer bekannt ist.

Schatztruhen überall

Im Jahre 1874 vergrub ein österreichischer Falschmünzer in dem Garten eines reichen Bauern eine Kiste mit 6000 Gulden, zündete dann ein Lichtlein an und machte den Bauern darauf aufmerksam, daß dort ein Schatz blühe. Sie kamen überein, den Schatz zu heben und zu teilen. Nach verschiedenen mystischen Zeremonien gelang es um die mitternächtige Stunde auch, die »uralte« Kiste zutage zu fördern. Der Raub wurde geteilt. Um seine 3000 Gulden aber bequemer mitnehmen zu können, ließ sich der Falschmünzer von dem Bauern seinen Anteil in Papiergeld auszahlen und machte sich dann schleunigst aus dem Staube.

Im Jahre 1884 wurden zu Freiburg im Breisgau die Eheleute Vogt aus Kandern zu mehrjährigen Zuchthausstrafen verurteilt, weil sie Leuten aus Basel, die nach Schätzen suchten, zwei Zauberbücher verkauft hatten, das eine für zweitausend Franken, das andere für 1500, dazu auch noch eine »Auflösung« für 450 Franken. Beide Bücher waren aus gewöhnlichem stärkeren Schreibpapier gemacht, in Öl getränkt und mit wunderlichen Zeichen und Sprüchen angefüllt. Das Sonderbarste ist, daß die auf diese unglaubliche Weise Betrogenen durchaus nicht einfältige Menschen gewesen sein sollen.

Zehn Jahre später ereignete sich ein anderer Fall in Gaisbach bei Baden-Baden. Dort gibt es ein Haus, das im Geruche steht, daß es darin spukt. Die Bewohner dieses Hauses sind so abergläubisch, daß sie steif und fest an den Spuk glauben. Eine Zigeunerbande bekam davon Wind und hatte nichts Eiligeres zu tun, als die Sache auszubeuten. Man redete den Bauersleuten ein, daß in dem Hause ein Schatz von 160 000 Mark verborgen sei, und daß sie ihr Lebtag keine Ruhe mehr bekämen, wenn der Schatz nicht gehoben würde. Dazu wollten die Zigeuner behilflich sein, wenn man ihnen das dazu nötige Geld gäbe. Die Bauersleute gingen auf den Leim und brockten so nach und nach 1879 Mark ein, außerdem gaben sie den Zigeunern noch Kleider und Eßwaren im Werte von mehr als 200 Mark. Nur durch einen Zufall gelang es, den Betrügern das Handwerk zu legen.

Ein krasser Fall von betrügerischer Ausnutzung des Schatzaberglaubens fand im März 1907 seinen Abschluß vor dem Schwurgericht zu Brüx in Böhmen. Angeklagt war die Spitzenklöpplerin Theresie B., eine alte Freundin der in Reischdorf wohnenden Spitzenklöpplerin Marie J., welche sie fast täglich besuchte und mit deren Familienverhältnissen sie infolgedessen vollkommen vertraut wurde. Es war ihr daher ganz gut bekannt, daß die Marie J. eine fromme, dem Aberglauben ergebene Frauensperson ist. An einem Tage im Monat Juli 1905 kam die B. zu ihrer Freundin J. und erzählte ihr, sie habe soeben beim Reischdorfer Kreuze einen Geist in der Gestalt eines kleinen Mädchens gesehen und mit ihm gesprochen. Im Laufe des Gespräches erzählte sie weiter, der Geist habe ihr einen Schatz im Werte von 40 000 Kronen übergeben und ihr den Auftrag gegeben, sie möge denselben zu sich nehmen, mit der J. zu gleichen Teilen teilen und zu diesem Zwecke der J. Bußgelder abverlangen. Nach einigen Tagen kam die B. wieder zur J., schützte vor, sie habe eben mit »der armen Seele«, nämlich mit dem Geiste, gesprochen und verlangte 60 Kronen Bußgeld für diese »arme Seele«. Es gelang ihr tatsächlich, die alte fromme Frau zu betören und ihr diesen Betrag abzulocken. Als die J. doch manchmal Bedenken hegte, vertröstete sie die B., sie werde das gegebene Geld wieder zurückbekommen und außerdem von der »armen Seele« belohnt werden.

Manchmal geschah es, daß während der Tageszeit an das verschlossene Haustor der Marie J. stark gepocht wurde und man vernahm draußen ein Geheul und hörte die Worte: »Bitt' schön, bitt' schön, es muß Geld sein!« Die fromme abergläubische J. gab auf diese listigen Vorspiegelungen der B. hin immer wieder Geld her, und es kam so weit, daß, als sie kein Geld mehr hatte, sie sich dasselbe durch Leihen bei ihren Kindern und sogar bei fremden Personen besorgte. Sie folgte auf diese Art von ihrem eigenen Gelde der B. den Betrag von 349 Gulden 60 Kronen aus und borgte sich namhafte Geldbeträge, so daß im Sommer 1906 die Summe der der B. ausgezahlten Gelder den Betrag von 2000 Kronen weit übertraf. Sie borgte sich, um das entlehnte Geld der B. zwecks Erlösung der armen Seele als Bußgeld zu übergeben, von ihrem Sohne, den nächsten Anverwandten und zahlreichen Nachbarn Geldbeträge von zusammen 1638 Kronen aus. Es kam endlich durch die Manipulationen der B. so weit, daß sich die arme J. genötigt sah, um die drängenden Gläubiger bezahlen zu können, ihr Anwesen in Reischdorf um den Preis von 3200 Kronen zu verkaufen. Dies geschah mittels Kaufvertrages vom 20. Januar 1907 an die Eheleute August und Marie Hüller. Als die B. auf diese Weise der J. einen Betrag von mehr als 2000 Kronen entlockt hatte, kam sie eines Tages im Sommer 1906 in deren Wohnung, trug etwas unter der Schürze und erzählte ihr in Anwesenheit ihres Sohnes Franz und ihrer Schwiegertochter Marie J., daß ihr die »arme Seele« den Auftrag gegeben habe, sämtliche von der J. empfangenen Geldbeträge in deren Wohnung zu tragen und dort unter dem Strohsacke aufzubewahren. Sie erzählte weiter, daß das Geld durch Jahr und Tag im Bette liegen bleiben müsse, niemand dürfe es anrühren, sonst wäre er sofort tot, und das Geld werde sogleich verschwinden.

Die J. hob nun den Strohsack in die Höhe, und die B. schob unter Murmeln eines unverständlichen Gebetes ein Paket unter den Strohsack, ohne dasselbe vorher jemand gezeigt zu haben. Die J. schenkte natürlich auch jetzt noch der B. das vollste Vertrauen, traute sich nicht, den Strohsack anzurühren und folgte der Schwindlerin neuerdings Bußgelder aus. Diese murmelte nach Empfang des Geldes stets ein unverständliches Gebet und gebärdete sich so, als ob sie nach einer längeren Manipulation das empfangene Geld zu dem im Bett bereits liegenden Geld unter den Strohsack hineinstecken würde. Eines Tages im Winter 1906 wurde plötzlich wieder an das verschlossene Haustor der J. gepocht, diese sowie die im Zimmer mit Anwesenden, Franz J. und dessen Gattin, vernahmen draußen ein Geheul und die Worte: »Bitt' schön, bitt' schön, es muß Geld sein.«

Die Schwiegertochter Marie J. eilte zum Haustor hinaus und bemerkte in dem angehäuften Schnee ganz frische Fußspuren, die zu dem Haustore führten. Gleich darauf erschien die Therese B., und als ihr die Marie J. vorhielt, wieso es komme, daß sie, wenn an das Haustor gepocht wird, sogleich erscheine, gab sie zur Antwort, daß es die »arme Seele« war. Die B. brachte es durch diese Schwindeleien endlich so weit, daß die J. in die größte Not geriet, weil ihr niemand mehr borgen wollte. Die arme alte Frau hatte sogar nichts mehr zu essen, und der Verzweiflung nahe, entschloß sie sich endlich, das unter dem Strohsacke von der B. angeblich aufbewahrte Geld zu nehmen.

Dies geschah eines Tages im Winter 1906. Bevor die J. diesen Entschluß faßte, gab sie ihrem Sohne Franz den Auftrag, für den Fall, daß sie infolge der Behebung des Geldes sterben sollte — wie es ihr die B. seinerzeit vorgespiegelt hatte — aus dem verwahrten Gelde ihre Gläubiger zu bezahlen. Als die J. nun in Anwesenheit ihres Sohnes und dessen Gattin den Strohsack in die Höhe gehoben und das von der B. aufbewahrte Paket herausgenommen und aufgemacht hatte, fand sie zu ihrem Entsetzen nichts anderes als ein paar Fetzen Papierschnitzel, Zwiebelschalen, Brotkrumen und zwei alte ihr gehörige Geldbörsen, in welchen jedoch anstatt des Geldes ein alter Knopf steckte.

Die Bestürzung der J. ob dieses Fundes war unbeschreiblich. Als sie sich von ihrem Schrecken ein wenig erholt hatte, ließ sie die B. holen. Diese kam, und zur Rede gestellt, gab sie zur Antwort, daß die »arme Seele« das Geld selbst gehoben habe, die J. werde dafür, daß sie das Paket unter dem Strohsack herauszog und aufmachte, von der armen Seele bestraft werden. Sie habe dadurch alle unglücklich gemacht und es werde der »Schatz« lange nicht gehoben werden können. Am nächsten Tage kam die B. abermals zu der J., erzählte ihr, sie habe in der Nacht die arme Seele gesprochen, dieselbe verlange als Sühnegeld für die Neugierde der J. den Betrag von 12 Kronen. Auch da noch ließ sich die J. betören, ging, weil sie gar kein Geld mehr besaß, zu dem Ehegatten der B., borgte sich von diesem den Betrag von 12 Kronen und übergab sie der Theresia B. Die Schwindlerin gab auch da ihr verbrecherisches Handwerk noch nicht auf und lockte auch nach diesem Vorfalle von der J. weitere Beträge in gleicher Weise wie früher heraus. Als die J. aller Mittel bar war und ihr Anwesen verkaufen mußte, suchte sie die B. zu bewegen, sich weitere Bußgelder von ihrer in Bärenstein wohnenden Tochter Marie zu leihen.

Die J. verweigerte dies aber, und nun versuchte die B. auf eigene Faust, einiges Geld von der jungen J. herauszulocken. Sie kam an einem Tage um Weihnachten 1906 herum zu derselben nach Bärenstein, schluchzte ihr vor, ihre Mutter sei krank und schicke sie nach Geld für den Arzt und die Medikamente. Die junge J. schenkte der B. Glauben und es gelang derselben auf diese Weise ihr einen Betrag von 32 Mark abzulocken. So ist der mit besonderem Raffinement durchdachte und auf den Aberglauben der frommen Marie J. sen. basierende betrügerische Plan der B. zur Genüge gelungen, sie brachte dadurch die Genannte an den Bettelstab. Die B. gesteht zu, auf die geschilderte Art einen Betrag von mehr als 2000 Kronen der J. herausgelockt zu haben, beharrt jedoch bei der unsinnigen Behauptung, den Geist tatsächlich gesehen zu haben und das ganze von der J. empfangene Geld in deren Wohnung unter dem Strohsack aufbewahrt zu haben, was selbstredend eine ganz unglaubwürdige Ausrede ist. Es wurde erhoben, daß die B. eine leidenschaftliche Lotteriespielerin ist und daß ihre zahlreiche Familie, obwohl ihr Ehegatte nur ein Tagelöhner ist, in jüngster Zeit auf großem Fuße lebte, was nur mit dem der J. herausgeschwindelten Gelde möglich war.

Die Angeklagte, eine recht gesund aussehende Frau, bekannte sich nicht schuldig. Sie blieb dabei, daß sie einen Geist, einmal in Gestalt eines weißen Mädchens, dann einer weißen Frau und zuletzt eines schwarzen übermenschlichen Mannes gesehen und diese sie zu ihren oben geschilderten Manipulationen veranlaßt und einen Schatz von 40 000 Kronen in Aussicht gestellt haben.

Die betrogene J. konnte zu der Verhandlung nicht erscheinen, da sie schwer krank daniederlag, und wurde nur deren, übrigens kommissarisch und unter großen Schwierigkeiten aufgenommenes Protokoll zur Verlesung gebracht.

Die Angeklagte wurde, nachdem die Geschworenen die an sie gestellten Fragen, lautend auf Betrug, bejaht hatten, zu einer schweren Kerkerstrafe von zweieinhalb Jahren verurteilt.

Entzauberung

Im Sommer des Jahres 1905 hatte sich vor dem Schwurgericht zu Znaim wegen Betruges zu verantworten die 31jährige Rosalie Raminius, die als Sängerin und Musikantin mit der Wandertruppe Daniel herumzog. Sie hatte in Mährisch-Kronau die Gastwirtin Antonia S. kennengelernt und sich rasch in ihr Vertrauen eingeschlichen. Frau S., die Grund zu haben glaubte, an der ehelichen Treue ihres Gatten zu zweifeln, wendete sich an die Sängerin um Rat und bat sie um einen Talisman. Die Raminius brachte der Wirtin auch tatsächlich ein »Johannisäugel«, erklärte ihr aber, daß das allein nicht wirke, die Wirtin müsse ihr auch noch Geld »auf Kreuzwege und Messen für den Ehestand« geben. Frau S. opferte dafür nicht nur 400 Kronen, ihre ganzen Ersparnisse, sie mußte zur besseren Wirkung des Zaubers drei Polster, einige Stücke Fleisch, Hafer und einen Topf Fett hinzufügen. Das half aber nur ein paar Monate. Gegen Ende des Jahres 1904 wurde die Wirtin auf eine Frau Cidlik eifersüchtig, die ihr zu häufig ins Gasthaus zu kommen schien. Die Raminius, der sie ihr Leid klagte, fand auch bald heraus, daß die Cidlik nichts Gutes vorhabe, sondern die Wirtin »vernichten und ganz austrocknen« wolle. Frau S. könne sich und ihre Kinder nur dann retten, wenn sie durch zwei Jahre der Raminius 40 Kronen monatlich für Kreuzwege gebe. Für den ersten Monat aber seien 80 Kronen erforderlich für ein geheimnisvolles Gas, mit dessen Hilfe die Raminius die Wahrheit erfahren werde. Noch teurer kam die Wirtin zwei Jahre später ihre Eifersucht auf eine gewisse Watzinger zu stehen. Sie mußte der Raminius mehr als 2000 Kronen Bargeld und eine Menge Naturalien geben, bis es gelang, die Nebenbuhlerin zu besiegen. Im ganzen hat die Raminius der Wirtin im Laufe der Zeit 3614 Kronen abgelockt. Vor der Entdeckung ihrer Schwindeleien wußte sie sich dadurch zu schützen, daß sie der Wirtin einschärfte, der Zauber könnte nur bei strengster Geheimhaltung wirken. Die Macht, die sie auf die S. ausübte, war so groß, daß die Wirtin in der gerichtlichen Voruntersuchung erst auszusagen wagte, als ihr die Raminius selbst versicherte, daß sie keine Zauberin sei. Auf Grund des einstimmigen Schuldspruchs der Geschworenen wurde Rosalie Raminius zu drei Jahren schweren Kerkers verurteilt.

Tödliches Kartenlegen

In Wien stürzte sich im Oktober 1907 eine 69jährige Frau in selbstmörderischer Absicht aus einem Fenster im zweiten Stock auf die Straße und blieb mit zerschmetterten Gliedmaßen liegen. Sie war in der letzten Zeit trübsinnig und bildete sich ein, daß sie bald sterben werde. Dieser Gedanke stützte sich auf eine Prophezeiung. In ihrer Jugend war ihr von einer Kartenlegerin gewahrsagt worden, daß sie ihr 70. Lebensjahr nicht überleben und keines natürlichen Todes sterben werde. Im Dezember hätte sie ihr 70. Lebensjahr erreicht. Im Banne der Prophezeiung verübte sie den Selbstmord.

Ein Wechselbalg

Ein besonders interessanter Fall kam nach Manhardts Bericht am 16. Januar 1872 vor dem Schwurgericht in Ostrowo zur Verhandlung. Ein Tagelöhner Becker in Biskupice lebte mit seiner Frau seit vierzehn Jahren in glücklichen Verhältnissen; ihre fünf Kinder behandelten sie mit großer Liebe. Da kam eine verwitwete Schwester der Frau Becker mit ihrem fünfjährigen Knaben zu den Eheleuten zu Besuch. Maryanne Cerniak behauptete, besessen zu sein und die Macht zu haben, die Personen zu erkennen, welche dem Teufel verfallen seien, sowie in andere den Teufel fahren zu lassen. Infolgedessen war sie bald als Hexe verschrieen und wegen ihres boshaften Treibens überall gefürchtet. Auf ihre zehn Jahre jüngere Schwester scheint sie bald großen Einfluß ausgeübt zu haben. Eines Tages im November, nachdem sie zur Beichte gewesen war, weckte sie gegen Mitternacht die Frau Becker durch lautes Schreien auf. Frau Becker schlief mit ihrem ein Jahr alten Knäbchen in demselben Bett; die Schwester rief: »Schlage ihn, schlage ihn, so werden sie dir dein Kind zurückgeben.« Tatsächlich begann die Törichte auf ihr Kind einzuschlagen. Die Cerniak sprang aus dem Bett, ergriff das Kind und tat so, als wollte sie es zum Fenster hinauswerfen und schrie dabei: »Da hast du ihn, da hast du ihn.« Dadurch wollte sie die Unterirdische veranlassen, den Wechselbalg zurückzunehmen. Dann gab sie der Schwester das Kind zurück und forderte sie auf, den Wechselbalg auf die Erde zu schleudern, ihn zu hauen und totzuschlagen, dann bekäme sie ihr Kind zurück. Frau Becker ergriff einen Ledergurt und schlug unbarmherzig auf das kleine Wesen ein. Unterdessen erwachte ihr Mann, welcher sich tags zuvor bei einem Begräbnis einen kleinen Rausch angetrunken hatte. Anfangs wollte er sein Kind schützen, die rasende Frau aber wußte ihn zu bestimmen, mit dem Ledergurt auf das Kind zu schlagen, während sie dasselbe mit einem Wacholderstab tat, bis es tot war. Als nun der fünfjährige Sohn der Cerniak sich weinend der Leiche näherte, begann die Becker auch auf ihn einzuschlagen, nachdem ihre Schwester ihr zugerufen hatte: »Schlage ihn, schlage! Das ist nicht mein Kind, habe kein Mitleid mit ihm; es werden andere Kinder kommen!« Der Mann mußte helfen, bis auch dieses Kind kein Lebenszeichen mehr von sich gab. Nun drangen die beiden Eheleute auf die Cerniak ein, die unterdessen mit lautem Geschrei die Kacheln aus dem Ofen herausstieß mit dem Ausruf, im Ofen seien die Teufel. Die Cerniak flüchtete ins Freie, wo sie am nächsten Morgen aufgefunden wurde. Die unglückseligen Eltern liebkosten unterdessen unter Gebeten die Leiche ihres Kindes. Die Frau Becker verfiel auf mehrere Wochen in Tobsucht, während die beiden anderen sich von Anfang an vernünftig zeigten. Frau Becker legte ein reumütiges Geständnis ab, während ihr Mann und ihre Schwester ihre Beteiligung an der Tat leugneten. Im Gegensatz zu dem Gutachten des Gerichtsarztes nahm das Medizinalkollegium in Posen an, die drei Angeklagten seien bei der Tat nicht zurechnungsfähig gewesen. Das Obergutachten der wissenschaftlichen Deputation in Berlin nahm nur bei der Cerniak einen periodischen Wahnsinn und zur Zeit der Tat krankhafte Störung der Geisteskräfte an, hielt die Beckerschen Eheleute dagegen für vollkommen zurechnungsfähig. Die Geschworenen aber, sicherlich von moralischen Erwägungen geleitet, gaben ihren Wahrspruch gerade umgekehrt ab. Sie erkannten dahin, daß das Beckersche Ehepaar ohne Zurechnungsfähigkeit gehandelt, die Cerniak dagegen vollkommen zurechnungsfähig Frau Becker durch Aufforderung und absichtliche Erregung eines Irrtums zur Tat vorsätzlich bestimmt habe. Dem Verdikte der Geschworenen gemäß wurde das Beckersche Ehepaar von den Richtern freigesprochen, die Cerniak dagegen wegen Teilnahme an einer vorsätzlichen Körperverletzung mit tödlicher Folge zu drei Jahren Zuchthaus verurteilt. Sie wurde nach dem Zuchthaus zu Breslau übergeführt und starb dort schon im Mai desselben Jahres.

Die abgehauene Hand

In der Nähe des Dorfes Ssyrjatino wurde im Juli 1904 die Leiche eines Knaben mit abgeschnittener Hand gefunden. Der Körper war mit vielen Stichwunden bedeckt. Der Fall blieb lange Zeit rätselhaft. Die Polizei hörte nur dunkle Andeutungen, da der Aberglaube bestehe, eine bei Lebzeiten einem Menschen abgehackte Hand mache den Dieb, der sie bei sich trage, unsichtbar, und lasse ihn bei Diebstählen straflos davonkommen. Diese Andeutungen haben sich nun durch weitere Ermittlungen bestätigt. Man hatte bei Haussuchungen in Pachotny Ussad bei drei Bauern blutige Kleidungsstücke gefunden. Diese drei Bauern übten einen Druck auf die übrigen Dorfgenossen aus, die der Polizei keine Aussagen über das Verbrechen zu machen wagten. Nach der Verhaftung der Kompromittierten faßten die Bauern jedoch Mut und sagten aus, daß mehrere Bauern die abgeschnittene Hand bei Diebstählen in den Nachbardörfern bei sich geführt hätten. Nun haben die Behörden auch die abgeschnittene Hand des ermordeten Knaben unter dem Dach eines Bauernhauses gefunden, an einer Stelle, von der sie die in die Sache eingeweihten Bauern jederzeit nehmen konnten, um sie als Talisman bei Diebstählen zu benutzen. Die Mordtat ist nach einem vorbedachten Plan verübt worden. Der unglückliche Knabe wurde in eine Schlucht geschleppt. Unter den Leuten, die ihn dorthin zerrten, befand sich auch ein Onkel des Knaben. Er konnte jedoch das grauenvolle Schauspiel, als seinem Neffen die Hand abgeschnitten wurde, nicht lange ansehen und lief davon. Von Gewissensbissen gequält, hat er später ein Geständnis abgelegt und die übrigen Teilnehmer am Verbrechen angegeben.

Hellwig

TEUFELSGLAUBE
UND TEUFELSAUSTREIBUNG

Historische und literarische Zeugnisse,
beschränkt auf Europa

»Als Künstler, und zwar als großer Künstler«, sagt Augustinus, »bedient sich Gott auch des Teufels. Wüßte er sich seiner nicht zu bedienen, so ließe er ihn überhaupt nicht existieren.« In der christlichen Dogmatik ist Satan der gefallene Engel Luzifer, den mittelalterliche Sekten zum Mittelpunkt kultischer Orgien gemacht haben. Uns Heutigen erscheinen diese Ausbrüche als heidnisch-dionysische Revolte gegen den zunehmenden Dogmatismus des Christentums. Von den Zusammenkünften der Satanisten berichtete Guibert von Nogent zu Anfang des 12. Jahrhunderts:

»Die Versammlungen halten sie in geheimen Gewölben ab, dabei ohne Unterscheidung des Geschlechts. Einer nach vorn gebeugten Dirne mit, wie gesagt wird, entblößtem Gesäß, bringen sie angezündete Kerzen von hinten dar. Sobald die Kerzen ausgelöscht sind, verkünden sie laut das allgemeine Chaos, und jeder vereinigt sich mit der, die ihm als erste in die Hände kommt ... Wenn nun eine Frau daselbst schwanger wird, kehrt sie erst nach erfolgter Geburt dorthin zurück ... Ein großes Feuer wird entzündet, und diejenigen, die rundum sitzen, werfen das Kind von Hand zu Hand durch die Flammen, bis das Feuer erloschen ist. Darauf wird das Kind zu Asche gemacht, aus ihr wird Brot bereitet, und kaum einer von denen, dem ein Stück davon als Abendmahl gereicht wird, kommt jemals mehr von dieser Ketzerei los.«

Die Tradition dieser ›Schwarzen Messen‹ endet jedoch nicht mit dem Mittelalter. Im Frankreich des 17. Jahrhunderts kam es zu Schwarzen Messen, an denen Geistliche und Weltliche teilnahmen, darunter hochgestellte Persönlichkeiten. 1679 setzte Lugwig XIV. eine Gerichtskommission ein, die Chambre ardente, deren Protokolle erhalten sind. Drahtzieher dieser Veranstaltungen waren die Hebamme und Giftmischerin Voisin und der Abbé Guibourg. In seinem Geständnis vor der Chambre ardente schilderte Guibourg die Schwarze Messe, die er im Auftrag der Madame de Montespan auf deren Körper vornahm, um die Liebe des Königs aufs neue für sie zu entfachen und sie selbst zu befähigen, ihre Rivalin, Louise de La

Vallière, auszustechen. Die unheilige Handlung fand in der Kapelle des Schlosses von Villeboussin unweit Monthléry statt. Guibourg entzündete die Kerzen, Helfer der Voisin standen Wache, und auf dem Altar lag eine nackte junge Frau, die ihre Haare über das Gesicht hängen ließ, damit der Abbé, falls es nötig sein sollte, beschwören konnte, daß er ihr Gesicht nicht gesehen habe. Das tat er auch. In dem Protokoll heißt es:

»Die erste Messe las er auf dem Bauch einer Frau, die mit einer zweiten erwachsenen Person erschienen war, und er rezitierte folgende Beschwörung:

›Astaroth, Asmodi, Fürsten der Harmonie, ich beschwöre Euch, das Opfer anzunehmen, das ich Euch mit diesem Kind darbringe für die Dinge, die ich von Euch erbitte: daß die Liebe des Königs und des Monseigneur le Dauphin zu mir fortdauere, daß ich von den Prinzen und Prinzessinnen des Hofs hochgeachtet werde, und daß der König mir nichts von dem abschlage, was ich für meine Verwandten und Bedienten von ihm erbitte.‹

Um einen Taler kaufte er das Kind, das dann bei dieser Messe geopfert wurde, von einem erwachsenen Mädchen. Mit einem Federmesser stach er dem Kind in die Kehle, goß von seinem Blut in den Kelch, danach wurde ihm das Kind weggenommen, man brachte ihm aber Herz und Eingeweide zurück ... daraus sollte ein Pulver für den König und Madame de (Montespan) gemacht werden. Die Dame, für die er die Messe las, hatte immer herunterhängende Haare, die ihr das Gesicht und die Hälfte des Busens verdeckten. Die zweite Messe las er auf derselben Frau in einer Ruine auf den Wällen von Saint-Denis ... die dritte in Paris bei der Voisin auf derselben Frau ... .«

An die Stelle der Hexenverbrennung trat im siebzehnten und achtzehnten Jahrhundert die Teufelsaustreibung. Daß es wahrhaftige Dämonen waren, die sich der Seelen und Körper ihrer Opfer bemächtigten, davon waren nicht nur die Satanisten überzeugt, sondern auch ihre Widersacher, die Exorzisten.

Behandlung einer ›Besessenen‹ in Alt-Österreich

Brün in Mähren / vom 16. Maji. Vor etlichen Tagen hat man ein besessnes / sonst noch nicht zu altes Polnisches Weib anhero zu unser lieben Frauen in St. Thomas Kirche gebracht / mit Hoffnung / sie etwan von den Geistern daselbst zu erledigen / die Geister in ihr haben sich bey Vorzeigung des Gnaden-Bildes & venerabilis hostiae also in ihr erhebet / daß sie gleich wie ein Rind starck gebrüllet: man ist heute bereits zum drittenmal mit exorcirung in Lateinischer Sprache bemühet gewesen / doch wollen die Geister nicht anders / als in Polnischer Sprache reden / und geben auff exorcisantis befragen aptissimas Responsiones / wollen auch nicht ehe weichen / es würde ihnen denn ein ander subjectum humanum zur Wohnung eingeräumet: gestern haben sie in genere begehret / man solte ihnen allhier eines unbenannten Schusters Weib / oder auch eines unbenannten Herrn Diener pro Hospitio erlauben / so wolten sie die alte Herberge quitiren / haben auch zur Außfahrt ein Fenster in unser lieben Frauen Capelle begehret / mit dem verlaut / es also zuzurichten / daß auch die Handwercksleute zu thun haben würden / ehe sie es wiederumb zurecht machen würden. Der Exorcisant aber / sonsten ein frommer Priester hat ihnen nicht mehr als zu Ende der Capellen in einem Fenster 3 runde Glaß-Scheiben bewilliget / und sie in die Helle / als ihren von Gott zubereiteten Ort oder Wüste / da sie weder Menschen noch niemanden schaden können / verwiesen. Gestern hat der eine Geist aus ihr geredet / und durch den Lucifer geschworen / sie wolten die besessene Person heute verlassen / bald aber in Gegenwart vieler Leute gab ein ander Geist / Schaban genannt / zur Antwort / der Priester würde für diesesmal mit seinem Verfahren nichts richten / und er solte sie nur nicht mit seinem starcken Beschweren so eyffrig plagen und brennen / da er für sich nicht alle würde außtreiben / man hat es mit Verwunderung gesehen / wie sich die hellische Geister so wehren und weigern / in den Ort der Höllen zu weichen / verlangen allezeit in ein ander Quartier / und wann ihnen solches eyfferig verwidriget wird / schreyen sie allezeit Ach und Weh / und wann der Besessenen das Venerabile über einen Kelch auff dem Kopff gehalten wird / nennen die Geister solches den Allerhöchsten / und erzeigen in der Besessenen mit Verstellung des Gesichts / auch sonsten unter den Beschwerungen / sehr erbärmliche Leibesbewegungen / also daß mit Haltung des Leibes der Besessenen grosse Mühe gebraucht werden muß: In Summa die Spiritus obsidentes / als mendaces / suchen ein und andere Außflucht / sich aus der Besessenen zu reteriren. Wie der Priester die gestrige Exorcisation verrichtet / haben bemeldete Geister gesaget / sie wolten heute außfahren / er solte sie nur den Tag außruhen lassen / indem sie die Nacht vorher in der Frembde auff einer Hochzeit gewesen / und sich sehr ermühdet hätten / gleichwol wie der Priester ihnen mitgegäben / die Besessene (so gestern gebeichtet / aber durchaus wegen ihrer nicht Communiciren hat können) nicht zu plagen / haben sie damit inne gehalten / ob sie auf heutiges Beschweren / so auch in nomine Altissimi geschehen / ebenmässig halten werden / eröffnet die Zeit. Unter dem Beschweren wird allemal die Besessene gleichsam mit Ohnmacht überfallen / und weil die Beschwerung währet / redet sie sehr starck / und schreyet allemal sehr hefftig / so bald aber die Exorcisation auffhöret / kommt sie wieder zu sich selbsten / und redet mit gar gelinder Stimme / auch so bescheiden / daß sie ihre Nothdurfft und Anliegen entdecken kan / ihr Essen ist wenig / und Trincket nur gar schlechtes von Wasser / sie ist ungefehr vor 20 Jahren mit ihrem Manne und einem Kinde von den Tartarn gefangen worden / allwo ihr Mann gestorben / und das Kind sich mit einem Messer entleibet / sie aber ihr und ihme allezeit den Teuffel gewündschet habe / und durch solche Gelegenheit / wegen stets gebrauchten Teuffels-Wundsche / hat Gott verhänget / daß folgende höllische Geister /

wie sie solche in den Beschwerungen nach und nach genennet / sich ihres Cörpers bemächtiget haben / benamentlich / Schißka / Lomischka / Mursa / Schmulna / Musca / Junischko / Bachocko / Schonon / Hrziezek / Schaban oder Schabanisco / Nosula / Koslowski / Schrabal: Sonst haben diese Geister / da sie anders sollen außfahren / auch begehret / daß der Priester ihnen der Besessenen Mutter Schwester zur Herberge einräumen wolte / er setzt ihnen aber auf oben verstandene Weise pro termino emigrationis den Abgrund der Hellen oder eine Oede / da sie niemanden schädlich seyn können / unter andern hat man auch heute bey der Beschwerung vernommen / daß wo sie außfahren müsten / die Besessene auch sterben müste / gedachter Exorcisant wil sich noch weiter bemühen / dieselben wegzutreiben / Gott verleihe Gnade und Macht / daß es zu einem guten Ende gelangen möge: diese Besitzung sol bereits neun Jahr gewähret haben.

*Berliner Ordinari- und Postzeitungen
1665*

Extract-Schreiben der verwittibten Kayserin Cämmerer Herrn Sourmans /de dato Wien / vom 23. Septembris. Zu Maria-Zell in der Steyrmarck haben wir unter andern das zu Brün gewesene Besessene Polnische Weib angetroffen / von welcher bereits daselbst 68 böse Geister außgetrieben worden / und zwar die letzern 6 in Gegenwart meiner Allergnädigsten Kayserinn und dero Hoffstatt / so abscheulich zu sehen gewesen / und 4 gantzer Stunden gewähret / so gar / daß etliche aus Furcht das Ende nicht erwarten wollen / insonderheit weil vor dem langsamen Außtrieb [einer] der bösen Geister einer von den umbstehenden zuruffte / so ihnen aber verbotten / das Hochadelige Frauenzimmer mit den unkeuschen Namen Geyß tituliret worden. Die heutige Nacht ist das arme Weib sehr übel tractiret / und blutig geschlagen worden / ich glaube nicht / daß sie der weiteren Außtreibung erleben werde / weil die noch rückbleibende noch ohne Zahl seyn / in deme sie sich alle böse Geister / so in der Höllen seyn / angewündschet: Gott erbarme sich ihrer und unser aller in Gnaden.

Berliner Ordinari- und Postzeitungen
1665

Brün / vom 31. Decembris 1665. Man schreibet [von] der unlängst allhier gewesenen / aber itzo zu Maria-Zell in der Steyrmarck befindliche Polnischen Besessenen einem Geistlichen anhero / daß bereits über 340 Teuffel von ihr / durch die Hülffe Gottes / sind außgetrieben worden / man nennet sie alle mit Namen / die man für diesesmal nicht beschreiben kan.

Mittwochischer Mercurius (Berlin)
1666, 1. Woche

Der Exorzist Johann Josef Gaßner

stammte aus Vorarlberg; 1758 wurde er Pfarrer in Klösterle. Dort fing er mit seinen Teufelsaustreibungen an. Seiner Theorie nach gab es natürliche und unnatürliche Krankheiten. Die natürlichen zu heilen überließ er den Ärzten, die unnatürlichen, also vom Teufel hervorgerufenen, heilte er durch Beschwörungen. Um festzustellen, in wessen Kompetenz die jeweilige Krankheit fiel, begann er jeweils damit, dem Dämon lateinisch Befehle zu erteilen; aus der Reaktion des Kranken behauptete er dann zu erkennen, ob die Krankheit teuflische Ursachen habe. Seine Heilerfolge brachten dem Teufelsbanner bald großen Zulauf. Nachdem das Ordinariat von Chur seine Methoden geprüft und gebilligt hatte, machte der Bischof von Regensburg und Propst zu Ellwangen, Ignaz Graf von Fugger, Gaßner zu seinem Hofkaplan. Gaßner verlegte seine Tätigkeit nach Ellwangen; der Andrang der Heilungsuchenden wurde immer größer. Allein im Dezember 1774 kamen 2700 Patienten. 1775 wurde Gaßner nach Regensburg berufen.

Allmählich mehrten sich die Stimmen gegen ihn — geistliche und weltliche —, und schließlich mußte der Bischof ihm auf

Befehl des Kaisers (Josef II.) weitere Teufelsaustreibungen verbieten, nachdem er den Papst (Pius VI.) vergeblich um Intervention gebeten hatte. Der Papst hatte nichts gegen Exorzismus, wohl aber gegen das Aufsehen, das Gaßner, der für seine Tätigkeit nie etwas genommen hatte, hervorrief. Gaßner wurde in die Pfarrei Bendorf versetzt und starb bald danach (1779). Die heftige Diskussion über seine Tätigkeit, in immer neuen Schriften ausgefochten, dauerte noch fünfzig Jahre über seinen Tod hinaus.

... Der Exorzist hält sich seit November in Ellwangen, einer schönen, acht Meilen von hier gelegenen Stadt, auf. Von der Zeit an befinden sich täglich elfhundert bis zwölfhundert Fremde aus Schwaben, Franken, Bayern, Pfalz, Elsaß usw., von jedem Stand und Alter, einige aus Krankheit, einige aus Vorwitz, daselbst. Wir sind am Montag in der Osterwoche mit einem Postzug von vier Wägen dahin abgereist ... Wir hielten uns vier Tage in Ellwangen auf, während welcher Zeit ich daselbst erstaunliche, unglaubliche Dinge sah, welche den menschlichen Verstand und die allersubtilste Weltweisheit zuschanden machten. Es würde zu weit führen, alles zu erzählen, aber so viel kann ich als der nächste Augenzeuge sagen: daß auf Befehl dieses Priesters in dem Namen Jesu fast alle Gattungen von Krankheiten nicht nur plötzlich mit allen Symptomen verschwanden, sondern auf seinen Befehl auch ebenso schnell wieder zurückkehrten. Will er, daß die Gicht nur einen Finger befalle, so erhebt sich derselbe, krümmt, verzieht und steift sich wie Holz, wovon ich mich durchs Gesicht und die Berührung überzeugt habe. Was mich am meisten in Erstaunen setzte, ist, daß sich die Kraft seines Befehls auch auf die Zirkulation des Blutes erstreckt. Denn wie er befahl, daß der Puls, was ich bei einem jungen Mädchen sah, heftig, voll und geschwinder im rechten Arm gehen, im linken hingegen verschwinden soll, so geschah es sogleich nach dem Zeugnis der gegenwärtigen Ärzte, die ich darum befragte. Zuletzt lehrt er sie, sobald sie Mut und Glauben erlangt haben, sich selbst gesund zu machen, wovon ich mehrere Proben sah. Die Ärzte, die von den verschiedensten Orten hier zusammenkommen, sind hinsichtlich der Wirklichkeit dieser Erscheinungen einig, gestehen aber, daß solche die Schranken der natürlichen Ordnung übersteigen.

Bougeois, Hofmeister des Grafen zu Donsdorf, an seinen Bruder in Luxemburg, 13. 5. 1775

... Die Türen an beiden Seiten sind von Soldaten besetzt, um die andrängenden Volksmassen zurückzuhalten und Unordnungen zu verhüten. Der Zutritt ist allen honetten Personen frei gestattet. Den Kranken wird der Tag bestimmt, an dem sie drankommen können. Sie halten sich im Vorzimmer auf, von wo sie ein Hofkurier mit lauter Stimme aufruft. Da Herr Gaßner sich zum Gesetz gemacht, niemand, wer es auch sei, ohne besonderen Befehl des Bischofs den Vorzug vor einem anderen zu geben, so sind viele genötigt, zwei bis drei Wochen zu warten, bis die Reihe sie trifft. Wenn die kranke Person im Raum, worin sich der Exorzist befindet, eingeführt ist, so sieht man weder täuschende Verstellung noch prahlerisches Großtun in seinem Benehmen; alles ist einfach und gleichförmig. Er sitzt, über den Kleidern eine Stola und ein Kreuz am Halse tragend, auf einem kleinen Sessel, an seiner Seite steht ein Tisch mit einem Kruzifix, für hohe Standespersonen sind weitere Sessel vorhanden. Ein Aktuarius muß die Vorgänge protokollieren. Die dem Priester vorgestellte Person kniet nieder, er fragt sie nach der Art und den Umständen der Krankheit, die sie befallen hat. Hat er genug gehört, so spricht er einige Wörter, ihr Vertrauen zu erwecken, und ermahnt sie, ihm innerlich beizustimmen, daß alles geschehe, was er befehle. Ist alles vorbereitet, so spricht er: »Wenn in dieser Krankheit etwas Unnatürliches (d. h. vom Teufel Herrührendes) ist, so befehle ich im Namen Jesu, daß es sich sogleich wieder zeigen soll.« Oder er beschwört den Satan kraft des allerheiligsten Namens Jesu, die nämlichen

Übel, womit diese Person sonst behaftet sei, auf der Stelle hervorzubringen. Zuweilen erscheint das Übel sogleich nach dem gegebenen Befehl, und alsdann läßt er alles nacheinander kommen, gleichsam stufenweise und nach Maßgabe der Stärke, in welcher der Patient sein Übel früher hatte. Dieses Verfahren nennt der Priester den Exorcismus probativus, um zu erfahren, ob die Krankheit unnatürlich (d. h. vom Teufel) oder natürlich sei ... Denn er behauptet, daß viele Krankheiten bloß natürlich und daher auch nur durch die natürlichen Mittel der Ärzte zu bekämpfen seien ... Aber ich müßte ein ganzes Buch schreiben, wenn ich dir alles erzählen wollte, was ich von Augenzeugen erfuhr. Ich gebe also nur das, was ich selber sah, und von diesem nur das Merkwürdigste.

Ich mache den Anfang mit zwei jungen Mädchen aus verschiedenen Orten, welche beide mit besonderen krampfartigen Zufällen behaftet waren. Beide wurden gleich den anderen Tag nach meiner Ankunft exorziert, die eine vor- die andere nachmittags. Die erste lag zu Füßen des Herrn Gaßner, der — nach den üblichen Vorfragen mit gemäßigter Stimme sagte: »Agitetur brachium sinistrum!« Und alsbald war der Schmerz auf dem Antlitz des Mädchens zu lesen, ihr Atem wurde schwer und unregelmäßig, der linke Arm und die Finger begannen sich zu verdrehen, steif zu werden und verblieben in diesem Zustande, bis er befahl: »Cesset ista agitatio!« Da schwand alle Erschütterung und Steifheit, und der Arm kam wieder in seine gewöhnliche Lage. Alsdann befahl er auf lateinisch, daß sie vom kalten Fieber befallen werden sollte. Es geschah: die Hände wurden eiskalt, sie zitterte, die Zähne klapperten. Nun befahl er, das hitzige Fieber solle kommen; es kam ebenfalls, nach dem Zeugnis dreier Ärzte, die ihr in beiden Zuständen den Puls fühlten ... nach diesem befahl er, sie solle zornig werden und gegen ihn einen Widerwillen fassen. Alsobald war das Wutfeuer in ihren Augen, sie knirschte mit den Zähnen und krallte die Finger. Weiter befahl er, immer auf lateinisch, daß der Puls im rechten Arm schwach und kaum fühlbar, im linken dagegen stark und geschwind gehen sollte. Die Ärzte untersuchten den Puls rechts und links und befanden die Sache also. Der Garnisonsarzt von Würzburg kam auch noch hinzu und bestätigte das gleiche. Zuletzt befahl er, daß sie einer Sterbenden ähnlich werden sollte. Nun fiel sie einigen Personen in die Arme, alle Glieder streckten sich und wurden steif. Da die Augen und der Mund geschlossen waren, so befahl Herr Gaßner, um das Bild des Todes vollkommen zu machen, auf lateinisch: »Der Mund und die Augen sollen sich öffnen und die Nase soll lang und spitzig werden.« Und es geschah. Das Mädchen blieb kurze Zeit in diesem Zustande und kam dann auf ein Wort des Herrn Gaßner sofort wieder zu sich.

Nachmittags erschien das andere Mädchen, das von Heidelberg war . . . Als alles vorüber war, erkundigte ich mich bei einem Professor der Medizin von Heidelberg, der anwesend war, ob er die Person kenne. Er antwortete, er kenne sie wohl, er habe sie lange in Behandlung gehabt, ohne sie heilen zu können. »So ist denn in diesem allen kein Betrug oder Verstellung?« versetzte ich, worauf er mit großem Ernst erwiderte: »Ganz und gar nicht...!«

Bougeois an seinen Bruder,
14. 6. 1775

Nachdem wir so viele und von Personen von höchstem Ansehen abgestattete Zeunisse von den Gaßnerischen Operationen gelesen hatten, entschlossen wir uns, selbst den Augenschein davon zu nehmen. Den 27. August 1775 reiseten dann wir vier akademische Professoren nach Regensburg; aus einer jeden Fakultät hatte sich einer beigesellt: aus der juridischen Herr Professor Prugger, aus der medicinischen Herr Professor Levelin, aus der philosophischen Herr Professor Gabler, Männer, deren jeder in seinem Fache von der ersten Größe ist und billig die Zierde unserer Akademie genannt zu werden verdient. Der vierte war ich, Lehrer der Gottesgelahrtheit. Es gesellten sich uns noch bei der Herr Bürgermeister unserer Stadt, Herr von Spizl mit seinem Herrn Bruder aus dem Orden des H. Bernhards in Fürstenfeldbruck. — Fünfmal waren wir gegenwärtig, da der Herr Gaßner die Patienten vornahm... Wir waren durch zwölf ganze Stunden genaue und aufmerksame Beobachter.

Auf alles gaben wir Acht; keine Gattung der Prüfung unterließen wir; ein jeder prüfte nach seiner Wissenschaft und Einsicht. Vorzüglich gaben wir auf die Gleichförmigkeit der Reden, Gebärden, Bewegungen Acht. Ich habe aber jederzeit beobachtet, daß alles auf Einen Zweck, den der Exorzist sich vorgestellt hat, abziele, nämlich die Infestationen des Satans, die Kraft des H. Namens Jesu und die Notwendigkeit des Zutrauens auf diesen Namen zu entdecken. Wir konnten im Gegenteil nicht den Schatten eines Marktschreiers, eines Taschenspielers oder eines Betrügers an ihm gewahr werden. Davon war der Mann soweit entfernt, daß wir von keiner Sache mehr als von der Rechtschaffenheit und Frömmigkeit dieses Priesters überzeugt wurden. Wir können mit Grund der Wahrheit sagen, das er keines Betrugs fähig sey, und daß er alles, was er unternimmt und wirkt, allein in der Kraft des H. Namens Jesu zu unternehmen und zu wirken pflege. — Wären wir übrigens von diesem auch nicht so augenscheinlich überzeugt gewesen, so hätten wir doch Alle eine physikalische Gewißkeit gehabt, daß der Herr Gassener weder zur Elektrizität noch zum Magnet eine Zuflucht genommen habe. Ebenso vergewissert waren wir auch, daß weder dieser noch jene eine dergleichen Wirkungen hervorbringen könne. Die Symphatie nur im Munde zu nennen würden wir uns als Philosophen wahrhaftig schämen. Sowohl die elektrischen als auch die magnetischen und mit Einem Wort: alle natürlich-wirkenden Ursachen, wenn sie ganz verschiedene Wirkungen hervorbringen sollen, haben eine andere Applikation, eine andere Zubereitung, eine andere Lage des Subjekts und einen andern Zeitraum nötig, damit die erwünschten Effekte folgen können. Ferner, wenn durch eine natürliche Ursache im menschlichen Körper, besonders durch heftige Erschütterung des Nervensystems, ein starker Schmerz erweckt wird, so läßt dieser nicht in einem Augenblick vollkommen nach, sondern es bleibt, wenn schon der Ursprung des Übels gehoben, immer ein Schmerzen oder doch eine Mattigkeit oder gewisse Alteration zurück. Alles verliert sich erst stufenweise. Bei den Gaßnerischen Wirkungen trug sich just das Gegenteil zu ... Wir nahmen uns die Freiheit und forderten, er solle diese oder jene von uns selbst bestimmten Wirkungen in dem Patienten hervorbringen, — und zu unserem Erstaunen erfolgten sie. Nachdem die Energumenen (Besessenen) hernach gefragt wurden, ob sie wissen, was mit ihnen vorgegangen sey, sagten sie, sie wissen selbst nicht, ob und warum sie dieses oder jenes getan haben. Sie konnten auch die Ursachen nicht wissen, weil die von uns gewünschten Befehle in lateinischer Sprache erteilt wurden. Durch das, was wir selbst mit Augen gesehen und sorgfältig beobachtet haben, sind wir physikalisch evident überzeugt worden, daß weder eine physische Kraft noch die Phantasie darauf einen Einfluß haben könnte, sondern daß die ganz ungewöhnlichen und außerordentlichen Wirkungen vom bösen Geiste entsprungen, was ich andern Orts noch weitläufiger beweisen werde ...

Gutachten von vier Professoren der Universität Ingolstadt,
abgefaßt vom Procancellarius und Lehrer der Gottesgelahrtheit Stattler

Zürich, den 13. August. Herr Lavater kann neulich nicht in Wien den Frieden gepredigt haben, weil er in seinem Leben in Wien nicht gewesen ist; aber er hat auf seiner neulichen Reise nach Augsburg und München den berühmten Gaßner in Pondorf gesprochen, und ward daselbst von drey Sachen gewiß. 1) Daß man über viele Menschen nicht urtheilen soll, bis man sie gesehen hat. 2) Daß Gaßner summum Imperium in nervos hat, weil er sonst nichts hat. 3) Daß er so wenig Betrüger als Apostel ist, sondern ein ehrlicher dummer Mönch, der ganz kaltblütig und sicher glaubt, er treibe Teufel aus.

Hamburgische Neue Zeitung, 1778

TEUFELSGLAUBE UND TEUFELSAUSTREIBUNG

Den Teufel ausgehaucht

Im Februar 1895 wurde in Neudorf bei Schauenstein in Oberfranken ein junger Ökonom, der schon früher wegen religiösen Wahnsinns in einer Irrenanstalt untergebracht war, von neuem von Tobsucht ergriffen. Seine Familie war der Ansicht, der Kranke sei vom Teufel besessen. Eines Abends kamen einige fromme Personen, beteten, lasen biblische Stellen über Teufelsaustreibung und sangen fromme Lieder. Wodurch der Verrückte natürlich immer aufgeregter wurde und immer mehr tobte, was von den Teufelsaustreibern als günstiges Vorzeichen gedeutet wurde, da der Besessene wider das Beten schäumte. Dann wurde der Unglückselige gefesselt, und die Teufelsaustreiber knieten auf ihm nieder. Die Mutter des Unglücklichen hielt ihm ein christliches Bild hin, welches der Irre in einem Tobsuchtsanfall zerbiß. Zwei volle Tage währte diese entsetzliche Teufelsaustreibung. Am Abend des zweiten Tages gelang es einem Gutsnachbarn, Eintritt zu erhalten. Der arme Kranke flehte ihn um einen Trunk Wasser an. Seine Schwester versuchte dies zu verhindern mit den Worten: »Die Seele ist schon aus dem Leibe, die Schlange braucht kein Wasser.« Noch in derselben Nacht erlöste der Tod den Kranken von seinen Peinigern, die an den Erfolg ihres »Gott wohlgefälligen« Werkes heute noch glauben. »Sein Glaube hat sich bewährt, er ist wie Gold im Feuer geläutert«, meinte einer der Unholde beim Begräbnis.

Feuerprozedur

In einem Dorfe Kaukasiens erkrankte plötzlich eine junge Frau. Da sich auch Krämpfe einstellten, so war man sich natürlich auch bald darüber klar, daß die Kranke besessen sei. Ihr Mann wandte sich an den Mullah, der sich auch zu der Teufelsaustreibung bereit erklärte. Man zündete ein großes

Feuer an, entkleidete dann die junge Frau, band ihre Hände und Füße und hielt sie in diesem Zustande solange über das Kohlenfeuer, bis sie das Bewußtsein verlor. Vor der grausamen Prozedur flehte die Unglückliche ihre Peiniger an, ihr die entsetzlichen Qualen zu erlassen. Die lauten Schreie der Kranken wurden von der Umgebung für eine Äußerung des Satans gehalten. Diese etwas robuste Teufelsaustreibung hatte ein gerichtliches Nachspiel, über dessen Ausgang leider nicht berichtet wird. Der Mullah erklärte, die von ihm angewandte Heilmethode sei dort allgemein üblich und sei stets von Erfolg gekrönt. Auch der Dorfälteste stimmte dem Priester in allem bei und erbot sich sogar, mehrere auf diese Weise geheilte Besessene vorzuführen.

Hellwig

Das Brocken-Gespenst: eine bekannte Erscheinung auf dem sagenumwobenen Berg (›Blocksberg‹), der als Versammlungsort der Hexen gilt und bereits eine altgermanische Kultstätte gewesen sein soll.

Die Magie — Stich nach einem Gemälde von Alessandro Magnasco. Der Magier ist umgeben von kabbalistischen Zeichen, dem Alchimistenofen und einer Hexe, die in die Lüfte fährt.

Pythia, die Priesterin im Apollotempel zu Delphi, der berühmten Orakelstätte des Altertums, weissagt auf ihrem Dreifuß.

Wahrsagen aus den Eingeweiden eines Opfertiers. Griechisches Vasenbild aus dem 5. Jahrhundert vor Christus. Es handelt sich um eine babylonische Tradition, die aber ebenso bei den Etruskern anzutreffen ist.

Michel de Notredame, »der hochberühmte Michael Nostradamus, königlich französischer Rat und Leibarzt«. Der Verfasser der prophetischen ›Zenturien‹ lebte von 1503 bis 1566.

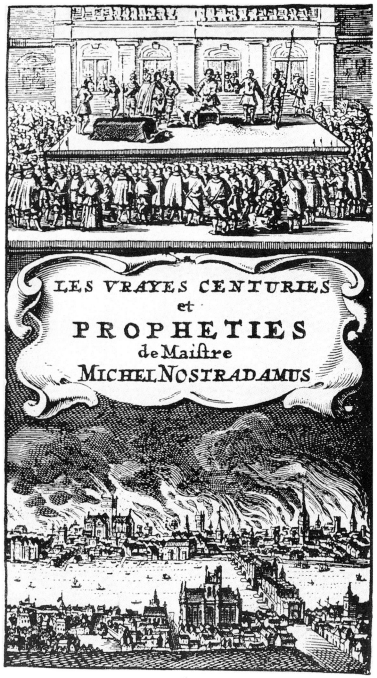

Titel der 1668 erschienenen Ausgabe der Weissagungen des Nostradamus mit den von ihm prophezeiten Ereignissen der Enthauptung von Charles I und des Brandes von London.

Wallenstein, der große kaiserliche Heerführer des Dreißigjährigen Krieges, mit seinem Astrologen Giovanni Battista Seni (1600—1656).

Dr. Faustus vor seiner Retorte, in der Homunculus erscheint, der künstliche Mensch der alchimistischen Tradition, den Goethe in die Literatur eingeführt hat.

Der süddeutsche Mönch Berthold Schwarz soll im 14. Jahrhundert das Schießpulver erfunden haben. In dieser Darstellung aus England assistiert ihm dabei der Teufel.

Die Hexen — Holzschnitt von Hans Baldung Grien, einem Schüler Albrecht Dürers. Dürers Beziehung zu kabbalistischen Geheimlehren ist bekannt. Er hatte auch Verbindung mit dem berühmt-berüchtigten Magier Agrippa von Nettesheim.

In der Walpurgisnacht fliegen nach dem Volksglauben die Hexen zu ihren Tanzplätzen, wobei sie Menschen, Vieh und Äckern Unheil zufügen. Die Zeichnung zeigt den Tanz der Hexen auf dem Blocksberg.

Francisco Goya: Verspottung des Hexenglaubens. In der Walpurgisnacht-Szene von ›Faust I‹ sagt Goyas Zeitgenosse Goethe: »Da sitzen zwei, die Alte mit der Jungen; die haben schon was Rechts gesprungen!«

Maxine Morris, die 18 Jahre alte Königin der 30 000 Hexen Englands, vollzieht den Ritus der Mondbeschwörung.

Die Hexenwaage gehört wie die Wasser- und Feuerprobe zu den Untersuchungsmethoden der Inquisition. Die vom Teufel besessene Verdächtige ist der allgemeinen Auffassung nach federleicht, so daß ihre Waagschale nach oben schnellt.

Eine Hexe soll diese alte Frau aus Oberfranken sein. Ihr Nachbar zündete deshalb Pfingsten 1960 ihr Haus an, das völlig niederbrannte und aus dem sich die Frau gerade noch retten konnte.

Die ›Erste Satanskirche‹ in San Francisco, USA, zelebriert die Schwarze Messe anläßlich einer Trauungszeremonie.

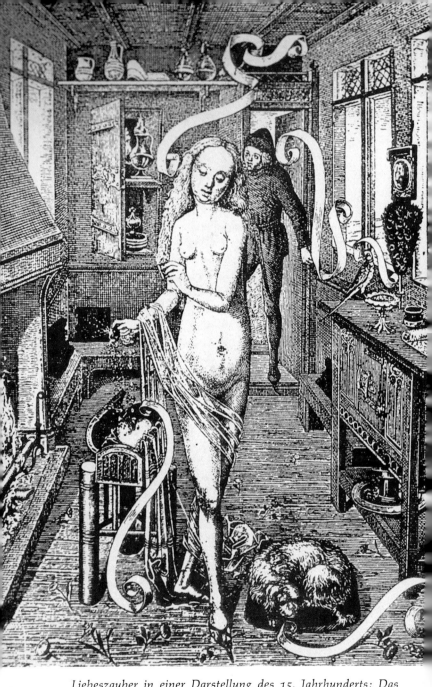

Liebeszauber in einer Darstellung des 15. Jahrhunderts: Das Mädchen nimmt nackt eine Zauberhandlung vor und bewirkt dadurch, daß der Jüngling sie aufsucht.

DIE VAMPIRE

Entstehung und erstaunliche Tradition
des Vampirglaubens
bis zu den modernen Zeugnissen

In jüngster Zeit hat die Vampirgestalt Dracula aus dem gleichnamigen Roman von Bram Stoker eine ungeahnte internationale Renaissance erfahren. Aus zahllosen Zeitschriften, vor allem amerikanischen, blickt uns sein Bild entgegen, mit den zwei charakteristischen überdimensionalen, spitzen Stoßzähnen und dem Blut, das ihm aus den Mundwinkeln rinnt. Er hat inzwischen auch eine Menge Nachfolger gefunden, Vampire mit spitzen Köpfen und Fledermausflügeln, auch weibliche und Kinder-Vampire.

Der französische Regisseur Roger Vadim, der den Vampirfilm mit dem bezeichnenden Titel ›Und vor Lust zu sterben...‹ gedreht hat, entwickelte für den Vampirismus eine solche Leidenschaft, daß er eine Sammlung sämtlicher erreichbarer Vampirgeschichten herausgegeben hat. Sein polnischer Kollege Roman Polanski tritt in dem von ihm gedrehten Film ›Tanz der Vampire‹ selbst auf. Seit kurzem erscheinen auch in Deutschland die Dracula-Geschichten in einer Neuausgabe.

Man sieht, der Vampirismus, noch zu Beginn unseres Jahrhunderts eine mehr oder minder obskure Angelegenheit, ist heute Gegenstand weltweiten Interesses. Wie wir aus den nachfolgenden Zeugnisse sehen werden, hat man sich freilich schon im achtzehnten Jahrhundert mit dieser Erscheinung, die um so unheimlicher ist, je weniger erklärbar sie scheint, beschäftigt.

Selbst ein so illustrer Geist wie Johannes Joseph von Görres, Vormärz-Revolutionär, Literatur- und Religionswissenschaftler, hat in seinem 1836 begonnenen, berühmt gewordenen und heute noch gesuchten Buch ›Die christliche Mystik‹ das Phänomen des Vampirismus zum Thema eines besonderen Kapitels gemacht. Nach ihm hat der sich selbst als Natur- und Seelenforscher bezeichnende Joseph Anton Maximilian Perty dem Vampirismus eine Untersuchung gewidmet. Beide Forscher stützen sich auf Veröffentlichungen, die teilweise hundert Jahre zurücklagen.

DIE VAMPIRE

Der Vampirismus

Diese schreckliche Erscheinung in der Krankheitsgeschichte der Menschheit besteht wesentlich darin, daß lebende Menschen sich von Verstorbenen nächtlich angefallen wähnen, welche ihnen das Blut aussaugen, so daß sie hinsiechen, bald dem Tode verfallen und nach dem Volksglauben meist selbst wieder zu Vampiren werden. Auch Tiere werden von den Vampiren gequält. Der Vampirimus wird von Görres für slavisch gehalten; er kommt aber auch in Indien vor. Öffnet man die Gräber von Vampiren, so findet man die Leichen in unverwestem Zustand und oft dabei frisches unzersetztes Blut, welches von ihnen ergossen wurde, es dauert ein Leben niederer Art in ihnen fort, wenn gleich nicht, wie Mayo meint, die für Vampire Gehaltenen nur im Scheintode liegen und deren Seele mit der Seele der Vampirisirten in Communication tritt. Die hierin liegende Abnormität hat bereits während des Lebens der Vampire Wurzel geschlagen; die, welche von ihnen verletzt zu werden glauben, befinden sich in selbem Zustande, in welchem sich die Vampire während ihres Lebens befanden. Die tiefe Zerrüttung der organischen Funktionen spricht sich in der gräßlichen Vision eines gespenstischen Wesens, einem ehemals Lebenden ähnlich, oder (wie oft beim Alp) in einer Tiergestalt aus; die Krämpfe der Sprech- und Schlingwerkzeuge, die Zusammenschnürung und das Drücken des Halses, die blutunterlaufenen Stellen an selbem, scheinen dem inneren Blick von dem würgenden und saugenden Phantom hervorgebracht. Weil die Krankheit epidemisch ist, so scheinen die Lebenden mit den Todten in Rapport gesetzt, von ihnen angesteckt, während doch nur die Gleichheit des Zustandes sie miteinander verbindet. Man hat auch bei manchen Pestepidemien beobachtet, daß die Sterbenden immer den oder die bezeichneten, welche zunächst nach ihnen sterben sollten. Dies ist ein magisches Phänomen; beim Vampirimus kommt noch das hinzu, daß Geräthschaften, welche den Vampiren gehörten, sich bisweilen nach ihrem Tode bewegen, — wohl durch spukhafte unbewußte Tätigkeit der lebenden Kranken.

> Maximilian Perty: *Die mystischen Erscheinungen der menschlichen Natur*

Der Vampir in der Sicht des Mystikers

Als Grundthatsache, an die alle diese Erscheinungen sich knüpfen, hat die Erfahrung sich herausgestellt: daß im Vampyrismus die begrabene Leiche lange nach dem Tode unverweslich bleibt. Der Tod, das ist, die Scheidung der Seele von dem Leibe, ist in diesem Zustande unzweifelhaft; dann aber sollte in der Regel der Natur die Auflösung und das Zerfallen der Leiche eintreten. Diese bleibt aber hier nicht allein unversehrt, sondern findet mit einem flüssigen, unentmischten und leicht übertretenden Blut, nicht blos im Herzen, sondern auch in allen Adern und Eingeweiden, sich durchquollen; ein Blut, das nicht unthätig stockt, sondern mitten im Reiche des Todes einen Lebensprozeß vollführend, in Aufnahme und Absonderung Fettausscheidungen ins Zellgewebe macht: so zwar, daß bei ihrem Leben von Jugend auf magere Körper, nach kurzem Verweilen im Grabe, wohlbeleibt erscheinen; und bei der allgemeinen Turgescenz[1] des Zellgewebes, die Haare wachsen, und überhin, wie bei den Krebsen und Schlangen und andern Thieren alljährlich die äußere Bekleidung wechselt, so eine neue Oberhaut mit verjüngten Nägeln sich erzeugt.

Es ist hier nicht das Erdreich, das diese Wirkung hervorbringt; denn neben den vampyrisirten Leichen haben andere in kurzer Zeit verwesene gelegen; es ist mithin die Art der Leiche, die die Erscheinung bedingt. Sie wird auch nicht durch ein bloßes Beisammenbleiben der Stoffe, in Trägheit und Er-

[1] Anschwellung.

dorrung, wie bei den Mumien, hervorgebracht; sondern es ist eine positive Thätigkeit, die in einem förmlichen Lebensacte sie im Grabe noch dem Tod abstreitet, und als eine Folge aus dem vorhergegangenen Krankheitszustande sich entwickelt. Jede Absonderung, zwischen Ingestion[2] und Egestion[3] in den kleinsten Gefäßen vor sich gehend, setzt eine Bewegung des Blutes in diesen Haargefäßen voraus, die ohne eine solche auch in den größeren bis zum Herzen hinan, auf die Länge nicht denkbar ist.

Diese Bewegung kann aber nicht dieselbe seyn, wie die, welche im Leben sich vollbringt; denn der Mensch ist wirklich todt, die höhere Seele hat sich vom Leibe getrennt, und mit ihr sind jene höheren Elementargeister entwichen, die fortan jenseits ihre Umhülle bilden, also nicht ferner mehr Nerven und Muskeln beleben. Aber diese letzteren sind mit dem ganzen übrigen organischen Apparate zurückgeblieben, und haben im vorliegenden Falle die ihnen einwohnenden niederen, physisch-plastischen Lebenkräfte noch theilweise zurückbehalten, und die nun sind es, die hier die wundersam befremdliche Erscheinung wirken.

Das Blut und die Gefäße sind nicht ferner mehr beseelt im geistigen und bekräftigt im animalischen Leben; sie sind aber belebt im Vegetabilischen, und vielleicht noch eine Stufe darüber, in dem des Zoophyten[4], und wirken in ihnen bewußtlos in der gebundenen Wirkungsweise dieser Organismen. Sie, nun im Blute treibend, schützen es vor dem Gerinnen, und während sie es also beweglich halten, bewahren sie ihm auch die Reizkraft, daß es fortdauernd die Gefäße zur Rückwirkung erregt; aber nicht ferner mehr als ein warmes Lebensblut, sondern als kalter Pflanzensaft, der langsam durch die Venen aufwärts zum Herzen hinaufsteigt, und eben so langsam durch die Lungen wieder zu ihm niedersinkt; und dann durch die Arterien, die aber ganz nach Art der Venen wirken, gleich den

---

[2] Einführung von Nahrungsmitteln.
[3] Aussonderung.
[4] Pflanzentier.

zur Wurzel niedergehenden Saftröhren in den Pflanzen, zu den Haargefäßen zurückkehrend, zudem durch die Einsaugung der Feuchtigkeit aus der Grabesluft sich stets an Masse verstärkend, und das also von Außen Zugeführte durch innere Einsaugung mit organischem Stoffe schwängernd, Absonderungen macht, und organische Gebilde der untersten Art gestaltet.

Diese Wangenröthe der Vampyre ist also die Todtenblume, die das in seinen niedrigsten Verrichtungen noch nicht erloschene Leben unter der deckenden Erde treibt; und ihre Wohlbeleibtheit vergleichbar der, welche Pflanzen zeigen, die zufällig in der Tiefe der Bergwerke aufgegangen, und nun bleich aber breit, dick und mastig, vor ihren Brüdern gleicher Gattung, die im Lichte leben, kaum mehr kenntlich sind. Die Menge des auf diesem Wege vermehrten Blutes erklärt sich leicht, durch analoge Beispiele unglaublicher Bluterzeugungen, die im Leben vorgekommen[5].

Eben so begreift man, daß die Leute nicht ganz unrecht gesehen, wenn sie in einzelnen Fällen geglaubt, ein Athmen, einen Herzschlag, oder ein Verziehen des Mundes wahrzunehmen; es war der Zugang der äußeren Luft, der im einen Falle, der Zudrang des Blutes zum Herzen, der im anderen Falle ein Analogon dieser Lebensbewegungen hervorgerufen. Auch der irrlichtartige Schein, den ein Zeuge über dem Grabe des Paoli bemerkt haben will, könnte, als Deuter und Zeichen des unten vorgehenden Processes, in der Wahrheit begründet gewesen seyn.

Das ist nun der Stamm, an den eine andere Folge von Erscheinungen sich anlegt. Der Vampyr in seinem Grabe übt eine Wirkung auf die Lebenden aus, in Folge welcher, die von ihm Ergriffenen vampyrisirt, selber zu Vampyren werden. Die,

[5] So schrieb Sebastian Brant als Augenzeuge dem Schenk von einer Frau, die in einem Jahre 400 irdene Kammerbecken voll Blut von sich gebrochen, und zugleich noch fünfzigmal zu Ader gelassen. Das Blut drang ihr durch die Haut. Eine ähnliche, unglaublich reichliche Wassererzeugung hat sich kürzlich in Tyrol an einem Mädchen zugetragen.

welche er nämlich besucht, erkranken, und ihre Krankheit ist von der Art der Suchten: die Eßlust schwindet, die Lebenskräfte siechen, Abzehrung tritt ein; und ohne daß eine Fieberbewegung sich gezeigt, sterben sie nach kurzer Frist dahin, und werden im Grabe wieder zu Vampyren.

Man kann es an den angegebenen Symptomen leicht erkennen, daß die Sucht, die sie hingerafft, gerade aus dem entgegengesetzten Zustande hervorgegangen, in dem sie nach dem Tode als Vampyre sich befinden. Wie hier die Haargefäße in einem Scheinleben mit verstärkter Thätigkeit sich wirksam zeigen; so wird dort in ihnen die Lebensthätigkeit vom Siechthum ergriffen, gebrochen und gelähmt; ihre Verrichtungen erschwächen, Ingestion und Egestion verarmen und stocken, und mit ihnen erlahmt alle Wirksamkeit des lebendig plastischen Bildungstriebes; das Blut mindert sich in seiner Masse und fiebert in den größeren Gefäßen. Ist endlich der Tod eingetreten, dann folgt sofort in der Rückwirkung der überirdischen Ebbe nun die unterirdische Fluth; dadurch, daß das pflanzenhafte Leben, in seinem früheren Rücktritt nicht getödtet, vielmehr von den höheren Kräften gekräftigt, jetzt im Vorschreiten in die Haargefäße wiederkehrend, in ihnen verstärkte Wirksamkeit äußert.

Der Vampyr, also mit dem Vampyrisirten im Rapport, ruft in ihm den entgegengesetzten Zustand von dem seinigen hervor; wie der Magnet sich zunächst im Eisen den entgegengesetzten Pol erweckt. Die Wirkung beider ist aber eine Wirkung in die Ferne; und das Gefühl, das sie begleitet, zeugt für die Natur des Gegensatzes, in dem sie sich begibt. Der blutreiche Vampyr bringt nämlich die Empfindung der Blutentleerung durch Saugen hervor, und wird sohin, was sein türkischer Name ausdrückt, ein Blutsauger ...

So ist es also eine nervöse Wirkung in die Ferne, die das Band zwischen dem Vampyre unter der Erde, die er durchwirkt, und den von ihm Heimgesuchten über der Erde knüpft; denn auch wenn die Todtenblume in der unterirdischen Nacht erblüht, rührt sich fern am Lichte des Tages der Tod, den das Leben in sich faßt ...

Der Vampyr, weil noch nicht ganz der Verwesung verfallen, bildet in den ihm gebliebenen, cadaverösen, giftig gesteigerten Lebenkräften einen Ansteckungsstoff — die Arome, in der diese Asphodelblume des Hades duftet —, der dann, die Erde durchwirkend, vorzüglich die Blutsverwandten, ihm harmonisch Gestimmten, sucht, und ihre Nervenaura berührend, diese in denselben Zustand bringt, der ihn hervorgetrieben ... So hat, was einmal im Leben gewesen, und noch einen Rest unerloschener Lebenskraft in sich bewahrt, eine so größere Sehnsucht, wieder ins verlassene Lebensreich zurückzukehren; und so sucht es mit ihm in alle Wege neue Bezüge anzuknüpfen, um an ihnen sich wieder hinaufzuhelfen. Und ist es ihm damit gelungen, dann tritt es zu den Lebendigen in ein ähnliches Verhältnis, wie das, in dem die Magnetisirte zum Magnetisirenden steht. Es nimmt wahrhaftes Leben von denen, deren es sich bemeistert, es in sich zu einem falschen umgestaltend, und gibt dafür den Tod; so das Leben bestehlend, ohne sich selber zu bereichern.

Die Vampyrisirten sind also von den Todten wahrhaft organisch Besessene; und das Volk hat in seinem Instinkte auch diesmal richtiger gesehen, als die Gelehrten in ihrem durchgängig verneinenden Verstande. Es hat überdem im Verbrennen der Leiche das einzig wirksame Heilmittel gegen diese Seuche ausgefunden; die wie es scheint, epidemisch von Zeit zu Zeit wiederkehrend, mit dem Weichselzopf vorzüglich an den Stamm der Slaven sich knüpft ...

J. Görres: Die christliche Mystik

Es dürfte freilich nicht stichhaltig sein, den Vampirismus als slawische Überlieferung zu bezeichnen. Dieser Volksglaube herrschte im Altertum auch schon bei den Griechen. Eine Parallele bei den Germanen ist die Gestalt des Werwolfs, eines verzauberten Menschen, der, einsam im Wald lebend, Menschen anfällt und sich von ihrem Blut nährt.

DIE VAMPIRE

Vampire in amtlichen Berichten

Seit 1718, wo durch den passarowitzer Frieden ein Theil Serviens und der Wallachei an Österreich gekommen, liefen von den Befehlshabern der im Lande cantonierten Truppen Berichte an die Regierung ein, wie es dort allgemeiner Volksglaube sey: verstorbene, im Grabe noch fortlebende Personen, gingen unter gewissen Umständen aus diesem ihrem Grabe hervor, um den Lebenden das Blut auszusaugen, und sich selbst dadurch unter der Erde im Wachsthum und guten Wohlseyn zu erhalten. Schon 1720 wurde gemeldet; zu Kisolova, einem Dorfe in Niederungarn, sey P. Plogojowitz, nachdem er zehn Wochen früher begraben worden, einigen Einwohnern bei Nacht erschienen, und habe ihnen den Hals dergestalt zusammengedrückt, daß sie innerhalb 24 Stunden gestorben; so daß binnen 8 Tagen in dieser Weise 9, theils junge, theils alte Personen den Tod genommen. Selbst seine Wittwe war von ihm beunruhigt worden, und hatte deswegen das Dorf verlassen.

Die Einwohner, da sie auf ihr Gesuch, den Todten ausgraben und verbrennen zu dürfen, von dem Befehlshaber zu Gradisca abschläglich beschieden wurden; erklärten nun sammt und sonders das Dorf verlassen zu wollen, wenn man ihnen das Ausgraben nicht gestatte. Der Befehlshaber begab sich daher mit dem Pfarrherrn von Gradisca an Ort und Stelle, und als er Peters Grab öffnen lassen, fand man den Leib ganz und unversehrt; nur die Spitze der Nase etwas ausgetrocknet, dabei ohne allen üblen Geruch und eher einem schlafenden Menschen ähnlich. Haare und Bart waren gewachsen; statt der abgefallenen Nägel waren neue hervorgetrieben; unter der äußersten Haut, die todt und bleich erschien, war wieder eine andere ganz lebhafte gewachsen; Hände und Füße zeigten sich wie am gesundesten Menschen. Da man in seinem Munde ganz frisches Blut gefunden, hielt das Volk es für solches, das er den neuerdings Gestorbenen ausgesogen, und ließ sich nicht abhalten, ihm einen spitzen Pfal durch die Brust zu stoßen; wo dann häufiges, ganz frisches und schönes Blut aus der Wunde, wie aus Mund und Nase floß. Die Bauern warfen die Leiche nun auf einen Scheiterhaufen, und verbrannten sie zu Asche[1].

Einige Jahre später zeigte ein Gränzer, der in Haidamac lag, seinem Regimente Alandetti und dieses dem Inhaber desselben an: wie, als er mit seinem Wirth am Tische gesessen, und ein Unbekannter eingetreten, und zu ihnen sich niedergesetzt; worüber der Wirth sehr erschrocken, und am folgenden Tage gestorben, wo er dann erfahren: der Fremde sei der vor 10 Jahren verstorbene Vater des Wirths gewesen, und habe diesem seinen Tod angekündigt, und verursacht. Der Graf Cabrera, Hauptmann des Regimentes, erhielt den Befehl, die Sache zu untersuchen; und begab sich mit andern Offizieren, dem Auditor und Wundarzt an Ort und Stelle. Er verhörte die Hausgenossen, und da auch die andern Einwohner des Ortes ihr, dem Berichte gleichlautendes Zeugniß, bestätigten, ließen sie den Todten aus seinem Grabe ziehen; und man fand ihn in einem Zustande als ob er eben erst verschieden wäre, mit frischem Blicke, wie eines lebendigen Menschen. Ihm wurde der Kopf abgeschlagen, und die Leiche dann wieder ins Grab gelegt. Ein zweiter, der vor dreißig Jahren gestorben, und von dem man ausgesagt: er sey dreimal am hellen Tage in sein Haus gekommen; und habe erst seinen Bruder, dann einen seiner Söhne, zuletzt den Knecht vom Hause durch Blutsaugen getödtet, wurde in gleichem Zustande gefunden; nachdem ein Nagel ihm durch die Schläfe geschlagen worden, wieder begraben. Einen dritten, seit 16 Jahren todt, der seine beiden Söhne, nach Angabe der Einwohner, getödtet, ließ Cabrera verbren-

[1] Der Bericht wurde darüber nach Wien gesendet, aus ihm das Angeführte bei Ranft: Vom Kauen und Schmatzen der Todten in den Gräbern. Leipzig 1728. Ohngefähr gleichlautende Erzählung in den sogenannten jüdischen Sendschreiben Nr. 137, nur mit dem Zusatze: man habe den 62jährigen Alten mit offenen Augen, einem lebhaften, wohlgefärbten Angesicht, und ganz natürlichen Athem, übrigens aber wie todt und unbeweglich gefunden.

nen. Sein Bericht wurde den Befehlshabern des Regimentes mitgetheilt, die die Sache bei Hof zur Anzeige brachten; worauf der Kaiser eine Commission von Offizieren, Richtern, Rechtsgelehrten, Ärzten und Gelehrten ernannte, um solche seltsame und außerordentliche Begebenheiten näher zu erforschen.

Um 1732 kam abermals wiederholte Meldung: wie im Dorfe Meduegya in Servien die Vampyre neuerdings ihr Wesen trieben; und nun sandte das Obercommando 2 Offiziere, Büttner und v. Lindenfels, um in Gesellschaft des Regimentschirurgen Flekingen und zweier Unterärzte, neuerdings Einsehen in die Sache zu nehmen. Diese begaben sich an Ort und Stelle, und da sie die Vorgesetzten und Ältesten des Dorfes abgehört, vernahmen sie: wie 5 Jahre früher der Heiduck Arnod Paole — der bei Lebzeiten oft bekannt, daß er bei Gossowa, an der Gränze des türkischen Serviens, von einem Vampyr heftig geplagt worden —, den Hals gebrochen, und darauf, 20 bis 30 Tage nach diesem Todesfall, 4 Personen, die auf ihn gezeugt, umgebracht worden. Man habe ihn daher etwa 40 Tage nach seinem Tode ausgegraben, und, weil man seine Leiche ganz frisch und unversehrt gefunden, auch ihm das ganz frische Blut zu den Augen, Mund und Nase herausgeflossen, er auch alle Tücher um ihn ganz blutig gemacht, überdem ihm neue Haut und Nägel statt der alten gewachsen, — für einen Vampyr erkannt. Als man darauf nach ihrer Gewohnheit ihm einen Pfahl durchs Herz getrieben, habe er ein wohlvernehmbares Geächze gethan, und ein häufiges Geblüt von sich gelassen, worauf sie den Körper sogleich verbrannt; was auch den andern 4 von ihm Getödteten geschehen, weil Alle, die von den Vampyren geplagt und umgebracht würden, wieder zu Vampyren werden müßten.

Es habe aber Arnod Paole nicht blos die Menschen, sondern auch das Vieh angegriffen, und weil die Leute das Fleisch von solchem Viehe genützt, waren daraus wieder neuerdings Vampyre geworden; so daß binnen 3 Monaten 17 junge und alte, meist nach kurzer Krankheit gestorben. Darunter habe auch die Stanjoska sich befunden, die gesund zu Bette gegangen, um Mitternacht aber mit entsetzlichem Geschrei und Zittern erwacht und geklagt: wie der vor 4 Wochen gestorbene Heiduckensohn Millo sie um den Hals gewürgt; worauf sie einen großen Schmerz auf der Brust empfunden, und den achten Tag hernach gestorben. Darauf wurde zur Untersuchung auf dem Kirchhofe geschritten; und unter 13 Leichen, die man ausgegraben, fanden sich 10 im Vampyrzustande, und nur 3, die, wie es schien, an andern Krankheiten gestorben, ob sie gleich mitten unter jenen lagen, waren verwest. Unter den Vampyren befand sich auch die Stanjoska und der Millo, der sie zum Vampyr gemacht. Die Frau hatte am Halse, wo sie nach ihrer Aussage gewürgt worden, rechts unter dem Ohre, wirklich einen blauen mit Blut unterlaufenen Fleck, eines Fingers lang; die Nase blutete ihr bei Eröffnung des Sarges, und Flekinger fand bei der Section, nach seinem Ausdruck, ein recht balsamisch Geblüte, nicht blos in der Brusthöhle, sondern auch in der Herzkammer, dazu alle Eingeweide in gutem Zustand; Haut und Nägel aber frisch.

So war es auch bei der Miliza, die nach der Meinung der Leute, weil sie immer das Fleisch von umgebrachten Schaafen gegessen, wieder den Anfang zum Vampyren gemacht. Die Heiducken verwunderten sich dabei gar sehr über den fetten vollkommenen Leib, da sie die Frau, durch ihr ganzes Leben bis zum Tode, sehr mager und wie ausgedörrt gekannt. Überall war das Blut frischem extravasierten Geblüte gleich, und nirgend fand es sich stockend und coagulirt; an Händen und Füßen der Stana fielen Haut und Nägel ab, darunter aber lagen beide erneut und frisch. Alle wurden enthauptet und verbrannt nach Landessitte[2].

[2] Das Actenstück wurde damals von Amtswegen, mit den Unter= schriften der Ärzte und Offiziere beglaubigt, in der Belgrader Zei= tung bekannt gemacht, und ging daraus in viele Schriften über, aus deren einer es Horst in seiner Zauberbibliothek Th. II. p. 255 neuerdings wieder bekannt gemacht. Die Untersuchung wurde auf Befehl Kaiser Carl des VI. von Prinz Alexander von Württemberg, damals Statthalter von Servien, angeordnet, und nach Beeidigung aller dazu Abgeordneten in seiner Gegenwart angestellt.

DIE VAMPIRE

Ein Zeuge, der zugegen gewesen, erzählt bei Calmet[3] einem Anderen noch einige Umstände; deren Wahrheit man freilich dahingestellt seyn lassen muß, da der amtliche Bericht nichts davon erwähnt. Als man am Abend zum Grabe des Paole gekommen, habe man auf ihm den Schein wie von einer Ampel, doch nicht ganz so hell, gesehen. Ihn selber habe man wie einen Lebenden, mit halboffenen und so lebhaften Augen, wie die der Anwesenden gefunden; das Herz aber klopfend. Als man den Leib aus dem Grabe erhoben, sey dieser zwar nicht weich, beweglich und biegsam, aber ganz unversehrt gewesen. Bei Durchstechung des Herzens sey eine weißliche mit Blut gemischte Materie, doch mehr vom letzten als von der ersten, herausgeflossen, ohne den mindesten Geruch; die gleiche Flüssigkeit sey auch beim Enthaupten ausgequollen. Als man ihn darauf mit vielem Kalk wieder in sein Grab gelegt, sey seine junge Enkelin, die er früher angesogen, von Stund an besser geworden. Die Vampyre hielten übrigens im Saugen keinen gewissen Ort, sondern saugten bald da, bald dort; wo sie aber angesetzt, bleibe ein blaulichtes Malzeichen zurück.

J. Görres: Die christliche Mystik

Vampir-Gerüchte

Wien, vom 25. Junii. Dem Verlaut nach sollen die Vampyrs, oder die aus denen Gräbern kommende Blutsauger, sich im Bannat hin und wieder von neuem melden, sie sollen sich aber gleichwohl noch nicht unterstanden haben, einem eintzigen von der Deutschen Nation beschwerlich zu fallen.

Vossische Zeitung. Berlin 1738

[3] Calmet, Gelehrte Verhandlung II., von den sogenannten Vampiren, Augsburg 1751.

Warschau, vom 4. September. Die Post von Kaminiec hat mitgebracht, daß sich die so genannten Vampyrs, oder Blutsauger, jetzo gantz vernünfftig auffführen, und nicht mehr solch unsinnig Zeug anfangen, als bisher geschehen ist.

Vossische Zeitung. Berlin 1738

Der Kaiser distanziert sich

Aus Oberschlesien, vom 16. Merz. Die berüchtigten Blutsauger, oder sogenannte Vampyrs, haben lange nichts von sich hören lassen; nunmehro kann man aus hiesiger Gegend folgende zuverlässige Nachricht davon ertheilen. Schon vor 2 und einem halben Jahr verstarb zu Hermsdorf oberhalb Troppau eine Weibsperson, welche man in ihrem Leben die Tyroler Doctorin gennenet. Diese Weibsperson curirte auf dem Lande herum, und konnte dabey allerhand vermeintliche Zauberkünste bewerkstelligen. Man sagt, sie habe vor ihrem Absterben ihrem Mann aufgetragen, nach ihrem Tode ihr den Kopf abzuhauen, und sie nicht auf dem Katholischen Kirchhof begraben zu lassen. Immittelst hat sich bald nach ihrem Absterben allerhand geäussert, davon man überzeuget worden, sie sey eine Vampyre gewesen; wie denn nach und nach in dem Dorfe Herrmsdorf viele Personen gestorben, von denen man glaubete, daß sie von Blutsaugern zu tode gequälet worden. Da dieses Uebel weiter gieng, und mehrere Personen sturben, auch dabey verharreten, daß die Vampyrs ihren Todt verursacheten, so wurde allerhöchst verordnet, eine Untersuchung gerichtlich anzustellen, die dahin ausfiel, daß man die als Blutsauger in Verdacht gerathene Personen diesem allerhöchsten Obrigkeitlichen Befehl zufolge ausgraben sollte, und wurden an der Zahl 30 ausgegraben; 10 davon wurden unschuldig befunden, und wieder verscharret; bey 19 erwachsenen Personen aber und einem Kinde wurde noch Blut befunden, ohngeachtet die Leichname 1 Jahr, auch etliche 2 Jahr und drüber bereits in der Erde gelegen hatten; diesen wurden als Vampyrs erstlich die Köpfe abgehauen, das Herz durchstossen und sodann der Cörper zu Aschen verbrandt. Diese Execution ist auf Kayserl. Befehl vor 6 Wochen in dem Dorfe Herrmsdorf geschehen, wozu Knechte und Scharfrichter von Troppau, Jägerdorf, Teschen und umliegenden Orten zugezogen worden.

Vossische Zeitung. Berlin 1755

Wien, vom 23. April. Nachdem durch die aus Oberschlesien eingelangte Nachrichten der Ruf ausgebreitet worden, als ob sich dort zu Lande zu Herrmsdorf einige sogenannte Vampyren oder Blutsäuger spüren liessen und derowegen von den dortigen Einwohnern die würkliche Ausgrabung und Verbrennung einiger bey ihnen in Verdacht gefallenen Körper vorgenommen wäre; so haben Ihro Kayserl. Königl. Majestät zu gründlicher Erforschung der Sache eine eigene Commission von erfahrnen und dem Werke gewachsenen Männern dahin abgeordnet, von welchen nach genauester Untersuchung aller Umstände befunden worden, daß dieses Vorgeben bloß von der durch die seit vielen Jahren her eingewurzelten betrüglichen Vorurtheile, und einen sträflichen Aberglauben, verderbten Einbildungskraft der dortigen Bauersleute herrühre, folglich auch alles, was davon ausgestreuet worden, grundfalsch, und diese greuliche Execution einzig und allein aus eigenem Antriebe der dortigen Einwohner ohne Vorwissen der gehörigen Landesstände vollzogen worden sey. Welches ärgerliche Beginnen Ihro Majestät nicht nur gegen alle diejenigen, die hieran Theil genommen, scharf geahndet, sondern auch mittelst eines an alle Dero Länderrepräsentationes erlassenen Circularrescripts allen so wohl geistlichen als weltlichen Obrigkeiten allergnädigst anbefehlen lassen, daß sie ihre Untergebene von solchen sträflichen und abergläubischen Irrthümern ableiten, auch bey schwerster Ahndung abhalten sollen, auf solche ärgerliche und abergläubische Art künftig zu verfahren.

Vossische Zeitung. Berlin 1755

Leichenschändungen

Aus Ungarn wurde im Jahre 1903 folgendes berichtet:

In Adbrudbanya war eine alte Frau, die bei der rumänischen Landbevölkerung in dem Rufe einer Hexe stand, gestorben. Um zu verhindern, »daß das Herz der Hexe in Gestalt eines Vampirs wiederkehre und die Menschen heimsuche«, wurde zu dem altbewährten Mittel des Herzstiches gegriffen. Ein glühend gemachter Drahtspieß wurde durch das Herz gestochen, die Mundhöhle der Toten mit Hufenstollen und kleineren Eisenstückchen ausgefüllt, und die Leiche schließlich mit dem Rücken nach oben in den Sarg gelegt. Die Behörde erhielt erst nach der Beerdigung von dem Unfug Kenntnis und leitete gegen den Täter eine strenge Untersuchung ein.

Ein anderer Fall wurde im Jahre 1897 aus einem rumänischen Dorfe in Südungarn berichtet, wo ein gewisser Nikola Gersin seine Frau zu Tode quälte. Schreckliche Gewissensbisse peinigten ihn. Nachts glaubte er sich vom Geiste seiner Frau verfolgt und gewürgt. Da dang er drei rumänische Bauern um Geld und Branntwein, sie sollten das Grab seiner Frau öffnen, ein Stück ihres Gewandes verbrennen und den Leichnam zerstückeln. So geschah es auch.

Auf einen derartigen Aberglauben geht vermutlich auch die Durchlochung eines Schädels zurück, der im Breslauer Altertumsmuseum aufbewahrt wird. Dieser Schädel, in der Gegend von Dyhernfurth aufgefunden, war von einem zwölf Zoll langen Nagel durchbohrt.

Hellwig

Der Oberstaatsanwalt außer Dienst Otto Steiner äußerte in einem 1959 erschienenen Bericht (Verlag für kriminalistische Fachliteratur) die Ansicht, daß der Vampirglaube sich von Polen her in Preußen Eingang verschafft habe.

DIE VAMPIRE

Vampir-Prozesse in Preußen

In den Jahren um 1870 verwandelte sich plötzlich das Bild der Ausbreitung: Der Vampir trat über in die preußische Provinz Westpreußen und griff zunächst nach einer Familie Gehrke. Die Ehefrau des Waldwarts Gehrke starb in einem westpreußischen Dorf und wurde dort beerdigt. Als bald nach ihrem Tode ihr Ehemann und auch die Kinder schwer erkrankten, verbreitete sich im Dorfe das Geraune und bald auch die Überzeugung, daß die verstorbene Frau ihren Ehemann und die Kinder »nachholen« wolle. Der Bruder des erkrankten Ehemannes Gehrke, G. Gehrke, besprach sich mit mehreren befreundeten Männern, und sie kamen überein, Grab und Sarg der verstorbenen Frau zu öffnen und als Mittel zur Abwendung des befürchteten Todes des Ehemannes und der Kinder einen Strick und etwas Leinsamen in den Sarg zu legen. Im Dunkeln öffneten sie Grab und Sarg auf dem Friedhof. Als sie die Leiche aber mit roten Wangen vorfanden, schien es ihnen ratsamer und sicherer, den Kopf der Leiche vom Rumpf zu trennen. Einer von den Männern setzte einen der beim Öffnen des Grabes verwendeten Spaten auf den Hals der Leiche und hielt den Stiel des Spatens fest, die übrigen Männer schlugen so lange auf das obere Ende des Spatenstieles ein, bis die Trennung des Kopfes bewirkt war. Dann legten sie den Kopf unter einen Arm der Leiche und schlossen sorgfältig wieder Sarg und Grab. In diesem Tatbestand erblickte, als eine Anzeige erstattet wurde und der Sachverhalt geprüft war, die Staatsanwaltschaft eine »unbefugte Beschädigung eines Grabes und einen an demselben verübten beschimpfenden Unfug«. Das Kreisgericht schloß sich dieser Ansicht an und verurteilte den Bruder G. Gehrke zu einer Gefängnisstrafe.

Ein zweiter Vampirfall ereignete sich um dieselbe Zeit in dem Dorfe Kantrzyno im Kreise Neustatt, Westpreußen. Dort starb am 5. Februar 1870 der Anteilbesitzer und Kirchenvorsteher Franz von Poblocki im Alter von 63 Jahren an der »Auszehrung«. Seine Beerdigung erfolgte am 9. Februar 1870 auf dem Friedhof des jenseits der Provinzgrenze liegenden Dorfes Roslasin, Kreis Lauenburg in Pommern. Wenige Tage nach dem Tode des Vaters erkrankte sein ältester, 28 Jahre alter Sohn Anton von Poblocki unter Krankheitserscheinungen ähnlich denjenigen seines verstorbenen Vaters. Ein herbeigerufener Arzt erklärte die Erkrankung des Anton von P. für die »galoppierende Schwindsucht«. Am 18. Februar, also zwei Wochen nach dem Tode des Vaters, starb auch der Sohn. Vor seinem Tode, nach der Beerdigung seines Vaters, waren auch seine Mutter und seine jüngere Schwester erkrankt und machten den Eindruck von Dahinsiechenden. Überdies klagten der zweite Sohn und ein Schwager über heftiges Unwohlsein, über Angstzustände und schwere Beklemmungen. Voller Unruhe versammelte sich die weit verzweigte Familie in dem Sterbehause, in dem der älteste, soeben verstorbene Sohn Anton im Sarge, seine Mutter und eine Schwester Antons in den Krankenbetten lagen, zu einem Familienrat und war schnell darüber einig, daß der verstorbene und schon beerdigte Vater ein Vampir gewesen sei und seinen Sohn Anton bereits nachgeholt habe. Auch Anton sei also — davon waren alle überzeugt — bereits ein Vampir geworden. Jetzt drohe der ganzen Familie der Tod. Einstimmig wurde in dem Familienrat beschlossen, schleunigst das wirksamste Mittel gegen eine weitere Vampirisierung anzuwenden, nämlich die Enthauptung der zwei Leichen. Der zweitälteste Sohn Josef, der durch den Tod seines Bruders Anton das Oberhaupt der Familie geworden war und, wie bemerkt, sich bereits krank fühlte, wurde mit der Ausführung beauftragt.

Zunächst wurde der Leiche des noch im Hause im Sarge liegenden Anton der Kopf vom Rumpfe getrennt und unten in den Sarg gelegt. Für die Vornahme der Durchtrennungsoperation war der Arbeitsmann Johann Dzigcielski gewonnen. Er benutzte dazu einen scharfen Spaten. Der Sarg wurde sodann behutsam geschlossen. Die Beisetzung Antons sollte an der Seite seines bereits beerdigten Vaters auf dem Friedhof von Roslasin am 22. Februar erfolgen. Am Tage vorher brachten

Josef von P., der Arbeitsmann Johann Dzigcielski und ein anderer beherzter Arbeitsmann unter Mitnahme von Spaten und anderem Arbeitsgerät die Leiche Antons nach Roslasin. Dort suchte Josef von P. den Totengräber auf und nahm ihm gegen Zusicherung einer Belohnung das Versprechen ab, das Grab Antons so nahe an das Grab ihres Vaters heranzurücken, daß man in der Nacht die Erdzwischenwand durchbrechen und den Sarg des Vaters freilegen könne, um durch Trennung des Kopfes der Leiche die ganze Familie vor dem sicheren Tode durch den Vampir zu retten. Im Laufe des Tages aber kamen dem Totengräber Bedenken über seine Zusage der Mitwirkung bei dem Vorhaben, und er entdeckte die ganze Angelegenheit dem Ortspfarrer Block. Dieser untersagte dem Totengräber jede Beteiligung und trug ihm auf, das Grab für den Sohn in angemessener Entfernung von dem des Vaters auszuwerfen. Weiter ließ der Geistliche dem Josef von P. eine Warnung überbringen, das Vorhaben auszuführen und untersagte zugleich den von Josef mitgebrachten Arbeitern das Betreten des Friedhofes. Um ganz sicher zu gehen, beauftragte er weiter den Organisten und den Dorfnachtwächter, den Friedhof während der Nacht zu bewachen und die zu abergläubischen Zwecken beabsichtigte Grabschändung zu verhindern. Der Organist wachte bis 1 Uhr nachts, bemerkte aber nichts Auffallendes. Was der Nachtwächter unternahm, war später nicht mit Sicherheit aufzuklären. Jedenfalls gelang dem Josef von P. und seinen Begleitern während der Nacht das Ausgraben des Sarges des Vaters und die Trennung des Kopfes vom Rumpf. Die Täter blieben jedoch nicht ungestört: Der nahe am Friedhof wohnende Dorfkrugwirt wurde in der Nacht durch heftiges, dumpfes Gepolter vom Friedhof her geweckt, sah dort auch einige Männer und rief ihnen zu, was sie da machten. Da keine Antwort erfolgte, ging er mutig auf den Friedhof und auf die Männer zu. Diese ergriffen die Flucht. Der Wirt fand das Grab des beerdigten Franz von P. geöffnet, den Sarg bereits halb wieder zugeschüttet. Das Poltern, das er gehört, war durch das Aufschlagen der hartgefrorenen Erdschollen auf den Sarg verursacht worden. Eine bei der Arbeit gebrauchte Hacke lag neben dem Grabe. Als der Pfarrer am frühen Morgen die Nachricht von dem Vorfall erhielt, begab er sich sofort auf den Friedhof und ließ den Sarg wieder bloßlegen und öffnen. Der Kopf der Leiche lag abgetrennt mit dem Gesicht nach unten im Fußende des Sarges. Der Sarg wurde wieder geschlossen und das Grab zugeworfen. Die beim Grabe gefundene Hacke nahm der Pfarrer an sich. Der Totengräber erkannte sie als eine der Hacken, die er am Tage vorher bei den Fremden gesehen hatte. Im Laufe des Tages fand auf dem Friedhof sodann die Beisetzung des Anton von P. statt. Der Pfarrer hielt am offenen Grabe den Leidtragenden und den herbeigeeilten Dorfbewohnern das Unsinnige und Gottlose des Vampiraberglaubens mit heftigen Worten vor und erstattete am folgenden Tage unter Beifügung der Hacke als Beweismittel Anzeige bei der Staatsanwaltschaft gegen Josef von P. und seine Helfer. Johann Dzigcielski gab zu, auch von der Leiche des Anton von P. — wie schon geschildert — den Kopf mittels eines Spatens abgetrennt zu haben. Die Staatsanwaltschaft erhob gegen Josef von Poblocki, Johann Dzigcielski und den anderen Arbeiter Anklage nach § 137 Preuß. StGB (unbefugte Beschädigung eines Grabes und an demselben verübten beschimpfenden Unfug). Das Kreisgericht verurteilte im Oktober 1870 demgemäß den Gutsbesitzer Josef von Poblocki und den Arbeitsmann Johann D. zu je vier Monaten Gefängnis, den anderen Arbeiter zu vier Wochen Gefängnis. Die Verurteilten appellierten gegen dieses Urteil an das Appellationsgericht mit der Begründung, sie hätten in Notwehr, zur Rettung des Lebens gehandelt, in der Überzeugung, daß die Verstorbenen Vampire gewesen seien. Aus dieser Überzeugung heraus hätten sie das einzige zur Abwendung des Todes wirksame Mittel angewendet, nämlich das Abschlagen des Kopfes. Das Appellationsgericht sprach die Angeklagten frei.

O. Steiner: Vampirleichen

DIE WIEDERGÄNGER

Geistererscheinungen und Geisterbeschwörungen,
Zeugnisse aus Spukhäusern

Die Grenzen zwischen Spuk und Telepathie sind oft schwer zu ziehen, insbesondere, wenn man eine Art der Telepathie annimmt, bei welcher der Sensitive zugleich Sender und Empfänger ist. Als Beispiel ein absolut glaubwürdiges Zeugnis:

In dem Buch ›Spuk, Irrglaube oder Wahrglaube?‹ von Fanny Moser, 1950, beschreibt C. G. Jung seine Begegnung mit einem Geisterspuk in England, 1920. Aniela Jaffé referiert darüber in dem von Hans Bender herausgegebenen Sammelwerk ›Parapsychologie‹, Darmstadt 1966:

»In dem erst kürzlich gemieteten Landhause eines Freundes verbrachte er mehrere Male hintereinander das Wochenende. In den Nächten erlebte er verschiedene, von Mal zu Mal sich verstärkende Spukphänomene (Klopfen, übler Geruch, Rauschen, Tropfen etc.). Sie verursachten bei ihm ein starkes, lähmungsähnliches Beklemmungsgefühl und gipfelten in der Erscheinung, oder der Vision, eines kompakten halben Frauenkopfs, der etwa vierzig Zentimeter von ihm entfernt auf dem Kopfkissen lag. Das eine Auge war weit aufgerissen und starrte ihn an. Der Kopf verschwand, als Jung eine Kerze anzündete. Den Rest der Nacht verbrachte er sitzend in seinem Lehnstuhl. Nachträglich erfuhren er und sein Freund die im Dorfe längst bekannte Tatsache, das Haus sei ›haunted‹ und verscheuche nach kürzester Zeit alle Mieter.«

Doch haben wir auch Berichte vom Mitspielen unbeseelter Dinge, die nicht minder glaubwürdig bezeugt sind und doch etwas Unerklärliches zurücklassen.

Berichten dieser Art sollte man mit besonderer Skepsis begegnen. Zuweilen erbringt detektivischer Spürsinn eine rationale Erklärung. So im Falle des Bremer Spukhauses, das Anfang 1968 Zeitungen und Fernsehen beschäftigte: das Poltern und Klopfen, das die Bewohner an den Rand des Wahnsinns trieb, konnte mit schadhaften Waasserleitungen erklärt werden. Anderen Berichten wiederum, wie sie uns seit ältesten Zeiten vorliegen, läßt sich mit natürlichem Verstand nicht beikommen.

DIE WIEDERGÄNGER

Die Leiche im Garten

In einem großen, öden Hause zu Athen vernahm man des Nachts das Klirren von Eisen und das Rasseln schwerer Ketten, anfangs wie aus der Ferne, dann immer näher und näher kommend. Es erschien bald darauf ein abgezehrter, schaurig aussehender Greis mit langem weißen Bart und wirr um den Kopf herabhängendem Haar, an Händen und Füßen war er mit Ketten belastet, womit er das schauerliche Lärmen und Rasseln hervorbrachte. Die Bewohner dieses verrufenen und unheimlichen Hauses konnten vor Furcht kaum schlafen; sie verbrachten die Nächte meist wachend und in fürchterlicher Aufregung, wodurch ihre Nerven derart litten, daß Krankheit und Tod die unausbleibliche Folge waren. Wenn schon am Tage sich keinerlei Spuk zeigte, so hatten die armen Bewohner doch auch am Tage beständig das scheußliche Bild des Gespenstes in ihrer Erinnerung. So stand denn bald das Haus öde und leer, und obgleich es öffentlich bekannt gegeben wurde, daß das Haus zum billigsten Preise zu kaufen oder zu mieten sei, meldete sich doch lange niemand. Diese Bekanntmachung kam nun später auch dem Philosophen Athenodorus zu Gesicht; ihm gefiel der niedrige Preis und noch mehr die seltsame Geschichte, die man ihm nicht verschwieg. Er mietete das Haus und ließ sich sein Lager bei Beginn der Nacht im Vorhause herrichten, worauf er seine Leute ins Innere des Hauses zum Schlafen schickte. Er selbst aber nahm Griffel und Schreibtafel zur Hand und begann bei einem Lichte zu schreiben, um regen Geistes zu bleiben und die Furcht fern zu halten. Lange Zeit blieb es still, dann aber hörte man wiederum das Klirren von Eisen und die schweren Ketten rasseln, das Gespenst nahte. Athenodorus aber hörte nicht hin, legte den Griffel nicht aus seiner Hand, ja er stopfte sich sogar die Ohren zu. Immer lauter und lauter wurde das Lärmen, immer näher und näher kommt das Gespenst, und endlich scheint es an der Türe und im Vorhause zu sein. Da erst erhebt der Philosoph mit aller Ruhe seinen Blick und sieht das Gespenst vor sich stehen, ihm mit dem Finger winkend. Jener aber machte mit der Hand ein Zeichen, ein wenig zu warten, nahm seinen Griffel und die Schreibtafel und schrieb mit stoischer Ruhe weiter, während das Gespenst mit seiner Kette klirrte und rasselte. Nach einer Weile sieht sich Athenodorus um und bemerkt, daß das Gespenst ihm nun eindringlicher zuwinkt. Da nimmt er das Licht und folgt ihm ohne Zögern. Nur langsam, als ob es schwer zu tragen habe, nahm das Gespenst seinen Weg durchs Haus auf den Hof und dort verschwand es plötzlich. An dem Orte, wo das Gespenst ihn verlassen, legt jener als Kennzeichen Kraut und Blätter nieder, begibt sich dann Tags darauf zur Obrigkeit und veranlaßt diese, den Ort aufgraben zu lassen. Dort fand man ein Skelett vor, mit schweren Ketten umgeben, das der durch Zeit und Erde verweste Körper in den Banden zurückgelassen hatte. Man sammelte die Gebeine und übergab sie öffentlich und rituell der Erde. Seit diesem Tage war das Haus von jeglichem Spuk befreit.

Plinius der Jüngere

Ein Rektor als Spökenkieker

Heinrich Lysius aus Flensburg, 1670 als Pfarrerssohn geboren, wurde selbst Theologe und unter dem Einfluß Speners Pietist. 1702 wurde er Professor der Theologie in Königsberg und übernahm zugleich die Leitung des Collegium Fridericianum. Zweimal war er Rektor der Universität, zehnmal Dekan seiner Fakultät. Sein handschriftlicher Bericht, den G. E. Horst in die Deuteroskopie übernahm, befand sich bis Kriegsende in der Bibliothek der Universität Königsberg.

Als ich 1695 in Kopenhagen war und nächtlicherweile einmal in meinem Bette lag, ward es plötzlich ganz hell im Zimmer, und an der geschlossenen Seite des Pavillons (Betthimmels) zog es wie eines Menschen Schatten vorüber, wobei mir auf das nachdrücklichste, gleichsam als ob es laut und vernehmlich geredet worden, innerlich inprimieret wurde: »Umbra matris tuae.« (Der Schatten deiner Mutter.) Mit den letzten Briefen aber hatte ich doch vernommen, daß Mutter und Geschwister annoch gesund und vergnügt lebeten. Ich stand also sogleich vom Bette auf und untersuchte, woher doch solches Licht und ein solcher Schatten gekommen sein möchte, da denn die Stube ganz finster war und ich so wenig in derselbigen Nacht als des nächstfolgenden Morgens Gelegenheit dazu finden oder es sonst erraten konnte. Als ich aber sofort am Vormittage darauf meinen Oncle besuchte, kam er mir mit einer traurigen Miene entgegen und sagte, er habe soeben Briefe, daß meine Mutter gefährlich krank darniederläge. Worauf ich alsobald erwiderte, wäre sie krank, so wäre sie nun auch ohnfehlbar tot, wobei ich erzählte, was mir den vorhergehenden Abend begegnet war. Er verwunderte sich darüber, versicherte aber doch, daß er nur so viel wüßte, daß sie krank wäre und daß man mich nach Hause verlangte. — Aber schon mit der nächsten Post schrieb mir meine Schwester, daß die Mutter verstorben, und ich ersah aus deren Schreiben, daß dieselbe eben desselben Abends, woran ich das Gesicht oder die Erscheinung gehabt hatte, in die Ewigkeit hinübergegangen war. Als ich nach Flensburg kam, fand ich meine selige Mutter tot und begraben, meine Schwester aber betrübt und niedergeschlagen und mit meines Vaters Schwester und meiner Großmutter in Einem Hause. Von meiner Mutter wurde mir noch besonders mitgeteilt, daß, wie sie nebst ihren Angehörigen aus der Pfarrwohnung in dieses mittlerweile neu erkaufte Haus eingezogen sei, sie sich rund umgesehen und gesagt habe: »Hier lasset uns alle niederlegen und sterben.« Welches nachmals auch pünktlich erfüllet worden an allen denen, die damals gegenwärtig waren. Denn mein jüngster Bruder und meine jüngste Schwester befanden sich in dem Augenblick in der Schule, und diese beiden blieben, nebst mir, allein am Leben.

DIE WIEDERGÄNGER

Als ich im Jahre 1696 gegen Ende des Winters einst zu Tisch kam, sagte meine dritte Schwester: Eine gewisse, uns allen wohlbekannte ehrbare Frau, die in unserem Hause oft ein und aus ging, habe ihr mit großer Teilnahme soeben mündlich eröffnet, sie wäre gewohnt und hätte die Gabe, künftige Dinge in Gesichten deutlich zum voraus zu sehen, und hätte also kraft dieses ihr beiwohnenden Vermögens im Geiste gesehen, daß in kurzer Zeit sieben Leichen aus unserem Hause würden herausgetragen werden. Und wenn solche würden herausgetragen worden sein, so würde einige Zeit darauf eine Braut ins Haus hereinkommen. Ich erwiderte, wir wären der Mehrzahl nach noch junge, gesunde, muntere und starke Leute; und wenn also gleich unsere Großmutter und Tante etwan sterben sollten, so würden alsdann doch immer noch fünf Leichen fehlen. Am wenigsten aber sei zu vermuten, daß eine Braut ins Haus kommen sollte, vielmehr, setzte ich scherzend hinzu, könne man eher voraussagen, daß eine Braut aus dem Hause herausgeholt werden würde, indem meine älteste Schwester in der Tat schon mit einem begüterten Kaufmann in unserer Stadt versprochen war. Ich untersagte demnach einmal für allemal solche Reden. Meine Schwester aber blieb dabei und freute sich allezeit recht herzlich, daß sie bald von den Banden der Eitelkeit gelöset und eine Mitbürgerin des Himmels werden würde, ungeachtet, daß sie vor allen andern eine gesunde und starke Person war. Auf mein nachdrückliches Zureden ward aber der obigen Prophezeiung in unserem Hause nicht mehr Erwähnung getan.

Nach etlichen Wochen legte sich die Großmutter und wurde um besserer Pflege willen in die Wohnstube gebettet. Einst will ich nun des Abends nach der Mahlzeit aus der Wohnstube hinaus und auf mein Studierzimmer gehen, da sehe ich eine in Parade liegende Leiche, auf die Art, wie dort zu Lande die Leichen mit weißen und schwarzen Tüchern bekleidet zu werden pflegen, ganz dichte vor der Stubentür aufgebahrt, so daß die Laken vom Fußende des Sarges bis hart vor die Tür hinreichten und ich selbige nur mit genauer Not öffnen und kaum hinaustreten kann. Das Kopfende des Sarges erstreckte sich bis an die Treppe, die ich hinaufzusteigen hatte, und die Laken noch weiter. Ich alterierte mich inzwischen gar nicht, sondern rief nur nach meiner älteren Schwester und sah unterdessen den Sarg mit unverwandten Augen an. Als die Schwester herbeikam, fragte ich sie, ob auch sie die Leiche da sähe? Sie erschrak, ging eiligst zurück mit unveränderter Gesichtsfarbe, antwortete mir auch nicht, ob sie etwas gesehen hätte oder nicht. Ich aber blieb in der halboffenen Stubentür so lange stehen, bis die Erscheinung immer dunkler wurde und allmählich verschwand. — Meiner Großmutter Krankheit schien beinahe gar nichts zu bedeuten zu haben, und doch starb sie wenige Tage hernach ganz unvermutet. Am Tage ihrer Beerdigung wurde, N. B. in meiner Abwesenheit und ohne mein Vorwissen, ihre Leiche auf eben der Stelle und genau auf ebensolche Art bekleidet, aufgebahrt, wie mir im Gesicht gezeigt worden war, so daß im ganzen Vorderhause kein unbequemerer Platz hätte gefunden werden können, indem der Sarg den Eingang zu zwei unentbehrlichen Zimmern beschwerlich machte.

Die älteste Schwester konnte wegen einer ihr inzwischen zugestoßenen Schwachheit nicht mit zu Grabe folgen, und als wir übrigen nach der Einsenkung des Sarges und angehörter Leichenpredigt aus der Kirche zurückkamen, beklagten sich auch schon die zwei andern Schwestern und den Tag darauf auch der Bruder. Aller vier Krankheit, ein Fleckfieber, nahm mit jedem Tage zu. Die jüngste Schwester war nach der Großmutter die erste, die Todes verblich. Der Bruder, ein junger, wackerer Mensch von siebzehn Jahren, verschied als der zweite. Am folgenden Tag gab die andere Schwester sanft und selig den Geist auf. Die älteste Schwester lag immer ruhig und freudig auf ihrem Siechbett. Am letzten Tag ihres Lebens ließ sie mich eilends zu sich rufen, reichte mir die Hand und dankte mir. Darauf stimmte sie mit ziemlich heller Stimme das Lied an: »Triumph, Triumph! Er kömmt mit Pracht, mein Heiland und Erlöser« und sang so lange, bis man nichts deutlich mehr vernehmen konnte als die letzten Silben der Worte Triumph! Viktoria! Hallelujah!, womit sie selig verschied.

Da hatte ich denn nun auf einmal vier Leichen im Hause, die aus Mangel an anständigen Trägern an zwei Tagen nacheinander zur Erde bestattet wurden unter großer Bestürzung aller Einwohner der Stadt. — Inzwischen starb auch unsere bisherige treue Dienstmagd, so klagte und legte sich auch meines Vaters Schwester, und in dreien Tagen war auch sie entseelt und gab also die siebente Leiche ab.

Welches ein Exempel und Beweis sein kann, daß in der Welt Gaben sind, die wir nicht wissen, und Dinge geschehen, so uns schwer zu glauben sind.

G. E. Horst: Deuteroskopie

Der folgende Bericht sollte eigentlich im Kapitel ›Telepathie‹ zu finden sein; doch ist er ebenfalls in der Handschrift des Heinrich Lysius zu lesen, und die handelnde Person ist seine Urgroßmutter. Es scheint also, als seien die telepathischen Fähigkeiten in seiner Familie erblich gewesen, und so wirft dieser Bericht, den Professor Tholuck, Halle, in seiner Schrift ›Die Propheten und ihre Weissagungen‹ wiedergibt, ein neues Licht auf den vorangegangenen Bericht des Rektors Lysius selbst.

Einst steht sie (L's Urgroßmutter) gegen Abend vor ihrer Haustür zu Flensburg und schaut die Lange Gasse hinauf. Da sieht sie einen Leichenzug aus dem Posthause herauskommen, der dann an ihr vorüber nach der nahen Kirche geht. Sie erkennt viele der voranschreitenden Schulknaben, besonders von denen der ersten Klasse, die brennende Wachskerzen mit schwarzen Flören und auf Blech gemalte Wappen tragen. Sie erkennt ihren Sohn, den Probst, und neben ihm den Mann ihrer Enkelin, den jungen Pfarrer an St. Marien, Lysius, den Vater des späteren Professors, die der Ordnung gemäß unmittelbar hinter den Schulknaben gehen. Ihnen folgt »ein schön geputzter Engel auf einem weißen Pferde und ein gräßlicher Teufel auf einem schwarzen Pferde« die vor der Leiche her in die Kirche hineinreiten. Den Beschluß macht ein stattliches Trauergefolge. — Da nun in dem Posthause niemand wohnt, dem nach Recht und Sitte eine derartige Bestattung zustände, ist nicht abzusehen, wie dieses Gesicht sich erfüllen könnte, von dem sie gleichwohl alsbald den beiden Geistlichen erzählt. — Aber schon nach einigen Tagen bringen zwei Holsteiner von Adel unweit der Stadt ein Pistolenduell zum Austrag, und der eine wird tödlich verwundet ins Posthaus gebracht, wo er nach einigen Stunden stirbt. Und er wird genau so begraben wie sie's vorausgesehen, nur daß der vermeintliche Engel und der vermeintliche Teufel zwei Kavaliere sind, von denen der eine in einem schönen bunten Harnisch das sogenannte Trauerpferd von schwarzer Farbe reitet.

Engelszungen

Der Pfarrer Christoph Süssenbach zu Pitschen, einem schlesischen Städtchen unweit der polnischen Grenze, das seit der Reformation dem evangelischen Bekenntnis die Treue gehalten, hatte sich während seiner ganzen langen Amtsführung als einen freudigen Glaubensprediger und barmherzigen Freund der Armen erwiesen. Nachdem er nun am 9. Juni 1631 morgens um sechs Uhr in der Pfarrkirche im Wochengottesdienst den zweiten Psalm ausgelegt hatte, verkündigte er der Gemeinde, daß er desselbigen Tages noch heimfahren werde. Er ermahnte sie aber, zum Ausharren im Glauben an den Herrn Jesum Christum und zur brüderlichen Liebe untereinander, nahm Abschied von allen Gliedern der Gemeinde, der Geistlichkeit und dem Rate und ging dann ins Pfarrhaus zurück. Die Gemeinde begleitete ihn in Scharen, viele weinten. Süssenbach fühlte, daß seine Kräfte rasch abnahmen. Er legte sich nieder und rüstete sich, wie er selbst sagte, auf den Herrn Jesum Christum. Als dann der Rat und die Geistlichen einer benachbarten Stadt ihn besuchten und nach seinem Befinden

Alexander Graf von Cagliostro (1743–1795), ein weitgereister italienischer Abenteurer, der eigentlich Giuseppe Balsamo hieß. Er betätigte sich als Geisterbeschwörer und Alchimist und war in die ›Halsbandaffäre‹ verwickelt.

Der Tischlermeister Eberling mußte sich als ›Hexer von Dithmarschen‹ vor Gericht verantworten. Als Hexenaustreiber hatte er mit dem Aberglauben der Bauern ein gutes Geschäft gemacht.

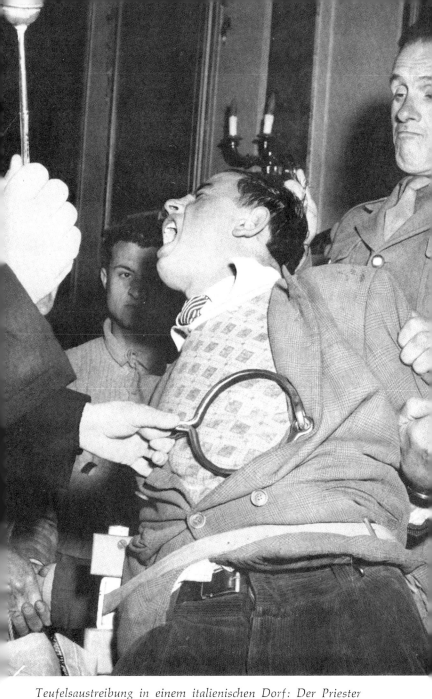

Teufelsaustreibung in einem italienischen Dorf: Der Priester drückt den eisernen Büßering des heiligen Vicinio auf das Herz des Besessenen, in dem sich der Teufel wehrt.

›Das Gespenst‹ von Federico Musin. Bezeichnenderweise ist unter den verschreckten Zeugen der Erscheinung kein Mann.

Ein Spukhaus im Spessart, 1966. Der Bauernhof wurde von unerklärbaren Erscheinungen heimgesucht: Fenster zersprangen, Lampen erloschen, der Heuwagen fing Feuer.

Von den Heimsuchungen eines Poltergeistes erlöste der Londoner U-Bahn-Schaffner Hanks die 15jährige Shirley. Während einer Séance beschwor er im Trancezustand den Geist.

Materialisationsversuche von Professor Schrenck-Notzing: Blitzlichtaufnahme mit einer Erscheinung hinter dem Medium Eva C.

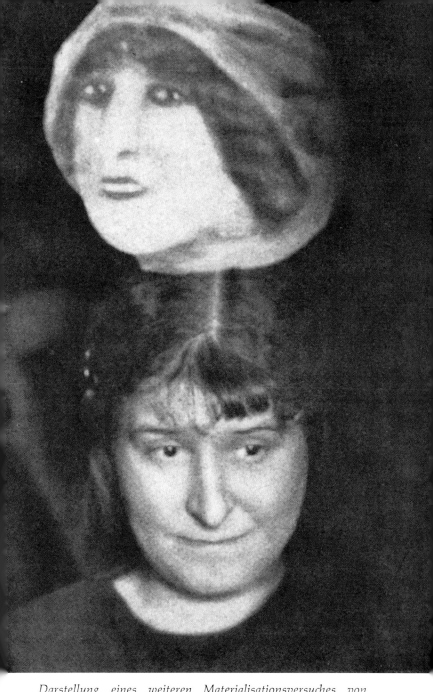

Darstellung eines weiteren Materialisationsversuches von Professor Schrenck-Notzing: Entstehung eines zweiten Frauenkopfes über dem Kopf des Mediums Eva C.

Emanuel Swedenborg (1688–1772), der Hellseher, Naturforscher und Bergbaubeamte, erlangte durch seine spiritistischen und naturphilosophischen Studien Berühmtheit.

Die Seherin von Prevorst, Friederike Hauffe (1801—1829), eine hellseherisch veranlagte Epileptikerin, löste um 1825 mehrere Kriminalfälle. Sie wurde von Justinus Kerner in sein Haus aufgenommen.

Ein Hellseher mit Kristall, aus dem er die Zukunft zu lesen sucht. Einem alten Volksglauben zufolge zeigt sich die Zukunft im magischen Kristall in symbolischen Bildern. Aller Wahrscheinlichkeit nach handelt es sich dabei um Hypnose.

Der Hellseher Jan Erik Hanussen bei einer spiritistischen Sitzung 1933, also kurz vor seinem gewaltsamen Tod. Er hatte unter anderem den Reichstagsbrand vorausgesagt.

Eine Szene aus dem 18. Jahrhundert, als man noch ganz unter dem Eindruck der neuen Lehren Mesmers stand: Der Magnetiseur versetzt eine junge Dame in einen schlafähnlichen Trancezustand.

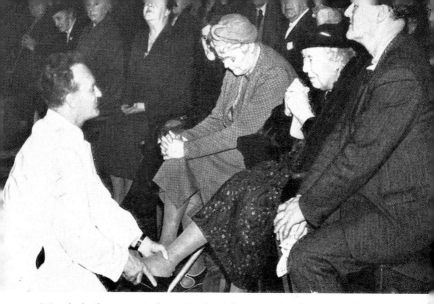

Wunderheilungen sind in England keine Seltenheit: ›Bruder Mandus‹ befreit eine alte Dame von einer Lähmung.

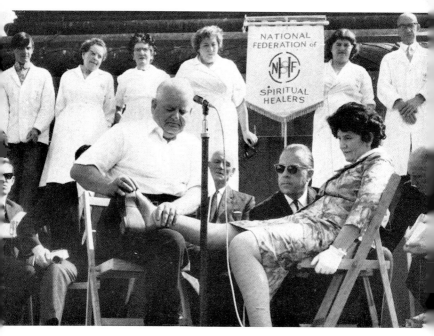

Schauveranstaltung der ›National Federation of Spiritual Healers‹ am Londoner Trafalgar Square: Behandlung von Arthritis.

Noch um die Jahrhundertwende holten die Bauern den Pfarrer, um das kranke Vieh vom Hexenbann zu erlösen.

Das Umpflügen, ein alter Brauch im Wolgagebiet: Die nackte Dorfzauberin zieht mit dem vom Dorfältesten geführten Pflug drei Furchen um das Dorf, um die Rinderpest zu bannen.

RATS-APOTHEKE

Teufelsdreck

HAMBURG-HARBURG
SCHLOSSMÜHLENDAMM 17
PÄCHTER DR. W. KLUPSCH, RUF 37 21 00

RATS-AP...

Räucherkräuter
(gegen Abgunst und Neid).   1.50

HAMBURG-HARBURG
MÜHLENSTRASSE 37
PÄCHTER: Dr. W. KLUPSCH · RUF 37 21 00

Hexenmittel — sogar in vorgedruckter Verpackung — gab es noch im Jahre 1951 in Apotheken zu kaufen.

Karikatur von 1853 über das Tischrücken, die Verständigung mit Geistern durch Klopfzeichen und Bewegungen des Tisches.

Ein weitverbreiteter Bühnenaberglaube: Mit einer schlechten Zeitungskritik im Schuh schützt man sich vor Mißerfolg.

fragten, gab er darauf keinen Bescheid, sondern ermahnte sie nur, wie er vorhin in der Kirche getan. — Da er nun von allen, jedem die Hand gebend, Abschied genommen hatte, hörten die Anwesenden einen wunderbar lieblichen Gesang eine volle Viertelstunde lang durch die Stadt tönen. Man wußte aber nicht, woher die Stimmen kamen. Gleichzeitig hörten dieselbe himmlische Musik die Arbeiter auf dem Felde und die Hirten bei ihren Herden, sowohl um Pitschen wie beim Filialdorf. Etliche meinten, es käme vom Turm, andere, die Schar der Sänger stände auf der Stadtmauer.

Und es kam sie alle ein großes Staunen an. Da rief der sterbende Pfarrer seine Hausfrau und sprach: »Siehst du nun, daß die Gottseligkeit die Verheißung des Lebens hat? Hörst du, was die himmlische Musik singt? Auch dir wird der Himmel lieblich singen, wenn du beharrest im Glauben und in der Liebe des Sohnes Gottes.« Und als er dieses gesagt hatte, wandte er sich nach der Wand um und entschlief so sanft, daß es keiner merkte.

Nach Köllings Presbyteriologie des Kirchenkreises Kreuzburg

Spiel mit dem Tod

Ich hatte, 1691 als Sechzehnjähriger in die Armee eingetreten, eine enge Freundschaft mit dem Grafen Coëtquen geschlossen, der bei derselben Kompanie stand. Er verfügte über ein außerordentliches Wissen, von dem er angenehmen Gebrauch machte, und hatte viel Geist und Sanftmut, was den Verkehr mit ihm sehr freundlich gestaltete. Dabei war er ziemlich menschenscheu und recht träge:; von seiner Mutter, der Tochter eines Kaufmanns von Saint-Malo, her, war er außerordentlich reich, — sein Vater lebte nicht mehr. An jenem Abend von Marienbourg (1692 nach der Einnahme Namurs, des festesten Platzes der Niederlande, durch Ludwig XIV. befand sich das Regiment, in dem Saint-Simon diente, auf dem Rückmarsch nach Paris) sollte er mehreren von uns ein Abendessen geben. Ich begab mich zeitig in sein Zelt, fand ihn dort auf seinem Bett liegen, jagte ihn im Scherz herunter und legte mich an seine Stelle. Mehrere von uns und einige Offiziere waren dabei zugegen. Coëtquen ergriff zum Spaß sein Gewehr, das er entladen glaubte, und legte auf mich an. Wie groß war aber die Überraschung, als man den Schuß krachen hörte. Zum Glück für mich lag ich in diesem Augenblick ganz flach ausgestreckt. Drei Kugeln fuhren drei Zoll über meinem Kopfe vorbei, und da das Gewehr ein wenig hoch angelegt war, gingen die nämlichen Kugeln dicht über den Köpfen unserer beiden Gouverneure hinweg, die hinter dem Zelt auf und ab gingen. Coëtquen fiel infolge des Unheils, das er seiner Meinung nach angerichtet hatte, in Ohnmacht; wir hatten alle Mühe, ihn wieder zu sich zu bringen, und er konnte sich mehrere Tage lang nicht von seinem Schrecken erholen. Ich erzähle dies als eine Mahnung, daß man nie mit den Waffen Scherz treiben darf.

Der arme Kerl überlebte diesen Vorfall nicht lange. Er trat bald in das Regiment des Königs, und als er im folgenden Frühjahr im Begriffe war, seinen Truppenteil aufzusuchen, erzählte er mir, er habe sich von einer Wahrsagerin, die ihr Geschäft heimlich in Paris betreibe, die Zukunft voraussagen lassen, und diese habe ihm verkündet, er würde ertrinken, und zwar bald. Ich schalt ihn wegen einer so gefährlichen und närrischen Neugier aus und beruhigte mich mit der Unwissenheit dieser Art Leute, sowie mit der Erwägung, das wirklich traurige und düstere Gesicht meines Freundes, der abschreckend häßlich war, habe ihr diese Voraussage eingegeben.

Wenige Tage darauf reiste er ab, fand in Amiens einen Mann, der dasselbe Metier trieb, und erhielt von ihm die nämliche Prophezeiung. Als er dann mit dem Regiment des Königs auf dem Marsch war, um zur Armee zu stoßen, wollte er sein Pferd in der Schelde tränken und ertrank dort im Angesichte des ganzen Regiments, ohne daß man ihm hätte Hilfe bringen können. *Saint-Simon: Memoiren*

DIE WIEDERGÄNGER

Eine Vision Karls XI. von Schweden

Man macht sich über Visionen und andere übernatürliche Dinge gerne lustig, aber manche sind doch so zuverlässig beglaubigt, daß man, wollte man sie leugnen, folgerichtigerweise geschichtlichen Zeugnissen überhaupt den Glauben versagen müßte.

Ein Protokoll in aller Form, von vier glaubwürdigen Zeugen unterschrieben, gewährleistet die Wahrheit dessen, was ich hier erzähle. Ich will noch erwähnen, daß die Prophezeiung, die in diesem Protokoll steht, bekannt war lange bevor sie durch inzwischen eingetretene Ereignisse erfüllt worden ist.

Karl XI. (geboren 1655, gestorben 1697), der Vater des berühmten Karl XII. (geboren 1682, gestorben 1709), war einer der despotischsten, aber auch einer der weisesten Herrscher, die Schweden gehabt hat. Er beschränkte die ungeheuerlichen Vorrechte des Adels, vernichtete die Gewalt des Senats und erließ aus eigener Machtvollkommenheit Gesetze. Mit Einem Wort: er brach die Verfassung des Landes, das bis dahin oligarchisch gewesen war, und zwang die Stände, ihn als absolute Autorität anzuerkennen. Im übrigen war er aufgeklärt, tapfer, der lutherischen Kirche zugetan, dabei ein unbeugsamer Charakter, ein kühler Kopf und ganz ohne Phantasie.

Nun hatte er vor kurzem seine Gemahlin verloren. Obgleich seine Härte ihren Tod beschleunigt haben sollte, schien ihr Verlust ihn doch schwerer getroffen zu haben, als man von einem so trockenen Gemüte hätte erwarten sollen: er wurde noch schweigsamer, noch düsterer und gab sich mit einer Ausschließlichkeit den Staatsgeschäften hin, die den Wunsch verriet, peinliche Gedanken fernzuhalten.

Eines Herbstabends spät saß er in Schlafrock und Pantoffeln am Kamin seines Kabinetts im Schloß zu Stockholm. Bei ihm waren sein Kammerherr, Graf Brahe, den er mit seiner besonderen Gunst beehrte, und sein Arzt Baumgarten, der gern den

Freigeist spielte und verlangte, man solle an allem zweifeln, nur nicht an der Arzneiwissenschaft. Diesen Abend hatte Karl ihn irgendeiner Unpäßlichkeit wegen rufen lassen.

Seiner Gewohnheit entgegen verlängerte der König die abendliche Sitzung, indem er das »Gute Nacht« unausgesprochen ließ, welches bedeutete, daß man sich zurückzuziehen habe. Den Kopf vornübergeneigt, die Augen auf die Glut gerichtet, verharrte er in Schweigen; die Gesellschaft langweilte ihn anscheinend, gleichwohl mochte er sich scheuen, allein zu bleiben, vielleicht ohne selber den Grund davon zu wissen. Graf Brahe empfand, daß der König heute keinen Wert auf seine Unterhaltung legte, und hatte schon mehrmals geäußert, die Majestät bedürfe gewiß der Ruhe. Aber immer hatte der König ihn durch eine Handbewegung gehalten. Der Arzt hatte von der Schädlichkeit des Nachtwachens für die Gesundheit gesprochen. — »Bleibt, ich habe noch kein Verlangen nach Schlaf«, hatte Karl zerstreut erwidert. Darauf brachte man alle möglichen Dinge aufs Tapet, aber bei jedem geriet die Unterhaltung schon beim zweiten oder dritten Satz ins Stokken. — Graf Brahe, in der Annahme, die Mißstimmung des Königs habe ihren Grund in der Trauer um die verlorene Gemahlin, betrachtete lange das Bildnis der Königin und sagte dann mit einem Seufzer: »Das ist ganz ihr zugleich so majestätischer und so sanfter Ausdruck.« — »Bah, das Porträt ist geschmeichelt, die Königin war häßlich«, erwiderte Karl, der, so oft man den Namen der Toten nannte, einen Vorwurf zu hören meinte. Dann ärgerte er sich über seine Härte, stand auf und machte einen Gang durchs Zimmer, um der Gemütsbewegung Herr zu werden, deren er sich schämte . . .

Vor dem Fenster, das auf den Hof hinausging, blieb er stehen. Die Nacht war düster, der Mond stand im ersten Viertel. Das neue Schloß, zu dem Karl XI. den Grundstein gelegt hatte, war noch nicht vollendet. Das alte, an der Spitze des Ritterholms und mit dem Blick auf den Mälarsee, ist ein großer Bau von hufeisenförmigem Grundriß. Das Kabinett des Köngs lag am äußersten Ende des einen Flügels und ihm gerade gegenüber, jenseits des Hofes, lag am Ende des andern Flügels der große Saal, darin die Stände sich versammelten, so oft der Träger der Krone ihnen eine Eröffnung zu machen hatte.

Plötzlich leuchteten die Fenster dieses Saales in einem hellen Glanze auf. Der König wunderte sich. Anfangs glaubte er, der Schein rühre vielleicht von der Laterne eines Dieners her, der sich etwa drüben zu schaffen mache. Aber was sollte ein Diener um diese Stunde dort zu tun haben, in dem Saal, der lange nicht geöffnet worden war? Und dann war der Glanz auch viel zu hell, um aus einer Laterne zu stammen. Eher hätte man eine Feuersbrunst vermuten können, aber man sah keinen Rauch, und nicht eine zersprungene Scheibe, auch war nichts zu hören. Nein, alles ließ auf eine regelrechte große, feierliche Erleuchtung schließen . . . Der König blickte eine Zeitlang schweigend hinüber. Als dann Graf Brahe einen Schellenzug ergreifen wollte, um einen Pagen herbeizurufen, der sich nach dieser sonderbaren Helligkeit erkundigen sollte, hielt der König ihn zurück: »Ich will selber in den Saal gehen«, sagte er, und erblaßte. Und auf seinem Antlitz schien eine Art religiöser Schrecken sich abzumalen . . . Aber festen Schrittes ging er hinaus, und Brahe und Baumgarten folgten, jeder einen Leuchter mit brennender Kerze in der Hand . . .

Der Diener, der die Schlüssel in Verwahrung hatte, war schon zu Bett gegangen. Baumgarten weckte ihn und befahl ihm im Namen des Königs, sofort die Türen des Ständesaales zu öffnen. Die Überraschung des Schlaftrunkenen war groß. Er kleidete sich in aller Eile an, ergriff seinen Schlüsselbund und folgte dem König. Zuerst öffnete er die Tür einer Galerie, die eine Art Vorgemach des Saales war. Der König trat hinein; aber wie groß war sein Erstaunen, als er sah, daß die Wände mit schwarzem Tuch überzogen waren. »Wer hat befohlen, diese Wände schwarz auszuschlagen?« fragte er in zornigem Tone. »Sire, niemand, soviel ich weiß«, antwortete der Diener ganz verblüfft, »das letzte Mal, als ich die Galerie ausfegen ließ, war sie in Eichenholz getäfelt, wie sie es immer gewesen ist. Und ganz gewiß stammen diese Stoffe nicht aus den Vorräten Eurer Majestät.« — Der König, raschen Schrittes vorgehend, war schon über zwei Drittel der Galerie hinaus. Graf Brahe und der Diener folgten ihm unmittelbar, der Arzt war ein wenig zurückgeblieben, er schwankte zwischen der Furcht, alleingelassen zu werden und der andern, sich auf ein Abenteuer einzulassen, das sich in so seltsamer Weise ankündigte. — »Gehen Sie nicht weiter, Sire!« sagte der Diener. »Bei meiner Seele, dahinter steckt Hexerei! Wie es heißt, geht die Königin, Eurer Majestät gnädige Gemahlin, seit ihrem Tode in dieser Galerie um. Gott schütze Eure Majestät!« — »Halten Sie ein, Sire!« warnte Graf Brahe. »Hören Sie nicht diesen sonderbaren Ton, der aus dem Ständesaal herüberdringt? Wer kann wissen, welchen Gefahren sich Eure Majestät aussetzen!« — »Sire«, riet Baumgarten, als auch er die Saaltür erreichte, vor der ihm ein Windstoß die Kerze ausblies, »gestatten Sie mir wenigstens, eine Abteilung der Schloßwache herbeizuholen!«

»Laßt uns hineingehen«, sagte der König mit fester Stimme, und zum Diener: »Öffne! Schnell!« Und er stieß mit dem Fuß gegen die Tür, daß es krachte. Fast wie ein Schuß widerhallte es vom Gewölbe ... Der Diener zitterte dermaßen, daß sein Schlüssel immerfort gegen das Schloß stieß, ohne daß er ihn hineinzustecken vermochte. »Ein alter Soldat, der zittert«, sagte Karl achselzuckend, »rasch, Graf Brahe, öffnet uns diese Tür!« — »Sire«, erwiderte der Graf, einen Schritt zurücktretend, »möge Eure Majestät mir befehlen, gegen die Mündung einer dänischen oder deutschen Kanone zu marschieren, ich werde ohne zu schwanken gehorchen. Aber hier ... Eure Majestät werden nicht wollen, daß ich der Hölle trotze!«

Da entriß der König dem Diener den Schlüssel. »Ich sehe«, sagte er verächtlich, »daß dieses meine Sache allein ist.« Und ehe ihn jemand hindern konnte, hatte er die schwere Eichentür geöffnet und war er mit einem »Gott helfe mir!« eingetreten. Seine drei Gefährten, deren Neugier noch stärker war als ihre Furcht, und die sich schämen mochten, ihren König allein zu lassen, traten fast zugleich mit ihm ein. Der große Saal war durch eine unendliche Menge von Kerzen erleuchtet. Eine schwarze Verkleidung verdeckte die figurenreichen alten Tapeten. Davor standen, wie sonst, die Reihen deutscher, dänischer und moskowitischer Fahnen, die Siegeszeichen der Armee Gustav Adolfs, zwischen ihnen schwedische Banner, mit Trauerflor umhüllt. Eine große Versammlung saß auf den Bänken; die vier Stände: Adel, Geistlichkeit, Bürger und Bauern hatten ihre Plätze inne. Alle waren schwarz gekleidet, und die Menge der menschlichen Gesichter auf dem dunklen Hintergrund verwirrte die Augen so, daß kein einzelnes zu erkennen war. Auf dem erhöhten Throne, von dem aus der König die Versammlung anzureden pflegte, saß ein Toter, mit allen Zeichen der Königswürde angetan. Zu seiner Rechten stand ein Knabe, eine Krone auf dem Haupte, ein Szepter in der Hand. Zur Linken stützte sich ein alter Mann, oder war's ein Phantom?, auf den Thron, in den Prunkmantel eingehüllt, den einst die Regenten trugen, ehe Wasa Schweden zum Königreich erhoben hatte. Dem Thron gegenüber saßen eine Anzahl schwarzgewandete Männer von strenger Haltung, wie Richter, vor einem Tisch, auf dem große, schwere, in Pergament gebundene Bücher lagen. Zwischen dem Thron und der ersten Sitzreihe stand ein schwarzverhängter Block, auf dem ein Beil glänzte. Keiner in dieser geisterhaften Versammlung schien die Anwesenheit Karls XI. und seiner Begleiter zu bemerken.

Zuerst hatten die Eintretenden nur ein verworrenes Gemurmel vernommen, von dem das Ohr kein einzelnes Wort zu verstehen vermochte. Jetzt erhob sich der älteste Richter und klopfte mit der Hand dreimal auf den vor ihm liegenden Folioband. Sofort entstand eine lautlose Stille. Und nun traten drei reichgekleidete Männer von vornehmem Gesichtsschnitt, die Hände auf den Rücken gebunden, durch eine der Türen herein, die sich in der Wand am andern Ende des Saales befanden. Erhobenen Hauptes und ruhigen Blickes schritten sie heran. Hinter ihnen hielt ein robuster Mann in engem

DIE WIEDERGÄNGER

Wams das Ende des Strickes, mit dem ihre Hände zusammengebunden waren. Der vorderste der Gefangenen, der der meistbelastete zu sein schien, machte mitten im Saal halt, vor dem Block, den er mit kühler Verachtung flüchtig ansah. Im selben Augenblick befiel den Toten ein Zittern, und er begann aus einer frisch sich öffnenden Wunde zu bluten. Stolz kniete der vornehme Gefangene vor dem Block nieder und berührte ihn mit der Stirn. Das Beil blitzte durch die Luft. Ein Blutstrom schoß über den Fußboden und vermischte sich mit dem Blut des Toten, der auf dem Throne saß, und floß weiter und benetzte die Füße Karls XI. Der war bis jetzt vor Erstaunen stumm geblieben, nun aber löste sich seine Zunge. Er tat einige Schritte gegen den Thron hin, wandte sich an den bemantelten alten Mann, der neben dem thronenden Leichnam stand und sprach laut die bekannte Beschwörungsformel aus: »Wenn du von Gott bist, rede! Wenn du dem Andern angehörst, laß uns in Frieden!« — Langsam und feierlichen Tones antwortete das Phantom: »König Karl, dieses Blut wird nicht unter deiner Regierung fließen, sondern (hier wurde die Stimme weniger deutlich) fünf Regierungen später. Wehe! Wehe! Wehe dem Blute Wasas!« Jetzt begannen die Gestalten der Versammlung unklarer zu werden, sie glichen zerfließenden Schatten und schwanden bald gänzlich. Die vielen Kerzen erloschen, und die des kleinen königlichen Gefolges ließen die figurenreichen alten Stofftapeten erkennen, die sich in einem leichten Windzuge bewegten. Noch war ein leises sich entfernendes Gemurmel vernehmbar, das aber rasch in der tiefen nächtlichen Stille unterging. Auch der Block und der Blutstrom waren verschwunden. Aber am linken Pantoffel des Königs befand sich ein großer blutroter Flecken.

Die Dauer der Vision schätzten der König und seine Begleiter einstimmig auf etwa zwanzig Minuten. In sein Kabinett zurückgekehrt, ließ Karl XI. sofort einen Bericht über diese rätselhafte Begebenheit aufsetzen, den er selber unterschrieb und auch seine drei Begleiter unterschreiben ließ. Gegen den königlichen Willen wurde der Inhalt dieses Schriftstückes, das dem Reichsarchiv einverleibt wurde, noch zu Karls Lebzeiten gerüchtweise bekannt. Bemerkenswert sind die Schlußworte: »Wenn das, was ich hier erzählt habe, nicht die genaueste Wahrheit ist, entsage ich jeder Hoffnung auf ein besseres Leben, das ich etwa verdient haben könnte durch einige gute Handlungen und vor allem durch meine Bemühungen um das Wohl meines Volkes, wie auch durch den Eifer, mit dem ich die Religion meines Vorfahren aufrechterhalten habe.«

Wenn man sich nun der Ermordung Gustavs III. (1792) und der Hinrichtung seines Mörders Anckarström erinnert, wird man mehr als eine Beziehung finden. Der gekrönte Knabe ist Gustav IV., der beim Tode seines Vaters vierzehn Jahre alt war. Der alte Mann ist sein Oheim, der Herzog von Südermanland, der für ihn die Regentschaft führte und später, 1809, nachdem Gustav IV. des Thrones für verlustig erklärt worden war, als Karl XIII. König wurde.

Prosper Mérimée

Gräfin Steenbock

Als die Königin Ulrike Eleonore von Schweden (1688 geboren, Tochter Karls XI., Schwester Karls XII.) am 24. November 1741 auf dem Schlosse Drottningholm (11 km von Stockholm) gestorben war, wurde ihre Leiche in einem offenen Sarg auf einem reichbekränzten Katafalk in einem schwarz ausgeschlagenen, von vielen Wachskerzen erleuchteten Zimmer aufgebahrt, und eine Abteilung der königlichen Leibgarde hielt im Vorzimmer die Trauerwache. Am Nachmittag des 25. November fuhr der Wagen der Ersten Palastdame der Verstorbenen, Gräfin Steenbock, vor, und der wachthabende Offizier ging ihr entgegen und geleitete sie vom Wagen bis an die Tür des Trauergemaches, die er hinter ihr zumachte. Daß die Gräfin auf diesem Wege kein Wort gesprochen hatte, erklärte sich der Offizier aus ihrem großen Schmerze. Als sie nach einer Stunde das Trauergemach noch nicht verlassen hatte, öffnete er behutsam die Tür, um zu sehen, ob ihr etwa ein Unfall zugestoßen wäre. Aber in äußerster Bestürzung trat er sofort zurück, und nun erblickten alle, an die Tür herantretend, die verstorbene Königin Ulrike Eleonore, wie sie aufrecht in ihrem Sarge stand und ihre Palastdame und geliebte Freundin innig umarmte. Die Erscheinung schien zu schweben und lösete sich bald in einen Nebel auf. Als dieser sich verzogen hatte, lag der Leichnam der Königin wie vorher auf dem Paradebett, allein die Gräfin Steenbock war nirgends zu finden. Da eilten einige von der Wache hinab, um nach dem Wagen zu sehen, aber auch der war verschwunden, und doch hatte keiner ihn abfahren gehört. Nun sendete man schleunigst einen Kurier mit der Meldung dieser absonderlichen Begebenheit nach Stockholm. Dort stellte sich heraus, daß die Gräfin Steenbock die Hauptstadt nicht verlassen hatte, daß sie aber zu eben der Stunde gestorben war, als die Wache sie in den Armen der toten Königin erblickt hatte. Über den Vorfall wurde sofort ein außerordentliches Protokoll aufgenommen.

G. E. Horst: Deuteroskopie — nach Akten im schwedischen Reichsarchiv

Geistermesse

Auß Dreßden / vom 29. Maij / 8. Junij. Zu Prag ist vor etlichen tagen ein seltzam gesicht gesehen worden: es giengen zwen Weingärtner früh in der Demmerung / bey S. Jacobs kirchen in der alten statt fürüber / willens nach dem thor zu gehen / und auff Arbeiter zu warten: alß sie bey die kirchen kommen / stehet sie offen / und ein Jüngling in weissen kleideren in der thür / sie entsetzen sich / und wöllen zu ruck / der Jüngling redet ihnen zu / sich nicht zu entsetzen / sondern in die kirchen zu gehen / und zu bätten / ermahnet sie zum andern mal bis sie hineyn gehen / allda sie die kirchen vol volcks [finden] / alle in weissen kleideren / und wird bey jeglichem Altar die Communion volkommenlich gehalten / und haben allzeit ein anzahl herumb gekniet / sie gehen widerumb herauß und nach hauß / und sagt der eine seinem Herren / so ein Rahtsherr / welcher befihlet den anderen auch zu holen / nimt sie beyde mit sich auffs Rahthauß / da sie noch schärpffer examiniert / daß sie solches gesehen: es ist auch gar gewiß / daß das glöcklein im feldkirchlein S. Pancratij sich etlich mal selbsten geleuttet / das die arbeiter im feld und weinbergen allda hören können.

*Wochentliche Ordinari Zeitung,
Zürich, 1638*

Zeichen und Wunder

Dreßden / vom 22. Novembris. Seither daß unsers seligen Hn. Churfürsten Begräbniß gehalten / bis auff heute / sind die Glocken alle Tage geleuttet worden. Es ist merckwürdig / daß in dem Glockenleuten schon 5 Klöppel aus den Glocken zerbrochen sind / als einer zu Freyberg / welcher aus der grossen Glocke gefallen / und kaum hat können wieder gefunden werden. Einer auf dem Schloßthurn / und zween auf dem Creutzthurn allhier / wie auch einer zu Bautzen. Aber dem ist desselbigen Nachts / als hoch gedachte Churfürstl. Leiche beygesetzet gewesen / nemlich zwischen den 10. und 11. passato in der Frühstunde / dreyviertel auf 4 Uhr hier zu Dreßden von den Schildwachen gesehen worden / daß erstlich gleichsam ein klein hell-leuchtendes Sternlein sich gezeiget / so hernach in einen langen Stral sich verwandelt / und im herunterkommen sehr dicke worden / endlich aber gar zu einer grossen feurigen Kugel worden / welche nachgehends zersprungen / und viel Stralen und prasseln von sich gegäben hat / zuletzt aber nahe bey der Vestung am Pirnischen Thore verschwunden. Es haben sich auch allhier Gespenster sehen lassen in Gestalt beschleyerter Weiber /

welche groß Wehklagen treiben: Auch lässet sich der Münch auff dem Schlosse hier wieder sehen / welches / wie bekandt / immer zu geschehen pfleget / wann eine Fürstl. Person dieses hohen Hauses sterben sol.

Sonntagischer Postilion, Berlin 1680

Ein entlarvtes Gespenst

Coppenhagen / vom 16. Februarij. Man hat seythero deß Nachts allhier einige Unruhe auff den Gassen verspürret / in dem sich öffters etwas sehen lassen / als ein Gespenst in Weibes-Gestalt / von gräßlichem Ansehen / welches in Zeiten den Männern so es attrapirt zugesetzet / gepeiniget und sehr geängstiget / der zarten Weibs-Bilder doch dabey schonend. In verwichener Nacht hat es sich wider sehen lassen / unnd ist von einigen angegriffen / und befunden worden / daß es Fleisch unnd Blut habe / und ein masquirter Soldat gewesen / welcher darauff ins Stock-Hauß gesetzet / und wegen diser Masquerade wol leichtlich einen kleinen Nachtantz wird halten müssen.

Ordentliche Wochentliche Post-
Zeitungen, München 1700

Ein Schuß im Hotelzimmer

Es war an einem nebligen Herbsttage des Jahres 1858, als ich sehr früh am Morgen von einem kleinen Landstädtchen aufbrach und nach einer ermüdenden Fahrt spät am Abend in Oswiecim eintraf. Ich war damals k. k. Oberingenieur der Statthalterei in Lemberg. Wer vor dreißig und mehr Jahren in jener Gegend gereist ist, wird zugeben, daß damals eine solche Fahrt in vielfacher Beziehung anstrengend, mit mannigfachen Entbehrungen verbunden war und tatsächlich kam ich in die erwähnte Nachtstation um so ermüdeter, als ich den ganzen Tag nichts Warmes genossen hatte. Der dortige Pächter des Stadthotels, Herr Löw, galt weit und breit als einer der besten Wirte und war gleichzeitig Pächter der dortigen Bahnrestauration, die mir von früheren Reisen in bestem Andenken stand. Nachdem ich nun im Stadthotel mein Nachtmahl genossen und nach polnischer Sitte den Tee genommen hatte, verlangte ich mein Nachtlager. Ein junger Bursche führte mich in den ersten Stock des ehemaligen Klosters, das unsere profane Zeit in ein Hotel verwandelte. Am Ende einer weiten Halle erreichten wir einen Korridor, an dem entlang sich die früheren Klosterzellen und gegenwärtigen Gastzimmer befinden. Ich wurde in die letzte Zelle am Ende des Korridors einquartiert. Außer mir befand sich im ganzen Hotel kein Fremder. Nachdem ich noch die Zimmertür mit Schloß und Riegel abgesperrt, begab ich mich zur Ruhe und löschte das Licht aus. Ich mag vielleicht eine halbe Stunde gelegen haben, als ich beim hellsten Mondenscheine, der licht und voll in mein Zimmer leuchtete, klar und deutlich sah, wie sich die vorher von mir sorgfältig geschlossene, meinem Bette gerade gegenüberliegende Zimmertür langsam und vorsichtig öffnete und sich in derselben ein Gendarm in voller Rüstung zeigte, welcher sich, ohne in das Innere zu treten, forschend im Zimmer umsah. Ich weiß es nicht, wie es kam, daß ich, überrascht durch den wunderbaren Besuch, nicht sogleich zum Sprechen kam, sondern daß sich der Gendarm, bevor ich ihn noch um die Ursache seines befremdenden Kommens fragte, zurückzog; unwillig über die unangenehme Störung und über mich, daß ich demnach die Zimmertüre nicht geschlossen haben dürfte, sprang ich aus dem Bette, um solches nachträglich zu tun und — siehe da — die Tür war mit Schloß und Riegel fest abgesperrt. Nach der ersten Überraschung, wieso der Gendarm bei geschlossener Tür eintreten konnte, lachte ich laut auf und dachte, dies alles sei nichts als die Wirkung eines lukullischen Nachtmahls — Alpdrücken. Ich legte mich wieder zu Bette und versuchte zu schlafen; ich mag wohl wieder eine halbe Stunde gelegen haben, als ich abermals die Türe deutlich öffnen hörte und sah, wie sich durch dieselbe eine hohe magere Männergestalt vorsichtig und auffallend lauernd in das Zimmer schlich und mit ihren kleinen stechenden Augen forschend nach meinem Bette sah. Noch heute, nach mehr als dreißig Jahren, sehe ich die Mephistopheles-Physiognomie in der Gestalt eines entsprungenen Galeerensträflings, welcher direkt von einem Morde zu kommen schien. Starr vor Entsetzen griff ich mechanisch nach dem auf dem Nachtkästchen liegenden Revolver. Zu gleicher Zeit jedoch sprang auch der Mordgeselle von der Bank, auf die er sich bei der Tür hingesetzt, auf, und machte katzenartig anfangs ein paar Schritte langsam, stand dann aber mit einem Satze, mich scharf fixierend, einen Dolch in der erhobenen Hand, vor meinem Bette, in welchem ich mich erhoben hatte. Mein ganzes Leben wird mir der grauenvolle Blick dieses hageren, spitzigen Teufelsantlitzes, das er jetzt, mich anstarrend, zu mir heruntereigte, unvergeßlich bleiben; und nun holte er zum Stoße aus, aber zu gleicher Zeit drückte ich los. Schuß und Stoß erfolgten zu gleicher Zeit. Ich schrie auf und sprang aus dem Bette; allein in demselben Augenblicke wurde die Türe so scharf in die Klinke geworfen, daß es im ganzen Hause dröhnte, und ich hörte deutlich Schritte, welche sich von meinem Zimmer entfernten. Dann war ein Moment Ruhe. Bald darauf stürmte der Hotelpächter mit seinem Jungen erschreckt und mit dem Ausrufe in das Zimmer: »Was ist geschehen? Wer hat geschossen?« »Ich«, war die Antwort, in meiner höchsten Aufregung. »Haben Sie ihn nicht gesehen?« »Wen?« fragte der Wirt. »Nun ihn, dem der Schuß galt!« »Wer war es?« »Ich glaube, der lebendige Teufel!« Als ich aber nun in kurzen Worten den Vorfall erzählte, fragte mich Herr Löw, warum ich denn nachts nicht die Tür schloß? — »Aber, Herr«, gab ich zur Antwort, »fester schließen, als ich solches tat, konnte ich nicht; wenn aber diese Türe trotzdem offen war, so mag das begreifen, wer es kann, ich vermag es nicht.« Der Hotelier und sein Zimmerkellner blickten sich verständnisvoll an, Herr Löw aber warf rasch ein: »Kommen Sie, Herr, ich gebe Ihnen ein anderes Zimmer; hier dürfen Sie nicht bleiben.« Der Junge nahm mein Gepäck und wir verließen das Zimmer, in dessen Seitenwand wir vorher noch die Revolverkugeln, welche ich abschoß, fanden. Ich war viel zu aufgeregt, um schlafen zu können, und wir begaben uns dann zurück in das ebenerdige Gastzimmer, welches, da Mitternacht schon vorbei war, leerstand. Auf meinen Wunsch ließ der Wirt einen Punsch bereiten, und als wir uns gegenübersaßen, erzählte mir Herr Löw folgendes: »Sehen Sie, Herr, mit dem Zimmer, welches Ihnen heute in meinem ausdrücklichen Auftrage als Schlafgemach zugewiesen wurde, hat es eine ganz eigentümliche Bewandtnis. Seit der ganzen Zeit, da ich dies Hotel in Pacht habe, ist noch niemand, den ich in das Zimmer einquartierte, aus demselben ohne Schrecken geschieden; der letzte, der vor Ihnen dort schlief, war ein Tourist aus dem Harzgebirge. Wir fanden ihn am Morgen vom Schlag gerührt tot am Boden des Zimmers. Seit der Zeit, es sind seitdem wohl zwei Jahre verstrichen, hielt ich dies verhängnisvolle Zimmer verschlossen. Als Sie nun gestern Abend ankamen, glaubte ich, Sie wären bei Ihrem mir bekannten, so entschlossenen Charakter der rechte Mann, um dem Spuk dieses Zimmers auf den Grund zu kommen. Das aber nun, was Sie erfahren haben, ist hinreichend, um mir die Pflicht aufzuerlegen, jenes Gemach für immer zu schließen.«

*Zuschrift eines Ingenieurs an die
Zeitschrift Die Sphinx, Oktober 1890*

Spukhäuser

Mit dem geplanten Neubau des Reichs-Marineamtes in der Bellevuestraße zu Berlin wird endlich das ›Spukhaus‹ Nr. 20 neben Josty, ein villenartiges Gebäude, verschwinden, das nun schon über zehn Jahre vollständig leer steht und seinem äußeren und inneren Verfalle entgegengeht. Was den Besitzer bewogen hat, ein Haus in so teurer Gegend unvermietet und so verkommen zu lassen, scheint unbegreiflich für den, der von mediumistischen Erscheinungen durchaus nichts weiß. Es ist aber eine bekannte Tatsache, daß in vielen Städten sogenannte Spukhäuser existieren, die sich selbst zum niedrigsten Preise nicht vermieten oder verwenden lassen, da infolge von Erscheinungen geheimnisvoller Art die Bewohner diese Häuser sobald als möglich wieder räumten. Es sind mir Fälle bekannt, wo neugebaute Häuser nach ein paar Jahren abgerissen wurden, um später in ähnlicher Weise dann wieder neu errichtet zu werden. Aus Furcht, sich lächerlich zu machen, geben die Besitzer jedoch an, es handle sich hierbei um Prozeß- oder Erbangelegenheiten.

Danziger Neueste Nachrichten, 1903

Der *Niederschlesische Courier* berichtet: »*Georgental, 30. Oktober.* Unser Ort befindet sich in Aufregung — seit ca. 14 Tagen spukt's bei einem hiesigen Besitzer in der Nähe des Gröditzwaldes. Der Spukgeist wirft mit Steinen gegen das Haus, wälzt Holzstücke und große Steine vor die Haustür, wirft mit abgewaschenen Kartoffeln, Holzscheiten und sonstigen Gegenständen auf die Neugierigen, welche sich vor dem Hause ansammelten, und niemand merkt, wo der Wurf herkommt. Seit acht Tagen sind schon Wächter aufgestellt, aber bis jetzt hat man das Gespenst noch nicht zu Gesicht bekommen, nur ein Hellseher behauptet, er habe das Gespenst vor der Haustür stehen sehen. Hoffentlich gelingt es recht bald, dasselbe zu erfassen und ihm einen derben Denkzettel für seinen Unfug zu geben.«

Das *Oberschlesische Tageblatt* bringt folgende Notiz: »*Myslowitz, 29. Oktober.* Trotz polizeilicher Nachtwachen dauert der fast zwei Monate währende Spuk in dem Hausbesitzer P'schen Hause fort, ohne daß es bisher gelang, den Täter zu erwischen. Während der ›Geist‹, dessen Auftreten allabendlich in der Zeit von 8 bis 12 Uhr stattfindet, sich anfangs mit neunmaligem Klopfen an einer Tür begnügt, traktiert er diese nunmehr mit Faustschlägen. Es ist begreiflich, daß die Aufregung insbesondere unter den weiblichen Bewohnern des Hauses groß ist.«

1901

Das Tegeler Spukhaus und Goethe. Das bekannte Tegeler ›Spukhaus‹, das Goethe Anlaß zu einer Bemerkung im ›Faust‹ gegeben hat, ist jetzt niedergerissen worden, und an seiner Stelle wird sich der Neubau der königlichen Oberförsterei erheben. Während Goethe seinen Freund Alexander v. Humboldt in Schloß Tegel besuchte, hörte er auch von dem seltsamen Hause, in dem die Geister ihren Spuk treiben sollten. Der Dichter erwähnt dies in der ›Walpurgisnacht‹, worin es heißt: »Das Teufelspack – Es fragt nach keiner Regel – Wir sind so klug – Und dennoch spukt's in Tegel.« Bei den Ausschachtungsarbeiten am »Spukhause« ist jetzt im Erdboden, etwa 18 Meter von der Straße entfernt, das Skelett eines erwachsenen Menschen gefunden worden. Bei der Ausgrabung brach es in Stücke. Die Knochen waren nicht mehr vollständig vorhanden, und dies läßt darauf schließen, daß das Skelett mindestens 100 Jahre in der Erde gelegen hat. Da an der betreffenden Stelle niemals ein Begräbnisplatz existiert hat, so ist anzunehmen, daß in damaliger Zeit in dem ›Spukhaus‹ ein Verbrechen verübt worden ist, dessen Opfer auf diese Weise beseitigt wurde.

Berliner Tageblatt, 17. 11. 1906

Spaziergang eines Toten in Graz

Ich stand im Dienste Graf von Lilienthal's ›Haus der Barmherzigkeit‹ zu Kainbach bei Graz. Da dieses, wie schon der Titel sagt, ein sehr christliches Haus war, so wurde und ist auch jetzt noch dem Dienstpersonal Zeit und Gelegenheit zur Ausübung von religiösen Übungen geboten. Zu diesem Zwecke

DIE WIEDERGÄNGER

ging in an einem schönen Maimorgen des Jahres 1893 in die Landeshauptstadt Graz, denn da sollte ein kirchliches Fest großartig gefeiert werden. Der Morgen war herrlich, der Himmel wolkenlos, die Tautropfen flimmerten im Scheine der aufgehenden Sonne wie Glaskorallen, und die gefiederten Bewohner des Waldes brachten dem Schöpfer des Alls ihr in verschiedenen Gesängen gestaltetes Morgengebet dar. Es mochte sicher schon 4 Uhr gewesen sein, als ich eine ziemlich scharfe Biegung der Landstraße passiert hatte, von wo ich ungefähr 3000 Schritte weit der geraden Straße entlang sehen konnte und dort in einer Entfernung von 5—600 Schritten einen Mann auf mich zuschreiten gewahrte. Unbekümmert schlenderte ich weiter, ergötzte mich nun an den von mir links liegenden, mit allen möglichen Farben ausgestatteten blumenübersäten Wiesengründen und den verschiedenartigen Melodien, die aus einem von mir rechts, oberhalb eines hohen, sehr steilen Straßenrains liegenden Walde drangen. Mittlerweile fiel mein Blick wieder einmal auf den Mann, der indes ein hübsches Stück Weges nähergekommen war. Ich sah ihm gerade entgegen und bemerkte, daß er keinerlei Kopfbedeckung trug, nahm aber weiter keine Notiz von ihm. Als wir uns bis auf 20—50 Schritte genähert hatten, besah ich ihn doch etwas genauer und bemerkte, daß er ein Herr sei, in feinen schwarzen Frackanzug gekleidet, mit dunklem, wohlgepflegtem Vollbart, das dunkle Kopfhaar schön frisiert; die Gesichtsfarbe schien aber keine frische Lebensfarbe zu sein, sondern sah ganz fahl aus. Während des Vorübergehens fiel mir auch noch besonders auf, daß die Füße nicht beschuht, sondern nur mit schönen, weißen Socken bekleidet waren. Die Beine funktionierten nicht so, wie sie sonst beim Gehen ihre Bewegung ausüben, denn sie schienen sich nicht zu biegen. Die Arme hingen steif und unbeweglich herab, mit dem Gesichte schaute er weder links noch rechts, nur geradeaus. Ich wußte daher nicht, was wohl dieser sonderbare Aufzug zu bedeuten habe, von woher dieser Herr in so früher Morgenstunde komme und wohin er gehe. Er war kaum hinter mir, da blickte ich mich um, weil mich die eigenartige Erscheinung interessierte, und schon sah ich zum größten Erstaunen — nichts mehr. Ich blieb stehen, um zu sehen, wohin er in diesem Augenblick gekommen sein mag, aber nichts war zu sehen. Über den Straßenrain, der die Höhe eines einstöckigen Hauses hatte, wo kein Gebüsch noch sonst etwas war, das ihm eine Deckung oder Versteck abgab, und den hohen Rain konnte er doch in ein paar Sekunden nicht hinaufklettern; denn das war ganz ausgeschlossen, zumal derselbe sehr steil ist. Auf der Seite, wo ich ging, bildeten, wie schon erwähnt, die Äcker und Wiesen eine bereits völlig übersehbare Ebene, und es war ebenfalls kein Gebüsch oder irgend welches Hindernis da, wo er sich hätte verbergen können. Jetzt überkam mich Furcht und Angst; ich verdoppelte meine Schritte, ja ich verdreifachte sie; denn ich hatte noch eine gute Stunde zu laufen, bis ich das Vereinslokal erreichen konnte. Atemlos und schweißtriefend lief ich dort der Vorsteherin in die Arme, die ob des eigenartigen Erscheinens meiner Person sehr bestürzt war und mich kaum zu fragen vermochte, was denn vorgefallen sei. Ich war natürlich auch nicht fähig, etwas zu sagen und wurde auf eine Bank gebettet, damit ich mich vor allem andern ausruhen und erholen konnte. Um 6 Uhr nahmen die kirchlichen Zeremonien ihren Anfang, worauf das Fest folgte. Ich hatte mich indes von meinem Schrecken doch wieder soviel erholt, daß ich der Feier beiwohnen konnte, aber nur mit geringem Interesse. Erst im Herbst jenes Jahres habe ich es der Vorsteherin auf wiederholtes Fragen erzählt, wobei sie mich ganz verblüfft ansah und auch sie ein ›Gruseln‹ überkam. So oft ich auch noch nachher diese Straße und den geheimnisvollen Ort passierte, niemals begegnete mir wieder eine derart seltsame Erscheinung.

*Zeitschrift für Spiritismus,
September 1911*

DIE WIEDERGÄNGER

Eine Selbstmörderin als Schloßgespenst

Der Kammerherr v. L. auf Schloß B. im Königreich Sachsen beauftragte mich im Sommer 1902, seinem Sohne lateinischen Unterricht zu geben. Die Lektionen fanden in einem großen Turmzimmer statt, dessen Eingangstür auf einen langen Korridor führte. Neben dem Turmzimmer lagen offenstehende, aber tagsüber nicht benutzte Räume. Eines Tages sitzen wir über die Bücher gebeugt, als uns ein Geräusch erschreckt, wie wenn an der Tür unseres Zimmers mit geradezu brutaler Gewalt gerüttelt würde. Es war der bekannte intensive, nicht anders als aufdringlich zu nennende Ton, den ich auch bei anderen, ähnlichen Gelegenheiten beobachtet habe. Der mir gegenübersitzende Knabe erbleicht bis über die Ohren und flüstert mir zu: »Das ist die Margarete. Sehen Sie einmal nach der Uhr.« Punkt zwölf, mittags. Augenblicklich besinne ich mich auf das Schloßgespenst, ein junges Mädchen, das infolge unglücklicher Liebe dereinst den Tod im Schloßbrunnen gesucht und gefunden hatte. Mittags und nachts zwölf Uhr sollte sie sich bemerklich machen. Die Worte des Knaben hören, nach der Uhr sehen und auf die Tür zuspringen, war eins. Wäre jemand durch den Korridor davongelaufen, so hätte ich ihn noch bemerken müssen. Unverzüglich durchforschte ich auf das sorgfältigste die Nebenräume, ohne jemanden zu finden. Zuletzt untersuchte ich die Türe unseres Turmzimmers, indem ich das Rütteln nachzuahmen suchte, es gelang nicht, denn die Tür lag zu fest in den Fugen. Eine Erschütterung von unten war ausgeschlossen, zumal der Fußboden aus festem Getäfel auf Steingewölbe bestand. Dem widersprach auch die ganze Art des Geräusches. Schließlich mußte man sich auch sagen: Wer von den Schloßbewohnern sollte sich einen derartigen Scherz erlaubt haben? Die wenigen Bediensteten waren in einem anderen Teile des weitläufigen Gebäudes beschäftigt, und kleinere Kinder waren im Schlosse nicht vorhanden. Für mich gibt es noch heute betreffs dieses Vorfalles keine gewöhnliche Erklärung. Nach Beendigung jener Unterrichtsstunde betrachtete ich mit doppeltem Interesse das im oberen Stockwerk des Turmes hängende Bild der unglücklichen, ruhelosen Margarete, die ernsten Blickes auf den Fremdling herabschaute.

Zeitschrift für Spiritismus,
Oktober 1913

Pfarrhausspuk

Ich war Hauslehrer auf einem Gute. Der Ortsgeistliche, der mir ein sehr väterlicher Freund wurde, war ein Nationalist alter Schule und ein geistvoller, sehr kritischer alter Herr. Wir kamen irgendwie auf Gespenstergeschichten zu sprechen, da erzählte er, das Pfarrhaus sei, als er die Pfarrstelle angetreten, als Spukhaus bekannt gewesen; sein Vorgänger sei nur zwei Jahre drin gewesen, dann habe er es nicht länger drin ausgehalten und sich versetzen lassen. Schon als der zum ersten Male die Sakristei betreten habe, um zu predigen, habe er zu seinem Entsetzen den verstorbenen Geistlichen, der als geizig und mißgünstig verrufen gewesen, auf einem Stuhle sitzend und ihn fixierend vorgefunden; einmal sogar auf der Kanzel — erst als er allen Mut zusammengenommen und doch die Kanzeltreppe erstiegen, sei die Gestalt verschwunden. Aber im Hause habe es fortgesetzt gespenstische Vorgänge gegeben: unerklärliche Geräusche und Schritte, bis ihm die Sache unerträglich geworden. Begreiflicherweise fragte ich nach seinen Erfahrungen. »Nur eine«, erzählte er, »aber sie war zunächst ungemütlich. Es war an einem der ersten Sonntage, ich saß hier im Lehnstuhl, schwer erkältet, hatte sonst alles in die Kirche geschickt und ließ den Kantor lesen. Im Hause wars totenstill. Vom Flur draußen führte ja die Treppe zum Boden hinauf — plötzlich höre ich die Bodentür mit einem Krach aufgehen, die Treppe herunter schwere Tritte und ein

Schürfen, wie wenn ein Sack treppab geschleift würde und auf die Stufen aufschlüge. Ich schwankte, ob ich aufstehen und nachsehen sollte — indem kam Schritt und Schlürfen den Flur her, nach meiner Tür; ich war wie gelähmt, hörte auf einmal etwas an der Türklinke wirtschaften, ein-, zwei-, dreimal drauf drücken. Dann Stille; der Spuk entfernte sich, wie er gekommen, die Bodentür schlug mit einem Krach zu, mir standen die Haare zu Berge, aber ich schalt mich, stand auf, um nachzusehen. Die Bodentür war verschlossen.«

Daß der Bericht keine lustige Improvisation, erfuhr ich von der Frau Pastorin.

Auf einen artverwandten Pfarrhausspuk stieß ich später in Ermsleben am Harz. Der dortige Geistliche berichtete mir: »An meine Studierstube knüpft sich ein unheimlicher Vorgang. Ab und zu, wenn ich abends darin weile, gibt es plötzlich in einer Ecke einen Knall, und dann schleift von dorther deutlich das Schleppen eines schweren Kleides quer durch die Stube, langsam bis in die entgegengesetze Ecke und wieder zurück. Ich habe alles versucht, um eine natürliche Ursache der Erscheinung zu finden, sogar die Dielen aufnehmen lassen — umsonst. Ich muß mich mit dem Spuk abfinden. Ein recht ungemütliches Gefühl, wenn es wohl einmal dicht an mir vorübergeht!«

Victor Blüthgen: Die übersinnliche Welt

Der Ruf des Fährmanns

Meine Vaterstadt Tangermünde, die alte Hohenzollernresidenz, liegt in der Altmark hoch über der Elbe am westlichen Ufer. Die letzten Ausläufer des Harzes brechen hier plötzlich vor den endlosen Wiesen der Elbniederung ab. Das östliche Ufer ist darum öde und langweilig und war damals ganz unbewohnt. Hinter den endlosen Weiden sind erst in weiter Ferne die Türme der nächsten märkischen Dörfer sichtbar.

DIE WIEDERGÄNGER

Die nächste Elbbrücke liegt bei Hämerten bei Tangermünde; es wurde damals wie heute noch der Elbverkehr durch eine Fähre aufrechterhalten. Um den Fährmann hüben und drüben zu rufen, bediente man sich des Rufes: »Hol öber!« (hol über). Meine Eltern bezogen 1866 ein Haus unweit der Elbe, da erfuhren sie durch Nachbarn gesprächsweise, daß nun (im Sommer) bald wieder die Zeit des Spöks (Spuk) kommen werde. Man erzählte auf die verwunderten Fragen der Neuvermählten: »Immer wenn ein Unglück der Stadt drohe, sei es eine Feuersbrunst oder ein gewaltsamer Tod, werden einige Zeit vorher abends vom jenseitigen, einsamen Ufer dumpfe, aber weithin hörbare Rufe: »Hol öber!« vernommen, oft viele Abende hintereinander. War dann das Unglück geschehen, so verstummte der Ruf für lange Zeit. Dieser Spuk währte schon viele Jahre. Meine Eltern hatten denn auch bald Gelegenheit, den Ruf selber zu hören. An einem Sommerabend, nach 11 Uhr, als alles schon in tiefer Stille lag, riefen die Nachbarn: »Es ruft!« Man eilte hinaus, wo schon viele andere Nachbarsleute beisammen standen und ernst auf die Rufe horchten, die in längeren Abständen immer wieder ertönten. Der Klang war dumpf und unheimlich. Einige Tage darauf ertrank ein Schiffer. Diese Rufe wurden von allen gehört, die in der Nähe der Elbe wohnten oder zufällig am Ufer waren. Die Rufe dauerten viele Jahre hindurch an, meine alte Mutter entsinnt sich noch gegenwärtig deutlich, daß fast bis an die achtziger Jahre heran der Spuk angehalten habe. In einigen Jahren war er öfter da, dann blieb er wieder länger aus. Immer kam er, wenn man am wenigsten daran dachte. Freilich versuchten dreiste Männer, der Sache auf den Grund zu kommen. Man fuhr öfter hinüber, fand aber alles still und leer. Schließlich gab man es auf. Der Fährmann wußte ohnehin, ob der Spuk rief, oder ob etwa ein verspäteter Schiffer oder Bauer noch so spät übergesetzt werden wollte. Er kümmerte sich schließlich nicht mehr um den Ruf. Es wird aber erzählt, daß einmal, als ein dreister Bursche mit einem Gewehr allein hinüberfuhr, um den Narren zu fangen, von drüben ein lauter Schrei gehört wurde, aber kein Schuß. Der Bursche wurde nie wieder gesehen, aber der Kahn schwamm am nächsten Tage kielaufwärts weit unterhalb auf eine Buhne auf. Seitdem unterließ man es, nach dem Spuk zu forschen. Wann die Erscheinung zuletzt gerufen hat, ist mir unbekannt. Sollte ich wieder in meine Heimat kommen, so werde ich bei alten Leuten darnach forschen.

*Psychische Studien,
Oktober/November 1919*

Doppelgänger

Das eigenartigste mir zur Kenntnis gelangte Erlebnis mit seinem Doppelgänger hatte der in München lebende Ingenieur Dr. Karl Sch., das sich folgendermaßen zutrug. Er stand damals Mitte der zwanziger Jahre und wohnte in Berlin, eifrig beschäftigt mit der Konstruktion eines Theatergebäudes. Er konnte die Lösung des Dachstuhls trotz eifrigsten Rechnens und Grübelns nicht finden und ging, ziemlich verdrossen, kurz nach Mittag zum Essen. Auf dem Heimweg besuchte er noch einen Zigarrenladen, wo er mit dem Verkäufer über allerlei plauderte, ohne sich bewußt mehr mit seiner Aufgabe zu beschäftigen, und kam kurz nach zwei Uhr wieder in sein Zimmer zurück, um dort mit der Arbeit fortzufahren. Beim Eintreten sah er einen Mann an seinem Schreibtisch über das Zeichenbrett gebeugt, eifrig zeichnend. Sein erster Eindruck war der des Ärgers, daß seine Wirtin ihm einen Fremden in seiner Abwesenheit ins Zimmer gelassen hätte, zumal seine Arbeiten noch nicht dem Patentamt vorgelegt worden waren. In der Absicht, den Eindringling unbemerkt zu beobachten, blieb er geräuschlos an der Tür stehen, ohne sie zu schließen. Da erkannte er zu seinem größten Erstaunen in dem unbekannten Manne sich selbst.

Er beobachtete den im hellen Licht am Fenster stehenden Doppelgänger genauestens. Er war in derselben Kleidung, die

DIE WIEDERGÄNGER

er selbst trug, im braunen Havelock, ja, er erkannte sogar eine eingerissene Stelle an dessen Tasche, die genau wie seine eigene Manteltasche zerrissen war. Der Doppelgänger hatte den Hut abgenommen, aber er selbst hatte ja das gleiche beim Eintreten ins Zimmer getan! Er wunderte sich, daß das Phantom nicht den Mantel, der ihn beim Zeichnen hinderte, abgelegt hatte.

Etwa zehn Minuten, jedenfalls aber eine relativ lange Zeit, beobachtete Dr. Sch. die Erscheinung, weit mehr interessiert als erstaunt. Sie arbeitete emsig mit dem Bleistift. Allmählich sank sie unter den Tisch, und er sah, ohne an seinem eigenen Körper die geringste Veränderung feststellen zu können, wie sich die Füße, dann die Unterschenkel auflösten, gleichsam zerschmolzen, bis das Phantom gänzlich verschwunden war. Der Ingenieur trat nun an das Zeichenbrett, wo er zu seiner größten Überraschung die zeichnerische Lösung der Aufgabe fand. Während er selbst mit gelbem Koh-i-noor nur ganz feine Striche gezeichnet hatte, waren die des Phantoms breit, aber nicht kräftig geführt, da sie sich leicht ausradieren ließen. Die Lösung hatte das Phantom in einer richtig konstruierten und, soweit dies aus der freien Hand möglich ist, auch richtig gezeichneten Kuppel gefunden, an die der Ingenieur selbst *nicht* gedacht hatte. Die Zeichnung, die übrigens später aus anderen Gründen nicht ausgeführt wurde, reichte der Doktor im Original der Firma Wilke in Hannover ein, wo sie vielleicht heute noch im Archiv liegt.

Die Begebenheit ist aus folgendem Grund so überaus merkwürdig: in der Regel liegt der Mensch nahezu leblos da, während der Doppelgänger ihn verläßt. Was dieser außerhalb seines Körpers tat oder sah, das mußte er sich mühsam nach Wiedererwachen ins Gedächtnis zurückrufen. Es besteht also zu gleicher Zeit nur *ein* Bewußtsein. Hier aber handelt es sich um gleichzeitig zwei Intelligenzen. Die eine — das Phantom — arbeitet, während der Mensch ihn beobachtet . . . Eine Verdoppelung seiner Person erlebte der Ingenieur (der sich dem Okkulten gegenüber ablehnend verhält) nur noch ein einziges

Mal, als er sich beim Eintreten ins Zimmer auf dem Sofa sitzen sah. In diesem Falle war die Dichtigkeit des Phantoms weit geringer, und es löste sich bald auf, ohne etwas getan zu haben. Diese Erscheinung fand gleichfalls bei Tageslicht statt.

Max Kemmerich: Gespenster und Spuk

Telekinetische Experimente

Bei den nachfolgend beschriebenen Experimenten, die in den Sommermonaten der Jahre 1911 in St. Jean de Luz und 1912 in München vorgenommen wurden, geht es um das Phänomen der Materialisation, das heißt um die Frage, ob ein hypnotisiertes Medium sichtbare, ja selbst fotografierbare Geistererscheinungen hervorbringen könne.

Das Medium war in diesem Fall eine offenbar hysterische Französin namens Marthe Béraud, die auch unter dem Namen Eva C. auftrat und von dem Münchner Psychiater Freiherr Albert von Schrenck-Notzing entdeckt worden war, nachdem sich bereits 1905 der Pariser Physiologe Charles Richet mit ihr befaßt hatte. Als Hypnotiseurin und ›Beschützerin‹ des Mediums trat eine gewisse Madame Bisson auf. Als ›Unparteiischer‹ wurde zu den Experimenten Dr. W. von Gulat-Wellenburg beigezogen. Gulat-Wellenburg, ebenfalls Neurologe und Psychiater in München, war zu Anfang überaus skeptisch, schien sich aber im Lauf der Experimente von Schrenck-Notzing überzeugen zu lassen. Auch Schrenck-Notzing ließ — so scheint es wenigstens — jede Vorsicht walten, doch war er zumindest zeitweise geradezu fanatisch von jenen Phänomenen überzeugt, die in aller Objektivität zu untersuchen die Experimente aber doch eigentlich unternommen worden waren.

Von ihm stammt der Bericht über die zweite Sitzung. Gulat-Wellenburg, der den ersten Bericht verfaßt hat, ist darin als »Dr. A.« bezeichnet. (Bilder gegenüber S. 257 und 272.)

I

6. Sitzung. 1. August, abends 9 Uhr

Türe geschlossen, Schlüssel in meiner Tasche. Das Kabinett von mir am Boden, den Wänden, an seiner besonderen Decke untersucht, Vorhänge durchleuchtet, Stuhl abgesucht. Das Kleid von Marthe (tablier) unbemerkt gesichert, ist nicht verwechselt; ich sehe beim Nähen am Rücken und Gesäß, daß sie unter dem Schurz völlig nackt ist. Trikot untersucht und vor unseren Augen vernäht, wobei ich mit Scheinwerferlampe leuchte. Schrenck untersucht das angezogene Kleid nochmals vom Halsausschnitt aus, mit dem Arm über den nackten Körper gleitend. Ich verlasse Mme. Bisson nicht während der Hypnose, sehe jede Bewegung. Einen Augenblick beugt sie sich vor, so daß ich sie nicht sehen kann. Dies gibt mir den Gedanken, daß Marthe etwas aus dem Halsausschnitt der Mme. Bisson ziehen könnte. Mme. Bisson äußerte mir gegenüber nach der Sitzung diesen Gedanken genau; sie war sehr erfreut, daß durch den Verlauf der Phänomene selbst später jeder Verdacht in mir getilgt war und die Nachuntersuchung und alles so überzeugend verlief. »Oh, que suis-je heureuse que je vous ai vaincu.« (Wie glücklich ich bin, daß ich Sie besiegt habe!) Den Ausdruck fand ich sehr frappierend.

Marthe sinkt nach links hinüber. Mme. Bisson zieht den Vorhang zu. Ich lösche die Kerze, nachdem ich vorher einen Augenblick die Augen geschlossen, um sofort danach im Rotlicht sehen zu können. Wir sitzen wie immer dicht vor dem Kabinett. Nach etwa einer Minute Warten ergreift Marthe mit beiden Händen den Vorhangsaum. An der linken Schulter bilden sich graue Massen, der Vorhang geht wieder mehr zu und auf, ohne daß Marthes Hände weggehen; die Massen wurden inzwischen zum Strang, der gegen den Schoß des Mediums herabgefallen ist. Bei wieder geöffnetem Vorhang und sichtbaren, ruhig auf dem Schoß liegenden Händen bewegt sich am Stuhl hinten rechts ein schwach rotglühender Fleck, wie eine glimmende Zigarre, daneben sind schwache graue

Nebel sichtbar. Von jetzt ab liegen die Füße Marthes sichtbar und von meiner linken Hand kontrolliert auf Mme. Bissons Schoß außerhalb des Kabinetts. Schrenck hält die rechte Hand Marthes, ich die linke; die Hände sind feucht und kühl. Marthe hat Zuckungen in Händen und Füßen. Es kommen jetzt in dieser Haltung verschiedene Hände, alle flach, leuchtend, wie Phosphor, ganz geräuschlos. Daneben sehe ich Marthes Gesicht deutlich beleuchtet, regungslos. Dieselbe Kontrolle dauert fort. Der Vorhang geht dadurch, daß Marthe die gehaltenen Hände einander nähert, etwas zusammen, öffnet sich gleich darauf wieder. Am Halse Marthes kriecht etwas hervor und wirft dort Schatten, wie ein Schleierkollier legt es sich um den Halsausschnitt. Marthe ist dabei regungslos. Jetzt kommt aus der Masse etwas Unbestimmtes näher. Es wird differenziert in seiner Form und greift scheinbar als flache papierne Hand mitten ins Kabinett vor dem Kopfe Marthes. Ob es noch mit der Ursprungsmasse in Zusammenhang steht, kann ich nicht erkennen. Mme. Bisson kauert am Boden und hat nur den linken Fuß von Marthe auf dem Schoß, bei Schrenck ist in derselben Weise der rechte Fuß; die Hände sind von uns beiden gehalten. Ich sage in dem Moment zu Schrenck »Feuer«, es blitzt auf, ich sehe die flache Hand in der Luft schneeweiß leuchtend. Marthe schreit auf in lautem Schmerz mit nachfolgender Unruhe; wir schließen die Apparate. Marthe beruhigt sich im Verlaufe von etwa 5-7 Minuten unter Umarmungen und Trostworten der Mme. Bisson im Kabinett.

Ich sehe heute am 2. August morgens die entwickelten Platten beim Photographen. Man sieht auf dem Stereoskopbild die ganze Kontrolle und die Hand, sogar plastisch (Konturen), während sie mir in visu flach erschien; daneben sind flottierende Schleiermassen.

Nach gewonnener Überzeugung, während der Sitzung, lassen wir Marthe mehr Freiheit. Das heißt, wir geben die Hände frei, aber sie waren stets bei Öffnung des Vorhangs beide auf ihren Knien sichtbar. Ich sehe gleich darauf eine kleine fleischige Hand, die von einem großen Fleck *über* ihrem Kopf ausgeht, an den Vorhang kommen und diesen zuziehen! Der Vorhang geht nun von selbst auf. Ich stehe hinter Schrenck und Mme. Bisson und halte beide mit je einer Hand an der Schulter fest. Beide geben sich gegenseitig die Hände. Marthe hat den Vorhang mit beiden Händen über 1 m geöffnet, man sieht das ganze Kabinett genau, sogar die Umrisse ihrer Kleidung und der Füße. Da greift von hinten her in Höhe ihrer rechten Schulter ein ganzer Arm, leuchtend in grauen Gazemassen, hervor. Die Hand ist ganz plastisch und fleischig und zeigt im Licht dieselbe Farbe wie Marthes Hände. Er zieht sich auf demselben Wege zurück. Marthe verhielt sich regungslos im Hintergrunde, das Gesicht sogar in den Details deutlich. Marthe sagt (in Trance), es könne mich berühren; ich halte unter Mme. Bissons Führung meinen Handrücken an den Vorhangspalt. Wir sehen Marthes Hände. Da kommt rasch von oben herunter, vom höchsten Punkt des Kabinetts her, eine große Hand, fährt nach unten, trifft mich mit kräftigem Aufschlag — ich fühle den Aufschlag von Fingerkuppen — und verschwindet. Dieselbe Hand fährt noch einmal später in derselben Weise von oben bis auf den Boden außerhalb des Vorhanges. Bei ganz schwach geöffnetem Vorhang, aber sichtbaren Händen sehe ich oben über Kopfhöhe Marthes eine weiße Scheibe, die Profilähnlichkeit hat. Marthe sitzt mit auf den Knien liegenden Händen; da trennt sich oben der Vorhang und ein fleischiger Kopf mit verschwommenen Gesichtszügen ist für den Bruchteil einer Sekunde zu sehen. Dann kommt bei sichtbar im Schoße liegenden Händen wieder eine dritte Hand mit sehr kleinen Fingern und spielt mit einer kurzen, kleinen, hellen Kette (Fäden), wie jemand, der ein Platinkettchen eines Pendentiv durch die Finger gleiten läßt.

Zuletzt geschieht etwas sehr Merkwürdiges. Während Marthe den Vorhang mit beiden Händen dicht beieinander hält, entwickelt sich in der Vorhangspalte, von den Händen aus nach oben wachsend bis auf 30-40 cm Höhe, ein weißes Tuch (ich vergleiche es mit einem Taschentuch); gleich darauf fällt ein feines Schleiergewebe über die Hände, die durch den

Schleier, der grau aussieht, wie durch einen Damen-Gesichtsschleier rosa plastisch durchleuchten (wie es auch sonst sein müßte). Dieser Gazeschleier bleibt einige Sekunden und zieht sich dann strangartig (als dünner Strang) ins Dunkle zurück. Gleich darauf kommt Marthe aus dem Kabinett und sagt: »je n'ai plus de force.« Sie bietet an, sie nackt zu untersuchen; ich lehne das aus Rücksicht für die Damen ab, wohl aber sehe und fühle ich alle Nähte absolut intakt, ebenso das Trikot. Das Kabinett betrete ich nach den Phänomenen als erster; die genaueste Untersuchung ergibt absolut nichts. Ein Zweifel ist wohl nicht zulässig; es ist wahrscheinlich doch eben unbekanntes Naturwalten auf unbekannter biologischer Ebene.

Mme. Bisson hatte mich, als Marthe die Krise nach dem Photographieren hatte, um mein Taschentuch gebeten, das neben mir auf einem Tischchen lag. Ich bekam es nachher sofort zurück. Dieses Taschentuch hat sie offenbar im Munde gehabt; es ist voll schaumigen Speichels mit Eindrücken von Zähnen, der Speichel zeigt Rosafärbung von Blut mit einzelnen kleinen direkten Blutspuren. Marthe zittert noch lange am Körper fort, ich beobachte das genau. Plötzlich erwacht sie, alles an ihr ist ruhig und physisch anders als in Trance.

Gulat-Wellenburg

II
Sitzung vom 15. August 1912

Anwesend: Mme. Bisson, Dr. A. (sc. v. Gulat), Verfasser. Kontrolle: Mme. Bisson kleidete sich in Gegenwart des Verfassers in dessen Arbeitszimmer um und wurde von demselben genau untersucht. Sie trug: Hemd, Hose, Strümpfe von schwarzer Farbe. Darüber zog sie den von Dr. A. durchgesehenen grauen Schlafrock an, der mit einem grauen, ebenfalls vorher geprüften Gürtel befestigt wurde. Auch die Kontrolle der Frisur, Ohren usw. negativ.

Eva betrat mit dem noch nicht vernähten Sitzungskostüm das an den Versuchsraum grenzende Zimmer. Verfasser löste ihre Haare auf, führte seine Hand in die Trikothose zwischen

Stoff und Epidermis über ihre unteren Extremitäten bis zum Fußgelenk, ebenso strich die Hand über den unbekleideten Oberkörper, unter die Achselhöhlen und über die Arme hinweg in die beiden Ärmel hinein. Mund, Nase, Ohren, Hände und Füße wurden auch mit negativem Resultat untersucht.

Eva wird sodann von Mme. Bisson in das Sitzungskostüm eingenäht, so wie es früher beschrieben. Die Nähte sind so eng, daß sie nicht für einen Finger Durchlaß gewähren. Dr. A. führt Eva in den vorher von ihm peinlichst kontrollierten Versuchsraum, welcher nach der Kontrolle von niemand mehr betreten wurde. Sie nimmt im Kabinett Platz. Nachdem Dr. A. konstatiert hat, daß die Hände von Mme. Bisson leer sind, findet die Hypnotisierung in der Weise statt, daß die Dame Evas aus dem Kabinett hervorgestreckte Daumen umfaßt, das Medium fixiert, bis nach einer halben Minute der Trancezustand eingetreten ist. Die Hände werden zurückgezogen. Dr. A. schließt die Vorhänge. Mme. Bisson sitzt ca. $1^{1}/_{2}$–2 m weit gegenüber den Portieren auf dem Boden und gibt Dr. A. ihre Hände. Erst jetzt wird das weiße Licht ausgedreht, während das rote schon brennt. Sobald die Augen sich an die neue Beleuchtung adaptiert haben, läßt Dr. A. die Hände der Mme. Bisson frei und setzt sich zwischen ihr und den Vorhängen ebenfalls auf den Teppich nieder.

Die Phänomene beginnen unmittelbar darauf. Unter den bekannten, früher geschilderten Ausdrucksbewegungen ergreifen Evas Hände den Vorhang und exponieren zuerst einen weißen, langen Streifen auf ihrer Brust, von ca. 40 cm Länge und 7–10 cm Breite. Schließen der Portieren. Nach ungefähr 10 Minuten neues Öffnen des Vorhangs, eine weiße, etwa kopfgroße Scheibe ohne Eigenbewegung wird demonstriert durch Einrollen des Vorhangs in die linke Hand. Dieselbe sieht flach, weiß und rechteckig aus. Der Vorhang fällt zurück (durch Loslassen desselben).

Bei der nächsten Exposition konstatiert Dr. A. an demselben Gebilde eine aufgekrempelte Ecke, die in den Raum hineinragt. Schließlich erkennen die Anwesenden Gesichtszüge auf dem Bilde. Dem Medium wird nun suggeriert, eine deutliche und womöglich freischwebende Materialisation zustande zu bringen und die an den Vorhang geklammerten Hände nicht mehr zurückzuziehen.

Unter diesen Bedingungen, bei sichtbar und in Ruhestellung verharrenden Händen, wird bei der nächsten Exposition eine kopfgroße Masse ca. 50 cm hoch über den Haaren Evas zwischen den Portieren sichtbar, die in einer fallend schwebenden Bewegung mit einer Drehung nach hinten verschwindet. Dr. A. erkannte auf dieser Masse ein Gesicht. Die Füße des Mediums haben während dieser Manifestation ihren Platz nicht verlassen. Hände zurückgezogen. Beim nächsten Öffnen des Vorhangs wird wieder durch Einrollen der linken Gardine auf derselben Stelle wie oben ein weißes, flaches Gesichtsprofil wahrnehmbar, dessen hinterer Teil (Halsansatz usw.) durch den Vorhang verdeckt bleibt. Blitzlichtaufnahme. Schluß der Sitzung. Mme. Bisson betrat während derselben das Kabinett nicht. Während der Photographie wurde sie von Dr. A. gehalten.

Weißes elektrisches Licht. Frau Bisson verläßt ihren Platz nicht. Das Medium wird von Dr. A. und vom Verfasser nackt ausgezogen, behält nur ihren hinten geöffneten Schurz an. Untersuchung von Mund, Nase, Ohren, Rachen, Zehen, der Hände, Achselhöhlen sowie der ganzen nackten Körperoberfläche mit negativem Erfolg. Nachdem Eva einen Fuß auf den Stuhl gesetzt hatte, führte Verfasser den Mittelfinger der rechten Hand in die Vagina des stehenden Mediums ein, tastete das Scheidengewölbe ab bis zum Muttermund. Ein in den Geschlechtsorganen verborgener Fremdkörper von einer Größe, wie sie das heutige, auf einen möglichst kleinen Raum zusammengepreßte Bild erfordert haben würde, hätte der Untersuchung keinesfalls entgehen können. Zu berücksichtigen ist der ziemlich enge Scheideneingang, ferner der Umstand, daß die Scheidenwände, da es sich um eine junge Person, die weder Geburten noch Operationen überstanden hat, handelt, weniger dehnungsfähig sind als bei Personen nach überstandenen Geburten. Die Untersuchung im Stehen ohne Spiegel wird von Gynäkologen gegenüber der liegenden Stellung bevorzugt, weil in der Scheide verborgene Fremdkörper, durch die stehende Stellung heruntergepreßt, sich dem explorierenden Finger entgegenstellen. Während der mit negativem Erfolg ausgeübten Untersuchung wird Eva erregt und bricht in Tränen aus.

Nach Entlassung des Mediums legt Mme. Bisson ihr Oberkleid ab und läßt sich von dem Verfasser in Gegenwart des Dr. A. untersuchen, ohne daß sich das geringste an ihr vorfindet, was zu einem Verdacht berechtigte. Auch die Nachprüfung von Kabinett und Zimmer negativ.«

Schrenck-Notzing

Die Brüder Schneider

Der Münchner Historiker Carl Graf von Klinckowstroem war von Gulat-Wellenburg als Mitarbeiter an seinem Sammelwerk ›Der physikalische Mediumismus‹ (in: Der Okkultismus in Urkunden, Herausgeber Max Dessoir, Ullstein, Berlin 1925) gewonnen worden. Von ihm stammen zwei Berichte über die beiden angeblich medial veranlagten Brüder Schneider aus Braunau am Inn.

I

Dr. v. Schrenck hat zuerst von dem jungen Medium berichtet. Willy Schn., das Medium, ist ein jetzt etwa 20jähriger junger Mann, Lehrling der Zahntechnik, Sohn eines Buchdruckers in Braunau bei Simbach. Nach Dr. v. Schrencks Darstellung wurde die mediumistische Begabung des damals 16jährigen im Jahre 1919 durch spiritistische Gesellschaftsspiele im Elternhause entdeckt. Seine Phänomene umfaßten Psychographie, Teleplastie und Telekinese. Aus der offenherzigen Schilderung des Charakters, der geistigen und körperlichen Verfassung des Mediums, die v. Schrenck gibt, ist bemerkenswert, daß Willy leicht beeinflußbar und reizbar ist. Neigung zu Maskeraden, Tanz und Akrobatenkunststücken. Mangelnde Wahrheitsliebe, große Verschwendungssucht, Hang zu flottem Leben und zur Renommisterei. Vorliebe für elegante Kleidung und Neigung für Luxus und Wohlleben, für Kino und Theater. Unmäßiges Zigarettenrauchen. Ausgeprägter Erwerbssinn mit kaufmännischem Talent. Unzuverlässigkeit und Empfindlichkeit, Eigensinn, Verstocktheit, Pseudologia phantastica. Unwahre Behauptungen bei ganz nebensächlichen Dingen werden mit dem Brustton der Überzeugung vorgetragen, wie aus Freude über die Irreführung anderer Personen. Eine hysterische Anlage seines Charakters ist nach Schrenck nicht zu verkennen. Dr. v. Schrencks eigene Charakterisierung seines Mediums berechtigt schon zu dem größten Mißtrauen, das durch Willys »ungewöhnlich ausgebildete Idiosynkrasie gegen Weißlicht während der Sitzungen« nur gesteigert werden kann.

In seinem Werk ›Physikalische Phänomene‹ beschreibt Dr. v. Schrenck-Notzing kurz seine Beobachtungen bei mehreren Sitzungen mit Willy in Braunau. Die Angaben sind aber zu unvollständig, um irgendwelche Schlußfolgerungen zu gestatten. Es ist nicht einmal ersichtlich, ob die Familie des Mediums daran teilnahm oder nicht, auch über die Art der Kontrolle wird man nicht ausreichend unterrichtet. Es handelt sich dabei wohl im wesentlichen um Vorversuche, durch die sich Dr. v. Schrenck erst einmal über den Umfang der mediumistischen Begabung Willys orientieren wollte. Die Phänomene waren in der Hauptsache das Erscheinen eines mysteriösen dunklen Gliedes — Vorderarm mit Hand —, Berührungen unter dem Tisch, Erscheinen von Substanzstücken (Teleplasma) am Halse des Mediums mit dem Aussehen von Leinwandlappen, von Schnüren usw., alles bei schwachem Rotlicht. Die Hände des im Kabinett sitzenden Mediums wurden dabei nicht kontrolliert, wie aus einer Bemerkung in den ›Physikalischen Phänomenen‹ hervorgeht: »Bevor die (photographische)

Aufnahme gemacht wurde, bat ich Herrn Schuler, sofort beim Aufflammen des Magnesiumlichtes die Hände des Knaben zu ergreifen, um festzustellen, ob dieselben beim Verschwinden der Substanz beteiligt seien.« Die erwähnten Blitzlichtaufnahmen sind z. T. in dem Ergänzungsbande der ›Materialisations-Phänomene‹ reproduziert. Sie zeigen »Teleplasmaprodukte« von ebenso verdächtigem Aussehen wie bei Eva C.: Substanzstücke von serviettenartigem Aussehen, mit einem Ende in den Halskragen des Mediums gesteckt, oder fingerartig aussehende Streifen usw.

Über die Natur dieses Teleplasmas wie überhaupt über das Milieu der Familie des Mediums gibt uns ein Bericht Aufklärung, den ich einem jungen Wiener Arzt, Herrn Theodor Seeger, verdanke. Ich gebe hier den mir freundlichst zur Verfügung gestellten Bericht über die Erfahrungen dieses Zeugen der Braunauer Phänomene wieder, der keine andere Deutung zuläßt, als daß sowohl das Medium wie der Vater desselben (als Sitzungsleiter) bewußt Theater gespielt haben, so daß es sich also tatsächlich nur um »spiritistische Gesellschaftsspiele« gehandelt zu haben scheint, wenn man das so nennen will.

Klinckowstroem

II

Ich hatte zufällig gehört, daß in Braunau viele eifrige Anhänger des Spiritismus lebten, und da mich das Schicksal eines Tages in jenes kleine Städtchen am Inn führte, erinnerte ich mich dessen, was man mir erzählt hatte. Ich hatte sowohl bei Schrenck als auch bei Dessoir schon manches über Medien gelesen, und so bekam ich Lust, ein Medium selbst zu sehen. Dank einer Empfehlung fand ich schon an meinem ersten freien Abend Eingang in das geheimnisvolle Haus, welches die Geister zu ihrem Lieblingsaufenthalt auserkoren hatten. Auf steiler Treppe und durch eine kleine Tür gelangt man in die dürftige Wohnung der Familie Schn. Während langsam die Besucher einzeln oder in kleinen Gruppen eintreten, habe ich

Zeit, mich im Raume umzusehen. Es ist ein kleines Zimmer, durch mehrere Betten und andere Möbel noch enger gemacht, mit, glaube ich, zwei Fenstern gegen den großen Marktplatz. Die eine Ecke an der Fensterwand ist durch einen dunklen Vorhang in ein dreieckiges Kabinett umgewandelt, im Halbkreis davor etwa ein Dutzend Sessel aller Stilarten und ein Sofa für die jeweiligen Ehrengäste. Die Eltern Schn. machen die Honneurs, und man kann aus dem vertraulichen Ton ersehen, daß die Ankömmlinge Gutbekannte und Freunde des Hauses sind, vielleicht mit Ausnahme zweier Herren, die knapp vor dem Vorhang Platz nehmen und in unverkennbarem Wienerisch ihre mehr oder minder absurden Theorien und Zweifel austauschen. Nun bereitet man alles für den Beginn vor. Willy raucht, er erscheint mir aufgeregt. Er ist sehr ernst und schweigsam und verweist öfters seine jüngeren Geschwister zur Ruhe. Durch einige freundliche Worte aufgemuntert, erzählt er mir einiges über seinen Beruf als Zahntechniker in dem benachbarten bayerischen Grenzstädtchen Simbach sowie über seine Reisen zu Baron Schrenck nach München, und auf Befragen gibt er zu, die ›Materialisationsphänomene‹ gelesen zu haben und das Buch auch zu besitzen. Diese Tatsache scheint mir (auch heute noch!) sehr beachtenswert. Über Eva C. spricht er mit der Bewunderung eines kritischen Kenners. Er trägt einen dunklen Anzug mit Kniehosen und schwarze Strümpfe. Die Schuhe hat er vorher ausgezogen. Herr Schn. verdunkelt die einzige Glühbirne des Zimmers mit Hilfe einiger Stücke roten Seidenpapiers. Die Zuschauer — längst auf ihren Plätzen — erzählen mir eifrig von ihren Erlebnissen bei früheren Sitzungen, und Herr Schn. hilft durch ein eingestreutes Wort ihrem Gedächtnis nach, sobald das Gespräch zu verstummen droht. Plötzlich ruft jemand: »Sie sammelt schon Kraft!« Neugierig, was damit wohl gemeint sein könne, blicke ich auf. Es braucht einige Sekunden, bis sich mein Auge in dem Halbdunkel orientiert hat. Aber deutlich vernehme ich ein Geräusch — chrrrrr-chrrrrrrchrrrrrr. Willy sitzt in der Geisterecke, auf dem Schoß so etwas wie ein Reißbrett, und darauf ein kleines, etwa spannhohes dreibeiniges Tischchen, auf dessen dünner, kreisrunder, rohhölzerner Platte Willys eine Hand ruht. Er schiebt das Tischchen fortwährend in Kurvenlinien auf dem Brett umher, und durch die Reibung der drei Holzbeine des Tischchens auf jenem entsteht das Geräusch. Wenn andere nun aber wissen, daß der Geist »Olga« aus dem Reißbrett »Kraft sammelt«, so erzeugt dies in mir höchstens das beschämende Gefühl, daß ich die Dinge prosaischer auffasse. Und diese grundsätzliche Verschiedenheit in der Betrachtungsweise erklärt auch, daß ich nach drei Stunden voller »Phänomene« mich noch immer nicht zum Glauben an die Anwesenheit unerforschter Kräfte entschließen konnte. Ob nun Willy mit seiner unbeschuhten Fußspitze bei vollständiger Dunkelheit auf das Knie der Leute tippt, die ihn »zur Kontrolle« mit beiden Händen an den Armen halten müssen, oder ob er auf Fragen nach dem Ausgang einer Krankheit oder einer Spekulation seine Antwort mit dem dritten Bein des Geistertischchens klopft, — in keinem Falle kann ich einen Anlaß oder gar eine Notwendigkeit sehen, zur Erklärung Geisterkräfte herbeizuziehen, wo doch dem gesund und kritisch Denkenden die Muskelkraft alles erklärt.

Ich könnte meinen Bericht damit schließen, wenn mir nicht noch eine tragikomische Episode jenes Abends einfiele. Es war nach der Pause. Willy hatte hinter dem Vorhang mehrmals gerufen: »Zu viel Licht!«, worauf jedesmal um noch eine Nuance verdunkelt wurde. Endlich gab er die Erlaubnis, den Vorhang zurückzuziehen. Da saß er, unbeweglich, mit gegen die Brust gebeugtem Kopf. Hätte nicht Vater Schn. schon vorher angekündigt, daß nun »wahrscheinlich« eine Materialisation käme (die ganze Familie bedient sich mit virtuoser Sicherheit der Schrenckschen Terminologie), so hätte bei der ganz schwachen rötlichen Beleuchtung wohl niemand den weißen Fleck bemerkt, der sich auf Willys rechter Schulter zeigte. So aber durchlief ein ehrfurchtsvolles Flüstern die Versammlung. Ich horchte gerade auf die Meinung meiner Nachbarin, daß dies wie eine Frauenhand aussehe, als plötzlich um Willy herum eine ungeheure Erregung entstand. Vater Schn. war aufgeregt scheltend an den Vorhang gesprungen, die Vornsitzenden riefen empört durcheinander. Da sah ich, wie der eine jener beiden jungen Männer aus Wien, der mir zu Beginn aufgefallen war, ein etwa visitenkartengroßes Fleckchen weißen Stoffes (ich glaube, man nennt das ›Chiffon‹) in der Hand hielt. Er hatte die »Materialisation« mit raschem Griff von Willys Schulter genommen und zeigte sie nun lachend umher. Als das Fleckchen in meine Hand gelangt war, ging ich damit unter die Lampe, riß ein etwa fingernagelgroßes Stückchen davon als »Andenken« herunter und steckte dasselbe unbemerkt zu mir. Überhaupt zeigte ich mich nicht skeptisch; denn ich wußte, daß das immer mit »negativen Sitzungen« bestraft wird, d. h., man bekommt dann nicht einmal Unsinn und Tricks zu sehen. Hierauf nahm Herr Schn. das übriggebliebene Stück des erwischten Fleckchens, tat es in ein kleines Fläschchen, stellte dieses auf ein Wandbrett im selben Zimmer und erklärte sein Tun mit den Worten: »Vielleicht dematerialisiert es wieder.«

Es folgten hierauf noch einige plumpe Tricks bei vollständiger Finsternis, eine Versuchsbedingung, welche ja auch für die Dematerialisation sehr günstig gewesen zu sein scheint; denn als ich mich nach Beendigung der Sitzung zum Gehen anschickte, konnte mir Herr Schn. zeigen, daß »das« Fläschchen am Wandbrett leer war, »obwohl« (!) man es verkorkt hatte. Ich hätte vielleicht den Verdacht auf eine unlautere Machenschaft dabei ausgeschaltet, wenn nicht das abgerissene Stoffstückchen, das ich noch lange in der Westentasche mit mir trug, meine realistische Meinung über »mediumistische Phänomene« immer wieder gestärkt hätte. Wieso hatte dieses Teilchen des teleplasmatischen Hemdenstoffes die Phase der allgemeinen Dematerialisation so materialistisch überdauert?

Th. Seeger

III

Im Frühjahr 1923 verließ Willy München und kehrte nicht zurück. Nach Angabe des Mitarbeiters von Baron Schrenck, Prof. Karl Gruber, hatte er durch Goldschiebungen das Interesse der Münchener Polizeibehörde erweckt und zog es vor, unter Mitnahme von Koffern seiner Münchener Hauswirtin, Frau Pr., bei der er gastliche Aufnahme gefunden hatte, plötzlich das Feld seiner Wirksamkeit nach Wien zu verlegen. Dieses Motiv für Willys Verschwinden aus München übergeht Baron Schrenck in seinem neuen Buch und begründet die Abreise lediglich damit, daß die stabileren Valutaverhältnisse in Österreich sowie ein nicht zu überbietendes, materiell wie beruflich glänzendes Angebot Willy und seinen Vater veranlaßt hätten, die Beziehungen zu München abzubrechen.

In Wien nahm Primararzt Dr. E. Holub von der Heilanstalt Steinhof die Sitzungen mit Willy wieder auf. Über diese Sitzungen liegen wissenschaftlich verwertbare Berichte nicht vor. Die Stimmungsbilder, die der Wiener Schriftsteller Hans Müller in der ›Neuen Freien Presse‹ (z. B. am 14. Oktober 1923) veröffentlicht hat, kann man als solche nicht bezeichnen, wenn sie auch schon manchen Einblick gestatten, und Dr. Holub selbst hat — außer einer Artikelserie allgemein-okkultistischen Inhalts in der ›Neuen Freien Presse‹ (31. Oktober, 1., 4. und 10. November 1923), die ihn als gläubigen Okkultisten zeigt — über seine Sitzungen nichts bekanntgegeben. Als neues und angestauntes Phänomen produzierte Willy in Wien die völlige Levitation seines Körpers, die Schrenck nach Müller beschreibt. Willy besteckte selbst seinen Körper »vom Haar bis zu den Zehen« — wo, wird nicht genauer angegeben — mit Leuchtnadeln. Leuchtringe um Fuß- und Armgelenke werden nicht erwähnt. Er bindet sich selbst — womit und wie ist nicht gesagt — die Füße zusammen und befestigt unter den Sohlen eine Leuchtplatte. Dann reicht er den beiden Kontrollpersonen, die er selbst bestimmt, noch auf seinem Stuhle sitzend, je eine Hand. Die Füße bleiben also gänzlich unkontrolliert. Sodann beginnt der Schwebeakt, natürlich bei fast völliger Dunkelheit. Während der Vorführung löst er seine Hände, so daß er nur mehr mit seinem kleinen Finger die Handflächen der Kontrolleure streift. »Mit flügelnden Händen« — also offenbar freien Händen — »reißt er sich stoßartig höher.« Dann legt er, während er anscheinend horizontal in der Luft liegt, hoch oben die Hände der beiden Kontrollpersonen, die jetzt auf ihren Stühlen stehen, ineinander, »zum Beweis, daß er frei, ohne jede Berührung schwebe«. Näher liegt doch wohl die Vermutung, daß Willy damit die Kontrolle des Raumes unter seinem schwebenden Körper, zwischen Körper und Stuhl, zweckmäßig verhindert hat. Dieses Phänomen produzierte in der gleichen Weise sein jüngerer Bruder, der 15jährige Rudi; und da Rudi es offenbar auf schwindelhaftem Wege zustande gebracht hat, wie wir sehen werden, so liegt der Verdacht nahe, daß Willy dabei nicht viel anders verfuhr. Aber die Wiener Okkultisten waren entzückt.

Bedauerlicherweise erlag der herzkranke Dr. Holub am 16. Februar 1924 einem Herzschlag infolge der Aufregung, in die ihn die Entlarvung des Rudi Schn. in Wien versetzte. Denn nicht mit Unrecht sah er das Ergebnis seiner Versuche mit Willy erschüttert, wenn der jüngere Bruder, der die gleichen Phänomene produzierte, beim Betrug erwischt wurde. »Gleiche Wirkungen, gleiche Ursachen«, lautet eine alte Regel. Man durfte mit Wahrscheinlichkeit auf eine gleichartige Entstehung der Phänomene bei beiden Brüdern schließen. Wir erinnern in diesem Zusammenhange an die Schilderung der Braunauer Sitzungen durch den Arzt Seeger. Beide Brüder machten ihren Weg zum Medium unter dem Einflusse des Vaters. Der jüngere hatte plausiblen Grund, dem erfolgreichen, verdienenden älteren Bruder nachzueifern.

In Wien hat sich aus Kreisen von Universitätslehrern eine Kommission zur Untersuchung mediumistischer Phänomene gebildet, an deren Spitze der bekannte Psychiater Geh. Rat Prof. Dr. v. Wagner-Jauregg steht. Zwei Angehörige dieser Kommission, die Physiker Prof. Stefan Meyer und Prof. Karl

Przibram, erhielten von Herrn Erich v. Czernin-Dirkenau, der mit dem Medium Rudi arbeitete wie Dr. Holub mit Willy Schn., Gelegenheit, in seiner Wohnung einer Sitzung mit Rudi beizuwohnen. Die beiden Gelehrten traten mit voller Unvoreingenommenheit und in dem Bestreben, ein objektives Bild der Vorgänge zu gewinnen, an die Untersuchung heran. »Wir hatten Gelegenheit, eine Reihe von Kontrollmaßnahmen vorzuschlagen, und daraus, welche dieser Maßnahmen angenommen oder vom Medium oder dem Versuchsleiter verworfen wurden, konnten wir uns bereits ein Bild machen, wie sich die Dinge abspielten. Der Vorschlag zum Beispiel, die Beine des Mediums durch eine dritte Person festschnüren zu lassen, wurde abgelehnt, da das Medium sich diese Manipulation im verdunkelten Raume selbst vorbehält, während ein anderer Vorschlag, dem Medium ein Leuchtband um die Schultern zu legen, durch das sich das Medium offensichtlich nicht geniert fühlte, ohne weiteres akzeptiert wurde. Da eine Störung der Seance von uns von vornherein nicht beabsichtigt war, verlief diese in voller Ruhe, und wir beschränkten uns darauf, die Vorgänge, soweit es in dem verdunkelten Raume möglich war, mit voller Aufmerksamkeit zu verfolgen.« Die beiden Gelehrten folgten also dem Prinzip von Hodgson und Mrs. Sidgwick: ein gutinformierter und fähiger Beobachter wird auch ohne brutalen Eingriff im Laufe mehrerer Sitzungen eventuelle Betrugsmanöver durchschauen können. Die Sitzung verlief positiv, obwohl die Professoren skeptisch eingestellt waren. Wir geben hier die bemerkenswertesten Feststellungen der beiden Beobachter wieder: »Jedem, der die Erscheinungen bei Rudi Schn. gesehen hat, dürfte es aufgefallen sein, wie sehr verändert alle Dimensionen im dunklen Raume erscheinen und wie sehr man sich über alle Größen und Höhenmaße dadurch täuschen kann. Man dimensioniert im dunklen Raume falsch, und die Perspektive erscheint vollständig verändert... Es war uns klar, daß Rudi sich bei seinen Darbietungen gewandter Tricks bediente, indem er das Freischweben des Körpers dadurch erzielte, daß er mit einem Fuße aus der Bindung schlüpfte und die Leuchtmarken am anderen Fuße befestigte, so daß er mit dem fessellosen Beine ohne weiteres einen Stuhl besteigen konnte, wobei er den mit Leuchtmarken versehenen Körper in die Höhe hob und infolge der oben erwähnten dimensionalen und perspektivischen Veränderungen bei den von unten in die Höhe blickenden Zuschauern den Anschein erwecken konnte, als ob sich der Körper sogar bis zur Decke hebt ... Es muß noch erwähnt werden, daß die beiden kontrollierenden Organe, die nur mit einer Hand das Medium anpacken können, während sie mit der anderen sich der Kette der Zuschauer anschließen, gewiß unbeabsichtigt die Levitationen des Mediums noch unterstützen.«

Klinkowstroem

Strafanzeige gegen Spuk

Rosenheim. Es ist noch keine zwei Jahrzehnte her, daß die Wundergläubigen scharenweise nach Rosenheim eilten. Sie fuhren zum ›Traberhof‹, wo der Scharlatan Bruno Gröning damals seine angeblich heilkräftigen Stanniolkugeln freigebig unter das Volk verteilte. Seit kurzem ist Rosenheim wieder in den Ruf übersinnlicher Erscheinungen geraten. Dieses Mal zieht das merkwürdige Geschehen jedoch weniger Leichtgläubige als kritische Naturen und Wissenschaftler an. Ihr Ziel ist das »Spuk«-Haus Königstraße 13. Es steht im Blickfeld öffentlichen Interesses, seit es für die sonderbaren Erscheinungen in der Kanzlei des Rechtsanwalts Sigmund Adam keine natürliche Erklärung mehr gibt. Wir haben über den seltsamen Spuk bereits berichtet.

Die Gruppe von Journalisten, die kürzlich der Einladung zu einer Pressekonferenz in die Kanzlei Adam gefolgt war, sah sich jedoch um eigene Spukerlebnisse betrogen. Es platzten weder Glühbirnen, noch lösten sich Neonröhren aus ihren Bajonettverschlüssen. Auch die Bilder kreisten nicht an den Wänden und die Delfter Teller sprangen nicht aus ihren Haltern. In der Kanzlei Adam und der angrenzenden Privatwohnun geht es wieder mit rechten Dingen zu, seit der Anwaltslehrling Annemarie in der Woche vor Weihnachten einen Erholungsurlaub antrat. Annemarie ist es nämlich, die nach Ansicht des Freiburger Universitätsprofessors Dr. Hans Bender als Medium die toten Gegenstände unbewußt durch Telekinese in Bewegung setzt.

»Ich will Professor Benders Untersuchungen nicht vorgreifen«, sagte Rechtsanwalt Adam, »sondern lediglich schildern, was sich hier zugetragen hat.« Sein Bericht war freilich dazu angetan, einem »Spukschloß« alle Ehre zu machen. Adam brauchte in Gegenwart seines Anwaltslehrlings lediglich zu bemerken, daß ihm kalt sei, schon ging der Ölofen, der bis dahin im Zimmer gebrannt hatte, von selber aus. Sicherungen schraubten sich selbst aus der Fassung, und in den Verteilerkästen der Stromleitungen knallte es laut. »Es ging zu wie auf einem Schießstand«, erzählte der Rechtsanwalt. Bis zum Herbst habe er selbst an extreme Stromstöße als Ursache der Hexerei geglaubt.

Erst als die Firma, welche die Elektroinstallation besorgte, am Ende ihres Lateins war, die Lieferfirma das Kopiergerät zum drittenmal ausgewechselt hatte, weil die Entwicklerflüssigkeit immer wieder völlig grundlos überschwappte, die Freistempelmaschine sich auf unerklärliche Weise sprunghaft weiterbewegte und auch das von der Bundespost angebrachte Kontrollgerät die sinnlosen Anrufe bei der Zeitansage (bis zu sechzig an einem einzigen Tag) nicht zu enträtseln vermochte, vermutete er, »daß etwas nicht mit rechten Dingen zugehen könne«.

Darin bestärkten ihn später auch die Stadtwerke Rosenheim, die nichts unversucht ließen, die Ursachen mit Akribie zu erforschen. Da wurden Sicherungen plombiert, Spannungs- und Stromschreiber zwischengeschaltet und zuletzt ein eigenes Stromaggregat nur für die Kanzlei Adam zur Verfügung gestellt. Doch die »Erscheinungen« ließen sich dadurch nicht verscheuchen. Direktionsassistent Karl Brunner, der die Untersuchungen als Leiter der städtischen Prüfamtsaußenstelle führte: »Ich habe selbst gesehen, wie sich ein Bild an der Wand um 360 Grad drehte.« Was ihm gespenstisch erschien, will Professor Büchel vom Jesuitenkolleg in Pullach so absonderlich nicht scheinen. Fälle dieser Art, sagte er vor den Journalisten, seien vor allem bei Mädchen im Pubertätsalter empirisch nachgewiesen. Es handle sich um »Ausdrucksphänomene«.

Für Rechtsanwalt Adam hat die Angelegenheit freilich auch noch eine andere Seite. Nicht nur er selbst, der sich seit vielen Jahren mit Okkultismus beschäftigt, bekannte: »Es hat viel Nervenkraft erfordert, dieses Spiel bis zum letzten mitzumachen.« Auch seiner Gattin und seinem Bürovorsteher (Adam: »Er hat reagiert wie ein Mensch des 20. Jahrhunderts«) wurde der seit dem Frühjahr andauernde Spuk allmählich zu bunt. Gleichwohl ist Adam auf das Angebot eines Kollegen nicht eingegangen, der sich bereit erklärte, in den Lehrvertrag des Anwaltslehrlings Annemarie einzutreten und die Ausbildung des Mädchens im letzten Halbjahr zu übernehmen. Seine Begründung: »Man gibt einen solchen ›Geist‹ nicht gern auf.« Als Jurist fühle er sich außerdem verpflichtet, den Dingen auf den letzten Grund zu gehen.

Jetzt hat Rechtsanwalt Adam den »Kanzleispuk« wegen Hausfriedensbruchs und Sachbeschädigung angezeigt. Er will mit seiner Anzeige gegen Unbekannt »die Behörden zwingen, endlich Farbe zu bekennen«. Wie der Rechtsanwalt erklärte, sollten die spukartigen Phänomene in seiner Kanzlei endlich auch von amtlichen Stellen zur Kenntnis genommen und als Tatsachen festgestellt werden. Außerdem zeigte Adam den Schreiber eines Leserbriefs wegen Beleidigung an, weil er die Erscheinungen nicht ernst genommen hat.

Süddeutsche Zeitung, 20. Januar 1968

TELEPATHIE

Alte und neue Berichte.
Das Sehen über große Entfernungen
und Zeiträume hinweg

Wie sollen wir uns den Sensitiven vorstellen, jenen Menschen also, der Dinge sieht und hört, die der Mehrzahl aller Menschen unbekannt bleiben? Als einen Ausnahmemenschen? Wir werden in unserer Materialsammlung sogenannten einfachen Menschen begegnen, die dennoch als ›Seher‹ anzusprechen sind, und bedeutenden Geistern. Es ist bekannt und dennoch seltsam, daß unter den ›Spökenkiekern‹ besonders häufig Schäfer und Fischer zu finden sind, und dieses Phänomen läßt sich nur zu einem Teil mit der Wahrscheinlichkeit erklären, daß Berg-, Wald-, Heide- und Meermenschen eine besonders intensive, weil unmittelbare Beziehung zur Natur haben. Die hat der Jäger ebenso wie der Fischer, und dennoch lassen sich telepathische Berichte von Jägern kaum finden.

Vielleicht kommen wir einen Schritt weiter, wenn wir uns klar machen, daß Schäfer wie Fischer eine berufsbedingte Bereitschaft zum Warten haben, und ›Wartenkönnen‹ ist ja wohl eine unerläßliche Eigenschaft des ›Empfängers‹. Auch ›Wartenmüssen‹ dürfte zum sensitiven Erlebnis disponieren, wie wir an den Berichten von Kranken und Gefangenen ablesen können, ebenso an denen einander nahestehender Menschen, die durch Beruf, Reisen und Krieg voneinander getrennt sind.

Im allgemeinen scheint uns aber doch eine — auch vererbbare — Veranlagung vorzuliegen, und es kann kein Zufall sein, daß unter den intellektuellen Sensitiven die Dichter bei weitem überwiegen. »Es ist nicht notwendig, daß du aus dem Haus gehst«, sagt Franz Kafka in einer Selbstbetrachtung. »Bleib bei deinem Tisch und horche. Horche nicht einmal, warte nur. Warte nicht einmal, sei völlig still und allein. Anbieten wird sich dir die Welt zur Entlarvung, sie kann nicht anders, verzückt wird sie sich vor dir winden.«

Akzeptiert man Kafkas Forderung an den Dichter, so wäre auch er ein berufsbedingt Wartender wie der Fischer und der Schäfer, und so könnte auch ihn die Bereitschaft, still zu warten, dazu befähigen, Botschaften zu empfangen, die seine Zeitgenossen im Tageslärm nicht hören.

TELEPATHIE

R. F., Mitherausgeber dieses Buches, konnte — wenngleich aus großer Ferne — die Ausstrahlung eines zeitgenössischen Dichters, der zweifellos ein Sensitiver war: Ödön von Horvaths, beobachten, besser gesagt: ahnen und hat darüber zu berichten:

»Im Sommer 1950 fuhr ich nach Henndorf bei Salzburg, um dort zusammen mit Milo Dor eine Arbeit fertigzumachen. Dor war von Franz Theodor Csokor nach Henndorf gezogen worden, denn Csokor hatte eine alte Beziehung zu diesem Ort in der Nähe des Wallersees; er war dort vor dem Krieg mit seinem Freund Ödön von Horvath bei Carl Zuckmayer zu Gast gewesen.

Von Horvath wußte ich damals noch nicht viel: ich kannte seinen Bruder Lajos von gemeinsamen Kegelabenden in Nußdorf und hatte zwei Stücke von ihm gelesen: ›Der jüngste Tag‹ und ›Die Unbekannte aus der Seine‹; in beiden Stücken wandeln übrigens Tote als augenscheinlich Lebende auf Erden und unter Menschen. Ein drittes Horvath-Stück hatte ich zusammen mit Dor für den Rundfunksender Rot-Weiß-Rot in Wien bearbeitet: ›Pompeji‹. Es wurde relativ oft gesendet, das letztemal, als sein Regisseur Daniel Brier eines unerwartet frühen Todes starb. Die ›Unbekannte‹ sah ich später nur einmal, auf einer Probe; Regisseur war Erich Neuberg, auch er frühverstorben.

Einige Tage nach meiner Ankunft im Henndorfer Gasthof W. behauptete Milo Dor, es spuke hier. Nachts gingen Türen auf, und danach könne er schon deshalb nicht mehr schlafen, weil der tote Horvath unentwegt auf seiner Schreibmaschine schreibe.

Ich versuchte der Sache nachzugehen und kam zu dem Schluß, daß Dor in der Nacht einen gewissen Herrn B. auf der Maschine schreiben höre; Herr B., früher Redakteur von Radio Wien, hatte sich in Henndorf niedergelassen und schrieb dort Tag und Nacht, was, weiß ich nicht. Sein Haus war zwar zwei- bis dreihundert Meter von unserem Gasthof entfernt, aber die Luftlinie war vielleicht kürzer, in der Nacht hört man weit, und die Akustik hat ihre eigenen Gesetze. Milo Dor wies meinen Erklärungsversuch souverän von sich. Zum Mittagessen in der holzgetäfelten Wirtsstube hatte er sich einen Stammsitz erkoren, unter einem Ölbild in schwerem, vergoldetem Holzrahmen. Als er eines Mittags aufstand, krachte das Bild herunter auf seinen Sessel, kaum hatte er ein paar Schritte getan; wie wir uns von den Wirtsleuten sagen ließen, war es das Bildnis eines Scharfrichters, dem vor zwei- bis dreihundert Jahren das Haus gehört hatte.

Unser Interesse für Horvath erlahmte nicht. Einige Jahre später saßen wir in der Pension S. in Stuttgart und arbeiteten an einem Manuskript über Horvaths Leben und Werk, dies in Dors Zimmer, während meins von unseren Frauen okkupiert war. Wir waren gerade bei der Beschreibung von Horvaths Tod angelangt, als mir schlecht wurde.

Zur Erinnerung: Ödön von Horvath, 1901 in Fiume als Sohn eines k.k. Diplomaten geboren, hatte durch seine Veröffentlichungen frühzeitig den Zorn der Nationalsozialisten auf sich gelenkt. 1934 floh er aus Berlin, lebte in Henndorf und Wien und emigrierte im März 1938 über Budapest, Zagreb, Triest, Venedig, Mailand und Zürich nach Amsterdam. Dort ließ er sich im Mai 1938 von einer Zigeunerin wahrsagen; sie sagte ihm, in Paris erwarte ihn das wichtigste Ereignis seines Lebens. Er fuhr hin, um Filmverhandlungen zu führen, und wurde am 1. Juni 1938 während eines Unwetters, das vom Atlantik her über Paris hinwegzog, von einem Baum erschlagen. Walter Mehring, der damals im selben Hotel wie Horvath wohnte, fand danach auf Horvaths Tisch eine Notiz, betreffend ein junges Paar, das in einem Boot aufs Meer hinausfuhr, von einem Unwetter überrascht und niemals wiedergesehen wurde.

An dieser Stelle waren wir, als ich keine Luft mehr bekam. Dor, der ebenfalls Übelkeit verspürte, machte das Fenster auf, und als wir ein bißchen Luft geschnappt hatten, stellten wir fest, daß die Flamme des Gasofens aus einer uns unbekannten Ursache erloschen und, offenbar seit einiger Zeit, Gas ins

Zimmer geströmt war. Die Straße, in der sich die Pension befand, war übrigens nach einem Dichter benannt, dem wir auf diesen Blättern mehrfach begegnen.

1966, bei der Lektüre von Carl Zuckmayers Autobiografie ›Als wär's ein Stück von mir‹ glaubte ich zu verstehen, was Horvath, dessen leidenschaftliches Interesse für alles Makabre durch zahlreiche zeitgenössische Zeugnisse belegt ist, nach Henndorf getrieben haben könnte. Zuckmayer hatte schon 1926 die sogenannte Wiesmühl in Henndorf gekauft, und zwar von Herrn Carl Mayr, Wirt und Kunstmaler zu Henndorf, der sich, auch vor Zeugen, ungeniert mit seiner toten Großmutter zu unterhalten pflegte und eine Fülle von Spukgeschichten kolportierte. Zuckmayer gibt sie weiter; am ›wunderbarsten‹ ist die von Mayrs handgemaltem Teppich, ›Le Voyage en Amerique‹, den Zuckmayer 1944 in Vermont, USA, wiederfand, zu jener Zeit, da Carl Mayr, Bruder des Wiener Staatsopernsängers Richard Mayr, jenseits des Atlantik und des Atlantikwalls starb.«

Das Schlachtfeld von Marathon

Marathon ist gleich weit von der Stadt der Athener wie von Karystos in Euboia entfernt. Hier landeten (490 vor Christus) die Barbaren und wurden in der Schlacht besiegt, verloren auch bei der Abfahrt einige Schiffe. Das Grab der Athener ist in der Ebene, auf ihm stehen Denksäulen, welche die Namen der Gefallenen enthalten. Abgesondert steht ein Denkmal des Miltiades, der jedoch erst später starb, nachdem ihm ein Feldzug gegen Paros mißlungen und er deshalb von den Athenern vor Gericht gestellt worden war. Hier nun kann man allnächtlich wiehernde Pferde und kämpfende Männer hören. Wer sich aber absichtlich und um es genauer zu vernehmen hingestellt hat, dem ist es nicht gut bekommen, wer es jedoch unbewußt und nur so zufällig tut, hat den Zorn der Dämonen nicht zu fürchten. *Pausanias*

Scipios Traum

Als ich nach Afrika gekommen war als Militärtribun, wie ihr wißt, zur vierten Legion unter Konsul Manlius Manilius, hatte ich nichts Eiligeres zu tun, als Massinissa aufzusuchen, den König, der unserer Familie aus gerechten Gründen besonders befreundet war. Als ich zu ihm gekommen war, umarmte mich der Greis und weinte, und ein Geraumes danach blickte er zum Himmel empor und sagte: »Ich sage dir Dank, erhabener Sol und euch, ihr übrigen Himmlischen, daß ich, bevor ich aus dem Leben gehe, in meinem Reich und unter diesem Dach den Publius Cornelius Scipio erblicke, bei dessen Namen ich schon auflebe: so wenig schwindet je das Andenken an jenen so überaus vortrefflichen und unbesieglichen Mann aus meinem Herzen.« Dann fragte ich ihn nach seinem Königtum, er mich nach unserem Gemeinwesen aus und, nachdem es viele Worte hin und her gegeben hatte, wurde so der Tag von uns verbracht.

Danach aber, mit königlichem Aufwand aufgenommen, zogen wir das Gespräch bis tief in die Nacht hin, wobei der Greis nur über Africanus sprach und sich an alle seine Taten besonders warm erinnerte. Darauf, als wir zum Schlafengehen auseinandergegangen waren, umfing mich ein tieferer Schlaf als gewöhnlich, da ich von der Reise ermüdet und bis tief in die Nacht munter gewesen war. Da zeigte sich mir — ich glaube, infolge des Gespräches, das wir geführt; es geschieht nämlich wohl, daß unsere Gedanken und Gespräche etwas Ähnliches im Schlaf hervorbringen, wie es Ennius über Homer schreibt, über den er natürlich im Wachen sehr häufig nachzudenken und zu sprechen pflegte — Africanus in der Gestalt, die mir von seinem Bild her mehr als von ihm selbst bekannt war. Als ich ihn erkannte, schrak ich zusammen. Aber jener sagte: »Sei getrost und laß die Furcht, und was ich dir sagen werde, präge dir ins Gedächtnis. Siehst du jene Stadt, die von mir gezwungen, dem römischen Volke zu gehorchen, die früheren Kriege erneuert und nicht ruhen kann?« Er zeigte aber auf Karthago von seinem hohen und sternenbesäten, strahlenden und hellen Orte. »Sie, zu deren Bestürmung du jetzt, fast noch einfacher Soldat, kommst, wirst du in zwei Jahren als Konsul zerstören, und es wird dir dein Beiname durch dich selber erworben sein, den du jetzt noch nur als Erbe von uns trägst. Wenn du aber Karthago zerstört, den Triumph gefeiert hast, Zensor gewesen bist und als Gesandter Ägypten, Syrien, Asien und Griechenland bereist hast, wirst du ein zweites Mal in deiner Abwesenheit zum Konsul gewählt werden und wirst den größten Krieg beenden, Numantia zerstören.

Wenn du aber auf dem Wagen aufs Kapitol gefahren bist, wirst du das Gemeinwesen in Verwirrung durch die Pläne meiner Enkel antreffen. Hier wirst du, Africanus, dem Vaterland das Licht deines Geistes, deiner Begabung, deines Rates zeigen müssen. Aber für diese Zeit sehe ich eine doppelte Straße des Schicksals gleichsam. Denn wenn dein Alter achtmal sieben Kreise und Kehren der Sonne erfüllt hat und dir diese zwei Zahlen, deren jede aus anderem Grunde als voll gilt, in natürlichem Umlauf die schicksalhafte Summe bewirkt haben, wird sich der ganze Staat zu dir allein und deinem Namen hinwenden, auf dich werden der Senat, auf dich alle Guten, auf dich die Bundesgenossen, auf dich die Latiner schauen, du wirst der Eine sein, auf dem das Leben des Staates ruht und, um nicht viele Worte zu machen: als Diktator mußt du das Gemeinwesen ordnen, wenn du den ruchlosen Händen der Verwandten entflohen bist...

Aber damit du um so feuriger bist, Africanus, das Gemeinwesen zu schützen, sollst du so glauben: allen, die die Heimat bewahren, ihr geholfen, sie gefördert haben, ist ein fester Platz im Himmel bestimmt, dort selig ein ewiges Leben zu genießen. Nichts nämlich ist jenem Götterfürsten, der die ganze Welt lenkt, wenigstens soweit es auf Erden geschieht, willkommener als die Versammlungen und Gemeinschaften von Menschen, die durchs Recht geeint sind, die man Staaten nennt; ihre Lenker und Bewahrer kehren, nachdem sie von hier aufgebrochen sind, dorthin zurück.«

Hier fragte ich, wenn ich auch erst erschreckt war, nicht so sehr durch die Furcht vor dem Tode als vor den Nachstellungen von seiten der Meinen, danach, ob er selbst lebe und mein Vater Paulus und andere, die wir erloschen wähnten. »Freilich«, sagte er, »die leben, die aus den Fesseln der Körper gleich wie aus einem Kerker entflohen sind, euer sogenanntes Leben aber ist der Tod. Warum schaust du nicht auf deinen Vater Paulus, der zu dir kommt?« Als ich den sah, vergoß ich einen Strom Tränen, jener aber umfing mich, und mich küssend hinderte er mich zu weinen.

Und ich sagte, als ich das Weinen unterdrückt und wieder sprechen zu können begonnen hatte: »Ich bitte dich, heiligster und bester Vater, da ja dies das Leben ist, wie ich Africanus sagen höre, was verweile ich mich auf Erden? Warum eile ich nicht, hierher zu euch zu kommen?« »So ist es nicht«, sagte jener. »Außer nämlich, wenn der Gott, dessen Tempel das All ist, das du schaust, aus diesem Kerker des Körpers dich befreit, kann dir der Zugang hierher nicht offen stehen. Die Menschen nämlich sind unter dem Gesetz gezeugt, daß sie jenen Ball, den du in diesem Tempel in der Mitte siehst, Erde genannt, schützen sollen, und es ist ihnen Geist gegeben aus jenen ewigen Feuern, die ihr Gestirne und Sterne heißt, die kugelförmig und rund mit göttlichem Geist beseelt, ihre Kreise und Bahnen mit wunderbarer Schnelligkeit erfüllen. Daher müßt ihr, Publius und alle Frommen, den Geist in dem Kerker des Körpers zurückhalten und dürft nicht ohne Geheiß dessen, von dem er euch gegeben wurde, aus dem Leben der Menschen gehen, damit ihr nicht die menschliche Aufgabe, die euch von Gott bestimmt wurde, zu fliehen scheint. Aber so, Scipio, wie dieser dein Großvater, wie ich, der ich dich gezeugt, übe Gerechtigkeit und fromme Liebe, die etwas Großes bei Eltern und Verwandten, beim Vaterland das allergrößte ist. Dieses Leben ist der Weg zum Himmel, in diesen Kreis hier derer, die schon gelebt haben und vom Körper gelöst jenen Ort bewohnen, den du siehst — es war dies aber ein Kreis zwischen den Flammen in strahlendstem Schimmer erglänzend —, den ihr, wie ihr es von den Griechen vernommen, Milchstraße nennt.« Worauf ich mir alles betrachtete und das übrige herrlich und wunderbar schien. Es waren aber die Sterne, die wir nie von diesem Ort aus gesehen haben, und alle von der Größe, wie wir es nie vermutet. Von ihnen aus war der der Kleinste, der als letzter vom Himmel aus gesehen, als nächster von der Erde aus, in fremdem Lichte leuchtete. Die Kugeln der Sterne aber übertrafen leicht die Größe der Erde. Die Erde gar selber erschien mir so klein, daß es mich unseres Reiches, mit dem wir gleichsam nur einen Punkt von ihr anrühren, reute.

Als ich sie weiter anschaute, sagte Africanus: »Ich bitte dich, wie lange wird dein Geist am Boden haften bleiben? Schaust du nicht die Tempel an, in die du gekommen bist? In neun Kreisen oder besser Kugeln ist alles verbunden. Der eine von ihnen ist der himmlische, der äußerste, der alle übrigen umfaßt, der höchste Gott selber, die übrigen einschließend und umfassend. An ihm sind angeheftet jene ewig kreisenden Bahnen der Sterne. Unter ihm liegen sieben, die sich rückwärts drehen in entgegengesetzter Bewegung zum Himmel. Eine Kugel von ihnen hat jener Stern besetzt, den sie auf Erden den saturnischen heißen. Darauf folgt jener Glanz, dem Menschengeschlecht günstig und heilsam, der Jupiter gehört, wie man sagt. Dann der rötliche und der Erde schreckliche, den ihr den Mars heißt. Darauf hat darunter etwa die Mitte die Sonne inne, die Führerin, die Fürstin und Lenkerin der übrigen Sterne, die Seele und Regierung der Welt, von solcher Größe, daß sie alles mit ihrem Lichte bescheint und erfüllt. Ihr folgen wie Begleiter die Bahnen, die eine der Venus, die andere des Merkur, und in dem untersten Kreis dreht sich der Mond, von den Strahlen der Sonne angesteckt. Darunter aber gibt es schon nur noch Sterbliches und Hinfälliges, außer den Seelen, die durch das Geschenk der Götter dem Menschengeschlecht gegeben sind, oberhalb des Mondes ist alles ewig. Denn sie, die die Mitte und neunte ist, die Erde, bewegt sich nicht und ist die unterste, und zu ihr streben alle Gewichte durch eigene Schwere.«

Als ich dies voll Staunen betrachtete, sagte ich, während ich mich faßte: »Was ist das? Was ist dieser so gewaltige und süße Ton, der meine Ohren erfüllt?« »Das ist jener Ton, der getrennt durch ungleiche, aber doch in bestimmtem Verhältnis sinnvoll abgeteilte Zwischenräume, durch Schwung und Bewegung der Kreise selber bewirkt wird und das Hohe mit dem Tiefen mischend, verschiedene Harmonien ausgeglichen bewirkt; denn so gewaltige Bewegungen können nicht in Stille angetrieben werden, und die Natur bringt es mit sich, daß das Äußerste auf der einen Seite tief, auf der anderen Seite hoch tönt. Daher bewegt sich jene äußerste sternentragende Bahn des Himmels, deren Umdrehung schneller ist, mit einem hohen und aufgeregten Ton, die des Mondes aber und unterste mit dem tiefsten. Denn die Erde als neunte und unbeweglich bleibend hängt immer an einem Sitz, die Mitte des Weltalls einnehmend. Jene acht Bahnen aber, von denen zwei dieselbe Kraft besitzen, bewirken sieben durch Zwischenräume unterschiedene Töne, eine Zahl, die der Knoten fast aller Dinge ist; das haben gelehrte Männer mit Saiten und Stimmen nachgeahmt und haben sich damit die Rückkehr zu diesem Ort erschlossen, wie andere, die mit überragender Geisteskraft im menschlichen Leben göttliche Studien gepflegt haben. Von diesem Ton sind die Ohren der Menschen erfüllt und dafür taub geworden; und kein Sinn in euch ist abgestumpfter; wie dort, wo der Nil zu den sogenannten Catadupa von den höchsten Bergen herabstürzt, das Volk, das jene Gegend bewohnt, wegen der Größe des Geräusches des Gehörsinns entbehrt. Dieser Ton aber ist durch die überaus rasche Umdrehung des ganzen Weltalls so gewaltig, daß ihn die Ohren der Menschen nicht fassen können, so wie ihr die Sonne nicht direkt anschauen könnt, und eure Sehschärfe und euer Gesicht durch ihre Strahlen besiegt wird.«

Das bewunderte ich, richtete aber dennoch die Augen beständig auf die Erde. Da sagte Africanus: »Ich merke, daß du auch jetzt noch den Sitz und das Heim der Menschen betrachtest. Wenn es dir klein scheint, wie es auch ist, schaue immer auf diese himmlischen Dinge, jene menschlichen schätze gering. Denn welche Berühmtheit im Gespräch der Menschen und welch erstrebenswerten Ruhm kannst du erreichen? Du siehst, man wohnt auf der Erde an spärlichen und engen Plätzen, und an den, ich möchte sagen, Flecken, wo man wohnt, liegen weite Einöden dazwischen, und die, welche die Erde bewohnen, sind nicht nur so unterbrochen, daß nichts unter ihnen selber von den einen zu den anderen dringen kann, sondern liegen auch teils beiseite, teils quer zu euch, teils auch auf der Gegenseite. Von denen könnt ihr sicherlich keinen Ruhm erwarten.

Du siehst aber, wie die Erde auch wie von gewissen Gürteln umschlungen und umgeben ist, von denen zwei, wie du siehst, die am meisten von einander entfernt sind und zu beiden Seiten unter dem Scheitel des Himmels selbst ruhen, in Eis erstarrt sind, jener mittlere aber und größte von der Glut der Sonne ausgedörrt wird. Zwei sind bewohnbar, von denen jener südliche, deren Bewohner auf der Gegenseite auf euren Füßen stehen, euer Geschlecht nichts angeht, dieser andere aber gegen Norden gelegene, den ihr bewohnt, sieh, zu welch schmalem Teil er euch berührt. Das ganze Land nämlich, das von euch bebaut wird, an den Spitzen verengt, an den Seiten breiter, ist eine kleine Insel, die von jenem Meer umspült ist, das ihr das atlantische, das große, den Ozean nennt auf Erden und bei dem du doch siehst, wie klein er bei so großem Namen ist. Hat etwa aus diesen bebauten und bekannten Ländern dein Name oder der eines von uns den Kaukasus, den du hier siehst, übersteigen können, oder den Ganges dort durchschwimmen? Wer wird in den übrigen äußersten Teilen der auf- oder untergehenden Sonne oder des Nordens und Südens deinen Namen hören? Schneidest du das weg, so erkennst du in der Tat, in welcher Enge euer Ruhm sich verbreiten will.

Sie selber aber, die über uns sprechen, wie lange werden sie sprechen? Ja, sogar wenn jene Generation der zukünftigen Menschen das Lob eines jeden von uns, von den Vätern überkommen, den Nachkommen der Reihe nach weitergeben wollte, können wir dennoch wegen der Überschwemmungen und Verbrennungen der Erde, die zu bestimmter Zeit eintreten müssen, nicht nur keinen ewigen, sondern nicht einmal einen lange dauernden Ruhm erreichen. Was aber liegt daran, daß von denen, die später geboren werden, von dir geredet wird, wo doch nicht von denen geredet wird, die vorher geboren worden sind, die nicht geringer an Zahl und gewiß bessere Männer waren, zumal da eben bei denen, von denen unser Name gehört werden kann, niemand auch nur das Gedächtnis eines Jahres erreichen kann? Gewöhnlich nämlich messen die Menschen ein Jahr nur nach der Rückkehr der Sonne, das heißt eines Gestirns. In Wirklichkeit aber kann erst, wenn alle Sterne zu demselben Punkte, von wo sie einmal aufbrachen, zurückgekommen sind, und dieselbe Stellung des ganzen Himmels nach langen Zwischenräumen wieder mit sich gebracht haben, das ein sich wahrhaft wendendes Jahr genannt werden. Ich wage kaum zu sagen, wieviele Generationen von Menschen in ihm enthalten sind. Denn wenn, wie einst die Sonne den Menschen zu vergehen und zu erlöschen schien, als des Romulus Seele eben in diese Gefilde hier drang, einmal die Sonne an derselben Stelle und zu derselben Zeit ein zweites Mal sich verfinstert, dann erst, wenn alle Sternbilder und Sterne zum selben Ausgangspunkt zurückgeführt sind, ist ein Jahr erfüllt, glaube mir; und wisse, daß von diesem Jahr noch nicht der zwanzigste Teil abgelaufen ist.

Wenn du daher an der Rückkehr an diesen Ort verzweifelst, in der für große und überragende Männer alles beschlossen liegt, wieviel ist denn dann dieser Ruhm der Menschen wert, der sich kaum auf den geringen Teil eines einzigen Jahres zu erstrecken vermag? Wenn du also in die Höhe schauen willst und diese Wohnstatt und ewige Heimat betrachten, wirst du dich nicht dem Gerede der Masse ergeben, noch in menschlichen Lohn die Hoffnung deiner Dinge setzen; mit ihren eigenen Lockungen muß dich die Vollkommenheit selber zu wahrem Glanze ziehen. Was andere über dich reden, sollen sie selber sehen, reden freilich werden sie schon. All dies Ge-

TELEPATHIE

rede aber wird in die Enge der Gebiete, die du siehst, eingeschlossen, ist niemals über irgendeinen ewig gewesen, wird durch den Tod der Menschen erstickt und vom Vergessen der Nachwelt ausgelöscht.«

Als er das gesagt hatte, sagte ich: »Ich aber will, Africanus, wofern ums Vaterland wohlverdienten Männern eine Straße zum Tor des Himmels offensteht, obwohl ich von Kindheit an in die Spuren des Vaters und die deinen trat und eurem Glanz nicht fehlte, wo ein so hoher Lohn ausgesetzt ist, noch viel wachsamer mich bemühen.« Und jener sagte: »Du bemühe dich und halte das fest: nicht du bist sterblich, sondern dein Körper hier, denn du bist nicht der, den diese Form anzeigt, sondern der Geist eines jeden, das ist er, nicht die Gestalt, die mit den Fingern gezeigt werden kann. Wisse also, daß du Gott bist, wofern Gott ist, was lebt, was empfindet, was sich erinnert, was vorausschaut, was den Körper so lenkt, leitet und bewegt, an dessen Spitze er gesetzt ist, wie jener fürstliche Gott dies All hier; und wie das All, das zu gewissem Teile sterblich ist, der ewige Gott selber, so bewegt diesen gebrechlichen Körper der ewige Geist. Denn was sich immer bewegt, ist ewig; wer aber einem Bewegung bringt und was selber von irgendwoher getrieben wird, muß notwendig, da es ein Ende der Bewegung hat, auch ein Ende des Lebens haben. Allein das also, was sich selbst bewegt, hört, weil es nie von sich im Stich gelassen wird, nie auf, sich zu bewegen; ja auch dem übrigen, das bewegt wird, ist dies der Quell, dies der Ursprung der Bewegung. Für einen Ursprung aber gibt es kein Entstehen; denn aus dem Ursprung entsteht alles, selber aber kann er aus keiner anderen Sache entstehen; wäre es doch kein Ursprung, was anderswoher entstünde; wenn es aber niemals entsteht, geht es auch niemals zugrunde. Denn ein erloschener Ursprung wird weder selber von einem anderen wiedergeboren werden, noch wird er einen anderen aus sich selbst heraus schaffen, wofern es nötig ist, daß alles aus dem Ursprung entstehe. So kommt es, daß der Ursprung der Bewegung aus dem stammt, was sich selbst von sich aus bewegt:

das aber kann weder geboren werden noch sterben; oder es würde der ganze Himmel mit Notwendigkeit zusammenstürzen und die ganze Natur, und sie würde zum Stillstand kommen und würde keine Kraft finden, von der sie am Anfang angestoßen würde.

Da also am Tage liegt, daß ewig das ist, was sich selbst bewegt: wen gibt es da, der bestritte, daß dies Wesen der Seele zugewiesen ist? Unbeseelt nämlich ist alles, was durch Stoß von außen getrieben wird; was aber ein Lebewesen ist, das wird durch innere und eigene Bewegung erregt. Denn dies ist die eigentümliche Natur und Kraft der Seele. Wenn sie die einzige von allen Naturen ist, die sich selber bewegt, ist sie sicher nicht geboren und ewig. Sie übe in den besten Dingen! Es sind aber die Mühen um das Heil des Vaterlandes die besten. Von ihnen getrieben und geübt, wird die Seele schneller zu diesem Sitz und in ihre Heimat hinfliegen; und das wird sie schneller tun, wenn sie schon, während sie noch im Körper eingeschlossen ist, nach außen ragt und das, was außerhalb ist, betrachtend sich so sehr wie möglich vom Körper löst. Denn deren Seelen, die sich den Genüssen des Körpers ergeben, sich gleichsam als ihren Diener zur Verfügung gestellt und durch den Trieb der Gelüste, die den Genüssen gehorchen, die Rechte der Götter und Menschen verletzt haben, wälzen sich, wenn sie aus dem Körper geglitten sind, um die Erde selber und kehren zu diesem Ort hier erst zurück, nachdem sie in vielen Jahrhunderten umhergetrieben worden sind.«

Jener ging davon; ich löste mich aus meinem Schlaf.

Cicero

Die Grundgedanken des Kommentars, den Cicero der Traumerzählung beigibt, sind die der Pythagoräer, die später mit jüdisch-christlichen Vorstellungen zur Gnosis zusammenschmolzen.

TELEPATHIE

Der Papst sieht die Seeschlacht von Lepanto

Es war am 7. Oktober 1571 gegen fünf Uhr abends, als die Seeschlacht bei Lepanto (am Golf von Korinth) sich dem Ende zuneigte. Um dieselbe Stunde war Pius V., der seit der Abfahrt der christlichen Schiffe (italienisch-spanische Flotte unter Don Juan d'Austria gegen die Türken) seine Gebete und Kasteiungen verdoppelt hatte, in Gegenwart mehrerer Prälaten damit beschäftigt, die Rechnungen seines Schatzmeisters Busotti nachzuprüfen. Plötzlich, wie von einer unwiderstehlichen Macht getrieben, steht er auf, tritt an ein Fenster, öffnet es, blickt nach Osten und verharrt so in tiefem Sinnen. Dann, sich seiner Umgebung wieder zuwendend, sagt er mit verzückt glänzenden Augen: »Lassen wir die Geschäfte und danken wir Gott! Die christliche Flotte erringt den Sieg.« Er verabschiedet die Prälaten und begibt sich alsbald in sein Oratorium, wo ein Kardinal, der auf die Mitteilung dieses Vorgangs herbeieilt, ihn vor Freude weinend antrifft. Busotti und seine Kollegen aber, überrascht von der plötzlichen und feierlichen Enthüllung, schreiben sich Tag und Stunde genau auf ...
Aber vierzehn Tage vergingen, ohne daß eine Bestätigung eintraf, und sie bereuten schon, durch Weitererzählung des Vorfalls Anlaß gegeben zu haben, daß man sich etwa über den Papst lustig mache ... Denn Don Juan hatte zwar sogleich nach dem glücklichen Ausgang der Schlacht an den Papst einen Kurier entsendet, aber der ward durch widrige Winde aufgehalten, und erst auf dem Umweg über Venedig, und zwar durch den Dogen Mocenigo, erhielt der Papst die Siegesnachricht. (Durch diesen Sieg wurde die türkische Übermacht zur See völlig vernichtet.)

Grente, Biograph Pius' V.

Der Tod des Kardinals

Als Heinrich IV. (geboren 1553, König von Navarra 1572, König von Frankreich 1589, zum Katholizismus übergetreten 1593, ermordet 1610), sich im Jahre 1574 nebst der Königin Katharina (von Medici, seiner Schwiegermutter) zu Avignon befand, begab sich die Königin am Abend des 23. Dezember etwas früher, als sonst ihre Gewohnheit war, zur Ruhe. Unmittelbar vor ihrem Weggang befanden sich in ihrer Umgebung der König (Heinrich IV.), der Erzbischof von Lyon und andere Herren, sowie die Hofdamen de Rets, de Lignerales und de Sauves, welche die Königin in ihr Schlafzimmer begleiteten. Aber kaum hatte sie sich niedergelegt, als sie mit einem lauten Schrei die Hand vors Gesicht hielt und den Umstehenden zurief, sie möchten ihr zu Hilfe kommen, denn der Kardinal von Lothringen, der eben damals todkrank daniederlag, stände zu Füßen ihres Bettes, wolle näherkommen und strecke die Hände nach ihr aus. Sie schrie des öfteren in größter Angst: »Monsieur le Cardinal, je n'que faire de vous!« Der König wurde auf der Stelle von diesem seltsamen Vorfall unterrichtet und schickte zur Stunde einen Edelmann aus seinem Gefolge nach der Wohnung des Kardinals, der mit der Nachricht zurückkam, der Kardinal sei soeben verschieden.

T. A. d'Aubigné: Histoire universelle

Ein Fiebertraum der Katharina von Medici

Meine Mutter, die Königin, lag in Metz gefährlich am Fieber danieder. Um ihr Bett saßen mein Bruder König Karl (IX. seit 1560), meine Schwester, mein anderer Bruder und der Herzog von Lothringen, sowie mehrere Staatsräte und angesehene Damen, die, alle Hoffnung für sie aufgebend, sie jetzt nicht mehr verlassen wollten. In ihren Phantasien rief sie, als sähe sie die Schlacht von Jarnac: »Seht nur, wie sie fliehen, mein Sohn hat den Sieg! Ach, mein Gott, hebt meinen Sohn auf; er liegt auf der Erde. Seht ihr an dieser Hecke da den Prinzen Condé tot?« — Alle Anwesenden glaubten, sie träume. Als aber in der folgenden Nacht Herr von Losses ihr die Nachricht von der Schlacht überbrachte, sagte sie: »Ich wußte es wohl! Habe ich es nicht gestern gesehen?« Da erkannte man, daß es kein Fiebertraum gewesen war, sondern eine Mitteilung, wie sie Gott erhabenen Personen macht. (In der Schlacht bei Jarnac an der Charente wurden 1569 am 13. März die Hugenotten von den königlichen Truppen geschlagen. Prinz Ludwig I. von Condé fiel.)

Memoiren der Margarete von Valois

Das zweite Gesicht eines Dichters

Um diese Zeit, da Mr. Donne und sein Weib in Sir Robert Drewrys Hause in London lebten, wurde der Lord Hay in einer ruhmreichen Gesandtschaft an den französischen König abgeordnet, und Sir Robert entschloß sich rasch, ihn dorthin zu begleiten und bei der Audienz zugegen zu sein. Ebenso plötzlich entschloß sich Sir Robert, Mr. Donne um seine Begleitung zu bitten. Dieser teilte den Wunsch seiner Frau mit, die gerade ein Kindlein erwartete, auch in ungutem Gesundheitszustande sich befand, so daß sie erklärte, nicht in seine Abwesenheit einwilligen zu können. Sie sagte, ihre Seele ahne Unheil für die Zeit seines Fernseins, und bat ihn, sie jetzt nicht zu verlassen. Infolgedessen ließ Mr. Donne jeden Gedanken an diese Reise fallen und entschloß sich, zu Hause zu bleiben.

Aber Sir Robert redete ihm immer drängender zu, und Mr. Donne fühlte sich ihm verpflichtet, nachdem er soviel liebevolle Freundlichkeit von ihm genossen hatte. Er sprach dies seiner Frau aus, die daraufhin eine schwache Zustimmung zu der Reise gab, deren Dauer auf zwei Monate festgesetzt wurde. Wenige Tage nach diesem Entschluß verließen der Gesandte, Sir Robert und Mr. Donne London, und zwölf Tage später trafen sie wohlbehalten in Paris ein. Zwei Tage nach ihrer Ankunft blieb Mr. Donne allein in dem Zimmer zurück, in welchem er mit Sir Robert und einigen andern Freunden soeben zu Mittag gespeist hatte. Als Sir Robert nach einer halben Stunde zurückkehrte, fand er ihn, wie er ihn verlassen, allein, aber in solcher Aufregung und von so verändertem Aussehen, daß er erstaunt fragte, was ihm denn in der kurzen Zeit begegnet sei. Mr. Donne war zuerst unfähig, zu antworten. Nach einiger Zeit aber sagte er: »Ich habe eine furchtbare Erscheinung gehabt, als Sie fort waren. Ich habe meine geliebte Frau zweimal mit herabhängenden Haaren und einem toten Kindlein in den Armen an mir vorbeigehen sehen.« — »Fürwahr«, antwortete Sir Robert, »Sie haben in meiner Abwesenheit geschlafen und einen schweren Traum gehabt, den ich Sie zu vergessen bitte, denn jetzt sind Sie wach!« — Worauf Mr. Donne antwortete: »Ich weiß so gewiß wie ich lebe, daß ich nicht geschlafen habe, seit Sie fortgingen, und ebenso sicher weiß ich, daß sie, als sie mir zum zweitenmal erschien, stillstand, mir ins Gesicht blickte und dann verschwand.« — Nacht und Schlaf hatten Mr. Donnes Eindruck bis zum nächsten Tage nicht verringert; mit immer festerer Zuversicht sprach er von der Erscheinung, so daß sich sein Glaube an ihre Wirklichkeit auch auf Sir Robert übertrug. Mit Recht sagt man jedoch, Wunsch und Zweifel seien ruhelos. Das zeigte sich auch bei Sir Robert: er sandte unverzüglich einen Diener nach Drewry-House mit dem Auftrag, ihm schleunigst Bescheid zu bringen, ob Mrs. Donne noch am Leben sei und wie sie sich befinde. Nach zwölf Tagen kehrte der Bote mit der Nachricht zurück, daß er Mrs. Donne traurig und bettlägerig angetroffen und daß sie nach langen und heftigen Schmerzen von einem toten Kinde entbunden worden sei. Eine genaue Nachprüfung ergab, daß ihre Niederkunft an demselben Tage und in derselben Stunde erfolgt war, in der Mr. Donne in seinem Zimmer zu Paris die Erscheinung an sich vorüber hatte gehen sehen.

Isaac Walton: John Donne

Die Vision des ersten Quäkers

»Einst ging ich mit mehreren Freunden. Da erhob ich mein Angesicht und sah drei Kirchtürme. Die gaben meinem Leben eine neue Richtung. Ich fragte, welcher Ort das sei, und erhielt die Antwort: Lichfield. Sofort kam das Wort des Herrn über mich, ich solle dorthin gehen. Als wir an das Haus gelangten, auf das wir gerade zuhielten, bat ich meine Freunde, einzutreten, sagte aber nicht, wohin ich gehen müßte. Sobald sie fort waren, schritt ich weiter, immer geradeaus über Hecken und Gräben, bis ich eine (englische) Meile vor Lichfield war. Dort hüteten Hirten auf einem großen Felde ihre Herden. Da befahl mir der Herr, meine Schuhe auszuziehen. Ich zögerte, denn es war Winter. Aber des Herrn Wort brannte in mir wie Feuer. So zog ich denn meine Schuhe aus und ließ sie bei den Hirten, und die armen Hirten staunten und zitterten. Danach ging ich noch eine Meile weit, und sobald ich in der Stadt war, kam des Herrn Wort wieder über mich und befahl mir: Rufe: ›Wehe der blutigen Stadt Lichfield!‹ So ging ich die Straßen auf und nieder und rief mit lauter Stimme: ›Wehe der blutigen Stadt Lichfield!‹ Da gerade Markttag war, ging ich auch auf den Marktplatz, wandelte hin und her, stand still und rief von neuem: ›Wehe der blutigen Stadt Lichfield!‹ Und keiner legte Hand an mich. Da ich also rufend durch die Straßen ging, schien mir, als flösse ein Rinnsal Blutes hindurch und der Marktplatz war wie ein blutiger Pfuhl. So ging ich die Straßen auf und nieder und rief mit lauter Stimme: ›Wehe der blutigen Stadt Lichfield!‹ – Als ich des Herrn Befehl ausgerichtet hatte und mich wieder frei fühlte, verließ ich die Stadt in Frieden. Ich kam wieder zu den Hirten, gab ihnen etwas Geld und ließ mir meine Schuhe zurückgeben. Aber das Feuer des Herrn brannte so in meinen Füßen und in meinem Leibe, daß ich kein Verlangen trug, die Schuhe wieder anzuziehen. Ich war unschlüssig, ob ich es tun sollte oder nicht, bis der Herr es mich tun hieß. Dann wusch ich mir die Füße und zog die Schuhe wieder an. Danach fiel ich in ein tiefes Sinnen, warum ich wohl gegen jene Stadt war ausgesendet worden und sie die blutige hatte heißen müssen. Denn obschon die Stadt eine Zeitlang für Cromwell eingetreten war und später für den König (Karl I., enthauptet 1649) und infolgedessen in ihr viel Blut vergossen worden war, so war es doch schließlich in ihr nicht ärger zugegangen als an vielen tausend andern Orten. Aber später erfuhr ich, daß zu des Kaisers Diokletian Zeiten tausend Christen in Lichfield den Märtyrertod hatten erleiden müssen. Darum mußte ich ohne Schuhe durch das Rinnsal ihres Blutes in den Straßen und durch die Lachen ihres Blutes auf dem Marktplatz waten, damit ich das Andenken an das Blut jener Märtyrer wieder erwecke, das vor mehr als tausend Jahren vergossen worden war. So wirkte das Blut auf meinen Geist, und ich gehorchte der Stimme des Herrn.«

George Fox, Begründer der Quäker-Sekte, in seiner Autobiographie

Swedenborg

Es lebt zu Stockholm ein gewisser Herr Swedenborg ohne Amt oder Bedienung von seinem ziemlich ansehnlichen Vermögen. Seine ganze Beschäftigung besteht darin, daß er, wie er selbst sagt, schon seit mehr als zwanzig Jahren mit Geistern und abgeschiedenen Seelen im genauesten Umgange stehet, von ihnen Nachrichten aus der andern Welt einholet und ihnen dagegen welche aus der gegenwärtigen erteilt, große Bände über seine Entdeckungen abfaßt und bisweilen nach London reiset, um die Ausgabe derselben zu besorgen. Er ist eben nicht zurückhaltend mit seinen Geheimnissen, spricht mit jedermann frei davon, scheint vollkommen von dem, was er vorgibt, überredet zu sein ohne einigen Anschein eines angelegten Betruges oder Scharlatanerei. So wie er, wenn man ihm selbst glauben darf, der Erzgeisterseher unter allen Geistersehern ist, so ist er auch sicherlich der Erzphantast unter allen Phantasten, man mag ihn nun aus der Beschreibung derer, welche ihn kennen, oder aus seinen Schriften beurteilen. Doch kann dieser Umstand diejenigen, welche den Geistereinflüssen sonst günstig sind, nicht abhalten, hinter solcher Phantasterei noch etwas Wahres zu vermuten. Weil indessen das Kreditiv aller Bevollmächtigten aus der andern Welt in den Beweistümern besteht, die sie durch gewisse Proben in der gegenwärtigen von ihrem außerordentlichen Beruf ablegen, so muß ich von demjenigen, was zur Beglaubigung der außerordentlichen Eigenschaft des gedachten Mannes herumgetragen wird, wenigstens dasjenige anführen, was noch bei den meisten einigen Glauben findet.

Gegen das Ende des Jahres 1761 wurde Herr Swedenborg zu einer Fürstin gerufen, deren großer Verstand und Einsicht es beinahe unmöglich machen sollte, in dergleichen Fällen hintergangen zu werden. Die Veranlassung dazu gab das allgemeine Gerüchte von denen vorgegebenen Visionen dieses Mannes. Nach einigen Fragen, die mehr darauf abzielten, sich mit seinen Einbildungen zu belustigen, als wirkliche Nachrichten aus der andern Welt zu vernehmen, verabschiedete ihn die Fürstin, indem sie ihm vorher einen geheimen Auftrag tat, der in seine Geistergemeinschaft einschlug. Nach einigen Tagen erschien Herr Swedenborg mit der Antwort, welche von der Art war, daß solche die Fürstin ihrem eigenen Geständnisse nach in das größeste Erstaunen versetzte, indem sie solche wahr befand und ihm gleichwohl solche von keinem lebendigen Menschen konnte erteilt sein. Diese Erzählung ist aus dem Berichte eines Gesandten an dem dortigen Hofe, der damals zugegen war, an einen andern fremden Gesandten in Kopenhagen gezogen worden, stimmt auch genau mit dem, was die besondere Nachfrage darüber hat erkundigen können, zusammen.

Folgende Erzählungen haben keine andere Gewährleistung als die gemeine Sage, deren Beweis sehr mißlich ist. Madame Marteville, die Witwe eines holländischen Envoyé an dem schwedischen Hofe, wurde von den Angehörigen eines Goldschmiedes um die Bezahlung des Rückstandes vor ein verfertigtes Silberservice gemahnet. Die Dame, welche die regelmäßige Wirtschaft ihres verstorbenen Gemahls kannte, war überzeugt, daß diese Schuld schon bei seinem Leben abgemacht sein müßte; allein sie fand in seinen hinterlassenen Papieren gar keinen Beweis. Das Frauenzimmer ist vorzüglich geneigt, den Erzählungen der Wahrsagerei, der Traumdeutung und allerlei anderer wunderbarer Dinge Glauben beizumessen. Sie entdeckte daher ihr Anliegen dem Herrn Swedenborg mit dem Ersuchen, wenn es wahr wäre, was man von ihm sagte, daß er mit abgeschiedenen Seelen im Umgange stehe, ihr aus der andern Welt von ihrem verstorbenen Gemahl Nachricht zu verschaffen, wie es mit der gedachten Anforderung bewandt sei. Herr Swedenborg versprach solches zu tun und stellte der Dame nach wenig Tagen in ihrem Hause den Bericht ab, daß er die verlangte Kundschaft eingezogen habe, daß in einem Schrank, den er anzeigte und der ihrer Meinung nach völlig ausgeräumt war, sich noch ein verborgenes Fach befinde, welches die erforderlichen Quittungen enthielte. Man suchte sofort seiner Beschreibung zufolge und fand nebst der geheimen holländischen Correspondence die Quittungen, wodurch alle gemachten Ansprüche getilgt wurden.

Die dritte Geschichte ist von der Art, daß sich sehr leicht ein vollständiger Beweis ihrer Richtigkeit oder Unrichtigkeit muß geben lassen. Es war, wo ich recht berichtet bin, gegen das Ende des 1759ten Jahres, als Herr Swedenborg, aus England kommend, an einem Nachmittage zu Gotenburg ans

Land trat. Er wurde denselben Abend zu einer Gesellschaft bei einem dortigen Kaufmann gezogen und gab ihr nach einigem Aufenthalt mit allen Zeichen der Bestürzung die Nachricht, daß eben jetzt in Stockholm im Südermalm eine erschreckliche Feuersbrunst wüte. Nach Verlauf weniger Stunden, binnen welchen er sich dann und wann entfernte, berichtete er der Gesellschaft, daß das Feuer gehemmt sei, imgleichen wie weit es um sich gegriffen habe. Ebendenselben Abend verbreitete sich schon diese wunderliche Nachricht und war den andern Morgen in der ganzen Stadt herumgetragen; allein nach zwei Tagen allererst kam der Bericht davon aus Stockholm in Gotenburg an, völlig einstimmig, wie man sagt, mit Swedenborgs Visionen.

Immanuel Kant

Vergleiche hierzu auch das Bild gegenüber Seite 273.

Die Seherin von Prevorst

I *Seifenblase, Glas und Spiegel*
Auch diese glänzenden Gegenstände erweckten ihr geistiges Auge.

Es machte ein Kind vor ihr Seifenblasen. Sie sagte mit großer Verwunderung: »Ach Gott, ich sehe alles Entfernte, an das ich denke, in diesen Seifenblasen, aber nicht klein, sondern so groß, als wie es lebt und ist, aber ich fürchte mich davor.« Ich machte ihr nun eine Seifenblase und forderte sie auf, nach ihrem fernen Kinde zu schauen. Sie sagte, sie sehe es im Bette liegen, und freute sich sehr, es zu sehen. In einer zweiten sah sie meine Frau (im entfernten Hause) und gab die Stellung (ich ließ sogleich nachfragen), in der sie sich in diesem Moment im Hause befand, richtig an.

In diese Seifenblase zu schauen, war sie nur mit Mühe zu bringen. Es wandelte sie vor den sich in denselben stellenden Bildern immer ein Schauer an, und sie befürchtete, sie könnte in ihnen auch einmal etwas für sie Unangenehmes sehen. In einer derselben sah sie vor einem nahen Hause einen kleinen Sarg. Es war in diesem Hause kein Kind krank, aber die Frau des Hauses kam nieder, und das Kind, das sie geboren hatte und das nur wenige Monate lebte, sah sie alsdann nach dieser Zeit aus diesem Hause im kleinen Sarge tragen. Wollte man magnetische Träume, die sie in der Nacht hatte, und deren sie sich morgens nicht mehr völlig erinnern konnte, in ihr auffrischen und von ihr erzählt haben, so durfte man sie nur in eine solche Seifenblase sehen lassen, und es vervollständigte sich in ihr der ganze Traum, weil durch solches Ansehen ihr magnetisches Leben erweckt wurde.

Vor zwei Jahren habe sie zufällig in ein Glas Wasser gesehen, das auf dem Tische gestanden, da sei ihr in ihm ein Gefährt erschienen, das sie, wie auch die Leute, die in ihm gesessen, ganz beschrieben habe, auch die Pferde und namentlich, daß eins eine Zeichnung am Kopfe, das andere keine gehabt. Nach 20 Minuten sei alsdann ein Gefährt ganz so, wie sie es beschrieben, mit den gleichen Leuten und Pferden die Chaussee von B. hergefahren. Sie habe dazumal öfter in ein Glas gesehen und in ihm immer die Menschen gesehen, die unten am Hause, wohin sie nicht habe schauen können, vorübergegangen.

Sie sagte über dieses Sehen, und namentlich das in den Seifenblasen, im schlafwachen Zustande folgendes:

»Es ist nur dann nicht trüglich (ich hatte sie nach einem Freunde in Stuttgart zu sehen gezwungen, und er zeigte sich ihr in Lagen, in denen er zu jener Zeit *nicht* war), wenn dieses Sehen aus mir selbst hervorgeht und mir nicht von anderen die Seifenblase vorgehalten wird, mit dem Begehren, daß ich das oder jenes sehen soll. Auch muß ich oft und längere Zeit hineinschauen können, und man darf mich nicht dazwischen wieder auf andere Gegenstände führen. Ich tue es aber nicht mehr, ich habe wach einen grenzenlosen Widerwillen dagegen, weil ich auch wach nicht für recht halte, es zu tun. Es kommt mir vor wie das Kartenschlagen.«

II *Voraussagende Träume*

Zu einer anwesenden, sehr sensiblen Frau sagte Frau H. im wachen Zustande, nachdem ihr diese die Hand zum Abschied geboten hatte: »Träumen Sie diese Nacht, was ich nehmen solle, daß es mir besser werde (sie deutete auf ihre stockende Menstruation), und ich will es nehmen.« Dieser Frau träumte es nun auch wirklich in der Nacht, sie habe von einem Zimmer, das wie ihr Schlafzimmer war, in ein größeres hineingesehen, da sei Frau H. neben acht Sauerbrunnenkrügen gestanden und habe einen, auf dem »Fachinger Wasser« geschrieben gewesen, ihr gewiesen, als solle sie (die Träumende) diesen gebrauchen. Nun war aber das sonderbar, daß Frau H. in der gleichen Nacht den gleichen Traum hatte. Sie befand sich in einem mehr langen als breiten Zimmer (so ist das Zimmer neben dem Schlafzimmer jener anderen Frau, das Frau H. aber nie sah), da waren acht Sauerbrunnenkrüge, von denen ihr jene Frau einen, der mit schwarzem Pech verschlossen war, als denjenigen bezeichnete, von dem sie zur Hebung des Übels trinken sollte. Sie tat es, und es hatte den gewünschten Erfolg.

Es war das Traumbild hier umgekehrt, wie das Bild in Spiegeln.

In einer Nacht träumte ihr, sie habe das älteste Mädchen ihres Oheims zu B. mit einem kleinen Sarge auf dem Kopfe aus dem Hause gehen sehen. Nach sieben Tagen starb sein ein Jahr altes Kind, von dessen Krankheit man hier nicht das mindeste wußte. Den Traum hatte sie sogleich nach dem Erwachen mir und anderen erzählt.

In einer anderen Nacht träumte ihr: Frau L. (die sie nicht kannte und nie sah) sei ihr mit einem toten Kinde auf dem Arme entgegengekommen und habe sie wie um Hilfe angefleht. Sechs Wochen nachher mußte diese Frau künstlich entbunden werden. Die Folge davon war ein totes Kind und große Lebensgefahr dieser Frau.

In einer Nacht, als sie noch in meinem Hause im unteren Stocke wohnte, träumte ihr, bald nachdem sie Wasser getrunken hatte und eingeschlafen war: in der Wasserkufe, die sich im oberen Stocke, wohin sie nie kam, befand, sei etwas, das nicht in dieselbe gehöre, weswegen sie sich die ganze Nacht im Traume abgemüht habe, diese Kufe auszuschöpfen. Morgens erzählte sie mir den Traum, und erst am Abend fiel es mir bei, diese Kufe ausleeren zu lassen, wo sich dann auf ihrem Grunde eine sehr lange, völlig verrostete Stricknadel befand. Es ist möglich, daß Frau H., da sie für Metalle so große Empfindlichkeit zeigte, durch das Trinken von jenem Wasser ein dunkles Gefühl von Eisengehalt in ihm bekam, das ihr alsdann im Traume als etwas, das nicht in dieses Wasser gehöre, fühlbar wurde.

In einer Nacht träumte Frau H., sie sei auf einer einsamen Insel gestanden und habe auf der andern Seite ihr verstorbenes Kind in himmlischer Klarheit mit einem Blumenkranz auf dem Kopf und einem Blütenzweig in der Hand gesehen. Dieses verschwand, sie wandte sich weg und sah mich bei einem Menschen, der blutete und dem ich Hilfe leistete, stehen. Auch dieses Bild verschwand, und sie sah nun sich selbst in heftigen Krämpfen, und als sie aus diesem Traume zu sich kam, sagte ihr eine Stimme, man habe mich geholt — da erwachte sie aber und sah, daß es ein Traum war und ich mich nicht bei ihr befand. Diese Traumbilder hatte sie in der Nacht vom 28. Januar 1828. Das Traumbild ihres verstorbenen Kindes ist nicht weiter zu deuten, aber in der Nacht vom 30. Januar (die Traumbilder erzählte sie mir am 29. morgens) wurde ich zu einem Menschen gerufen, der in derselben Nacht mit einem Messer in die Brust gestochen wurde, was die Erfüllung des zweiten Bildes in diesem Traume war. Die Erfüllung des dritten Bildes in diesem Traume ereignete sich an diesem Tage nachts 8 Uhr, wo ich wegen besonders heftiger Krämpfe, die an ihr ausbrachen, zu ihr gerufen wurde.

Ein Voraussehen, das sie nicht im Traume, sondern im hellschlafwachen Zustande hatte, führe ich hier noch an. Am 6. Juli 1827 sagte sie im magnetischen Schlafe nach Erstarrung: »Ich sehe N. im Monde, aber er lebt noch auf der Erde, ich sehe ihn wie zum voraus dort. In einem Vierteljahre stirbt er, und mein Vater erfährt zuerst, daß er gestorben ist.« Diese von ihr benannte Person, die dazumal ganz gesund war, starb nach einem Vierteljahre, und ihr Vater erfuhr zu O. zuerst ihren Tod.

Ein äußerst merkwürdiger vorraussagender Traum, nicht von Frau H., sondern von einem jungen Manne (W. Reiniger aus Stuttgart), der im Neckar ertrank und der, was aus seinem Tagebuch erhellt, auch ein tiefes inneres Leben hatte, ist folgender: Ich schreibe ihn wörtlich aus seinem Tagebuch ab, das sich nach seinem Tode vorfand und Eigentum seiner Eltern ist, bei denen es jeder einsehen kann.

»Ich denke (schreibt R. in diesem Tagebuch) noch mit einem großen Grauen an einen Traum, den mir schon sehr lange mein Vater von sich erzählte. Er hatte mich an der Hand, ein Strom floß vorüber, plötzlich sah er mich darin und ohne Rettung untergehen. Täusche ich mich nicht, so habe ich selbst schon denselben Traum gehabt, wenigstens sind mir Gegend und alle Zufälle dabei so scharf gegenwärtig als keine neue Begebenheit des Wachens. Ich sehe den Strom noch, denke mir den Vater, wie er auf einer schief aufwärts gehenden Terrasse stand, und wie ich im Wasser lag und von mir selbst nichts mehr wußte. O was ist das für ein Gedanke des Traums, den der Wachende nicht fassen kann! Von sich selbst nichts wissen, während man diesen Zustand weiß und nachher noch lange im Gedächtnis behält! Jener Traum hat meine Eltern sehr erschüttert, sie werden jetzt nicht mehr daran denken. Gott lenke es zum Guten!«

Kurz vor seinem Tode aber findet sich folgendes in seinem Tagebuche verzeichnet:

»Nie werde ich einen Traum vergessen, den ich vor einigen Nächten hatte und der mich so ungeheuer angriff, daß ich eine Zeitlang dem Wahnsinn nahe war. Schon eine Nacht vorher war ich von einer unerklärlichen Unruhe befallen und vollends jene Nacht selbst! Weder körperliche noch geistige Anstrengung oder Ermattung war vorausgegangen, ich fühlte mich sechs Tage in völliger Gesundheit und seit langer Zeit wieder in gänzlicher Ruhe und Sorglosigkeit; wenn ich aber bei Nacht erwachte, so konnte ich mich der entsetzlichen Bangigkeit nicht entledigen.«

Schade, daß er diesen Traum, der wahrscheinlich wieder auf seinen baldigen gewaltsamen Tod im Wasser Bezug hatte, nicht auch anführt!

Diesen Tod erfuhr er im Neckar zu Tübingen, wo er nur auf Zureden und mit Widerwillen badete, als hätte er das ihm bevorstehende Schicksal geahnt!

III *Das zweite Gesicht*

Es ist bekannt, daß die Gabe des zweiten Gesichts sich an mehreren Orten endemisch zeigt, wie z. B. unter den schottitischen Inselbewohnern und in Dänemark. In Schottland haben die Menschen, die diese Gabe besitzen, den sogenannten Stechblick. Es ist dies der eigentümliche Blick, wo alles Geistige im Menschen wie auf *ein* Pünktchen im Auge konzentriert ist, das dann wie verlängert und leuchtend heraustritt, ein Blick, den ich an Frau H. in Momenten, wo sie sich selbst oder wo sie Geister sah, oft beobachtete. Der schottische Seher ist im Augenblicke des Gesichtes starr, mit aufgerissenen Augenlidern, er sieht und hört (wie auch Frau H. beim Selbstsehen) nichts anderes. Berührt der Seher im Augenblicke des Gesichtes einen andern, so entsteht dasselbe Gesicht auch in diesem, ja selbst in Tieren, die der Seher oder die Seherin in diesem Augenblicke berührt.

Daß Pferde es sehen, zeigt sich durch ihr heftiges und schnelles Stutzen, wenn der Reiter oder Mitseher eine Vision irgendeiner Art bei Tag oder Nacht hat. Das Pferd geht dann nicht weiter, bis man einen Umweg macht, und ist voll Schweiß.

Oft sind aber Pferde einer Vision, auch der von Geistern fähig, und der Mensch, der auf ihnen sitzt, ist es nicht. Man weiß Stellen, an denen schon öfters Menschen Erscheinungen hatten, wo Pferde nicht ohne Scheu und Angstschweiß vorüberzubringen sind. So haben auch Tiere, und namentlich

Pferde, an Orten, wo schon seit Jahrhunderten Menschen begraben liegen, ein besonderes Gefühl von Unruhe. In dem Schlosse Schmiedelfeld (bei Gaildorf) wurde im Jahre 1823 Pferden ein neuer Stall erbaut; es ergriff sie in ihm die fürchterlichste Unruhe, und als man noch eine Veränderung in diesem Stalle vornahm, grub man aus seinem Grunde eine Reihe uralter menschlicher Gerippe aus.

In Schottland erbt sich diese Gabe des zweiten Gesichtes, wie einige glauben, in gerade Linie in einer Familie fort.

Den 13. Januar 1827 in der Nacht gegen 1 Uhr verfiel Frau H. in magnetischen Schlaf und erklärte in ihm, daß sie innerhalb fünf Minuten einen fürchterlichen Krampf erhalten werde. Dieser brach auch aus, und sie kam in halbwachen Zustand. Ich fragte sie, warum sie diesen Krampf zur ungewöhnlichen Zeit erhalten? und sie antwortete: »Das will ich dir im nächsten Schlafe sagen; spreche ich jetzt davon, so erhalte ich wieder Krämpfe. Ich sah es im Abendschlaf voraus, sagte aber nichts, um die Leute nicht zu beunruhigen.«

Als sie erwacht war, fragte ich sie, ob sie nicht wisse, warum sie einen Krampf erhalten? Sie sagte: sie wisse es wohl, ich solle aber nur still sein, sonst würde sie wieder Krämpfe erhalten. Sie erhielt nun auch wieder starke Krämpfe, nach deren Hebung ich mich entfernte.

Als sie am andern Tag durch das Spiel der Mundharmonika in halbwachen Zustand gekommen, wollte ich von ihr die Ursache des nächtlichen Krampfes wissen, um so mehr, als sie den ganzen Tag äußerst traurig war. Aber sie sagte: »Im halbwachen Zustande bin ich mehr zurückgehalten, die Ursache zu sagen, weil in diesem mehr die Seele als mein Geist wirkt, aber im ganz schlafwachen Zustande, wo ich freier denke, da sage ich es.« In diesem (abends) sagte sie nun: »Ich sage es, mein Geist denkt und spricht frei — ich sah eine Bahre und auf ihr sterbend eine mich ganz nahe angehende Person; die Person nenne ich nicht, darf sie nicht nennen, darf auch die Zeit nicht nennen, wann es geschieht. Noch zweimal muß ich diese Bahre sehen mit dieser sterbenden Person, morgen früh halb elf Uhr das zweite Mal. Dieses Ahnungsvermögen, was ist es? Es ist schauervoll! Würde ich diese Person nennen, sagen, wann sie stürbe, o was wäre dies für ein Jammer!« Ich sagte ihr: sie *müsse* den Namen dieser Person sagen, denn es wäre ja wohl möglich, sie noch retten zu können, sie müsse durchaus darüber noch tiefer nachdenken und erforschen, ob das Gesicht von jener Bahre vielleicht nicht bloß als Warnung für jene Person erschienen sei.

Sie fiel hierauf in noch tieferen magnetischen Schlaf und sagte endlich ganz freudig nach langem Sinnen: »O wie danke ich dir, mein Gott und Vater, daß ich ein Mittel anzugeben weiß, wie diese mich so nah angehende Person zu retten ist! Mein Bruder würde diesen Monat am 18ten eine Stunde von seinem Ort entfernt erschossen. Er soll nur von dem Orte aus zwei Männer in den Wald schicken. Wenn sie aus dem Orte gehen rechts in den Wald an die große Eiche, die nicht ganz mitten in dem Walde steht, da sollen sie nur eine halbe Stunde stehen und passen und hören, dann wird dieser Kerl hervortreten. — Es darf aber nicht vergessen werden, daß man es sogleich meinem Bruder zu wissen tut. Ich sehe auch nun, nachdem ich fand, was dieses Gesicht bedeutet, dasselbe nicht mehr. Mein Bruder soll sich an diesem Tage ruhig verhalten, im Orte herumgehen, sich zeigen, als ginge er in den Wald.«

Nach noch tieferem Zurückfallen in magnetischen Zustand und inneres Sinnen sagte sie: »Der, welcher den Anschlag auf meinen Bruder hat, ist ein Mensch von 26 Jahren, und er ist nicht in dem Orte, wo mein Bruder ist. Ich sehe nur wenige Häuser in dem Orte, wo er ist, links geht es hin, wo diese Häuser sind, da ist er in einem zwei Stock hohen Hause. Aber es ist nun genug, und ich danke dir, mein Gott, daß ich weiß, daß nun mein Bruder gerettet ist.« — Hierauf betete sie leise. In der Nacht gegen ein Uhr bekam sie wieder einen starken Krampf. Am Morgen, als sie halb wach war, fragte ich sie um die Ursache, und sie sagte: »Ich habe keine Erscheinung von jenem Sarge und der sterbenden Person mehr, aber ich erwachte zur gleichen Zeit, wo ich die Erscheinung gestern hatte, da fiel sie mir ein, und ich geriet in Entsetzen und Krämpfe, weil ich wach meinen Bruder ja noch nicht gerettet weiß.«

Als sie ganz wach war, wo sie also von ihren Geständnissen im Schlafe durchaus nichts wußte, nötigte ich sie, mir die Ursache ihrer Krämpfe und ihrer Trauer zu sagen. Endlich sagte sie: »Ich sah, als ich völlig wach und nicht im Traume war, meinen Bruder sterbend im Sarge liegen, und das macht mir Sorge und Kummer. Der Sarg stand vor meinem Bette.«

Ich suchte ihr die Sache als leeren Traum zu deuten, allein sie behauptete, sie sei bei dieser Erscheinung völlig wach gewesen. Ich sagte ihr, da ihr Bruder sehr friedlich sei, so werde ihm von keinem Menschen etwas zuleide geschehen, worauf sie sagte, sie behaupte ja nicht, daß ihm von einem Menschen etwas zuleide geschehe, er könne ja an einer Krankheit sterben. Ich unterließ nicht, ihre Eltern und durch sie ihren Bruder von diesem ihrem Gesichte in Kenntnis zu setzen, und der Erfolg lehrte auch, daß es nicht überflüssig war.

Ihr Bruder ging an demselben Tage, aber gewarnt, nicht in derselben Stunde, sondern erst in der Abenddämmerung in jenen Wald, und ein ihm feindlicher Holzdieb schoß da auf ihn, der Schuß verfehlte ihn, ließ aber noch Spuren im Schnee und an einem Baum zurück. Der Täter hatte seine Wohnung an der von H. bezeichneten Stelle.

Nach einiger Zeit hatte H. abermals ein ihren Bruder betreffendes Gesicht. Es erschien ihr zu wiederholten Malen ein Fuchs, und im magnetischen Schlafe wurde ihr kund, daß ihr Bruder auf einer Jagd, wo das erste Tier, auf welches er schieße, ein Fuchs sei, durch falsche Ladung des Gewehres verunglücke. Sie ließ ihren Bruder warnen. Das Gewehr fand sich wirklich, wahrscheinlich von boshafter Hand überladen, und er entging der Gefahr. Sie sagte, daß sie von ihrem Bruder die Vorausahnungen hauptsächlich deswegen habe, weil er ihr früher sehr lange durch Handauflegen die Krämpfe gestillt und sie dadurch mit ihm in magnetischen Rapport gekommen sei. Auch als ich sie magnetisch behandelte, war neben meiner Frau nur dieser Bruder imstande, ihr durch

Handauflegen die Krämpfe zu stillen oder überhaupt auf sie magnetisch einzuwirken.

Am 8. Mai, morgens sieben Uhr, als sich ihre Schwester ihrem Bette näherte, sagte sie, sie fühle, daß in der Nähe ihres Bettes immer etwas Unsichtbares sei, sie solle ihr nicht zu nahe stehen. Dieses Gefühl hatte sie eine Stunde lang, und als sie sich im Bette selbst das Frühstück einschenkte, stand auf einmal ihr verstorbenes Kind und neben diesem ihr lebendes, entferntes vor dem Bette. Das verstorbene sah sie fest an und deutete auf das lebende mit dem Finger. Dieses hatte in der rechten Hand eine Nadel, die es im Munde hielt. Die Kinder standen ihr so lebendig da, daß sie die Hand ausstreckte, um nach der Nadel des einen zu langen. Sie schrie: »Um Gottes willen, was ist das?« Da verschwand das Gesicht. Das verstorbene Kind, das dreiviertel Jahr alt war, als es starb, war ihr in der Größe eines vierjährigen Kindes (in dem Alter, das es gerade gehabt hätte, als es ihr erschien) erschienen, aber licht und durchsichtig. Beide aber hatten keinen gewöhnlichen Anzug, es war ihr jedoch unmöglich, ihn zu beschreiben. Sie ward durch diese Erscheinung sehr angegriffen und weinte. Ich suchte sie durch die Vorstellung zu trösten, daß diese Erscheinung wohl nichts bedeuten werde. Sie sagte, sie wolle auch nicht behaupten, daß es etwas bedeute, aber ich solle mich selbst in diese Lage denken, wenn mir einmal meine Kinder so erschienen, ob mich das nicht angreifen würde!

Im magnetischen Schlafe sagte sie nach vorhergegangenem Seufzen: »Würdest du nach einer solchen Erscheinung dein Kind nicht warnen?« Ich sagte ihr: »Das würde ich gewiß tun.« Sie sagte: »Und wenn du es auch bei deinem Kinde nicht tun würdest, so muß ich es bei meinem tun. Von heute in sieben Tagen, morgens um halb acht Uhr, würde mein Kind eine Stecknadel verschlucken und dadurch sterben. Man würde nicht erfahren, woher sein Leiden käme, und es Gichtern zuschreiben. Man muß meine Eltern (bei diesen war das Kind) davon benachrichtigen. Ich werde die Erscheinung noch dreimal, immer am hellen Tage, haben.«

Am andern Morgen erschienen ihr die Kinder noch zweimal in gleicher Lage. Jedesmal erfolgten auf das Gesicht heftige Krämpfe.

Man benachrichtigte ihre Eltern drei Tage vor dem vorausgesagten, für das Kind unglücklichen Tage davon, und sie schrieben: daß ihnen aufgefallen wäre, daß sie, sobald sie die Nachricht gelesen, an dem rechten Ärmchen des Kindes eine Stecknadel im Ärmel stecken gesehen, die sie nun auch sogleich entfernt hätten.

Drei Tage lang nacheinander vor dem Tode ihres Vaters, der am 2. Mai 1828, abends 8 Uhr erfolgte, und von dessen Krankheit man damals hier noch nichts erfahren hatte, sah Frau H. zu verschiedenen Tageszeiten im wachen Zustande einen Sarg vor ihrem Bette stehen, der mit einem Leichentuche, auf dem ein weißes Kreuz lag, bedeckt war. Sie erschrak darüber sehr und bekam das beunruhigende Gefühl, daß ihr Vater krank sein müsse oder gar gestorben sei. Ich tröstete sie damit, daß es auch andere Personen bedeuten könne, und daß sie ja nur einen Sarg, aber nicht das Bild des Vaters in ihm gesehen, worauf sie selbst sagte: sie wisse dieses Gesicht allerdings selbst nicht recht zu deuten, indem dies das erstemal sei, daß ihr ein mit einem Leichentuche bedeckter Sarg erscheine, sonst sei ihr nur ein offener Sarg erschienen, in den die Person, die eine Krankheit getroffen, geschaut habe, oder habe sie vor dem Tode einer Person dieselbe als Leiche im Sarge liegen sehen; was ein mit einem Leichentuche bedeckter Sarg bedeute, wisse sie nicht, doch habe sie das bange Gefühl, als betreffe dieses Gesicht ihren Vater.

Am 2. Mai morgens kam die Nachricht hierher, daß ihr Vater an einer Lungenentzündung seit einigen Tagen sehr erkrankt liege. Abends 8 Uhr an diesem Tage verfiel Frau H. in magnetischen Schlaf und sagte in diesem: »Soll ich nachfühlen, wie es mit ihm steht?« Dann machte sie mit den Armen die gewöhnliche Stellung, die sie macht, wenn sie im magnetischen Hellsehen aus sich geht, fuhr zusammen und sprach dann: »Heiliger Gott! soll ich sagen, was ich sah?

Nein, ich will es unterdrücken, ich will es wach noch nicht wissen! Gott helfe mir! Man erwecke mich sogleich, und nach drei Minuten schlafe ich wieder.«

Dies geschah und während des zweiten Schlafes betete sie dann nur stille und sprach auch von ihrem Vater nichts mehr. Am 3. Mai kam die Nachricht, daß ihr Vater am 2. Mai abends gestorben sei, hierher.

Dreimal sah Frau H. auch im wachen Zustande ihre Schwiegermutter vor einem Sarge stehen und über den Sarg hinsehen. Sieben Tage nachher erkrankte diese Frau sehr, erholte sich aber wieder.

Zwei Gesichte derart sah Frau H. öfters. Sah sie Menschen gestorben in einem Sarg, so bedeutete dies ihren Tod, wie dies früher bei ihrem Großvater der Fall war. Sah sie sie lebend in einem Sarge, so bedeutete das ihnen eine sehr gefährliche Krankheit, und sah sie sie neben einem Sarge stehen, so deutete dies auf baldige Krankheit überhaupt. Daß der Frau H. vor dem Tode ihres Vaters ungewöhnlicherweise ein mit einem Tuche bedeckter Sarg erschien und sie nicht die Leiche selbst sah, erklärte ich mir damit: daß ihr der Anblick des Vaters als Leiche im wachen Zustande aus Schonung nicht werden sollte.

Justinus Kerner
Vergleiche hierzu auch das Bild gegenüber Seite 304.

Über Kontinente hinweg

»Im Jahre 1845 stand ich mit meinem Regiment in Moulmein in Burma. In jenen Tagen gab es keine direkte Post, wir waren auf die Ankunft der Segelschiffe angewiesen, um unsere Briefe zu bekommen, die manchmal in Massensendungen anlangten, waren daher gelegentlich monatelang ohne Nachrichten aus der Heimat.

Am Abend des 24. März 1845 aß ich mit Kameraden im

Hause eines Freundes zu Mittag, und als wir nach dem Essen mit den übrigen Gästen auf der Veranda saßen und über örtliche Angelegenheiten plauderten, sah ich mit einmal ganz deutlich vor mir die Erscheinung eines offenen Sarges, in dem meine liebste Schwester anscheinend als Leiche lag. Ich unterbrach mich natürlich mitten im Reden, alle sahen mich erstaunt an und fragten, was mir denn wäre. Ich sagte, was ich gesehen hätte, indem ich die Sache ins Scherzhafte zog, und man sah sie als komischen Zwischenfall an. Später aber ging ich mit einem Offizier nach Hause, der viel älter war als ich, dem verstorbenen Generalmajor George Briggs, der damals noch Kapitän war. Er kam auf das Thema zurück und fragte, ob ich Nachrichten über eine Erkrankung meiner Schwester erhalten hätte. Ich verneinte und sagte, meine letzten Briefe von Hause wären schon drei Monate alt. Darauf forderte er mich auf, mir den Vorfall zu notieren, denn er hatte schon früher von solchen Fällen gehört. Ich folgte seinem Rat und zeigte ihm die Eintragung, die ich in meinem Kalender an der Stelle des betreffenden Datums gemacht hatte. Am 17. Mai erhielt ich einen Brief von daheim, er zeigte mir den Tod meiner Schwester an, der gerade an dem fraglichen Tag, dem 24. März 1845, stattgefunden hatte.

R. Walter Jones.«

Bezüglich der Übereinstimmung der Stunden hatte Oberstleutnant Jones nur gehört, daß der Tod am Morgen des 24. eingetreten war. Seine Vision hatte er nach einem frühen Mittagessen erblickt. Berücksichtigt man die Differenz der Längengrade, so müssen die beiden Zeiten fast, vielleicht sogar gänzlich zusammenfallen. Bruder und Schwester hatten sich sehr geliebt.

H. Sidgwick in: Proceedings of the Society for Psychical Research

Verspäteter Wahrtraum

»Am Sonntag, den 5. Mai 1894, unternahmen meine Schwester und ich mit einer befreundeten Gesellschaft in einem Motorboot eine Fahrt auf dem Flusse Derwent in Yorkshire. Zwischen 3 und 4 Uhr nachmittags waren wir alle ans Land gestiegen, um Primeln zu pflücken; als wir zu unserem Boot zurückkehrten, war aus irgendeinem Grunde die Planke am Landungssteg nicht in Ordnung, und wir sprangen einer nach dem anderen vom Uferrand auf das flache Ende des Bootes. Ich war die letzte, sprang fehl und fiel ins Wasser, bekam aber die Kante des Bootes mit den Händen zu fassen und hielt mich fest, sank also nicht ganz unter die Oberfläche des Wassers, das an dieser Stelle ziemlich tief war. Zwei von unseren Herren rannten herbei und zogen mich an den Armen heraus. Als sie mich emporrissen, sagte ich: ›Zerren Sie mich doch nicht so, Sie tun mir ja weh!‹ Einer von ihnen erwiderte: ›Wir müssen wohl stark ziehen, wir bekommen Sie sonst nicht heraus!‹ In kurzer Zeit hatten sie mich auf das Boot gehoben, Gefahr hatte keinen Augenblick vorgelegen.

Am nächsten Tage kehrten wir nach Hause zurück und sagten keinem einzigen auch nur eine Silbe von dem kleinen Vorfall, denn mein Vater, der schon recht alt ist, sollte sich nicht deswegen aufregen oder ärgern. Aber bald nach unserer Heimkehr sagte meine Stiefmutter zu meiner Schwester: ›Ist dir auf dem Fluß etwas zugestoßen?‹ ›Mir? Nein!‹ sagte meine Schwester. Meine Stiefmutter fuhr fort: ›Ich frage, weil ich heute nacht einen niederdrückenden Traum hatte, der dich betraf. Ich träumte, du fielst in den Fluß, ich war in dem Boot, packte dich an den Haaren und versuchte dich herauszuziehen. Du sagtest: ›Zerre doch nicht so, du tust mir weh.‹ Ich antwortete: ›Besser, ich tue dir weh, als du ertrinkst!‹

Erst nach dieser Erzählung gestand ich ihr, daß einer von uns tatsächlich der Unfall zugestoßen sei, genau wie sie ihn geträumt hatte, aber ihr Traum habe uns beide Schwestern verwechselt.

Meine Stiefmutter berichtete noch, mein Vater habe in jener Nacht anscheinend unruhig geschlafen und sie am Morgen ziemlich betont gefragt, ob sie irgend etwas geträumt hätte, habe aber dann nichts weiter gesagt. Wir haben ihm auch später nichts mehr über den Unfall mitgeteilt. Meine Stiefmutter hatte ihren Traum erst in der Nacht, die auf ihn folgte.

Christabel Clarkson.

P. S. Ich habe meine Stiefmutter gefragt, ob sie schon andere Träume dieser Art gehabt hat; sie verneinte es.«

H. Sidgwick in: Proceedings of the
Society for Psychical Research

Eine sensitive Ärztin

»Die folgende Darstellung wurde mir von Frl. Graham selbst gegeben, sie erzählte ihre Erlebnisse auch Herrn Prof. Barrett[1], als sie ihn bei uns traf. Sie war eine amerikanische Ärztin, 30—40 Jahre alt, stand mitten im Leben, machte auf alle, die mit ihr zu tun hatten, den Eindruck eines an Körper und Seele durchaus gesunden Menschen. Niemand konnte weniger Visionäres an sich haben. Sie stammte aus einer Ärztefamilie und war ein bemerkenswertes Beispiel dafür, wie zäh solche erblichen Geistesrichtungen haften können. Als sie in der Kindheit ihren Namen schreiben lernte, setzte sie schon ein M. D. (Doktor der Medizin) hinzu und spielte immer entweder Ärztin oder Krankenpflegerin mit ihren Kameradinnen. Ihr Vater konnte sie nicht Medizin studieren lassen, wollte es vielleicht auch nicht, aber sie nahm ihren Lebensgang selbst in die Hände. Zuerst war sie Lehrerin in einer Schule, dann Wärterin in einer Irrenanstalt, darauf lernte sie Buchhalterei, um rascher zu Geld zu kommen, und wurde Angestellte in einem kaufmännischen Betriebe, in dem sie acht Jahre lang geduldig

---

[1] Mitbegründer der English Society for Psychical Research.

arbeitete, bis sie genug gespart hatte für ihr Studium, das sie mit ungewöhnlichen Erfolgen durchführte.

Ihre so kostbaren, schwer erworbenen Ersparnisse hatte sie in einer Bostoner Bank deponiert, die dem philanthropischen Zwecke diente, alleinstehenden Frauen eine gute Verzinsung zu ermöglichen. Die Bank schien über jeden Verdacht erhaben, wohlbekannte Namen gewährleisteten ihre Solidität. Aber eines Morgens hörte Frl. Graham beim Erwachen eine Stimme sagen: ›Frl. Graham, nehmen Sie Ihr Geld aus der Bank!‹ Sie schlief wieder ein, und als sie in der Frühe erwachte, nahm sie an, ihr Erlebnis sei nur ein Traum. Zwar glaubte sie sonst diesen Stimmen, die sich schon öfter bewährt hatten, aber eine kürzlich aufgestellte juristische Definition des Begriffes geistiger Gesundheit veranlaßte sie, ihren Einflüsterungen nur dann zu gehorchen, wenn dieselben auch sonst ihrem Urteil plausibel erschienen. Infolgedessen ging sie nicht zur Bank, sondern begab sich einer Verabredung gemäß in einen anderen Teil der Stadt zu ihrer Schneiderin. Hier mußte sie in einem Zimmer warten, in dem sich noch eine zweite Dame befand, die sehr geneigt schien, eine Unterhaltung mit ihr anzufangen. Recht ungeduldig über die verlorene Zeit, war Frl. Gr. nicht eben zum Plaudern aufgelegt, bis die Fremde sie plötzlich fragte: ›Wissen Sie schon etwas über die Howes Bank?‹ Nunmehr aufmerksam geworden, erwiderte sie: ›Nur daß ich ein Konto dort habe.‹ Ihr Interesse wuchs noch, als die Dame weiterhin bestimmte Angaben über die unsichere Lage der Bank machte, mit der ihr Gatte zu tun hatte, und schließlich sagte: ›Ich weiß nicht, ich fühle mich fast gegen meinen Willen gezwungen, Ihnen all das mitzuteilen, aber bitte sagen Sie in den nächsten Wochen keinem Menschen ein Wort davon!‹

Jetzt hielt es Frl. Graham doch für geraten, keine Zeit mehr zu verlieren, um sich gegen Schaden zu schützen, und sie konnte gerade noch nach Hause eilen, um ihr Kontobuch zu holen und ihr Depot abheben, ehe die Schalter geschlossen wurden. Am nächsten Tage stellte die Bank ihre Zahlungen ein. Ohne die rechtzeitige Warnung wären die Früchte zehnjähriger Arbeit verloren gewesen.

Während ihrer ärztlichen Tätigkeit an einem Londoner Hospital hörte Frl. Graham zweimal dieselbe Stimme. Eines Abends hatte sie sehr erschöpft ihre Wohnung aufgesucht, und gerade als sie den Kopf auf das Kissen legte, hörte sie die Stimme sagen: ›Marie Graham, ein Fall von (es folgte eine genaue Beschreibung) ist gerade im Hospital eingeliefert worden.‹ Frl. Gr. war unmittelbar vom Krankenhaus in ihre Wohnung gegangen, bei ihrem Weggang war dort kein derartiger Fall in Behandlung gewesen, denn es handelte sich um einen sehr seltenen, der ihr in ihrer bisherigen Praxis noch nicht vorgekommen war. Außerdem war sie so müde, daß sie sofort einschlief. Aber nach ungefähr einer Stunde wurde sie durch jene Stimme geweckt, die ihr dieselbe Mitteilung noch einmal ins Ohr sprach. Da sie sich schon etwas ausgeruht hatte, stand sie auf, ging nochmals ins Krankenhaus und fand dort den angesagten Fall in sehr bedenklicher Verfassung. Der Patient war kurz nach ihrem Weggang ins Hospital überführt worden. — Bei einer anderen, ähnlichen Gelegenheit war es ihr nicht möglich, der Stimme Folge zu leisten, und als sie später ins Hospital kam, fand sie, daß sie einen anderen höchst interessanten Fall versäumt hatte.

Diese Vorfälle scheinen mir mitteilenswert, ich habe sie so dargestellt, wie Frl. Graham selbst sie uns erzählt hat.

3. September 1883.   Anna E. Ridley.«

F. W. H. Myers in: Proceedings of the Society for Psychical Research

Geschichte einer römischen Münze

Sehr merkwürdig war mir ein Vergangenheitsversuch (d. h. ein Versuch, der das Hellsehen in die Vergangenheit betrifft) mit einer kleinen römischen Münze. Sie war Eigentum meines Vaters gewesen, ich weiß jedoch nicht, woher er sie erhalten hat. Auf dem Papierchen, in das sie ursprünglich eingewickelt gewesen war, stand Valens oder Valentinianus. Ich gab sie ohne dies Papier Frl. v. B. in anderes Papier mehrfach dick eingewickelt und bat um die Vergangenheit des in dem Paketchen befindlichen Gegenstandes. Was es war, sagte ich nicht.

Das Schauen in die Kristallkugel löste bei Frl. v. B. eine lange Reihe von wechselnden Bildern aus. Sie selbst war nicht sehr zufrieden damit, weil es so viele und scheinbar ganz unzusammenhängende Bilder waren; sie betonte mehrfach, das müsse ja Unsinn sein, da es gar nicht alles mit einem bestimmten Ding zusammenhängen könne. Ich gebe ihre Schilderung etwas zusammengezogen, denn wir haben hier einen der Fälle, in denen sich nichts nachträglich feststellen läßt, so daß der ganze Versuch zwar als interessante Erfahrung, aber nicht als Beweis der fraglichen Fähigkeit in Betracht kommt. Ich habe schon auf meine Überzeugung hingewiesen, daß es ratsam und richtig ist, auch derartige Erfahrungen zu machen.

Mit zuallererst sah sie etwas wie ein Kruzifix. Dieses kam ganz zuletzt noch einmal wieder, und da sah sie es genauer, ein großes Kruzifix ohne irgendwelche Umgebung. Ferner erschien gleich im Anfang ein großes Gebirge, das Frl. v. B. mit den Alpen verglich. Sodann sah sie ebenfalls sehr bald, wiederholt und recht genau den Kopf eines alten Mannes mit langem, weißem Vollbart, auffällig gewölbter Stirn und einer sogenannten Stupsnase, der von Herzen lachte, dahinter gleichzeitig zwei weibliche Wesen in tiefer Trauer. Das Bild ging in das einer großen, lebhaft bewegten Volksmenge über, aus der ihr zwei kleine Jungen genauer entgegentraten. Außerdem seien alle Menschen darauf merkwürdig gekleidet, »lotterig, eigentlich gar nicht zivilisiert«.

Leider wechselte das Bild abermals, als ich bat, die Art der Kleidung näher zu beschreiben. Jetzt kam eine Stadt, und zwar eine sehr merkwürdige Stadt. Sie zeichnete sich durch blendende Helligkeit der Gebäude sowie durch großen Reichtum ihrer Erscheinung aus. Vor allem sei an den Gebäuden viel Gold auffällig. Als ich näher danach fragte, sagte Frl. v. B.:

»Ja, wissen Sie, in ähnlicher Art wie an der Kuppel des Reichstagsgebäudes, aber die Gebäude selbst sehen ganz anders aus, überhaupt die ganze Stadt sehr fremdartig; schon so hell, wie bei uns eigentlich eine Stadt nie aussieht. Die blendenden Gebäude mit Goldverzierung sehe ich links. Rechts ist Wasser, auch einen großen Brückenbogen sehe ich, sowie Fahrzeuge, groß, ähnlich wie Frachtkähne.« Die Stadt erschien mehrmals, einmal tauchte von Einzelheiten eine große flache Kuppel auf.

Dann wieder erschien ein modern gekleideter Herr, der vor etwas Hellem in Betrachtung stand, das sich schnell als eine weiße Marmorbüste entpuppte. Auch dies Bild verschwand rasch, und nun erschienen zwei- oder dreimal kämpfende Soldaten sonderbaren Aussehens, Fußvolk und Berittene durcheinander; von Waffen wurden »lange spitze Dinger, ähnlich als ob sie alle aufgepflanzte Seitengewehre trügen« (offenbar Lanzen) besonders erwähnt. Ihre Uniformen seien ganz sonderbar, von einem fremdartigen Schnitt, bei einigen fast wie kurz abgeschnittene Röcke, andere wieder anders. Im ganzen erinnerten sie an »ganz, ganz alte Bekleidung, wie man sie in Abbildungen sieht. Es sind furchtbar viele, ich kann infolgedessen nicht auf das einzelne achten. Viele liegen auch umher wie Tote, das Ganze ist eine seltsame Schlacht. Im Hintergrunde sehe ich eine Stadt gegen roten Himmel.« Immer wieder wurde das durchaus Fremdartige und Alte betont; Modernes sei überhaupt nicht dabei. Das Gewühl und Getümmel wurde so arg, daß es Frl. v. B. zu viel wurde und wir eine längere Pause machen mußten.

Weiterhin kam das Bild eines dunklen Zimmers, in dem eine Frau in tiefer Trauer saß, mit dem Taschentuch vor dem Gesicht, und zu weinen schien; das Bild eines sitzenden Mannes in Uniform, dunkel mit roten Säumen, keiner Frl. v. B. bekannten Uniform vergleichbar. Sodann sah sie einmal drei Skelette nebeneinander; das Bild des Straßburger Münsters, aber nur einmal und kurz, sowie das eines eigenartigen, halb versteckten Kirchturms. Mit diesem Bilde hörten die Erscheinungen überhaupt auf: d. h. es kam zunächst nichts weiteres, und da Frl. v. B. durch die vielen wechselnden Bilder ermüdet war, brachen wir den Versuch ab.

Nach Beendigung des Versuches fragte ich Frl. v. B., ob sie wüßte, was in dem Papier eingewickelt sei. Sie sagte, den Gegenstand zwischen den Fingern prüfend, er fühle sich an wie ein Knopf, eine Spielmarke oder ein kleines Geldstück, worauf ich ihr mitteilte, das letztere sei richtig. Natürlich hätte sie ihn schon vorher hellsehen können, es geschah aber nicht, da ihre Aufmerksamkeit nicht darauf gerichtet war. Dies ist ebenso natürlich, als daß man eine Stunde ein aufgeschlagenes Buch vor sich liegen haben kann, ohne etwas von seinem Inhalt zu erfahren, indem man sich mit jemand unterhält oder nachdenkt. Erst indem sich der Wille dem Buche zuwendet, erfolgen die nötigen körperlich-geistigen Einstellungen. In obigem Falle sind es nur geistige, sonst ist alles analog.

Ich will nur wenige Bemerkungen hinzufügen. Valens und Valentinian I. waren Brüder, der erste Kaiser des oströmischen, der andere des weströmischen Reiches. Sie regierten zur Zeit der beginnenden Völkerwanderung, kurz nachdem das Christentum römische Staatsreligion geworden war. Vielleicht ist darauf das Kruzifix zu beziehen.

Im übrigen ist ja der Geschichte der kleinen Münze nie auf einem anderen Wege nachzukommen, und somit erscheint eine Bestätigung der Angaben unmöglich. Daß die Münze eine oder mehrere Schlachten mitgemacht, ist nach ihrer Entstehungszeit mehr als wahrscheinlich. Daß diese Schlacht in der Straßburger Gegend statthatte und die Münze dann zwischen Skeletten jahrhundertelang in der Erde lag, bis sie einmal gefunden wurde, ist natürlich möglich, aber nicht beweisbar. Ebenso ist es leicht, die Erscheinung der helleuchtenden, anscheinend südlichen (also wohl römischen) Stadt — vielleicht Rom selber — sich zurechtzulegen. Dies soll und kann natürlich nur heißen, daß alle diese Bilder sich zwanglos aneinanderfügen und ohne Gewaltsamkeit in einer wahrscheinlichen Geschichte der kleinen Münze unterzubringen sind. Die Vorstellung, daß es möglich sein soll, Einzelheiten, die seit vielen

Jahrhunderten im Meere des Geschehens untergesunken und vergessen sind, derart wieder emporzuholen, hat etwas außerordentlich Phantastisches und sogar Erregendes.

Waldemar von Wasiliewski:
Telepathie und Hellsehen

In Zungen reden

Zu Kessin, einem Dorfe bei Rostok, lebte vor 50 Jahren ein alter Bauer, zu dessen Krankenlager der Pastor Loci gerufen ward. Dieser hatte den Bauren lange gekannt, und als einen guten und frommen und in seinem Christenthum recht festen Mann geliebt. Er fand ihn bei guten Kräften seines Verstandes, und fing sogleich an mit ihm über Heilswahrheiten zu reden, worauf der Bauer immer freudig und voll Zuversicht antwortete. Endlich auf die Frage des Predigers: ob er denn auch recht fest von der wichtigen und allein seligmachenden Lehre von der Gottheit seines Heilandes überzeugt sei? rief der fromme Alte feurig aus: »O mihn leev Herr Paster! wo schüll ich dat nich löven (glauben)? Da steit jo in de hillige Schrift: en arche en ho logos, kai ho logos en pros ton theon, kai theos en ho logos[1].« Stellen Sie sich das Erstaunen des guten Landpfarrers vor, als er diese griechischen Worte hinter den plattdeutschen hörte! Er hatte selbst so ziemlich seinen Pasor und Knollius und sein Neues Testament ausgeschwitzt; doch war ihm der Anfang des Evangeliums Johannis zu bekannt, als daß er nicht gleich gewußt hätte, was er hörte, zumal der Alte diese Stelle theils weiter hersagte, theils wiederholte. Anfangs wandte er sich, im sprachlosen Erstaunen, zu den umstehenden Verwandten, die sich weniger als der Prediger über das undeutsche Zeug wunderten, weil sie nicht wußten, welche Wichtigkeit es bedeutete. Endlich fand dieser seine Worte wieder; er fragte: ob denn

[1] »Im Anfang war das Wort, und das Wort war bei Gott, und Gott war das Wort.«

ihr Vater griechisch könne? Griechisch? wiederholten diese, und lächelten, und schüttkopften. Kurz, es ergab sich, daß die Kinder nicht einmal den Namen der Sprache kannten, und daß ihr Vater es unmöglich wissen könnte, da er weder ihnen noch dem Herrn Pastor je etwas davon gesagt. Zuweilen hatte dieser letztere nicht übel Lust, die Sache auf Rechnung des bösen Geistes, als eines Tausendkünstlers, und ohne Zweifel auch Kenners der schweren griechischen Sprache zu setzen. Indeß hielt ihn der Gedanke zurück, daß der böse Feind doch nicht selbst einen Spruch anführen könne, der ja allein schon im Stande sei ihn aus dem Felde zu schlagen. Er wußte also am Ende nichts über dies Wunder zu entscheiden, und hielt es nur um desto mehr für ein Wunder.

Der Bauer genas endlich. Der Prediger hatte nichts Angelegeners zu thun, als ihn zu befragen: Ob er griechisch könne? »Ne, mihn leev Herr Paster; wo schüll ik dat verstaan?« Jener erstaunte noch mehr. Er sagte dem Bauern den kritischen Spruch vor; dieser gab sein Befremden zu erkennen, und wußte und erkannte und erinnerte sich schlechterdings nichts davon. Nun war also klar, daß er damals in Abwesenheit des Verstandes, in einem Fieberparoxysmus, gesprochen hatte. Aber alsdann, und nur alsdann, griechisch zu können, das so mancher bei gesunden Tagen nicht kann! gerade diese Stelle zu wissen! und sie so richtig anzubringen! Die Sache ward immer verwickelter. — Dem Bauren ging das Ding nun selbst im Kopfe herum, und nach einiger Zeit kam er zu seinem Prediger. Er sagte diesem: wie er sich aufs beste besonnen hätte, und wie ihm nun endlich folgendes beigefallen sei. Der Prediger des Dorfs, der in des Bauren Kindheit, also ungefähr vor 60 Jahren, da gestanden, ein gar gelehrter Mann, hätte ihn damals, als Gespielen seines Sohnes, oft bei sich gehabt, und ihn als einen muntern Knaben geliebt. Zu der Zeit war es noch Sitte, daß die Gelehrten ihre Kinder selbst erzogen und keine Hofmeister hielten; so lehrte der gute Pfarrer seinen Sohn auch Griechisch. Dieser aber hatte einen schweren und harten Kopf; der Vater gebrauchte den Stachel, daß er den Bauernknaben zugleich mit unterrichtete, welcher denn an Gedächtniß und Fassungskraft bei weitem den jungen Gelehrten übertraf. Er ließ beide in die Wette Sprüche des N. T. auswendig lernen, die er ihnen doch vorher erklärt hatte. So, schloß der Bauer seine Erzählung, so muß ich wohl zum Griechischen gekommen sein. Aber ich habe gewiß seit 60 Jahren nicht daran gedacht; und kann mich auch itzt nicht auf ein Wörtchen mehr besinnen.

Freilich ist es sonderbar, aber doch nicht ohne Beispiel, daß Ideen bei uns schlafen, deren Existenz wir nicht einmal kennen, und die wir, wenn wir wollen, nicht erneuern können; die aber zuweilen durch einen ungefähren Anstoß, hier durch ein wahres Delirium, ganz lebhaft in uns erwachen, und dann wieder wie auf ewig verschwinden. Viele Wundergeschichten von begeisterten Personen lassen sich daraus erklären.

Berlinische Monatsschrift, November 1784

Begegnung mit sich selbst

In solchem Drang und Verwirrung konnte ich doch nicht unterlassen, Friederiken noch einmal zu sehen. Es waren peinliche Tage, deren Erinnerung mir nicht geblieben ist. Als ich ihr die Hand noch vom Pferde reichte, standen ihr die Tränen in den Augen, und mir war sehr übel zumute. Nun ritt ich auf dem Fußpfade gegen Drusenheim, und da überfiel mich eine der sonderbarsten Ahnungen. Ich sah nämlich, nicht mit den Augen des Leibes, sondern des Geistes, mich selbst denselben Weg zu Pferde wieder entgegenkommen, und zwar in einem Kleide, wie ich es nie getragen, es war hechtgrau mit etwas Gold. Sobald ich mich aus diesem Traum aufgeschüttelt, war die Gestalt ganz hinweg. Sonderbar ist es jedoch, daß ich nach acht Jahren in dem Kleide, das mir geträumt hatte und das ich nicht aus Wahl, sondern aus Zufall gerade trug, mich auf demselben Wege fand, um Friederiken noch einmal zu besuchen.

Es mag sich übrigens mit diesen Dingen wie es will verhalten, das wunderliche Trugbild gab mir in jenen Augenblicken des Scheidens einige Beruhigung. Der Schmerz, das herrliche Elsaß mit allem, was ich darin erworben, auf immer zu verlassen, war gemildert, und ich fand mich, dem Taumel des Lebewohls endlich entflohen, auf einer friedlichen und erheiternden Reise so ziemlich wieder.

Goethe

Telepathie in Goethes Familie

Deine Großmutter kam einst nach Mitternacht in die Schlafstube der Töchter und blieb da bis am Morgen, weil ihr etwas begegnet war, was sie vor Angst sich nicht zu sagen getraute. Am andern Morgen erzählte sie, daß etwas im Zimmer geraschelt habe wie Papier; in der Meinung, das Fenster sei offen und der Wind jage die Papiere von des Vaters Schreibpult im anstoßenden Studierzimmer umher, sei sie aufgestanden, aber die Fenster seien geschlossen gewesen. Da sie wieder im Bett lag, rauschte es immer näher und näher heran mit ängstlichem Zusammenknistern von Papier, endlich seufzte es tief auf, und noch einmal dicht an ihrem Angesicht, daß sie es kalt anwehte; darauf ist sie vor Angst zu den Kindern gelaufen; kurz hiernach ließ sich ein Fremder melden. Da dieser nun auf die Hausfrau zuging und ein ganz zerknittertes Papier ihr darreichte, wandelte sie eine Ohnmacht an. Ein Freund von ihr, der in jener Nacht seinen herannahenden Tod gespürt, hatte nach Papier verlangt, um der Freundin in einer wichtigen Angelegenheit zu schreiben, aber noch ehe er fertig war, hatte er, vom Todeskrampf ergriffen, das Papier gepackt, zerknittert und damit auf der Bettdecke hin und her gefahren, endlich zweimal tief aufgeseufzt, und dann war er verschieden...

Diese Traumgabe schien auf die eine Schwester fortgeerbt zu haben, denn gleich nach Deines Großvaters Tod, da man in

Verlegenheit war, das Testament zu finden, träumte ihr, es sei zwischen zwei Brettchen im Pult des Vaters zu finden, die durch ein geheimes Schloß verbunden waren; man untersuchte das Pult und fand alles richtig. — Deine Mutter aber hatte das Talent nicht, sie meinte, es komme von ihrer heitern, sorglosen Stimmung und ihrer großen Zuversicht zu allem Guten, gerade dies mag wohl ihre prophetische Gabe gewesen sein, denn sie sagte selbst, daß sie in dieser Beziehung sich nie getäuscht hätte.

Bettina Brentano in einem Brief an Goethe

Tschechows Manen

Ein Verehrer und persönlich flüchtig Bekannter des russischen Dichters Anton Tschechow hat erzählt, daß er am 15. Juli 1908 auf einer Schwarzwaldwanderung nach Badenweiler gekommen sei, wo sich Tschechow oft aufgehalten hatte und im Sommer 1904 gestorben war. Der Fußwanderer trug als einziges Buch Tschechows ›Schatten des Todes‹ im Rucksack mit sich, das der Russe einmal als sein tiefstes Bekenntnis bezeichnet hatte. Badenweiler war überfüllt. Weder im Hotel ›Sommer‹ noch sonstwo fand der abendliche Ankömmling ein anständiges Zimmer. Nach ergebnisloser Unterkunftssuche kehrte er schließlich zu ›Sommer‹ zurück, wo man ihm wenigstens eine Dachkammer angeboten hatte. Schwermütig weht ihn der kleine Raum an. Müde und verstimmt setzt sich der Gast auf das grau überdeckte Bett. Eine klapprige Uhr tickt vom Gang her und schlägt acht. Eine blecherne Waschschüssel fängt noch ein wenig matten trüben Schein vom Fenster. Wie paßt diese Umgebung zu ›Schatten des Todes‹, das der abgespannt Ausruhende denn auch hervorholt und aufschlägt. Er liest, was der Dichter lange Jahre vor seinem Tode einmal geschrieben hatte: »Warum sitze ich hier, ich, der berühmte Mann, hier in diesem kleinen Gasthauszimmer auf diesem Bette mit der fremden grauen Decke? Warum starre ich diese billige blecherne Waschschüssel an und horche, wie auf dem Gange draußen die klapprige Uhr tickt? Ist das alles meiner würdig, meines Ruhmes und meiner hohen Stellung unter den Menschen? Und auf diese Frage antworte ich nur mit einem höhnischen Auflachen. Lächerlich kommt mir die Naivität vor, mit der ich einmal in meiner Jugend die Bedeutung des Ruhmes und die Ausnahmestellung der berühmten Männer aufgebauscht habe. Ich bin berühmt, mein Name wird mit Ehrfurcht genannt, mein Bild hat in der ›Illustrirten Zeitung‹ gestanden — und was ist das Ergebnis von alledem? Ich sitze mutterseelenallein in einer fremden Stadt auf einem fremden Bett! Worin dokumentiert sich denn meine Ausnahmestellung? Sie werden in allen Zeitungen Berichte über meine Krankheit veröffentlichen, die Post wird mir mitfühlende Zuschriften meiner Berufsgenossen, meiner Schüler und des Publikums bringen, aber das alles macht die Sache nicht anders. Ich werde in einem fremden Bette sterben, traurig, verlassen, allein.« Den Lesenden erfaßt Unruhe, die wohl aus der seltsamen zufälligen Gleichheit des von dem russischen Dichter irgendwann einmal geschilderten Phantasieraums und dieser Dachkammer stammt. Der Gast klappt das Buch zu und geht, um nicht allein, nicht seinen traurig-erregten Gedanken überlassen zu sein, in die Gesellschaftsräume des Hotels hinunter. Hier erfährt er im Gespräch mit dem Geschäftsführer: daß Anton Tschechow genau vier Jahre vorher, am 15. Juli 1904, abends nach acht Uhr in jenem selben Dachkämmerchen — so wie er es in ›Schatten des Todes‹ vorausgesehen hatte — in demselben grauen Bett gestorben ist, auf dem sitzend sein Verehrer, ohne es zu ahnen, dem Dahingeschiedenen eine stille Jahrestagesfeier aus Tschechows liebstem Buch hielt. Der durch dieses Zusammentreffen Erschütterte erfährt auch den Grund der Überfüllung der Gasthöfe in Badenweiler: man enthüllt am nächsten Morgen im Kurpark ein Denkmal für Anton Tschechow!

TELEPATHIE

Der unheimliche Herr von Dorsday

In Schnitzlers 1924 erschienenem Roman ›Fräulein Else‹ sagt die Titelheldin zu einem Herrn Dorsday, von dem sie später Geld braucht, für den sie privatim ›Monna Vanna‹ spielen muß, an dem sie schließlich stirbt: »Dorsday! Sie haben früher auch anders geheißen!« Die Bukarester ›Gimineaca‹ brachte zwei Jahre nach Erscheinen des Romans, am 6. Februar 1926, folgende Notiz: »Direktor Dorsday verhaftet. Im Zusammenhang mit dem Selbstmord der Tänzerin E. H. wurde heute vormittag der Kabarettdirektor Dorsday (Drechsler) verhaftet. Nach Aussage der Kolleginnen hatte Direktor Dorsday sie gezwungen, nach Schluß der Vorstellung vor einzelnen bevorzugten Gästen nackt aufzutreten. Aus diesem Grunde kam es zwischen Fräulein H. und ihrem Verlobten zu einem Streit, der schließlich zu ihrem Selbstmord führte.« Der Berichterstatter, der zuerst auf diese Übereinstimmung aufmerksam machte, schloß seine Notiz witzig mit der Anrede an die Schnitzlersche Romanheldin: »Drechsler, Fräulein Else, Drechsler hat er früher geheißen!«

Scholz

»... trifft ihn die telepathische Botschaft«

Ein offenbar intelligenter, nach seiner Behauptung keineswegs »okkultistisch angehauchter« Mann schreibt mir über einen Traum, der ihm merkwürdig erscheint. Er schickt voraus, seine verheiratete, entfernt von ihm lebende Tochter erwarte Mitte Dezember ihre erste Niederkunft. Diese Tochter steht ihm sehr nahe, er weiß auch, daß sie sehr innig an ihm hängt. Nun träumt er in der Nacht vom 16. auf den 17. November, daß seine Frau Zwillinge geboren hat. Es folgen mancherlei Einzelheiten, die ich hier übergehen kann, die auch nicht alle Aufklärung gefunden haben. Die Frau, die im Traum Mutter der Zwillinge geworden ist, ist seine zweite Frau, die Stiefmutter der Tochter. Er wünscht sich keine Kinder von dieser Frau, der er die Eignung zur verständigen Kindererziehung abspricht, hatte auch zur Zeit des Traums den Geschlechtsverkehr mit ihr lange ausgesetzt. Was ihn veranlaßt, mir zu schreiben, ist nicht ein Zweifel an der Traumlehre, zu dem ihn der manifeste Trauminhalt berechtigt hätte, denn warum läßt der Traum im vollen Gegensatz zu seinen Wünschen diese Frau Kinder gebären? Auch zu einer Befürchtung, daß dies unerwünschte Ereignis eintreffen könnte, lag nach seiner Auskunft kein Anlaß vor. Was ihn bewog, mir von diesem Traum zu berichten, war der Umstand, daß er am 18. November früh die telegraphische Nachricht erhielt, die Tochter sei mit Zwillingen niedergekommen. Das Telegramm war tags vorher aufgegeben worden, die Geburt in der Nacht vom 16. auf den 17. erfolgt, ungefähr zur gleichen Stunde, als er von der Zwillingsgeburt seiner Frau träumte. Der Träumer fragt mich, ob ich das Zusammentreffen von Traum und Ereignis für zufällig halte. Er getraut sich nicht, den Traum einen telepathischen zu nennen, denn der Unterschied zwischen Trauminhalt und Ereignis betrifft gerade das, was ihm das Wesentliche scheint, die Person der Gebärenden. Aber aus einer seiner Bemerkungen geht hervor, daß er sich über einen richtigen telepathischen Traum nicht verwundert hätte. Die Tochter, meint er, habe in ihrer schweren Stunde sicher »besonders an ihn gedacht«.

Meine Damen und Herren! Ich bin sicher, Sie können sich diesen Traum bereits erklären und verstehen auch, warum ich ihn Ihnen erzählt habe. Da ist ein Mann, mit seiner zweiten Frau unzufrieden, er möchte lieber eine Frau haben wie seine Tochter aus erster Ehe. Fürs Unbewußte entfällt natürlich dieses »wie«. Nun trifft ihn nächtlicher Weile die telepathische Botschaft, die Tochter hat Zwillinge geboren. Die Traumarbeit bemächtigt sich dieser Nachricht, läßt den unbewußten Wunsch auf sie einwirken, der die Tochter an die Stelle der zweiten

Frau setzen möchte, und so entsteht der befremdende manifeste Traum, der den Wunsch verhüllt und die Botschaft entstellt. Wir müssen sagen, erst die Traumdeutung hat uns gezeigt, daß es ein telepathischer Traum ist, die Psychoanalyse hat einen telepathischen Tatbestand aufgedeckt, den wir sonst nicht erkannt hätten.

Aber lassen Sie sich ja nicht irreführen! Trotzdem hat die Traumdeutung nichts über die objektive Wahrheit des telepathischen Tatbestands ausgesagt. Es kann auch ein Anschein sein, der sich auf andere Weise aufklären läßt. Es ist möglich, daß die latenten Traumgedanken des Mannes gelautet haben: Heute ist ja der Tag, an dem die Entbindung erfolgen müßte, wenn die Tochter, wie ich eigentlich glaube, sich um einen Monat verrechnet hat. Und ihr Aussehen war schon damals, als ich sie zuletzt sah, so, als ob sie Zwillinge haben würde. Und meine verstorbene Frau war so kinderlieb, wie würde die sich über Zwillinge gefreut haben! (Letzteres Moment setze ich nach noch nicht erwähnten Assoziationen des Träumers ein.) In diesem Fall wären gut begründete Vermutungen des Träumers, nicht eine telepathische Botschaft der Anreiz zum Traum gewesen, der Erfolg bliebe der nämliche. Sie sehen, auch diese Traumdeutung hat nichts über die Frage ausgesagt, ob man der Telepathie objektive Realität zugestehen darf. Das ließe sich nur durch eingehende Erkundigung nach allen Verhältnissen des Vorfalles entscheiden, was leider bei diesem Beispiel ebenso wenig möglich war wie bei den anderen meiner Erfahrung. Zugegeben, daß die Annahme der Telepathie die bei weitem einfachste Erklärung gibt, aber damit ist nicht viel gewonnen. Die einfachste Erklärung ist nicht immer die richtige, die Wahrheit ist sehr oft nicht einfach, und ehe man sich zu einer so weittragenden Annahme entschließt, will man alle Vorsichten eingehalten haben.

Sigmund Freud:
Traum und Okkultismus

Ein telepathisches Experiment

A und B, einige hundert Meilen voneinander entfernt (der eine in Prag, der andere in der Nähe von Paris), veranstalteten abends um 20.30 Uhr ein telepathisches Experiment. Zu dieser genau protokollierten Zeit war A in einem kleinen böhmischen Restaurant in Prag, umgeben von Leuten, die gebratenen Kapaun aßen. Sie aßen vernehmlich und mit Behagen und machten in dem Restaurant, das grüne Vorhänge hatte, einen ziemlichen Krach. Die ganze Zeit wurde auf einem Klavier gespielt, und A versuchte, das Klimpern soweit wie möglich aus seinem Bewußtsein zu verdrängen. Weit weg, in Paris, versuchte B sein Bewußtsein ›leer‹ zu machen, doch gelang es ihm nicht. Glücklicherweise hatte er seinen Freund gebeten, sich — unter Berücksichtigung der Zeitdifferenz — zur selben Zeit einzuschalten. C schrieb automatisch. Zunächst zeichnete er eine Art Gitter, Linien, die sich kreuz und quer überschnitten, dann schrieb er: »Gebratener Kapaun, Brot-Sauce, drei Menschen, viel Geplapper, grüne Vorhänge, jemand klimpert.« Merkwürdige Nebenumstände waren bei diesem Fall noch zu beobachten: nach dem Essen von gebratenem Kapaun hatte der »Sender« A am gleichen Tisch ein Schachspiel begonnen. Plötzlich erinnerte er sich an das Experiment und zog sich eilig in einen ruhigeren Raum zurück, um seine Aufgabe als Experimentator zu erfüllen. Was sich nun ereignete, war nicht, daß C etwa das Schachbrett in seinem geistigen Auge »sah«: er zeichnete Kreuz- und Querlinien. Er »sah« auch nicht einen grünen Vorhang, sondern schrieb automatisch: »Ein grüner Vorhang«. Alle diese Informationen werden durch einen motorischen Automatismus geäußert und nicht in Form eines sinnlichen Eindrucks.

Annals of Psychical Science, 1909

TELEPATHIE

Tierversuche in Rußland

Die Frage einer unmittelbaren oder sogenannten ›Gedanken‹-Einwirkung auf Tiere verdient eine besondere Aufmerksamkeit. Lange suchte ich nach einer Gelegenheit, das Problem durch Experimente aufzuklären. Vor einigen Jahren, nicht lange vor Ausbruch des großen Krieges (1914–1918), bot sich mir eine Gelegenheit:

Ganz zufällig besuchte ich nach mehreren Jahren völliger Indifferenz für Zirkusvorstellungen den Cirque moderne in Petersburg. An diesem Abend zeigte W. Durow seine dressierten Tiere, darunter einen Bernhardiner, der bis neun zählte. Der Hund, namens Lord, schien einen ruhigen und zuverlässigen Charakter zu haben.

Der Hund wurde in folgender Weise vorgeführt: Durow forderte jemand aus dem Publikum auf, irgendwelche beliebigen Summanden, die 9 nicht überschreiten, aufzuschreiben, da nach seiner Erklärung Lord darüber hinaus nicht richtig zählen könne. Zwei oder drei Summanden werden von jemandem auf ein Papier oder eine Schiefertafel geschrieben, die Durow, der mit dem Rücken zum Hund gewendet steht, gezeigt wird. Unmittelbar nach Durows Aufforderung gibt der Hund dann die Summe der Zahlen durch Bellen kund. Die Versuche wurden mehrmals vorgenommen und hatten immer vollen Erfolg; der Hund bellte regelmäßig laut und genau so viele Male, wie die Summe betrug.

Es traf sich, daß Durow meine Anwesenheit im Zirkus bemerkte. Er kam zu mir und sagte, er freute sich, mich zu treffen und erbäte meine Teilnahme an einer gemeinsamen Ausarbeitung seiner weiteren Versuche. Wir vereinbarten Experimente in meiner Wohnung.

Am vereinbarten Tage brachte Durow zwei Hunde zu mir: den oben erwähnten Lord und einen kleinen Foxterrier Pikki. Zuerst will ich die Versuche mit Lord schildern.

Der Hund wurde auf einen Diwan gesetzt, auf dem er ruhig sitzen blieb. Dann schlug Durow vor, dem Hund verschiedene auf Papier geschriebene Ziffern zu zeigen, deren Summe 9 nicht übersteigen dürfe. Man konnte auch Subtraktionen anwenden, nur mußte die Differenz in den Grenzen bis 9 bleiben. Diese Ziffern wurden Durow gezeigt, der mit dem Rücken zum Hund diesem unverzüglich das Signal gab mit den Worten: »Nun, Lord, zähle!« Lord bellte so viele Male, wie die Summe oder Differenz der beiden Zahlen betrug. Die Versuche wurden öfters wiederholt, immer mit dem gleichen Erfolg.

Ich muß darauf hinweisen, daß das Zeigen der Ziffern dem Hund nichts bedeutet, da er nach den schriftlichen Zeichen nicht zu zählen und zu addieren vermag, wovon man sich durch Versuche leicht überzeugen konnte. Wenn Lord erfolgreich durch Bellen die Summe oder Differenz zweier Ziffern kundgibt, so geschieht dies nur, weil immer nach den Worten: »Nun, Lord, zähle«, der Hund eine entsprechende Mentalsuggestion erhält. Ohne eine solche Suggestion gelingen die Experimente nicht.

Drei Experimente, die diese Seite des Problems klären sollten, ergaben folgendes: Dem Hund gezeigte einstellige Ziffern, die mit einem Pluszeichen verbunden waren, lösten zwar Anfälle von Bellen aus, doch war die Zahl des Bellens in keinem Fall mit der Summe identisch. Mein Versuch, die geschriebenen Ziffern mit sprechenden Bewegungen zu begleiten, ergab ebenfalls keine zutreffenden Resultate, während der Versuch, den Hund mental-suggestiv zum richtigen Bellen zu veranlassen, immer erfolgreich war. Danach ist klar, daß nur die Konzentration des Experimentators auf eine Folge von Bellen zwischen 1 und 9 zu einer richtigen Darbietung führte. Es ist bemerkenswert, daß mit Hunden auch andere Versuche der »Mentalsuggestion« gelingen.

Durow selbst beschreibt in seinem Buch ›Meine vierbeinigen und gefiederten Freunde‹ diese und andere Versuche in folgender Weise: Angenommen, die Aufgabe sei, dem Hund zu suggerieren, zum Tisch zu gehen und ein darauf liegendes Buch zu holen. Ich rufe Lord, er kommt. Ich nehme seinen

Kopf in meine Hände, als ob ich ihm symbolisch einschärfen würde, daß er sich ganz in meiner Gewalt befinde... Ich fixiere seine Augen... Ich nehme alle meine Nervenkraft zusammen und konzentriere mich so, daß ich die Außenwelt völlig vergesse und mir geistig den Umriß der mich interessierenden Gegenstände (in diesem Fall Tisch und Buch) dermaßen einpräge, daß sie — selbst wenn ich wegschaue — noch wie wirklich vor mir stehen. Eine halbe Minute lang verschlinge ich geradezu das Objekt mit meinen Augen und vergegenwärtige mir seine einzelnen Details... Genug! Ich habe sie im Gedächtnis.

Ich drehe dann den Hund mit einer gebieterischen Bewegung zu mir und blicke ihm in die Augen, richtiger: durch sie hindurch irgendwo hinein in sein Inneres. Ich fixiere in sein Gehirn, was ich unmittelbar zuvor in meinem fixiert habe. In Gedanken stelle ich ihm den Teil der Diele vor, der zum Tisch führt, dann die Beine des Tisches, dann das Tischtuch und schließlich das Buch. Schon fängt der Hund an nervös zu werden, er wird unruhig und bemüht sich loszukommen. Dann gebe ich ihm in Gedanken den Befehl oder eher den mentalen Stoß: »Geh!« Wie ein Automat schießt er los, geht zum Tisch, ergreift das Buch mit seinen Zähnen. Die Aufgabe ist gelöst.

Wladimir Bechterew

Telepathie in der Psychoanalyse

Außer praekognitiven Träumen mit fragmentarischer Übereinstimmung kennt die parapsychologische Forschung auch praekognitive Träume, bei denen das zukünftige Ereignis kongruent erlebt wird. Zwischen diesen beiden Typen bestehen Übergangsformen. Beispiel einer solchen Übergangsform ist der folgende Fall: Frau O. schrieb mir am Morgen des 27. November 1937 einen Brief, den ich noch am Abend des gleichen Tages erhielt. Er lautete: »... Heute nacht habe ich (wieder) geträumt — und alles so glasklar, daß es mir noch vor Augen steht. Ich sah einen Bahnübergang (1) und einen langen Weg (2) und Wiesen (3). Hinter der Hecke (4) stand ein Lastauto für Straßenarbeiten (5). In großer Geschwindigkeit kommt ein Auto angefahren (6), will rasch überqueren (7), aber in der Mitte der Straße platzt ein Reifen, und das Auto wird in voller Fahrt gegen die Hecke (8) und gegen das Auto (9), das dahinter stand, geschleudert. Die betreffende Person war sofort tot (10). Ich sah sie liegen, nämlich Prinz Bernhard (11)...«

Am Montag vormittag um 9.45 Uhr am 29. November wurde vom Radio gemeldet, daß Prinz Bernhard ein Autounglück hatte und in das »Burgerziekenhuis« in Amsterdam aufgenommen worden war. Als abends die Zeitungen erschienen waren, verglich ich die Berichte über den Unfall mit dem Inhalt des Briefes. Es zeigte sich folgendes:

1. Das Unglück hatte sich in der unmittelbaren Nähe des Viaduktes der Bahnlinie Hilversum—Amsterdam ereignet.

2. Photos in der Zeitung ›Het Nieuws van den Dag‹ (vom 30. 11. 37) und in anderen Zeitungen ließen einen langen Weg erkennen mit Wiesen (3). Es handelte sich um die Straße Diemen—Amsterdam. Auf dem erwähnten Photo ist eine Hecke sichtbar (4). Die oben erwähnte Zeitung berichtet dazu: »Vor dem Viadukt wird an dem Bahndamm gearbeitet; an dieser Stelle wird Sand abgegraben, der mit Lastwagen abgefahren wird. Im Augenblick, bevor das Auto des Prinzen vorbeikam, war ein von dem Fahrer D. Z. gesteuerter Lastwagen von der improvisierten Auffahrt herabgekommen. Der Bauunternehmer, Herr De Baat, wollte Sorge tragen, daß der Wagen sicher überqueren konnte. Es wurde einen Moment auf einen Wagen gewartet, der aus der Richtung von Amsterdam kam, danach überquerte der Lastwagen den Weg, schlug nach links ein und stand in der Richtung Amsterdam, als das Auto von Prinz Bernhard mit der rechten Vorderseite die linke hintere Seite des Lastwagens anfuhr. Der Zweisitzer des Prinzen fuhr sehr schnell (6). Ein hinter ihm kommender Fahrer spricht von 90 Kilometern...« Nicht der Prinz, sondern der Fahrer

des Lastwagens überquerte den Weg (7). Von einem geplatzten Reifen oder dem Anprall gegen eine Hecke ist nichts bekannt (8). Wie wir sahen (5), fuhr das Auto des Prinzen gegen einen Lastwagen (9). Die Aussage 11 ist nicht richtig. Die Zeitungen berichteten weiter, daß aus einer Wohnung in der Nähe von Helfern schnell Decken und Matratzen vor dem Eintreffen des Krankenautos gebracht wurden.

Wie oben gesagt, wurde der Prinz nach dem Unglück in das »Burgerziekenhuis« nach Amsterdam gebracht. Dazu sei erwähnt, daß im Oktober 1937 der Sensitive E. Benedict dem Arzt S. C. M. Spoor, damals Direktor des genannten Krankenhauses, in Gegenwart von mir und drei anderen Personen (darunter der Arzt H. M. Haye und der Ingenieur L. J. Koopman) vorausgesagt hatte, daß ihm im genannten Krankenhaus binnen kurzem »hoher Besuch« bevorstehe. Und zwar sollten innerhalb einiger Wochen Königin Wilhelmine, Prinzessin Juliana und Prinz Bernhard in diesem Krankenhaus wohnen. Keiner der Anwesenden nahm diese sonderbare Prophezeiung ernst; ich notierte sie aber trotzdem.

Nun wurde Prinz Bernhard am 29. November 1937 in einem so bedenklichen Zustand im Burgerziekenhuis aufgenommen, daß auf Rat der behandelnden Ärzte Königin Wilhelmina und Prinzessin Juliana einige Tage im Krankenhaus blieben.

Wenn man die Frage stellt, ob ein Grund anzugeben wäre, warum Frau O. nun gerade dieses Unglück voraussehen mußte (und nicht irgendein anderes zukünftiges Ereignis), so muß man wissen, daß Frau O. eine Frau mit einer starken Vaterbindung ist, die häufig in ihren Träumen zum Ausdruck kam. So teilte sie mir u. a. mit, daß sie einige Male geträumt hatte, daß der Nervenarzt Dr. K., der sie hypnotisiert hatte, ihr als strafende Vaterfigur erschienen war. Er wollte sie in ihren Träumen seinem Willen unterwerfen. Als sie sich dagegen wehrte, züchtigte er sie mit einer Rute. Sie mußte dann auf einer Bank liegen. Auch der Prinz erschien in ihren Träumen wohl als Vaterfigur.

Eine tiefere Analyse zeigte, daß sie in ihrer Jugend Konflikte mit ihrem Vater hatte, wobei Todeswünsche gegen ihn ihr nicht fremd waren. Diese gaben Anlaß zu Schuldgefühlen, die mit einem unterbewußten Verlangen nach Strafe verbunden waren.

Nun hat die Psychoanalyse nachgewiesen, daß für unzählige Menschen Könige, Prinzen und andere hochgestellte Personen Vater-Imagines sind. Es ist daher in unserm Fall durchaus möglich, daß die Vorschau des Unglücks des Prinzen — die Träumerin sah ihn ja tot auf dem Boden liegen — mit den Todeswünschen in Verbindung steht, die sie in bezug auf ihren Vater hatte. Dies um so mehr, als dieser Fall nicht allein steht.

Tenhaeff: Praekognitive Träume

Ödipus Rex

Es war im Jahre 1906, als die kleine Gruppe der Getreuen Freud zu seinem fünzigsten Geburtstag eine Medaille schenkte, die auf der Vorderseite des Meisters Profil im Basrelief und auf der Rückseite eine griechische Zeichnung des Königs Ödipus vor der Sphinx zeigt. Umrahmt ist die Zeichnung von einem Vers aus ›König Ödipus‹ von Sophokles:

> Der das berühmte Rätsel löste
> und ein gar mächtiger Mann war.

»Bei der Überreichung dieser Medaille« — so berichtet Jones im 2. Band der Biographie (1901—1919) — »ereignete sich ein merkwürdiger Zwischenfall. Als Freud die Inschrift las, wurde er blaß, unruhig und fragte mit erstickter Stimme, wer diese Idee gehabt habe. Er benahm sich wie ein Mensch, dem ein Geist erschienen ist...« Als Federn ihm gesagt hatte, dies sei seine Idee gewesen, berichtete Freud: als junger Student habe er unter den Arkaden der Wiener Universität die Büsten früherer, berühmter Professoren betrachtet. Damals habe er sich in der Phantasie ausgemalt, daß dort seine künftige Büste stände und darunter gerade diese Worte aus dem Ödipus des Sophokles graviert seien, die er jetzt auf der Medaille vor sich sehe.

Am 4. Februar 1955 fand unter den Arkaden der Wiener Universität die feierliche Enthüllung der Büste Freuds — von dem Bildhauer Königsberger 1921 geschaffen — statt. Auf ihrem Sockel ist die Zeile aus dem ›König Ödipus‹ von Sophokles eingraviert.

Hans Bender: Parapsychologie

Zwang, Angst, Träume, Bilder

I

In folgendem Fall löste eine Ahnung entgegen allen rationalen Überlegungen eine zweckmäßige, lebensrettende Handlung aus: Die Berichterstatterin lebte in einem Dorf an der Ostsee, das wegen Hochwassers von der zehn Kilometer entfernten Bahnstation abgeschnitten war. Ihr Mann war für sechs Tage nach Königsberg verreist. Am vierten Abend seiner Abwesenheit bekam sie große Angst und wurde durch einen ihr unerklärlichen Zwang veranlaßt, sich anzuziehen, auf die Straße zu gehen und den allein aus dem überfluteten Gelände herausragenden und auch gefährdeten Bahndamm zu beschreiten. Sie zweifelte an ihrem eigenen Verstand, konnte sich aber auch gegen ihre bessere Einsicht dem Geschehen nicht entziehen. Nach mehr als einer Stunde des Vorwärtsgetriebenwerdens fand sie ihren Mann, der nahe am Zusammenbrechen war. Durch eine plötzliche Krankheit war er vorzeitig zurückgekehrt und war trotz hohen Fiebers auf dem Bahndamm seinem Wohnort zugelaufen. Ohne die Hilfe seiner Frau hätte er sein Ziel nicht erreicht.

II

Dr. W., Ministerialbeamter in Bonn, fühlte sich am Abend des 27. August 1955 beim Einschlafen von einem in der Ferne grollenden Gewitter so beunruhigt, daß er den Installateur seines neuen Hauses anrufen wollte, ob ein Blitzableiter vorhanden sei. Gewitterangst war ihm sonst völlig fremd. Am nächsten Morgen war kurz vor zehn Uhr in der Ferne wiederum ein Gewitter zu hören. Erneut überfiel ihn eine abnorme Angst. Er sagte zu seiner Frau und seiner Schwiegermutter: »Ich kann es nicht mehr aushalten, ich möchte am liebsten ein Opfer bringen, damit nichts passiert.« Nachmittags besuchten ihn seine Cousinen. Man sprach über deren Bruder, den Vetter des Berichterstatters, der sich in Wolfenbüttel Geld für ein beabsichtigtes Studium verdiente. Nachts kam die Nachricht, daß dieser Vetter gegen zehn Uhr auf dem Fahrrad vom Blitz getötet wurde. Ein Motorradfahrer war Zeuge.

III

Einen eigentümlichen Fall, in dem das Schicksal eines Heimkehrers anscheinend eine ganze Familiengruppe in Vorahnungen berührte, habe ich genau untersuchen können: Am 11. Juli 1947 ertrank der älteste Sohn, Norbert, eines Studienprofessors beim Pflücken von Wasserrosen in einem kleinen Moorweiher in der Nähe von Bad Tölz. Er war ein ausgezeichneter Schwimmer. Ein Herzschlag machte seinem Leben ein Ende. Die Leiche wurde erst zwei Tage später im Wasser stehend gefunden. Die Haare hingen wie eine Kappe spitzzulaufend nach vorne. Norbert war am 9. Mai 1947 ohne Wissen der Familie aus englischer Gefangenschaft in einem deutschen Entlassungslager eingetroffen. Seine Mutter sah ihn in der darauffolgenden Nacht im Traume aus der Luft herabschwebend in einem schwarzen Kleide zurückkommen und war trotz der freudigen Erwartung tief traurig. Sein Bruder Gerfried in

TELEPATHIE

Hann.-Münden, mehrere hundert Kilometer von Bad Tölz ententfernt, malte am selben Tage wie unter einem Zwang ein Bild: die Wassernixe — ein Wesen, das die Hand verlangend nach einer Wasserrose ausstreckt. Weitere Bilder folgten: ein Wasseruntier, ein Jüngling, der in einem Strudel versinkt, mehrmals die Gestalt eines Mannes, dessen Haare wie eine Kappe nach vorne hängen, ein Leichenwagen und anderes mehr. Am 4. Juli besuchte Norbert mit seiner Frau die Eltern. Zugleich malte Gerfried in Norddeutschland den Tod und wunderte sich, daß er es in der Art seines ebenfalls malenden Bruders tat. In der darauffolgenden Nacht hatte der Vater einen Angsttraum: er sah sich in einer Einöde sumpfiger Wiesen mit seiner Tochter, die auf eine Wasserfläche zuschritt, er fühlte eine furchtbare Angst, sie würde versinken, und schon war es geschehen. Im Lichte dessen, was nun kam, schien die Tochter eine Deckfigur für den eigentlich gemeinten Sohn zu sein. Am 11. Juli kam Norbert vom Wasserrosenpflücken nicht mehr zurück. Als die Leiche am 13. gefunden wurde, malte Gerfried, der von dem Unglück nichts wußte, das letzte Bild der Reihe: eine stilisierte Figur mit der Haarkappe, ausgespannt zwischen einer Lebens- und einer Todesrune. Kurz darauf kam das Telegramm mit der erschütternden Nachricht, wobei es ihm schlagartig klar wurde: er hatte den Todesweg seines Bruders gezeichnet. Eine Tante, in Pretzsch an der Elbe wohnend, hatte einige Tage vorher geträumt, sie stehe mit ihrem Neffen Norbert auf einem Bahnsteig ihrer böhmischen Heimat. Ein Zug fährt ein, und Norberts verstorbener Großvater holt den Jungen zu sich in den Eisenbahnwagen, in dem sie winkend beide abfahren. Der Eindruck drängt sich auf, daß die Träume und Bilder in diesem Falle sinnvoll auf das zukünftige Ereignis bezogen sind.

Hans Bender:
Parapsychische Phänomene

MAGNETISMUS

Das Wirken Mesmers
Die Wünschelrute
Alte Zeugnisse

Franz Anton Mesmer war es, der den Begriff des ›tierischen Magnetismus‹ prägte. Die Anziehungskraft, die er meinte, von der er viel verstand und die er zweifellos selbst besaß, werden wir heute differenzieren müssen. Der Wünschelrutengänger, dessen Hand zuckt, sobald er auf Wasser oder Erz stößt, hat möglicherweise telepathische Fähigkeiten. Dasselbe kann auch auf den Hypnotiseur zutreffen — und in anderen als hypnotischen bestanden Mesmers Behandlungsmethoden ja wohl kaum. Übrigens stammte er aus der Bodenseegegend wie der Exorzist Gaßner. Könnte es nicht sein, daß die beiden Heilkünstler von derselben Überlieferung zehrten? Stefan Zweig hat die Gestalten Mesmers und Freuds einmal in einen, wenn auch losen, Zusammenhang gebracht. Wir wissen, daß Mesmer in theresianischer Zeit in Wien wirkte (er war dort, Glasorgelbauer und Mäzen, der er war, mit Mozarts Vater befreundet) und später in Paris ungeheuren Zulauf hatte.

In Paris begründete, knapp ein Jahrhundert später, Charcot Diagnose und Therapie der Hysterie (letztere vorwiegend durch Hypnose), und Freud war Charcots Schüler. Daß Freud später die Hypnose durch die Analyse ersetzte, steht auf einem anderen Blatt. Ein Weg, der von Gaßner über Mesmer und Charcot zu Freud führt, scheint sich nicht allzu undeutlich abzuzeichnen.

»Es sind der Influenzen zwo«, sagt der zwischen der Schweiz, Österreich und Deutschland pendelnde Paracelsus, »eine, die von den Kreaturen auf uns wirkt, als durch den Himmel, und eine, die ohne alle Mittel in uns langet, das ist ohne den Himmel.«

Wünschelruten

Als nach meines Vaters Tode 1764 meine Mutter das Amt Chorin in der Ukermark noch in Pacht hatte, meldete sich oft ein Schatzgräber Namens Preuße, ein Beckenschläger aus der Messingfabrik bei Neustadt-Eberswalde, mit seiner Bande. Anfangs vergeblich; endlich ließ sich meine Mutter durch uns

Kinder bereden, zum Graben ihre Erlaubniß zu ertheilen. Die erste Arbeit geschah in der sogenannten Kapelle ... Wie es finster war und Alles auf dem Hofe schlief, nahm das Werk seinen Anfang. Der Schatzgräber stand mit der Wünschelruthe, hielt sie gebückt, mit der Spitze an seinen Mund, und fragte sie erstlich: woraus der Schatz bestehe? Ihre Neigung sagte: »Aus rein gemünztem Golde.« — Wie hoch er sich belaufe? Ich glaube, es waren an 30000 Thaler. — Wie tief er liege? 24 Fuß. — Bei jeder Frage ward aber die Formel hinzugesetzt: Im Namen Gottes des Vaters, G. des Sohnes, und G. des Heiligen Geistes! Die geweihten Wachskerzen wurden angezündet, und stillschweigend das Werk begonnen. Kaum 10 Fuß waren sie hinab, so fühlten die Grabenden etwas unter ihren Spaten. Die Freude war groß. Der Schatz ward von allen Seiten rein umschippet; aber o Staunen! der Teufel hatte einen Streich gespielt: ein Stein an drittehalb Fuß im Durchmesser, der aus Schieferblende bestand, war der ganze Fund...

Nun zur Wünschelruthe selbst! Mein Bruder, der nicht allein drei Jahre älter ist als ich, sondern auch lange nicht mein flüchtiges Temperament hatte, ward gemeinhin von meiner Mutter zur Aufsicht bei dem Schatzgraben mit beigegeben. Er war ein Jüngling zwischen 14 und 15 Jahr; die Gräber, betagte Kerle. Zwei Wünschelruthen wurden auf meinen Bruder getauft; und sie schlugen allemal, wenn er sie in die Hand nahm: nehmlich die Hand aufwärts gekehrt, unter dem Daum und den beiden ersten Fingern die Enden der Ruthe. Mir schlugen sie nie, weil ich sogleich bemerkte, daß, wenn ich ihr einen Druck gab, sie, vermöge der Krümme, in der die Ruthe in der Hand liegt, und ihrer Anspannung, sich biegen und herabschlagen musste. Ich lachte als Knabe über den Glauben meines Bruders; aber es hieß: die Ruthe sei nicht auf mich getauft. Die Beschwörung der Dreieinigkeit, mit Beifügung meines Namens, und drei eingeschnittene Kreuze in der Rinde der Ruthe, sollten dieses bewirken. Ich wollte, man solle eine Ruthe auf meinen Namen taufen; allein es geschah

nicht, und warum? weil ich noch nicht eingesegnet war! — Ich
habe nachher aus Scherz selbst Wünschelruthen geschnitten,
sie leichtgläubigen Menschen in die Hand gegeben, und sie
wirkten dem Glauben gemäß. Woher? Sie drückten im Eifer
ein wenig ohne es zu bemerken, und die Ruthe schlug.

Ebenso erklärte ich mir die Erforschung der Metalle in
Bergwerken mit der Wünschelruthe. Erfahrung und Augenschein geben dem Bergmann das Metall an, indem er seine
Wünschelruthe hält. Unwissend giebt er der Ruthe im Eifer
seiner Entdeckung einen Druck; sie schlägt: man findet das
Erz, und nun hat die Ruthe es angezeigt, woran sie doch
gewiß ganz unschuldig ist. — Im Harzgebirge habe ich, auf
meiner Reise vor drei Jahren, die Wünschelruthe nicht mehr
gefunden; daß sie aber an verschiedenen Orten noch beim
Bergmann in Gebrauch sei, glaube ich wohl. Alte Vorurtheile
lassen sich bekanntlich, wie alte Krankheiten, schwer heilen.

Berlin. K. W. Meyer.

Berlinische Monatsschrift, Mai 1796

Versunkene Glocken

Paris, den 2. July. Aus Pontarlier wird geschrieben, daß in
einem daselbst nahe gelegenen Dorffe ein Bauer-Mädchen
von 15 Jahren angetroffen werde, welches auf eine gantz
extraordinäre Art mit der Wünschel-Ruthe umzugehen wisse,
indem sie dadurch nicht nur Gold, Silber und andere Metalle
finden, sondern auch den Unterscheid der daraus verfertigten
Sachen angeben könne. Wie denn zum Exempel angeführet
wird, daß, als sie über eine See gefahren, ihre Ruthe nach
einem gewissen Orthe sie geführet, welcher 20 Schritte vom
Ufer gewesen; da sie nun etwas allda verborgen zu seyn
geurtheilet, und ihrem Vater nachher davon gesaget, hätte
dieser sie auf einen Glocken-Thurm geführet, allwo sie die
Ruhte zur Hand genommen, und dieselbe wieder schlagen
lassen, welche denn nochmals die Anzeige gegen die See

getan; wohin ihr auch das Mädchen, und zwar eben wieder bis an den Orth, wo sie vorhin gewesen, gefolget; Hier nun hätte dieselbe angemercket, daß zwey Glocken, welche zur Krieges-Zeit weggeraubt worden, vorhanden wären; und als hernach der Vorsteher des Orts sie darüber befraget, hätte sie nicht nur versichert, daß zwey Glocken allda zu finden wären, sondern auch ihre Schwere, und wie sie lägen, angezeiget, mit dem Beyfügen, daß auch sechs Leuchter und ein Weyh-Kessel daselbst würden angetroffen werden, welches alles denn im Nachsuchen sich also befunden hätte; Man setzet hinzu, daß, ob zwar, aus vieler Erfahrung bey den Berg-Wercken, der Wünschel-Ruthe nicht alle Kraft abgesprochen werden könnte, dennoch dieses, daß das Mädchen so genaue Umstände daher angegeben, einem jeden sehr wunderbar vorkäme.

Hamburgischer Correspondent 1725

Mesmer

Vom Bodensee, den 4. August. Der durch die Entdeckung verschiedner neuen Würkungen des Magneten, und besonders des thierischen Magnetismus, berühmte Hr. Doctor Mesmer von Wien ist in dieser Gegend angekommen. Er beweiset System durch die wunderbare Gewalt, die er über alle Menschen ausübt, bey welchen der Nervensaft in einiger Unordnung ist. Durch bloße Berührung der Hände der Patienten macht er, daß die Epileptischen ihre Paroxismen bekommen, bringt Empfindung in paralytische Glieder, erregt Ohnmachten, Schwindel, Zittern, Magenkrampf und ander hysterische und convulsivische Symptomen; ja er erwecket diese Erscheinungen sogar ohne Berührung in der Entfernung von mehreren Schritten, und sobald er seine Hände zurück zieht, läßt auch das Uebel nach. Diese Erscheinungen hat er besonders in Mörspurg, wo er sich einige Tage aufgehalten, zu jedermanns Erstaunen an verschiedenen Patienten gezeiget. Herr Mesmer eignet diese bewunderungswürdige Kraft keinem Geheimnisse, auch nicht seiner Person allein zu. Nach seinem System sind alle Menschen mehr oder weniger magnetisch. Gewöhnlich aber sind es die, welche ein melancholisches oder cholerisches Temperament haben, am meisten, daher auch diese eben die Kraft, welche er hat, besitzen. Wenn nun auch die Curen, die Herr Mesmer unternommen, unsrer Erwartung entsprechen, so ist seine Erfindung nicht nur wunderbar, sondern auch eine große Wohltat für die Menschen.

Hamburgische Neue Zeitung, 1775

Wien, den 29. November. Der Herr Doctor Mesmer ist gleichfalls aus seinem Vaterlande zurück gekommen. Eine von demselben verrichtete merkwürdige Cur verdient bekannt gemacht zu werden.

Ein 10jähriges Mädchen in der Reichenau, das von der Wiege an der Gicht sehr unterworfen war, ward vor ungefehr einem halben Jahr, ohne bekannte Ursach, an beyden Füßen lahm; sie verlohr anfangs die Stimme, endlich auch die Sprache, und das Schlucken ward ihr nach und nach so beschwerlich, daß sie nichts als sehr flüßige Sachen, ohne augenscheinliche Gefahr zu ersticken, geniessen konnte. Dazu kam fast zu gleicher Zeit ein convulsivisches Hin- und Herbewegen des Unterleibes, welches endlich den Oberleib und Kopf mit ergriff, und jede Minute bis 80 mal von einer Seite zur andern warf. Diese gewaltsame Bewegung dauerte, so lange das Kind wachte, ununterbrochen fort; im Schlafe aber blieb es ruhig. Die Kräfte nahmen zusehends ab, und die Beschwerlichkeit des Schluckens dermaßen zu, daß die Patientin oft viele Tage nicht das mindeste geniessen konnte. Würklich war es wieder der 9te Tag, da sie ohne alle Speise und Trank als ein Gerippe da lag, welches kein andres Zeichen des Lebens gab, als convulsivische Bewegung, da Herr Mesmer auf der Insel ankam. Er versuchte an der Patientin unverzüglich eine magnetische Operation von 2 Stunden. — Gleich des andern Morgens brachte der Vater des Kindes die Nachricht, daß es zu essen verlange, und würklich ein paar Löffel Suppe habe zu sich nehmen können. Die Cur ward also mit vieler Genauigkeit fortgesetzt, und die Kranke erholte sich von Tag zu Tage. Die Sprache stellte sich wieder ein, das Schlucken ward leichter, nur das convulsivische Schwanken dauerte bis auf den 8ten Tag der Cur, da es von selbst plötzlich aufhörte. Es sind bereits beynahe 3 Monate, daß die Genesung anhält. Das Kind ist fetter und heiterer als es jemals war. Eine kleine Heiserkeit der Stimme und Schwäche der Füße sind noch die einzigen Ueberbleibsel ihrer ehemaligen schrecklichen Krankheit.

Hamburgische Neue Zeitung, 1775

Wien, den 1. März. Unser berühmter Herr Doctor Mesmer, welcher durch seine Erfindung des von ihm sogenannten thierischen Magnetismus so vieles Aufsehen gemacht, hat neulich das Glück gehabt, vermittelst desselben, einem seit 14 Jahren blind gewesenen jungen Frauenzimmer das Gesicht wieder herzustellen. Die Sache macht hier vieles Aufsehen. Die ganze Stadt drängt sich herbey, und sie hat zum öftern, in Gegenwart der vornehmsten Standes-Personen und der berühmtesten Ärzte, Proben von ihrem wieder erhaltenen Gesichte abgelegt, welche davon völlig überzeugt worden sind.

Hamburgische Neue Zeitung, 1777

Niederelbe, den 13. März. Von der glücklichen Kur, welche der Doctor Mesmer, wie neulich gemeldet worden, an einem seit 14 Jahren blind gewesenen jungen Frauenzimmer verrichtet, wird in einem auswärtigen Blatte noch folgendes gemeldet:

Der Doctor Mesmer wollte ein seit 14 Jahren der Blindheit unterworfenes Frauenzimmer von ihren hysterischen Zufällen und Krämpfen durch den Gebrauch des Magneten heilen, und — machte sie sehend, so daß sie bereits alles erkennen, und die Gegenstände von einander unterscheiden kann. Die Begebenheit macht bey der Facultät viel Aufsehen. Viele wollen es nicht glauben. Allein wir wissen es von ganz glaubwürdigen Augenzeugen.

Der Dr. hat das ganze Procedere aufgesetzt, und übergiebt es der pariser Akademie zur Prüfung.

Es ist recht sehr zu wünschen, daß das Glück dieses Frauenzimmer, welches ungemein viel Verdienste hat und die Freude ihrer Eltern war, von Dauer und Bestand seyn möge. Allein, Herr Doctor Mesmer zweifelt noch selbst an der Beständigkeit. Das sonderbarste ist bey diesem Vorfall, daß das Frauenzimmer, welches 67 Concerte auf dem Klavier meisterhaft spielen konnte, in ihrer Blindheit die Musik erlernet hatte, und vor der Monarchin sich öfters hören ließ, jetzo kein Stück anders, als mit verbundenen Augen spielen kann. Es kömmt ihr alles wunderlich in dieser Welt vor. Der Mensch ist in ihren Augen bey weitem nicht das schönste der Schöpfung. Da sie das Unglück hatte, in ihrer zartesten Jugend blind zu werden, so weiß sie sich sehr wenig mehr zu erinnern. Die Eltern sind in einer solchen Freude, daß sie nichts als Thränen vergießen. Ihr Name ist Paradieß. Der Vater ist Hof-Commerzienrath, und die Tochter genießt schon seit etlichen Jahren von Ihro Majestät, der Kaiserin, eine Pension von 600 fl. Und nun denkt Herr Mesmer diesem Vorfall nach, und macht gegenwärtig einen andern Versuch mit einem Manne, der sehend in die Oper kam, blind herausging, und seit 8 Monaten stockblind ist. Wann die gemachten Versuche der Electricität nichts verdorben haben; so hofft er, den armen Mann wenigstens zu einem Schein des Lichts zu verhelfen.

Hamburgische Neue Zeitung, 1777

Auszug eines Schreibens aus Wien, den 6 Junius. Von unsern Dr. Mesmer ist gegenwärtig alles still, wenigstens von Seiten seiner Widersacher. Indessen glauben sie ja nicht, daß er seine Hände in den Schooß legt, und den magnetischen Curen Abschied giebt. Nein, keineswegs. Er ist, womöglich, noch eifriger in seinen Versuchen, und in vielerley Krankheitsarten glücklicher. Er arbeitet im geheimen, und macht von seinen glücklichsten Curen nicht gerne Erwähnung, wenn es nicht seine warmen Freunde thäten, mit denen er über diesen Punkt öffentlich unzufrieden ist, weil sie oft Curen zu früh ausposaunen, die nicht allzeit von ewiger Dauer sind.

Der Mann muß doch ein wahrer Menschenfreund seyn, weil er keine Zeit, keine Mühe, keine Kosten scheut, das lieblose Urtheil seiner inn- als auswärtigen Mitcollegen nicht achtet, und ohne Rücksicht auf Belohnung jedem seiner Nächsten hilft, oder zu helfen wünscht.

Freylich hat er es nicht nöthig, dann man schätzt ihn wenigstens auf 80 000 fl. reich. Er hat einen Garten, wie ein Paradieß, eine Wohnung, wie ein Pallast, und alles, was er nur wünschen kann.

Er spielt die Harmonica, die er von dem berühmten Dr. Franklin, dem Erfinder dieses himmlischen Instruments erlernet, mit einer solchen Meisterhand, daß man zerfließen möchte, wenn man ihn spielen hört. Und wenn er auch nicht mit dem Magnet die Krankheiten alle heben kann, so bin ich überzeugt, daß die kränkesten Patienten ihrer Schmerzen so lange vergessen, als er dieses Instrument rührt. Wer es niemalen gehört hat, der kann sich von der Empfindung keinen Begriff machen, und, wer sie gehört hat, der kann, was er dabey empfunden, nicht beschreiben.

Hamburgische Neue Zeitung, 1777

Die magnetische Kur

Anton Mesmer, Doktor der Arzeneigelahrtheit, und vorgeblicher Erfinder des thierischen Magnetismus, ehemals zu Wien, itzt zu Paris, zaubert am letztern Orte, selbst und durch seine Schüler, nicht allein im Einzelnen, sondern hat auch große Säle (traitemens publics), wo mehrere Preßhafte[1] aller Stände und alles Geschlechts durcheinander sitzen, um die sichtbaren, oft schreklichen, Wirkungen seiner magischen Kraft zu emp-

[1] Bresthafte, Kranke.

finden. Die Sensation, die sein Spiel Anfangs und zum Theil noch itzt macht, war und ist ganz außerordentlich. Indessen kehrt nun die Herrschaft der gesunden Vernunft mächtig zurück; und durch Spott und Ernst verständiger Männer aufgewekt, sehn schon viele ein, daß nicht existierende Arzeneimittel schwerlich Universalmedizinen sein können. Zwei der wichtigsten Schritte von der ernsthaften Art waren die in diesem Jahr auf Befehl des Königs geschehenen Untersuchungen der Mesmerschen Kuren: von Mitgliedern der königlichen Gesellschaft der Ärzte, und von Mitgliedern der medizinischen Fakultät und der Akademie der Wissenschaften. Die Berichte von beiden wurden gedrukt; vorzüglich aus dem letztern, der vortreflich geschrieben und ein Muster von gründlicher Auseinandersetzung solcher verwirrten Begriffe, und von der Kunst, Täuschungen zu entdekken, ist, will ich den Lesern hier das vorzüglichste vorlegen [2] . . .

Hier sind Mesmers eigne Behauptungen von diesem sonderbaren Wesen: »Der thierische Magnetismus ist ein überall verbreitetes Fluidum, und das Mittel zur Unterhaltung des wechselseitigen Einflusses zwischen den Himmelskörpern, der Erde, und den auf letzterer lebenden Kreaturen; es ist höchst fein, folgt jeder Bewegung, und leidet Ebbe und Fluth. Im thierischen Körper dringt es in die Substanz der Nerven, und wirkt auf sie. Vorzüglich merkt man am menschlichen Körper Eigenschaften, die den magnetischen entsprechen, unter andern auch entgegenstehende Pole. Die Kraft des thierischen Magnetismus kann andern belebten und leblosen Dingen mitgetheilt werden; derselbe wirkt in weiter Entfernung, ohne Hülfe eines dazwischenkommenden Körpers, wird durch Spiegel zurückgeworfen, durch den Schall mitgetheilt, u. s. w. Doch giebt es Körper, obgleich in sehr geringer Anzahl, die von so entgegengesetzter Beschaffenheit sind, daß bloß ihre Gegenwart alle Wirkung dieses Fluidums auf andere Körper

---

[2] Als Kommissare bei dieser zweiten Untersuchung waren tätig: B. Franklin, Majault, le Roi, Sellin, Bailly, d'Arcet, de Bory, Guillotin, Lavoisier.

hindert. — Dieser Magnetismus nun heilt unmittelbar die Nervenkrankheiten, und mittelbar die andern. verstärkt die Wirkung der Arzneimittel, bringt die heilsamen Krisen hervor und leitet sie, giebt genau den Gesundheitszustand jedes einzelnen Menschen an, zeigt den Ursprung, die Natur, und den Fortgang der verwikkeltesten Krankheiten, hindert ihren Wachsthum, und heilt sie endlich, ohne jemals, wes Alters, Temperaments und Geschlechts der Kranke auch sei, gefährliche Wirkungen oder unangenehme Folgen zu verursachen. Die Natur bietet in diesem Magnetismus ein allgemeines Mittel zur Heilung und zur Erhaltung der Menschen dar.«

Die Art der Anwendung dieser Universalessenz geschieht auf folgende Art. Mesmer selbst ist vorzüglich mit diesem wunderbaren Wesen erfüllt, das ihn aber nicht hindert, alle Geschäfte des menschlichen Lebens zu verrichten, und das niemals in ihm eine Abnahme leidet; er ist im Stande, zu jeder Zeit und an allen Orten es wirken zu lassen, trägt es allenthalben hin, überläßt es, nimmt wieder davon, soviel ihm beliebt, ladet Flaschen damit, wie mit der Elektrizität, kann alle Dinge unterm Mond mit dieser Heilungskraft begaben, u. s. w. Doch nicht nur er, auch seine Freunde, von ihm unterrichtet, können das nehmliche. — Die Heilungen im Großen werden nun entweder in freier Luft, oder in einem Zimmer getrieben. Zum erstern Behuf magnetisiren die Herren einen Baum, der mit Recht der Baum des Lebens mag genannt werden, um den sich die Kranken versammeln, und deren das glükliche Frankreich nun schon mehrere in verschiedenen Provinzen hat. Der letztere Fall hat vorzüglich in der Hauptstadt Statt. In einem großen Saale steht ein runder eichener Kasten (baquet genannt), anderthalb Fuß von der Erde, in welchem der thierische Magnetismus konzentriert ist, und aus dessen durchlöchertem Dekkel eine Menge beweglicher eiserner Arme hervorgehn. Um diesen Kasten sitzen die Kranken in mehrern Reihen, und bekommen die heilende Kraft durch mehrere Organe: 1) Jeder biegt einen eisernen Arm nach dem leidenden Theil seines Körpers, und zieht so aus dem großen Behälter des thierischen Magnetismus (dem Baquet) Ausflüsse an sich. 2) Die Kranken haben eine Schnur um den Leib, welche alle untereinander verbindet. Auch machen sie zuweilen noch eine Kette unter sich, indem jeder mit seinem Daum seinen Nachbar zwischen dessen Daum und Zeigefinger drükt; man erhält den Druck von dem linken Nachbar, und theilt ihn dem rechten mit, so daß diese Berührung rund herum läuft. Durch beide Arten von Verbindungen bekömmt also Jeder noch den Magnetismus seines Nachbars zu empfinden. 3) Magnetisirende Personen wandern im Saale herum, mit eisernen 10 bis 32 Zoll langen Ruthen. Mit ihrem Finger oder mit der Ruthe fahren sie den Kranken vor dem Gesichte herum, auf und hinter dem Kopfe, und an den leidenden Theilen. Oft legen sie ihnen auch ihre Hände an, und drükken sie sehr lange, zuweilen mehrere Stunden hintereinander, mit dem Finger auf die Weichen und die Gegenden des Unterleibes. 4) Die Kranken hören dabei Musik, die zuweilen mit Gesang begleitet ist. Man berührt die Instrumente mit der eisernen Ruthe, auch geben ihnen die spielenden Personen schon den Magnetismus, und dieser theilt sich dann durch den Schall den Zuhörern mit. Die Stükke sind in Absicht des Takts und der Bewegung sehr verschieden. Uebrigens spielt Mesmer selbst die Harmonika; Schüler von ihm, die aber eigene Buden aufgeschlagen haben, und gleichfalls solche traitemens publics geben (z. B. der Doktor Deslon, der von den genanten königlichen Kommissarien besucht ward) spielen ein Pianoforte. 5) Die magnetisirenden Aerzte wirken auch auf die Kranken durch den Blik, indem sie sie unverwandt ansehen. — — So die Methode. Und die Symptome dabei? Sind die seltsamsten, die man sich vorstellen kann. Anfangs geht alles still im Saale zu; aber nach ein paar Stunden fangen die Bewegungen an, vorzüglich beim Frauenzimmer, und dann folgt eine schnell genug auf die andre. Man hustet, wirft aus, empfindet Hitze, schwitzt, bis man endlich in wahre Konvulsionen (in diesen Sälen Krisen genannt) verfällt. Wenn die Berührung mit der Ruthe, das Drükken mit dem Daumen, das Umfassen des Unterleibes, das scharfe Anblikken, die Töne der Instrumente und des Gesangs immer lebhafter werden, immer häufiger erfolgen, und man schon sonderbar afficierte Personen neben sich sieht; dann werden bald alle Lebensgeister empört, es zeigen sich die unordentlichsten Bewegungen des Körpers, angreifende Zukkungen und ermattende Gefühle. Bei einigen dauern die Konvulsionen über drei Stunden; viele werfen dabei Wasser, manche Blut aus. Man sieht unwillkürliche schnelle Bewegungen aller Glieder und des ganzen Leibes, krampfhaftes Zusammenziehen der Kehle, Aufhüpfen in der Gegend der falschen Rippen und des Unterleibes, verwirrte und wilde Augen; man hört durchdringendes Gekreisch, Weinen, Schlukken, und unbändiges Lachen. Dabei sind andere, gerade dann nicht afficirte, Personen in völliger Ruhe; welches die Sonderbarkeit jenes Schauspiels noch mehr erhebt. Die bewegten haben aber auch ganz verschiedene Zufälle, Affekte und Sympathien. Man sieht einige, die sich ausschließend aufsuchen, sich gegen einander hinstürzen, sich zulächeln, zärtlich zusammen reden, und wechselseitig sich ihre Krisen zu mildern bemühen. Nach allem diesem folgt ein Zustand von matter Ruhe, von sanftem Schmachten, wohl gar von Erstarrung. Aber bald werden sie durch das geringste Geräusch, durch einen veränderten Takt oder Ton des Pianoforte, durch ein Wort, ja durch einen Blik des magnetisirenden Arztes wieder aufgeschreckt. Dieser Mann hat eine erstaunliche Herrschaft über seine Kranken, und wirkt selbst im anscheinenden Zustande ihres Schlummers auf sie ein.

Im Einzelnen, ohne Zusammenkunft beim Baquet, geschehen eben so große Wunder. Mesmer und seine Schüler magnetisiren nach Belieben jeden Menschen, der ihnen vorkömmt, auch ohne ihn zu berühren; zuweilen Bäume in einem Walde, einen ganzen Garten, eine Kutsche, u. s. w. Die Menschen, auf welche also gewirkt wird, empfinden die oben beschriebenen Zufälle. Herzklopfen, Uebelkeit, Ohnmachten, Konvulsionen. Ja selbst Uneingeweihte können dieselben Wirkungen hervorbringen; wie der bekannte und gelehrte D. Sigault von sich selbst erzählt. »In einem vornehmen Hause, sagt er, ließ ich glauben, ich sei ein Adept von Hrn. Mesmer; und ich bewirkte da durch meinen angenommenen Ton, durch Ernsthaftigkeit, und allerlei Gestus, daß eine Dame alle die konvulsivischen Bewegungen, Erbrechen, Ohnmachten, u. s. w. bekam, und in einen Zustand von außerordentlicher Ermattung und Schwachheit fiel. Ein berühmter Künstler, der die Kinder eines unsrer Prinzen im Zeichnen unterrichtet, klagte mir sein starkes halbseitiges Kopfweh; ich sagte ihm, ich verstehe die Mesmerschen Geheimnisse, und benahm ihm durch einige Gestus, zu seinem großen Erstaunen, alle seine Schmerzen. Ein Hutmacherbursch klagte mir das nehmliche. Er empfand nichts bei meinen ersten Gestikulationen. Ich legte ihm darauf meine Hand auf die falschen Rippen, und hieß ihn mich ansehn. Sogleich bekam er kurzen Athem, Herzklopfen, Gähnen, und Uebelkeit. Nun berührte ich den schmerzhaften Theil mit meinem Finger, und fragte, was er empfände? Daß der Schmerz herunterzieht, war seine Antwort. Ich versicherte ihn, dieser müßte nun in den Arm ziehn, und zum Daumen herausgehn, den ich tüchtig drükte. Er glaubte mir, und ward erleichtert. Im Sprechzimmer eines Klosters sagte eine junge Dame zu mir: Sie gehn also auch zu H. Mesmer? Ja, sagte ich, und ich kann Sie durch das Gitter magnetisiren. Ich hielt ihr meinen Finger hin, sie erschrak, bekam ein Schaudern, und beschwor mich, nachzulassen. Hätte ich fortgefahren, sie wäre sicherlich in Konvulsionen gefallen.« So erstaunlich ist also die Kraft dieses Mittels in Paris.

Und nun zur Untersuchung, welche das Dasein und den Nutzen desselben prüfen sollte. Die Kommissare glaubten (und es scheint, mit Recht): die Frage von der Existenz müßte die erste sein, und dann folge die von der Nützlichkeit. Denn dieses Mittel könne existiren, ohne nützlich zu sein; aber nicht nützlich sein, ohne zu existiren. — Das Baquet ward untersucht; und die genannten großen Naturforscher bezeugen: daß sie, durch einen Elektrometer und durch eine unmagnetisirte Eisennadel, in diesem angeblichen Behältniß des thierischen

Magnetismus nicht das geringste von Elektrizität oder eigentlichem Magnetischen fanden. Auch zeigte die Beschreibung des D. Deslon von dem Baue dieses Kastens gar keine Spur eines physischen Wirkungsmittels, welches die erwähnten Wirkungen hätte hervorbringen können. — Um nun die Existenz des thierischen Magnetismus überhaupt auszumachen, beschlossen die Kommissare, ihn nicht in seinem ganzen ungeheuren Umfange, da er die gesammte Natur umfaßt, zu betrachten; sondern, ohne Rüksicht auf die Himmelskörper, ihn bloß auf Erden, in so weit er sich auf Menschen äußert, kennen zu lernen. Hier fand sich nun aber bald, daß er selbst durch gar keinen Sinn erkennbar ist, welches auch Hr. Deslon eingestand. Dieser verwies daher die Kommissare auf seine Wirkungen. Man kann diesem Mittel zweierlei Arten derselben beilegen: Erstlich die Zufälle, welche in der Zeit der Gebrauchung dieses Mittels erfolgen, und deren Sonderbarkeit bei vielen Personen vorher beschrieben ist; Zweitens die erst mit der Zeit und nachher erfolgte Heilung eines so behandelten Kranken. Deslon bestand auf die Prüfung der letztern Art, welche die Kommissare aber mit sehr triftigen Gründen verwarfen . . .

Die Kommissare unterwarfen sich selbst der Behandlung; und einige von ihnen sind schwach und kränklich, also für diese Wirkungen empfindbarer; sie ließen sich öfter, und mehrere Stunden hintereinander magnetisiren, ja sie waren zuletzt gar drei Tage bei ihrem Baquet; und empfanden — nichts . . . Sie glaubten nicht, und empfanden nichts. So ging es auch wirklich Kranken, z. B. einem amerikanischen Offizier bei Franklin zu Passy; und andern. — Das vornehmliche widerfuhr Kindern, die noch keinen Begriff von der neuen Lehre hatten, folglich nicht glauben konnten; obgleich einige derselben sonst sehr gescheidt, und dabei von äußerst empfindlichen Nerven waren. — So auch ganz gemeinen Leuten, die nichts von einer Theorie des thierischen Magnetismus verstanden, und keine Art Interesse bei der Sache hatten. — Und alle übrige, die so höchst lebhaft empfunden hatten, und dadurch in die stärksten Symptome verfallen waren, empfanden entweder gar nichts, oder doch ganz verkehrt, sobald sie nicht sahen. Der, nicht berührende, sondern nur vorgehaltne Finger erregte immer richtig Hitze und Schmerz in dem Theile, vor dem man ihn hielt, sobald der Kranke sah; nur bei verbundnen Augen war die Hitze im Unterleib, wenn der Finger gegen den Kopf gerichtet war, und umgekehrt. Das zeigten nun eine Menge Beispiele, die mit der größten Vorsicht, und fast immer in Beisein des D. Deslon, und zwar an Personen, die oft die Kur an sich erfahren hatten, gemacht, und mit genauer Ausführlichkeit in dem Berichte verzeichnet sind. Wußte der Kranke, die magnetische Tasse würde bald kommen; so bekam er bei jeder gemeinen Tasse seine Krisen, und trank hernach ganz ruhig aus der wirklich magnetisirten. Wußte er, man würde ihn zu einem magnetisirten Baume führen; so trat die Krise bei dem Baume ein, wohin man ihn brachte, wenn er auch noch so weit vom magnetisirten abstand ...

Wenn je etwas unwidersprechlich bewiesen genannt werden kann, so ist es nun wohl dies: daß all die obbeschriebenen Wirkungen beim Baquet und im Einzelnen nicht vom thierischen Magnetismus herkommen; und also daraus die Existenz dieses Wesens durchaus nicht erweislich ist. Woher dann jene Wirkungen? Vorzüglich von der Einbildungskraft, verbunden mit dem Berühren und festem Drükken am Unterleibe, der verderbten Luft in den Sälen, u. s. w. — Uebrigens erinnern die Kommissare sehr gegründet: daß diese sonderbare Kurart, die durch Konvulsionen geschieht (und welche in der That mit Gasners Kuren sehr viel Aehnliches hat), höchst gefährlich sei, und leicht durchaus schädlich, wo nicht gar tödtlich werden könne.

Berlinische Monatsschrift,
Januar 1785

MAGNETISMUS

Lehrsätze Mesmers

Wenn sich in einer Nervenkrankheit die Reizbarkeit in dem Zustand der Krisis in größerer Quantität auf das Augenhäutchen ziehet, so wird das Auge fähig, mikroskopische Gegenstände zu bemerken. Alles was nur die Kunst eines Optikers erdenken kann, ist nicht diesem Grade der Empfindung zu vergleichen. Die dickste Finsternis ist für es nicht dunkel genug, um nicht eine hinreichende Quantität Strahlen sammeln, die Gestalt der verschiedenen Körper unterscheiden und ihre Verhältnisse bestimmen zu können. Ja diese Personen können sogar Gegenstände durch solche Körper hindurch, die uns dunkel erscheinen, unterscheiden.

Es ist erweislich, und man hat starke Gründe a priori, daß wir noch mit einem inneren Sinne begabt sind, der mit dem Ganzen des Weltalls in Verbindung stehet; genaue Beobachtungen können uns davon überzeugen; man könnte sich auch die Ahndungen daraus begreiflich machen.

Übrigens hat ja alles, was da gewesen ist, irgendwelche Spuren hinterlassen, und das, was sein wird, ist schon durch die Gesamtheit der Ursachen bestimmt, welche es verwirklichen sollen: was zu der Idee führt, daß alles im Universum gegenwärtig ist, und daß Vergangenheit und Zukunft nur verschiedene Beziehungen der Teile unter sich sind.

Wunderdoktoren überall

Cölln, den 2. May. Herr Heinrich von Marconnay, Doctor zu Mez, soll ein sympathetisches Saltz von wunderbarer Würkkung erfunden haben, womit er sich frische Wunden an Menschen und Thieren innerhalb 24 Stunden ohne die geringste Inflammation zu curiren getrauet; er soll es schon an vielen bewähret haben, und noch täglich bewähren; Das Experiment sol er auch in Gegenwart dasigen Bischoffens im Bischöflichen Palast an einem Hahn gemacht haben, als welchen er erstlich mit einem Degen so verwundet, daß er für tod dahin gefallen; hernach aber durch die beygebrachte Dose des sympathetischen Saltzes wieder so frisch gemacht, daß er binnen einer Stund aufstehen, und am folgenden Tag unverletzt seine Wege gehen konnte. Gedachter Doktor hat noch viel andere Curen vor den Augen des Intendanten, des Hertzogen von Guise, des Grafen von Bayern und des Printzen von Lambese verrichtet, welche alle wohl ausgeschlagen; wie denn ein Bedienter von dem letztern, welcher 5 Wunden in einem Duel bekommen, durch den Gebrauch dieses Saltzes dergestalt curiret worden, daß er noch den Tag wieder zu Pferd sitzen können. Man kan das Saltz bey sich tragen ohne Furcht daß es etwas von seiner Kraft verlieren werde; und also können sich verwundete Soldaten selber curiren, und haben keines Chirurgi vonnöthen.

Hamburgischer Correspondent, 1726

Paris, den 1. Sept. Msr. de Marconnay, ein Medicus, hat in dem von ihm erfundenen Sympathetischen Saltz nachfolgende Würckung entdecket: wann er nemlich eine Person will schwitzend machen, so öffnet er derselben eine Ader, fasset das Blut in ein Glaß und thut eine Prise von seinem Saltz darein, da dann der Kranke vier Stunden darnach würcklich zu schwitzen anfänget.

Vossische Zeitung. Berlin 1730

Rom, vom 10. Julii. Seit kurzem hat hier der Herr Doctor der Chymie Piemontois einen chymischen, sympathetischen Ring erfunden, welcher wegen seiner wunderbaren Würkungen sehr berühmt ist. Dieser Ring ist von verschiedenem mineralischen Metall, so dem Golde gleich kommt, verfertiget, und verliert niemahls seine Farbe, man sey denn krank. Er ist eine Gesundheitsuhr, und hat durch seine Sympathie die erstaunlichste Würkungen verübet. Er ist ein wahrhaftes Mittel für die Kopfschmerzen, wenn man nur den Ring eine halbe Viertelstunde an die Stirne hält. Er hält durch Sympathie das Nasenbluten zurück, indem man nur 3 oder 4 Tropfen Blut auf den Ring fallen lassen darf. Diejenige, welche ihn beständig am Finger tragen, sind niemals dem Krampf unterworfen.

Vossische Zeitung. Berlin 1765

Paris, vom 22. Junii. Ein sonderbarer Vorfall hat ganz Paris seit einigen Tagen in Bewegung gebracht. Ein aus Deutschland hieher gekommener Bauer hat, sagt man, vom Himmel das Vermögen empfangen, alle Krankheiten durch blosses Berühren zu heilen. Das Zutrauen, welches das dumme Volk zu diesem Betrüger faßte, ist unbegreiflich. Tag und Nacht war die Strasse seiner Herberge voller Menschen, die eine zahlreiche Menge von Kranken und Gebrechlichen herbeyschleppten um von ihm gesund gemacht zu werden. Man erzählte sich unglaubliche Dinge, die Blinden sähen, die Tauben hörten, die Krüppel würfen die Krücken von sich, und jeden Augenblick vernahm man, dieser oder jener sey genesen. Die Regierung, die endlich den Betrug einsah, fand ein sehr gutes Mittel, dem gemeinen Volke die Augen zu öffnen. Er wurde den ganzen Tag unter der Aufsicht eines dazu bestellten Commissaires angehalten, seine Wunder an wem er wolle zu verrichten, und jeden, der kam, zu berühren. Hier fand sichs, daß alles Betrügerey war; man ließ ihn daher aus der Stadt führen, und befahl ihm, das Land zu räumen, und bey Lebensstrafe nie wieder zu betreten. Da ihm die Freyheit gelassen worden, zu gehen, wohin er will, so hat er sich England zu seinem Aufenthalt ersehen.

Vossische Zeitung. Berlin 1772

Paris, den 25. August. Der D. Deslou, ein Verteidiger des Magnetismus, ist in seinem 54. Jahr gestorben. In seiner Krankheit ließ er sich täglich durch verschiedene Damen magnetisiren, die ihn auch noch 4 Stunden lang nach seinem

Tode magnetisirten, und ihn doch nicht wieder lebendig machen konnten. Der Meister des Magnetismus, Hr. Mesmer, befindet sich jetzt auf seinem Landhause bei Paris, wo er verschiedene Frauenzimmer noch um den kleinen Ueberrest ihres Verstandes zu bringen sucht.

Vossische Zeitung. Berlin 1786

Wien, den 16. November. Ein Mann, Namens Brody, macht hier großes Aufsehen. Er weiß durch eine künstliche Manipulation jede Person, die ihn während derselben recht aufmerksam ansieht, in Zeit von 6 Minuten in den Schlaf zu bringen. Während des Schlafes beantwortete sie einige seiner Fragen ganz zusammenhängend.

Vossische Zeitung. Berlin 1793

Auszug eines Schreibens aus der Gegend des Harzes, vom 28. Decmbr. Sie haben Recht: ein kleiner Knabe von 2 Jahren hat in der Gegend von Osterode bereits viel Spectakel verursacht; es hieß durchgängig, daß er durch Streichen mit seiner Hand alte Schäden heilte, und tausend Krankheiten und Übeln durch seine wunderthätige Berührung abhülfe. Allein die Wunderkraft dieses jungen Knaben hat sich bereits verlohren; ein elender Quacksalber suchte sich durch dieses Ausgesprenge zu bereichern: sein Project ist aber bereits vereitelt, und die ganze schlecht-gespielte Comödie völlig ausgepfiffen worden. Zu verwundern, aber ist immer, daß in unsern erleuchteten Zeiten solche Fälle des Aberglaubens noch vorkommen; doch der Pöbel braucht Jahrtausende zur Ablegung seiner Vorurtheile, wir müssen es also nicht übel nehmen, wenn er sich von den Ausbrütungen seltsamer Hirngespinste noch nicht so bald zurückbringen läßt.

Haude-Spenersche Zeitung.
Berlin 1774

Es ist dem Ober-Collegio Sanitatis ein auffallendes Beispiel bekannt geworden, mit welcher Unverschämtheit unwissende und betrügerische Quacksalber sich zu gefährlichen Kranken drängen. Ein solcher Quacksalber forderte sogar im Anfang der Cur ein ansehnliches Geld zum voraus, und gab dann dem Kranken, statt Arznei, Pillen aus Ziegelmehl und Zucker, und Tropfen aus Branntwein und Pfeffer. Dieser Betrug ist nun zwar schon bei der gesetzlichen Behörde zu seiner gerechten Bestrafung angezeigt; indessen erachtet das Ober-Collegium Sanitatis auch seiner Pflicht, für die Gesundheit der Staatsbürger im Allgemeinen zu sorgen, völlig angemessen, das Publikum vor allen Quacksalbern und deren Betrügereien auf das dringendste zu warnen. Es steht gewiß ein jeder, der aus Vorurtheil einem Quacksalber sein Zutrauen schenkt, in der größten Gefahr, Gesundheit und Vermögen, ja wohl gar das Leben aufzuopfern.

Berlin, den 7. December 1798.

Königl. Preuß. Ober-Collegium Sanitatis.

Haude-Spenersche Zeitung.
Berlin 1798

Goethe über Magnetismus

Ich erzählte Goethen einen merkwürdigen Traum aus meinen Knabenjahren, der am anderen Morgen buchstäblich in Erfüllung ging. Ich hatte, sagte ich, mir drei junge Hänflinge erzogen, woran ich mit ganzer Seele hing, und die ich über alles liebte. Sie flogen frei in meiner Kammer umher und flogen mir entgegen und auf meine Hand, sowie ich in die Tür hereintrat. Ich hatte eines Mittags das Unglück, daß bei meinem Hereintreten in die Kammer einer dieser Vögel über mich hinweg zum Hause hinausflog, ich wußte nicht wohin. Ich suchte ihn den ganzen Nachmittag auf allen Dächern und war untröstlich, als es Abend ward und ich von ihm keine Spur gefunden hatte. Mit betrübten herzlichen Gedanken an ihn schlief ich ein und hatte gegen Morgen folgenden Traum. Ich sah mich nämlich, wie ich an unsern Nachbarhäusern umher ging und meinen verlorenen Vogel suchte. Auf einmal hörte ich den Ton seiner Stimme und sehe ihn, hinter dem Gärtchen unserer Hütte, auf dem Dache eines Nachbarhauses sitzen; ich sehe, wie ich ihn locke und wie er näher zu mir herabkommt, wie er futterbegierig die Flügel gegen mich bewegt, aber doch sich nicht entschließen kann, auf meine Hand herabzufliegen. Ich sehe darauf, wie ich schnell durch unser Gärtchen in meine Kammer laufe und die Tasse mit gequollenem Rübsamen herbeihole; ich sehe, wie ich ihm sein beliebtes Futter entgegenreiche, wie er herab auf mein Hand kommt und ich ihn voller Freude zu den andern zurück in meine Kammer trage.

Mit diesem Traum wache ich auf, und da es bereits vollkommen Tag war, so werfe ich mich schnell in meine Kleider und habe nichts Eiligeres zu tun, als durch unser Gärtchen zu laufen, nach dem Hause hin, wo ich den Vogel gesehen. Wie groß aber war mein Erstaunen, als der Vogel wirklich da war! Es geschah nun buchstäblich alles, wie ich es im Traume gesehen. Ich locke ihn, er kommt näher; aber er zögert auf meine Hand zu fliegen. Ich laufe zurück und hole das Futter, und er fliegt auf meine Hand, und ich bringe ihn wieder zu den andern.

»Dieses Ihr Knaben-Ereignis«, sagte Goethe, »ist allerdings höchst merkwürdig. Aber dergleichen liegt sehr wohl in der Natur, wenn wir dazu auch noch nicht den rechten Schlüssel haben. Wir wandeln alle in Geheimnissen. Wir sind von einer Atmosphäre umgeben, von der wir noch gar nicht wissen, was sich alles in ihr regt und wie es mit unserem Geiste in Verbindung steht. Soviel ist wohl gewiß, daß in besonderen Zuständen die Fühlfäden unserer Seele über ihre körperlichen Grenzen hinausreichen können und ihr ein Vorgefühl, ja auch ein wirklicher Blick in die nächste Zukunft gestattet ist.«

Etwas Ähnliches, erwiderte ich, habe ich erst neulich erlebt, wo ich von einem Spaziergange auf der Erfurter Chaussee zurückkam, und ich etwa zehn Minuten vor Weimar den geistigen Eindruck hatte, wie an der Ecke des Theaters mir eine Person begegnete, die ich seit Jahr und Tag nicht gesehen und an die ich sehr lange ebensowenig dachte. Es beunruhigte mich zu denken, daß sie mir begegnen könnte, und mein Erstaunen war daher nicht gering, als sie mir, so wie ich um die Ecke biegen wollte, wirklich an derselbigen Stelle so entgegen trat, wie ich es vor etwa zehn Minuten im Geiste gesehen hatte.

»Das ist gleichfalls sehr merkwürdig und mehr als Zufall«, erwiderte Goethe. »Wie gesagt, wir tappen alle in Geheimnissen und Wundern. Auch kann eine Seele auf die andere durch bloße stille Gegenwart entschieden einwirken, wovon ich mehrere Beispiele erzählen könnte. Es ist mir sehr oft passiert, daß, wenn ich mit einem guten Bekannten ging und lebhaft an etwas dachte, dieser über das, was ich im Sinne hatte, sogleich an zu reden fing. So habe ich einen Mann gekannt, der, ohne ein Wort zu sagen, durch bloße Geistesgegenwart eine im heiteren Gespräch begriffene Gesellschaft plötzlich stille zu machen imstande war. Ja er konnte auch eine Verstimmung hineinbringen, so daß es allen unheimlich wurde.

Wir haben alle etwas von elektrischen und magnetischen Kräften in uns und üben, wie der Magnet selber, eine anziehende und abstoßende Gewalt aus, je nachdem wir mit etwas Gleichem oder Ungleichem in Berührung kommen. Es ist möglich, ja sogar wahrscheinlich, daß wenn ein junges Mädchen in einem dunklen Zimmer sich, ohne es zu wissen, einem Mann befände, der die Absicht hätte sie zu ermorden, sie von seiner ihr unbewußten Gegenwart ein unheimliches Gefühl hätte, und daß eine Angst über sie käme, die sie zum Zimmer hinaus und zu ihren Hausgenossen triebe.«

Ich kenne eine Opernszene, entgegnete ich, worin zwei Liebende, die lange Zeit durch große Entfernung getrennt waren, sich ohne es zu wissen in einem dunklen Zimmer zusammen befinden. Sie sind aber nicht lange beisammen, so fängt die magnetische Kraft an zu wirken, eins ahnet des andern Nähe, sie werden unwillkürlich zueinander hingezogen, und es dauert nicht lange, so liegt das junge Mädchen in den Armen des Jünglings.

»Unter Liebenden«, versetzt Goethe, »ist diese magnetische Kraft besonders stark und wirkt sogar sehr in die Ferne. Ich habe in meinen Jünglingsjahren Fälle genug erlebt, wo auf einsamen Spazierwegen ein mächtiges Verlangen nach einem geliebten Mädchen mich überfiel, und ich so lange an sie dachte, bis sie mir wirklich entgegenkam. ›Es wurde mir in meinem Stübchen unruhig‹, sagte sie, ›ich konnte mir nicht helfen, ich mußte hieher.‹

So erinnere ich mich eines Falles aus den ersten Jahren meines Hierseins, wo ich sehr bald wieder in leidenschaftliche Zustände geraten war. Ich hatte eine größere Reise gemacht und war schon seit einigen Tagen zurückgekehrt, aber durch Hofverhältnisse, die mich spät bis in die Nacht hielten, immer behindert gewesen, die Geliebte zu besuchen. Auch hatte unsere Neigung bereits die Aufmerksamkeit der Leute auf sich gezogen, und ich trug daher Scheu, am offenen Tage hinzugehen, um das Gerede nicht zu vergrößern. Am vierten oder fünften Abend aber konnte ich es nicht länger aushalten, und ich war auf dem Wege zu ihr und stand vor ihrem Hause, ehe ich es dachte. Ich ging leise die Treppe hinauf und war im Begriff in ihr Zimmer zu treten, als ich an verschiedenen Stimmen hörte, daß sie nicht allein war. Ich ging unbemerkt wieder hinab und war schnell wieder in den dunklen Straßen, die damals noch keine Beleuchtung hatten. Unmutig und leidenschaftlich durchstreifte ich die Stadt in allen Richtungen wohl eine Stunde lang und immer einmal wieder vor ihrem Hause vorbei, voll sehnsüchtiger Gedanken an die Geliebte. Ich war endlich auf dem Punkt, wieder in mein einsames Zimmer zurückzukehren, als ich noch einmal an ihrem Hause vorbeiging und bemerkte, daß sie kein Licht mehr hatte. Sie wird ausgegangen sein! sagte ich zu mir selber; aber wohin in dieser Dunkelheit der Nacht? und wo soll ich ihr begegnen? Ich ging abermals durch mehrere Straßen; es begegneten mir viele Menschen, und ich war oft getäuscht, indem ich ihre Gestalt und ihre Größe zu sehen glaubte, aber bei näherem Hinzukommen immer fand, daß sie es nicht war. Ich glaubte schon damals fest an eine gegenseitige Einwirkung, und daß ich durch ein mächtiges Verlangen sie herbeiziehen könne. Auch glaubte ich mich unsichtbar von höheren Wesen umgeben, die ich anflehte, ihre Schritte zu mir oder die meinigen zu ihr zu lenken. Aber was bist du für ein Tor! sagte ich dann wieder zu mir selber. Noch einmal es versuchen und noch einmal zu ihr gehen wolltest du nicht, aber jetzt verlangst du Zeichen und Wunder!

Indessen war ich an der Esplanade hinunter gegangen und bis an das kleine Haus gekommen, das in späteren Jahren Schiller bewohnte, als es mich anwandelte umzukehren und zurück nach dem Palais und von dort eine kleine Straße rechts zu gehen. Ich hatte kaum hundert Schritte in dieser Richtung getan, als ich eine weibliche Gestalt mir entgegenkommen sah, die der ersehnten vollkommen gleich war. Die Straße war nur von dem schwachen Licht ein wenig dämmerig, das hin und wieder durch ein Fenster drang, und da mich diesen Abend eine scheinbare Ähnlichkeit schon oft getäuscht hatte, so fühlte ich nicht den Mut, sie aufs Ungewisse anzureden. Wir gingen dicht aneinander vorbei, so daß unsere Arme sich berührten; ich stand still und blickte mich um, sie auch. ›Sie sind es?‹ sagte sie. Und ich erkannte ihre liebe Stimme. ›Endlich!‹ sagte ich und war beglückt bis zu Tränen. Unsere Hände ergriffen sich. ›Nun!‹ sagte ich, ›meine Hoffnung hat mich nicht betrogen. Mit dem größten Verlangen habe ich Sie gesucht, mein Gefühl sagte mir, daß ich Sie sicher finden würde, und nun bin ich glücklich und danke Gott, daß es wahr geworden.‹ ›Aber Sie Böser!‹ sagte sie, ›warum sind Sie nicht gekommen? Ich erfuhr heute zufällig, daß Sie schon seit drei Tagen zurück, und habe den ganzen Nachmittag geweint, weil ich dachte, Sie hätten mich vergessen. Dann, vor einer Stunde, ergriff mich ein Verlangen und eine Unruhe nach Ihnen, ich kann es nicht sagen. Es waren ein paar Freundinnen bei mir, deren Besuch mir eine Ewigkeit dauerte. Endlich, als sie fort waren, griff ich unwillkürlich nach meinem Hut und Mäntelchen, es trieb mich in die Luft zu gehen, in die Dunkelheit hinaus, ich wußte nicht wohin. Dabei lagen Sie mir immer im Sinn, und es war mir nicht anders als müßten Sie mir begegnen.‹ Indem sie so aus treuem Herzen sprach, hielten wir unsere Hände noch immer gefaßt und drückten uns und gaben uns zu verstehen, daß die Abwesenheit unsere Liebe nicht erkaltet. Ich begleitete sie bis vor die Tür, bis in ihr Haus. Sie ging auf der finstern Treppe mir voran, wobei sie meine Hand hielt und mich ihr gewissermaßen nachzog. Mein Glück war unbeschreiblich, sowohl über das endliche Wiedersehn, als auch darüber, daß mein Glaube mich nicht betrogen und meine Gefühle von einer unsichtbaren Einwirkung mich nicht getäuscht hatten.«

Eckermann: Gespräche mit Goethe

ABERGLAUBE IM ALLTAG

Die unbewußte Präsenz des Okkulten
im täglichen Leben des modernen Menschen

Zweifellos läßt sich jeder Aberglaube auf Überlieferung zurückführen, und zwar auf kultische, mag sie sich in Volksbräuchen erhalten haben oder in religiösen Vorstellungen. Haben wir Scheu vor dem Freitag, so darum, weil Jesus am Freitag ans Kreuz geschlagen wurde; haben wir Scheu vor der Zahl 13, so darum, weil der 13. Teilnehmer am letzten Abendmahl, Judas, Jesus verriet. Wir wissen dann auch, warum Freitag der dreizehnte ein besonderer Unglückstag sein soll. So gehen viele unserer im Aberglauben wurzelnden Rituale auf biblische Überlieferungen zurück, andere auf ältere: auf germanisch-slawisch-heidnische, so alle, die mit den Jahreszeiten zu tun haben, mit Holz und mit Feuer, und auf vorderasiatisch-babylonisch-persische, das werden alle die sein, die sich auf die Gestirne beziehen. Gerade aber die Übermacht des Urwalds und der Blick in den Sternenhimmel zwingen uns das Bewußtsein unserer Kleinheit, Schutzlosigkeit und Gebundenheit auf, und nicht selten ist es ein altem Aberglauben entwachsenes Ritualspiel, das uns Erleichterung verschafft. Dies unabhängig davon, daß der Aberglaube dem Betrug Tür und Tor öffnet und zuweilen das Unglück, das man zu vermeiden trachtete, erst hervorbringt.

Aberglaube vor Gericht

In Hannover fand 1941 folgende Gerichtsverhandlung statt: »Einer 56jährigen verheirateten und wohlhabenden Frau erschien ein in der Nähe wohnender, leider aber verlobter und wesentlich jüngerer Mann begehrenswerter als ihr kränklicher Gatte. Sie stieß aber bei dem jungen Mann auf keinerlei Gegenliebe. ›In der Not meiner Liebe‹, erklärte sie vor dem Gericht, ›suchte ich eine mir von früher her bekannte, erfahrene Frau auf.‹ Herta B., die weise Frau, ließ sich 50 Mark Vorschuß geben. Dann ließ sie die Zeugin in ein mit einem Liebestrank gefülltes Glas starren und angestrengt an den Herrn denken. Die weise Frau murmelte dazu beschwörende Worte: ›Er soll mit seiner Braut Streit bekommen — sie trennen sich — Liebe kommt zu Liebe.‹ Als die weise Frau sagte, daß der Liebeszauber stärker wirke, wenn sie den Liebestrank zu sich nehme, schluckte die Frau den sauren Apfelwein gegen Zahlung eines weiteren Fünfzigmarkscheines. Als der junge Mann aber kühl blieb, erhielt die Liebeskranke für abermals 50 Mark einen billigen Bernsteinanhänger — Tag und Nacht zu tragen —, denn Bernstein zieht den Liebsten an. Als alles nichts half, zückte die Frau einen neuen Fünfzigmarkschein, und die weise Frau gab ihr den Rat, sich einen alten Pantoffel von dem jungen Mann zu beschaffen und sich diesen des Nachts unter das Kopfkissen zu legen, da alsdann unweigerlich die Liebesgluten in dem jungen Mann entflammen müßten. Die Frau begab sich zu der Wirtin des jungen Mannes und beschaffte sich einen ausgetretenen Pantoffel, auf dem sie erwartungsvoll des Nachts schlief. Schließlich griff der Ehemann ein und erstattete gegen die Betrügerin Anzeige.«

Vor dem Schöffengericht Hamburg verklagte 1931 Christoph T. die Kartenlegerin Lucie R. wegen Betruges. »Er erzählte, daß seine Frau ihn nach langer Ehezeit verlassen hatte und daß Lucie R. ihm die Karten gelegt und versprochen habe, seine entlaufene Frau ›retour‹ zu bekommen. Nachdem ihr Christoph ohne Erfolg viel Geld gegeben hatte, sagte die Frau eines Tages: ›Ich muß in Ihre Wohnung kommen und räuchern, dann haben Sie bestimmt Glück, dann weichen die bösen Geister!‹ Sie kam dreimal und verbrannte etwas Harz auf einem Teller, wofür er dreimal acht Mark zu zahlen hatte. Ihm wurde dabei ganz unheimlich, sagte er. Ferner mußte sich Christoph ›was am Leibe stecken‹, das kostete 5 RM und war ein kleines Kissen. Aber seine Frau ist heute noch weg von ihm, und die Scheidung wurde gerichtlich ausgesprochen. Christoph hat seine Frau nie wieder gesehen. Vor dem Gericht sagte er, er sei jetzt kuriert, nachdem er sogar sein Krankengeld noch geopfert habe. Denn die Angeklagte hätte ihm gesagt, so nütze es nichts, sie müsse noch einen zweiten Helfer dingen. Da hat Christoph ihr tatsächlich nochmals 50 RM auf den Tisch gelegt. Er wurde erst wach, als die Angeklagte einen seine Frau belastenden Brief in Fetzen riß, als er ihn haben und lesen wollte. Da verlangte er sein Geld zurück. Sie aber schloß ihn ein. Er öffnete erst nach 20 Minuten das Fenster, um nach der Polizei zu rufen.«

Aus dem Kreise Flensburg wurde 1936 berichtet: »Vor einiger Zeit starben in der hiesigen Gegend einige Stück Vieh, ohne daß man die Todesursache näher erklären konnte. Ein zugereister Händler äußerte, daß vielleicht eine böse Frau in dem Stall gewesen sei. Das Gerücht gelangte auch in die Barbierstube des Ortes, und von hier aus machte es seinen Weg weiter. Besonders wurde es unter den Frauen verbreitet, und die beschuldigte Frau, die auch mit Namen genannt wurde, hat schwer darunter gelitten und Strafanzeige gegen zwei Frauen aus E. erstattet, die sich wegen Beleidigung vor dem Flensburger Amtsgericht zu verantworten hatten. Vor Gericht sind nicht nur die Angeklagten, sondern auch die Zeugen teilweise sehr zurückhaltend in ihren Angaben und wollen nichts erzählt und nichts gehört haben. Der einen der angeklagten Frauen kann man aber nachweisen, daß sie das unwahre Gerücht weiterverbreitet hat. Sie wurde zu einer Geldstrafe von 20 Mark verurteilt.«

»Vor dem Amtsgericht Flensburg standen 1937 die beiden Angeklagten Fritz G. und Thomas A. aus S. Sie hatten den Bauern Heinrich H. in den Ruf gebracht, zu den ›schlechten Menschen‹ in der Gegend zu gehören, die beschuldigt wurden, das Vieh zu behexen. G. gab an, einmal erfahren zu haben, daß der Kläger einen früheren Knecht ›verrückt‹ gemacht haben soll und daß sein Vieh auf rätselhafte Weise verendet sei. Der andere Angeklagte berief sich auf die Aussagen einer Zigeunerin, die den Bauern Heinrich H. als Hexer bezeichnet hatte. H. hatte unter diesem Verdacht sehr zu leiden. Nachdem es ihm gelungen war, in G. und A. zwei Verbreiter des Gerüchts zu ermitteln, erstattete er Anzeige. G. wurde, da seine Äußerungen schon Jahre zurücklagen und für ihn eine Bestrafung wegen der Amnestie nicht in Frage kam, freigesprochen. A. wurde zu einer Geldbuße von 100 Mark verurteilt.« — Da G. später erneut den Bauern der Hexerei bezichtigte, mußte er, berichteten 1938 die Zeitungen, seine nichtbewiesenen Behauptungen mit einer Geldstrafe von 130 Mark büßen. — Aus Ülzen, Lüneburger Heide, wurde 1945 berichtet: »Vor dem Amtsgericht mußten sich einige Einwohner eines benachbarten Dorfes verantworten, weil sie eine alte Frau als Hexe bezeichnet hatten. Die Beschuldigten wurden zu verhältnismäßig geringen Geldstrafen verurteilt.« — Eine Dorfbewohnerin aus Bayern, die 1949 behauptet hatte, von ihrer Nachbarin behext worden zu sein, wurde vom Amtsgericht mit einer Geldbuße von 150 DM bestraft.

Manche Gerichtsberichte zeigen, wie selbst Hexenbanner, die berufsmäßig durch ihre Verleumdungen unzählige Frauen und Männer der Ächtung und Verfolgung aussetzen, vom Gericht freigesprochen wurden. So berichteten 1948 die Zeitungen:

»Wenn der Bürgermeister von Sarnau, einem kleinen Dorf in der Nähe von Marburg an der Lahn, vor einigen Jahrhunderten vor Gericht gestanden hätte, wäre er wegen Hexerei auf dem Scheiterhaufen verbrannt worden. Im Jahre 1948 mußte der Richter des Amtsgerichts in Marburg die von dem Bürgermeister von Sarnau wegen Beleidigung vor Gericht zitierten Eheleute S. und drei weitere Einwohner von Sarnau freisprechen, weil Beweise einer strafbaren Handlung nicht zu erbringen waren. Der Bürgermeister mußte im Laufe des vergangenen Jahres feststellen, daß einige Dorfbewohner, mit denen er bisher im besten Einvernehmen gestanden hatte, ihm plötzlich zu seinem großen Erstaunen aus dem Wege gingen. Keiner besuchte ihn in der Bürgermeisterei, alle machten einen großen Bogen um sein Haus, ja, man verwehrte ihm das Betreten benachbarter Höfe und erst recht das Betreten der Ställe. Als er dieses seltsame Benehmen zu ergründen suchte, mußte er feststellen, daß es sich nicht nur in Sarnau, sondern auch in den umliegenden Ortschaften herumgesprochen hatte, daß er Menschen und Tiere verhexen könne. Er ging den Gerüchten nach und stellte fast, daß sie von jenen ausgingen, die jetzt vor Gericht standen und sich wegen Beleidigung zu verantworten hatten. Bei der Vernehmung sagten die Angeklagten übereinstimmend aus, daß sie angeblich von einer geheimnisvollen Krankheit befallen worden seien, die kein Arzt habe heilen können. In ihrer Not hatten sie sich an die Homöopathin K. in M. gewandt, die sie vor dem Betreten eines gewissen Hauses gewarnt hatte, weil von diesem Haus ein Bannfluch ausginge. Nach den Aussagen der Homöopathin seien sie der Meinung gewesen, daß es sich um das Haus des Bürgermeisters gehandelt habe, obwohl der Name des Bürgermeisters niemals gefallen sei. Die abergläubischen Einwohner von Sarnau schickten der Homöopathin die gewünschten Urinproben, schickten ihr Photos oder ein Halstuch, schluckten eifrig die verschriebenen Pülverchen, mieden das Bannfluchhaus und wurden gesund. So erzählten sie jetzt vor Gericht. Die Genesung gehe mit mancherlei ›dämonischen‹ Begleitumständen vor sich. Es poltere und rumore geheimnisvoll auf den Dachböden der Patienten, ein Reiter sprenge aus der Dachluke des Wirtshauses in die Fluten der Lahn, das ›schwarze Buch‹ erscheine und verschwände wieder. Sie erzählten auch von der Verhexung von Kühen, die plötzlich keine Milch gaben, weil sie von dem Bannfluch getroffen seien. Die Homöopathin gab im wesentlichen den Tatbestand zu, erklärte aber, daß sie nicht gewußt habe, daß es das Haus des Bürgermeisters sei. Der ärztliche Sachverständige konnte auch nicht viel erklären. Der Bürgermeister und die Angeklagten waren alle ganz normal. So mußte das Gericht zum Freispruch kommen. Der eigentliche Schuldige konnte nicht verurteilt werden – das war der Aberglaube, dem sie zum Opfer gefallen waren.«

J. Kruse: Hexen unter uns?

Meineidszeremonien

In primitiven Verhältnissen sichert die Furcht vor der Strafe der Götter und vor den Zauberprozeduren der Menschen besser vor Diebstahl als heutigentags noch so diebessichere Geldschränke. Die Angst, durch mystische Prozeduren entdeckt zu werden, veranlaßt gar manchen Übeltäter, das gestohlene Gut freiwillig wiederzubringen. Im Volke leben derartige Prozeduren, die den betreffenden Gebräuchen der sogenannten Naturvölker vollkommen ähnlich sind, noch heute, wie wir in dem Kapitel über Wahrsager gesehen haben. Die offizielle Rechtspflege aber hat dieses Stadium mystischer Rechtsfindung schon längst überwunden. Ordale und andere auf mystischer Grundlage beruhende Rechtsinstitute gehören einer längst hinter uns liegenden Epoche an.

Doch ein Überbleibsel dieser universalen Periode der Rechtsentwicklung kennen auch heute noch die meisten modernen Gesetzbücher. Es ist dies der Eid, welcher auf dem Glauben basiert, daß Gott den Meineidigen bestrafen werde. Meistens stellt sich das Volk die Strafe der Tat auf dem Fuße folgend vor. Dem Meineidigen verdorrt seine Schwurhand, ein Blitzstrahl zerschmettert ihn, er versinkt in die Erde, der Teufel führt ihn davon und ähnliches mehr. Daß der Glaube an derartige Folgen eines Meineides bei geeigneten Personen unter gewissen Umständen tatsächlich Erkrankungen, ja selbst den Tod zur Folge haben kann, darf nicht bezweifelt werden. Vor einigen Jahren erst wurde nach der ›Zeitschrift für Spiritismus‹ von einem Meineidigen berichtet, dem seine zum Schwure erhobene Hand plötzlich kataleptisch und steif wurde. Ein anderer Fall ging gleichfalls vor einigen Jahren durch die gesamte Presse. In einem Scheidungsprozesse in Smyrna sagte eine Tochter der Klägerin unter Eid zugunsten ihres Stiefvaters aus. Die darüber empörte Mutter bezichtigte sie darauf der Lüge und eines verbrecherischen Verhältnisses mit ihrem Stiefvater. Da ergriff das junge Mädchen plötzlich das Kruzifix und rief feierlich Gott und den Heiland an, diese böswillige Lüge auf der Stelle zu bestrafen. Wahrscheinlich aus Angst sank die Mutter infolge eines Schlaganfalles tot nieder.

Wie man einen Blitz dadurch unschädlich macht, daß man an dem gefährdeten Hause einen Blitzableiter anbringt, so glaubt man auch durch eine eigenartige Zeremonie beim Schwören die bösen Meineidfolgen gleichsam aus dem Körper wieder herausleiten zu können. Dies Verfahren nennt man daher auch die Blitzableiterzeremonie, und bezeichnenderweise gebraucht man auch im Volke, z. B. in Bayern, für dies Verfahren den Ausdruck »einen kalten Eid schwören«, wie man auch einen Blitzstrahl, der zwar trifft, aber nicht zündet, einen »kalten Strahl« nennt.

Der Blitzableiter beim Meineid ist außerordentlich verbreitet, wenngleich in verschiedenen, in unwesentlichen Zügen voneinander abweichenden Variationen. So wird von den Wotjäken berichtet, daß sie fest davon überzeugt seien, ohne Gefahr einen Meineid schwören zu können, wenn es ihnen gelänge, beim Schwören die Schwurfinger der rechten Hand zum Himmel zu erheben und den Zeigefinger der linken Hand gleichzeitig nach unten auszustrecken, weil auf diese Weise der Eid durch die rechte Hand zwar in den Körper eindringe, aus der linken aber in die Erde gehe. Ganz derselbe Gedanke kehrt im Rheinland und bei den Wenden im Spreewald wieder: Hier nimmt man den linken Arm hinter den Rücken und streckt einen oder mehrere Finger so, daß sie senkrecht zum Rücken stehen, mit dem Gedanken, daß aus diesen Finger der Eid wieder herausgehe. In Oldenburg stellt man den Blitzableiter in der Art her, daß man die linke Hand abwärts hinter sich hält. In Posen kennt man den Blitzableiter in der Art, daß zwei oder drei Finger der linken Hand nach unten und rückwärts ausgestreckt werden. Auch bei den russischen, polnischen und galizischen Juden, in Sachsen, in Thüringen, Ostpreußen usw. ist die Blitzableiterzeremonie wohlbekannt.

Das klassische Land für diese Zeremonie aber scheint Bayern zu sein, in dem sich überhaupt auch manch anderer Aberglaube, vornehmlich religiöser Färbung, besonders hartnäckig zu erhalten scheint. Im östlichen und südlichen Teile des Landgerichtsbezirks Amberg sucht sich der Meineidige dadurch zu schützen, daß er einen »kalten Eid« schwört. Hierbei wird die Schwurhand erhoben wie gewöhnlich; die linke Hand aber liegt auf dem Rücken mit gespreizten, abwärts gerichteten Fingern. Volkskundige Richter dulden daher auch nicht, daß ein Schwörender die linke Hand auf dem Rücken hält.

Prozeßtalismane

Die Prozeßtalismane sind in gewisser Weise das Gegenstück zu den mystischen Mitteln, durch die man glaubt, einen Verbrecher entdecken oder bestrafen zu können und stammen ebenso wie diese aus der Periode mystischer Rechtsfindung, wie wir sie noch bei zahlreichen Naturvölkern finden und wie sie früher auch bei uns durch die Gottesurteile legalisiert waren, während im modernen Recht nur noch der Eid als letztes Überbleibsel dieser längst überlebten Rechtsauffassung übriggeblieben ist.

Das Volk aber hat auch hier mit zäher Kraft jahrtausende alte Anschauungen bewahrt, und Prozeßtalismane der mannigfachsten Art lassen sich in den verschiedensten Ländern nachweisen.

Am verbreitetsten sind wohl gesprochene, geschriebene oder gedruckte Gerichtssegen. Im Vogtlande z. B. ist die Zauberformel gebräuchlich: »Gott grüße dich mit deinem schwarzen Hut, damit nehme ich dir Herz, Sinn, Mut und Blut, unten durch sehe ich dich, mitten durch bind' ich dich, oben aber münd' ich dich, das helfe Gott.« Ein anderer, der sich ähnlich bei den Wenden nachweisen läßt, lautet: »Ich gehe in des Herren Haus, da sehen drei tote Männer heraus; der erste hat keinen Kopf, der zweite hat kein Herz, der dritte hat keine

Zunge; helfe Gott, daß alle die wider mich seien, verstummen und verkrummen, das zähle ich mir zur Buße.«

Nach russischem Volksglauben tut derjenige, der um eines Rechtshandels willen in ein Haus geht, wohl, wenn er vor dem Eintreten dreimal an die Angelhaspe der Tür faßt und dabei spricht: »Wie diese Angelhaspe schweigt, so möge auch N. N. mir gegenüber schweigen.« Beim Eintreten in den Gerichtssaal ist es geraten, daß man sogleich nach seinem Widersacher hinblickt und dabei sagt: »Ich bin der Wolf, du das Schaf; ich fresse dich auf, ich verschlinge dich; fürchte dich vor mir!« Ein anderer russischer Segen, der im Jahre 1881 nach Löwenstimm einem im Morschanschen Kreise ergriffenen Pferdedieb abgenommen wurde, lautete folgendermaßen: »Rette, Herr, den Knecht Gottes Jegor vor dem heiligen Geiste; auf ihm ruht das Siegel Christi, mit Christo gehe ich zu Gott ein, mit der himmlischen Macht schütze mich. Amen. Herr segne mich, daß ich mich vor Gericht rechtfertige. Gehe ich aufs Gericht, fürchte ich die Richter nicht; mit dem Monde schütze ich mich, mit den vielen Sternen überschütte ich mich, allen Leuten stehen die Zungen still. Amen. Komme ich ins Gericht hinein, fürchte ich die Richter nicht; ich sehe mir den Richter an, das ganze Gericht blickt auf mich mit Falkenaugen, durch das Mutterherz schließen sich dem ganzen Gericht die Zähne und die Lippen, die Münder richten nicht und können nicht urteilen; alle müssen nach mir sprechen, Amen; Herr segne mich, allmächtiges Mütterchen, Allerheiligste Gottesgebärerin! Ich blicke nach Osten hin, im Osten steht die Apostolische Engelskirche, in dieser Kirche ist ein Thron, hinter diesem Throne steht das allmächtige Mütterchen, die Allerheiligste Gottesgebärerin. Mütterchen, heilige Gottesgebärerin, stelle den Knecht Gottes Jegor auf die rechte Seite, rette mich und schütze mich mit deinem unvergänglichen Kleide, mit der Altardecke; mit einem seidenen Gürtel binde ich mich zusammen, mit den zahllosen Sternen überschütte mich. Väterchen, hellichter Mond, komme zum Schutze gegen mächtige Schultern; Mütterchen, rote Sonne, komme zum Schutze gegen den tollen Kopf; wie der Türbalken auf den Türbalken sieht, so soll der Richter auf den Richter sehen; wie der Ofen aus Stein ist, so soll das Herz bei den Richtern versteinern; nicht richten sollen mich, nicht verurteilen weder die Zaren, noch die Zarewitsche, noch die Könige noch die Königssöhne. Wenn der Stein Alatyrj (Bernstein) ob dem Wasser schwimmen wird, wenn die Schlösser, die Schlüssel auf den Grund sinken, dann werden richten den Knecht Gottes Jegor der Herr Gott Zebaoth selbst und das allmächtige Mütterchen, die Allerheiligste Gottesgebärerin; komme zum Schutze, so wie dir, also mir, Amen, Amen, Amen.«

Bauopfer

Eine weitverbreitete Sitte ist das Bauopfer, das heißt der Brauch, beim Bau eines Hauses, eines Tores, eines Dammes usw. einen Menschen, ein Tier oder einen andern Gegenstand mit einzumauern in dem Glauben, daß sonst das Bauwerk nicht feststehen und den Besitzer der Tod ereilen würde. Dieser Glaube findet sich in den verschiedensten Variationen auf dem ganzen Erdenrund. Die mannigfachen Gebräuche dieser Art lassen sich auf verschiedene Ursachen zurückführen. Vielfach handelt es sich um ein wirkliches Opfer an den Geist des Hauses, durch das man diesen versöhnlich stimmen und abhalten will, dem Eigentümer seine Macht fühlen zu lassen. In anderen Fällen liegt die Absicht vor, in dem Geist des getöteten Menschen oder Tieres sich eine das Haus vor Unglück bewahrende Schutzgottheit zu schaffen.

Das Bauopfer und seine Überbleibsel lassen sich fast überall nachweisen, und manche rührende Sage weiß derartige Beispiele von Menschenopfern zu erzählen. Daß diesen Sagen aber ein realer Kern zugrunde liegt, ergibt sich aus der Vergleichung mit der bei vielen Völkern noch herrschenden Sitte. Aus demselben Grunde läßt sich aus verschiedenen abergläubischen Anschauungen, aus denen hervorgeht, daß man den ersten Besitzer eines Hauses bei Nichtanwendung gewisser Vorsichtsmaßregeln dem Tode verfallen wähnt, schließen, daß auch in diesen Ländern ursprünglich das Bauopfer in Geltung war.

Die Bauern der Insel Zakynthos glauben noch immer, zur Sicherung der Dauerhaftigkeit von Brücken und Festungen sei es erwünscht, daß ein Mann, besonders ein Mohammedaner oder ein Jude, getötet und an der Baustelle vergraben werde. Die Kjans auf Borneo töteten, wenn ihr Häuptling ein neugebautes Haus bezog, einen Menschen, um mit seinem Blute das Fundament zu besprengen. In Siam war es früher üblich, daß, wenn ein Stadttor errichtet wurde, in der Nähe einige Beamte den Vorübergehenden auflauerten und die ersten vier bis acht ergriffen und unter dem Fundament vergruben. Der siamesische Herrscher Fra Rua ließ unter dem Fundament seines Palastes eine hochschwangere Frau vergraben. Die Könige von Birma ließen gleichfalls an den Toren ihrer Hauptstädte Opfer lebendig begraben, damit ihre Geister die Stadt bewachten. In Oberfranken wendet man große Vorsicht an, wenn ein neues Haus bezogen wird. Vor dem Einzuge läßt man einen Laib Brot auf den Tisch legen, jagt aber erst eine Katze, einen Hund oder einen Hahn über die Schwelle, damit auf ihn etwaiges Unglück übergehe. Denn wer zuerst in ein neugebautes Haus geht, wird auch zuerst wieder herausgetragen. Um dies zu verhindern, geht man auch rückwärts hinein und ohne die Schwelle zu berühren, weil dies die armen Seelen, die darunter ruhen, schmerzen würde. Gerade hierin liegt ein deutlicher Anklang an ein früheres Bauopfer, das unter der Schwelle vergraben wurde. Auch in Siebenbürgen muß man in ein neugebautes Haus zuerst einen Hund oder eine Katze hineinwerfen, weil sonst ein Familienglied sterben würde. Gleicher Aberglaube herrscht in Ostpreußen und anderwärts. In manchen Ortschaften Siebenbürgens vergräbt man bei der Erbauung eines Stalles in den Grund eine Fledermaus und legt unter die untersten Balken und Backsteine etwas Salz und Brot, ferner Kohlen aus einem Backofen, um die Hexen vom

Gebäude fernzuhalten. Auch vergräbt man unter dem Gebäude, um ihm Festigkeit zu verleihen, in den Grund desselben einen Totenknochen. Auch dies ist, wie leicht ersichtlich, ein Rudiment des in alten Zeiten üblichen Menschenopfers. In der Türkei beschuldigt man die Zimmerleute und Maurer, daß sie, wenn sie bei dem Bau einer Wohnung verdrießlich gemacht oder nicht recht bezahlt würden, durch gewisse Worte auf ein solches Haus das Unglück legen und es mit hineinbauen könnten. Auch in China werden die Bauleute vielfach als Zauberleute angesehen. Eine chinesische Legende erzählt, daß ein Baumeister von einer Feindin eine Figur gemacht und sie mit eingemauert habe, wodurch diese krank geworden sei. In Sizilien wird ein Haus nur dann feststehen, wenn man in sein Fundament eine Gold- oder Silbermünze mit eingegraben hat.

Hellwig

Stützen des Aberglaubens

Es kursieren im Volk zahlreiche Geschichten, in denen sich selbst Ärzte von einem Hexenbanner behandeln lassen oder sich seiner Kunst bedienen. So lautet ein im ›Heimatbuch des Kreises Steinburg‹ erschienener Bericht: »Folgende Geschichte stammt aus Neuendeich: Bei dem Landmann S. in Reinfeld bei Glückstadt war ein Mädchen in Dienst, das erkrankte. Auf Befragen der Bäuerin erklärte sie, es spukte in der Stube. Sie höre hin und wieder Geräusche, als ob jemand auf der Bettdecke oder an der Zimmerdecke kratze. Die Bäuerin und mehrere Personen überzeugten sich von der Richtigkeit dieser Angaben. Es wurde der Glückstädter Arzt Dr. Meyer geholt, der nach längerem Fragen herausfand, daß der Bäuerin eine Schere weggekommen sei, und zwar durch einen Menschen in schlechter Absicht. Der Arzt ließ nun unter gewissen Gebräuchen einen Eimer Wasser vor das Bett des Mädchens stellen, und darin sah das Mädchen am andern Morgen das Bild des Scherendiebes. Der Arzt holte unter gewissen Schwierigkeiten die Schere vom Dieb, und das Mädchen war von der Stunde ab gesund.« Weiter wird berichtet, daß ein anderer Arzt, als alle anderen Mittel versagt hatten, einer Frau für ihr krankes Kind ein Rezept ausschrieb, das völlig den Verordnungen des Hexenbanners entsprach: »Mit Dübelsdreck, Dulldillsaat, Dübelsabbit« sollte sie jeden Abend zur bestimmten Zeit räuchern, vor allem die Kissen in der Wiege. Sie sollte auch nicht vergessen, die Fenster dicht zu verhängen und niemanden einzulassen.

Oft weisen Abergläubische die Entgegnung, daß die Wissenschaft keine Hexen mehr kenne und darum der Glaube an ihre bösen Taten unsinnig sei, mit den Worten zurück: »Aber der Apotheker glaubt doch auch daran, und der hat doch studiert. Er verkauft uns gern die Mittel.« Wiederholt habe ich in Apotheken diese Mittel zur Austreibung der Hexen verlangt und erhalten. Eine Apothekerin erklärte auf meine Frage, ob es sich auch bewähre: »Das Mittel wird sehr oft geholt und hilft gegen Hexen und böse Geister.« Daraufhin reichte sie mir die Tüte, auf die sie — als ich Zweifel äußerte — drei Kreuze malte. Als ich 1948 in einer Apotheke Teufelsdreck erhalten hatte und nach der Zusammenstellung fragte, wurde mir im Flüsterton gesagt: »Es ist ein Geheimmittel und darf nicht verraten werden.« — »Die Abergläubischen in der hiesigen Gegend«, so schrieb Lehrer H. in Westholstein, »gehen nach der Kreisstadt und verlangen in der Apotheke ›Braunes Pulver‹«. Ein anderer Lehrer teilte mir mit: »Bestärkt wird der Wahn dadurch, daß der Apotheker im Kirchort den Leuten ›Teufelsdreck‹ zum Ausräuchern der Hexe verkauft. Ich fragte ihn eines Tages: ›Weshalb verkaufen Sie den Leuten das Kraut zum Räuchern?‹ Die Antwort war erschütternd: ›Wieso? Das ist doch unser Geschäft!‹«

Aberglaube in der Schule

In dem Handpuppenspiel »Die böse Hexe Piekebiest«, das 1949 vom niedersächsischen Kultusministerium für den Schulgebrauch genehmigt wurde, muß der Held Kasper die entführte Königstochter suchen. Er findet sie in einen Igel verzaubert in der Hexenküche, wo die Hexe Piekebiest mit einem Holzquirl den Zaubertrank rührt und dabei sagt: »Hiii, hiii, hiiieee. Es ist nun wieder Mitternacht und alle Geister sind erwacht. Es spukt in meinem Hexenreich.« Kasper verprügelt die Hexe, eilt mit dem Igel zum König, wo er das Tier dann mit einem Zauberspruch in eine Prinzessin zurückverwandelt.

Alljährlich führen Wanderbühnen in Dörfern und Städten solche Theaterstücke für die Jugend auf. Nur wer Zeuge einer solchen Vorstellung war, weiß um die erschreckende Wirkung auf die Kinder. So sah ich u. a. 1946 in einem großen schleswigschen Dorf, wie eine Theatergruppe an einem Sonntagnachmittag vor etwa 300 Kindern das Märchen von Hänsel und Gretel aufführte. Die Hexe ging gebückt am weißen Stabe und lachte hämisch hi-hi-hi. Als sie das große Messer wetzte, mit dem sie Hänschen schlachten wollte, stießen viele Kinder Angstschreie aus, andere bedeckten die Augen mit den Händen oder wandten sich ab. Es ist mir später von manchen Eltern berichtet worden, daß ihre Kinder infolge dieser Vorstellung noch nach Monaten abends nicht allein schlafen gehen wollten, weil sie sich vor einer Hexe fürchteten, und daß sie nachts in Angstträumen aufschrien. Die Aufführung des Märchens hatte ferner bewirkt, daß die im Dorf umgehenden Hexengeschichten eine starke Belebung erfuhren und alten, gebrechlichen und armen Frauen angehängt wurden.

In ›Westermanns Pädagogische Beiträge. Eine Zeitschrift für Volksschullehrer‹ berichtete 1949 ein Lehrer unter der Überschrift: »Wir dichten ein Kasperletheater« aus seiner Arbeit mit dem 5. Schuljahr. Um im Sprachunterricht »das Wort in Klang und Gebärde, in Bewegung und Spiel zum Leben zu erwecken«, scheint es für ihn und den Herausgeber der Zeitschrift keine andere Möglichkeit zu geben, als den mittelalterlichen Teufels- und Hexenspuk wieder aufleben zu lassen. Da werden zunächst die bekannten Gestalten im Kasperlespiel und danach die Feinde des Helden (Tod, Teufel, Hexe) herausgestellt. In den nachfolgenden Stunden wird fast ausschließlich der Hexe Beachtung geschenkt. So heißt es u. a.:

Kinder: Wenn Kasper die Hexe totgeschlagen hat, lacht er, und die Kinder lachen mit.

Lehrer: Ja, die Hexe gehört auch dazu. Wir dürfen sie nicht vergessen. Wir kennen sie doch schon lange.

Kinder: In Märchen haben wir von ihr gehört.

Lehrer: Ja. Ihr könnt zu Hause einmal nachdenken. Und morgen erzählt ihr, was ihr von der Hexe alles wißt. Ihr könnt mir aber gleich erzählen, wie die Hexe aussieht.

Kinder: Sie ist alt und krumm. Sie hat eine lange Nase. Die Augen sind rot, ein großer Zahn steht ihr aus dem Mund heraus. Ihr Rock ist alt und schäbig. Um den Kopf hat sie meistens ein schwarzes Tuch.

Als Ergebnis dieses Gesprächs wird herausgestellt: Die Feinde des Kaspers bilden eine Gruppe für sich. Die Hexe gehört dazu. Sie trägt dunkle Kleider. Man kann sich vor ihr fürchten.

In der folgenden Stunde berichten die Kinder über ihre häuslichen Arbeiten. Sie nennen »Hänsel und Gretel«. Einige haben das Märchen nachgelesen und wissen viel zu erzählen.

Kinder: Die Hexe wollte Hänsel schlachten. Sie sprach freundlich mit den Kindern. Da hatten sie keine Angst mehr.

Lehrer: Und die Hexe stützte sich mühsam auf den Stock und wackelte mit dem Kopf.

Kinder: Sie dachten vielleicht gar nicht, daß sie eine Hexe sei. — Sie sah aus wie eine alte, kranke Frau. — Sie tat Hänsel und Gretel leid.

Lehrer: Es heißt im Märchen: Die Alte hatte sich nur so freundlich angestellt, sie war aber eine böse Hexe, die den Kindern auflauerte. Sie hatte das Kuchenhäuschen nur aufgebaut, um sie herbeizulocken.

Kinder: Die Hexe ist falsch. Sie verstellt sich nur. Sie will die Kinder anlocken. Sie will sie verführen. Deswegen spricht sie so freundlich.
Lehrer: Nun kennen wir die Hexe schon gut.

An der Wandtafel wird festgehalten: Die Hexe ist falsch, sie tut freundlich, sie verspricht, sie lockt, sie schmeichelt. Und der Lehrer ergänzt im Hinblick auf das Spiel: Wenn Kasper die Hexe totgeschlagen hat, lacht er, und die Kinder lachen mit. Die Klasse erhält die Aufgabe, andere Spiele um die Hexe zu erarbeiten, die die Gruppen selbständig zu Hause zusammenstellen müssen. Am Schluß — nach vielen Unterrichtsstunden — folgt dann das Spiel der Klasse, wie der Held mit einer Lüge die Hexe fängt und wie er sie — bevor sie das Kind schlachten kann — mit einer Keule totschlägt.

In einem andern Aufsatz desselben Heftes berichtet eine Lehrerin über praktische Erfahrungen im ganzheitlichen Unterricht, in dessen Mittelpunkt das Thema »Kasperletheater« steht. Dabei werden dann Sätze herausgestellt wie: »Mit List und Tücke verschafft sich Kasper Zugang zur Hölle und prügelt den Teufel, bis er tot liegenbleibt.« Die Kinder müssen die Köpfe der Hexe und des Teufels kneten. In den einzelnen Stunden müssen sie selbsterfundene Verse singen:

»Kasper schlägt den Teufel tot.
Der böse Teufel, der ist tot.
Der König hat nun keine Not.«

J. Kruse: Hexen unter uns?

Ein Test

Im ›Blick in die Welt‹ berichtet Richard Wiemer 1948, daß er sich 1927 einen journalistischen Scherz erlaubt und ein fingiertes Interview mit einer Hexe geschrieben habe, das von drei großen Zeitungen veröffentlicht wurde. Er ließ die von ihm erfundene Hexe Magda C. u. a. sagen: »Ich übernehme Wunschaufträge aus besseren Gesellschaftskreisen. Die meisten Menschen sind zu kraftlos und zu bequem, um selbst zu wünschen... In früheren Zeiten begnügte man sich damit, einer Kuh die Milch zu verwünschen oder die Felder zu verhexen. Das Leben ist vielfältiger geworden, die Möglichkeiten sind gewachsen. Es gibt Handel, Industrie, Geldwirtschaft. Aber die menschliche Seele ist im Grunde genommen die gleiche geblieben... Sie würden staunen, welche Persönlichkeiten zu meinen Klienten gehören...« Auf Grund dieser fingierten Aufforderung hat Wiemer fünf Jahre hindurch eine Flut von Zuschriften und Anfragen von Hexengläubigen erhalten: »Sie alle brachten Begierden, Wünsche, Bestrebungen zum Ausdruck, deren Erfüllung mit gewöhnlichen Mitteln unmöglich schien. Alle Anfragen waren mehr oder weniger vorsichtig ausgestreckte Fühler in das Gebiet des Unerlaubten und Rechtswidrigen. Aus ihnen sprach die Neigung für das Übernatürliche, Mystische und das drängende Verlangen nach einem Vermittler, der den ängstlichen, bequemen oder kraftlos sich verzehrenden Schreibern Mühe und Verantwortung abnehmen sollte.«

Von den veröffentlichten Briefen seien drei wiedergegeben: »Sehr geehrter Herr! Erlaube mir die höfliche Frage, ob Fräulein Magda C., über die Sie geschrieben haben, in der Lage wäre, durch Fernwirkung meinen Mann mit einem Freund auseinanderzubringen, der einen unangenehmen Einfluß auf denselben ausübt, sowohl privat wie geschäftlich.« — »Ist Fräulein Magda C. in Börsen und finanziellen Fragen bewandert? Ich bin eine alleinstehende Frau, die den Ablauf der Ereignisse (Börsenereignisse) auf übersinnliche Weise gern beeinflussen möchte.« (Aus Weimar) — »Erfahre soeben aus den ›Bremer Nachrichten‹ von Magda C.'s magischen Fähigkeiten. Ist die Dame erfahren in der Praxis des Durchstechens einer Photographie (Amateuraufnahme), um bei der abgebildeten Person unangenehme Folgeerscheinungen zu erzielen? Können Sie mir diese Magierin mit gutem Gewissen empfehlen?«

ABERGLAUBE IM ALLTAG

So mancher, und insbesondere der Kenner, wird in dieser Sammlung vieles vermissen. Es ist jedoch nicht unsere Absicht gewesen, eine Enzyklopädie des Okkulten zu bieten. Angesichts der Flut von einschlägiger Literatur, wobei die unseriöse die glaubwürdige um ein Gewaltiges überwiegt, schien es uns wichtiger, durch das Mittel der Rodung ein wenig Übersicht zu schaffen. Darum auch haben wir nicht prinzipiell auf allen Kommentar verzichtet, wenngleich es uns von allem Anfang an geboten schien, die Zeugnisse für sich selbst sprechen zu lassen. Den theoretischen Unter- und Überbau überlassen wir der Wissenschaft. Wir hoffen indessen, daß es uns gelungen ist, uns auf die unentbehrlichen Kommentare zu beschränken, das heißt, auf die Kurzberichte darüber, was vor, zwischen und nach den von fremder Feder beschriebenen Begebenheiten geschehen ist.

Quellennachweis

BACON, Francis: Sylva Sylvarum, Boston 1627
BAERWALD, Richard: Okkultismus und Spiritismus, Berlin 1926
BENDER, Hans, Hrsg.: Parapsychologie — Entwicklung, Ergebnisse, Probleme, Darmstadt 1966
DESSOIR, Max, Hrsg.: Der Okkultismus in Urkunden, Berlin 1925
DRIESCH, Hans: Parapsychologie, Zürich 1952
ECKERMANN, Johann Peter: Gespräche mit Goethe in den letzten Jahren seines Lebens 1823—1832, Leipzig 1837
FRANCKENBERG, Abraham von: Bericht von dem Leben und Abscheid des in Gott selig ruhenden Jacob Böhmens, Amsterdam 1682
FREUD, Sigmund: Gesammelte Werke, London 1940 und Frankfurt am Main 1961
GIFFORD, Edward S.: Liebeszauber, Stuttgart 1964
GÖRRES, Johann Joseph von: Die christliche Mystik, Regensburg 1836-42
GOETHE, Johann Wolfgang von: Sämtliche Werke, Leipzig o. J.
GRABINSKI, Bruno: Spuk und Geistererscheinungen oder was sonst?, Hildesheim 1922
GÜTH, J. S.: Chronik der Stadt Meiningen, Gotha 1676
HELLWIG, Albert: Verbrechen und Aberglaube, Leipzig 1908
HORST, Georg Conrad: Deuteroskopie, Frankfurt am Main 1830
HUXLEY, Aldous: Die Pforten der Wahrnehmung, München 1954
JAFFÉ, Aniela: Geistererscheinungen und Vorzeichen, Zürich 1958
KANT, Immanuel: Träume eines Geistersehers, Königsberg 1766
KEMMERICH, Max: Die Brücke zum Jenseits, München 1927; Prophezeiungen, München 1911
KERNER, Justinus: Die Seherin von Prevorst, Stuttgart 1829
KRUSE, Johann: Hexen unter uns?, Hamburg 1951
LAHARPE, Jean François de, Oeuvres choisies et posthumes, Paris 1806

QUELLENNACHWEIS

Loog, C.: Die Weissagungen des Nostradamus, Pfullingen 1921

Mérimée, Prosper: Mélanges historiques et litteraires, Paris 1855

Monumenta Germaniae historica, Hannover 1826—1886

Newman, H. S., Hrsg.: George Fox' autobiography from his journal, London 1886

Perty, Joseph Anton Maximilian: Die mystischen Erscheinungen in der menschlichen Natur, Leipzig 1861

Saint-Simon, Louis de Rouvroy, Herzog von: ›Memoiren‹, Stuttgart 1884-85

Scholz, Wilhelm von: Der Zufall und das Schicksal, Berlin 1924

Schopenhauer, Arthur: Philosophische Aphorismen, Leipzig 1924

Schrenck-Notzing, A., Frhr. v.: Grundfragen der Parapsychologie, Stuttgart 1962

Seligmann, Kurt: Das Weltreich der Magie, Stuttgart 1958

Seligmann, S.: Die Zauberkraft des Auges und das Besprechen, Hamburg 1922

Sprenger, Jakob und Institoris, Heinrich: Der Hexenhammer, Berlin 1906

Steiner, Otto: Vampirleichen, Hamburg 1959

Tenhaeff, Willem H. C.: Telepathie und Hellsehen, Gütersloh 1962

Tischner, Rudolf: Ergebnisse okkulter Forschung, Stuttgart 1950

Valois, Margarete von, Königin von Frankreich: Mémoires, Paris 1658

Walton, Isaac: John Donne, London 1640

Wassiliew, Leonid L.: Experimentelle Untersuchungen zur Mentalsuggestion, Bern 1965

Wassiliewski, Waldemar von: Telepathie und Hellsehen, Halle 1922

Wuttke, Adolf: Der deutsche Volksaberglaube der Gegenwart, 3. Aufl., Berlin 1900

Bildquellen

Bilderdienst Süddeutscher Verlag:
Abbildungen gegenüber Seite 112, 161, 208, 321, 368.

dpa-Bilderdienst:
Abbildungen gegenüber Seite 225 (unten), 305.

Historia-Photo:
Abbildungen gegenüber Seite 32 (unten), 65, 80, 81, 113, 128, 177, 304, 353 (unten).

Keystone Bildverlag:
Abbildungen gegenüber Seite 129, 224, 352 (oben und unten)·

Staatsbibliothek Berlin, Bildarchiv Handke:
Abbildungen gegenüber Seite 64, 176, 353 (oben), 369 (oben).

Ullstein-Bilderdienst:
Abbildungen gegenüber Seite 16, 17, 32 (oben), 33, 160, 209, 225 (oben), 256, 257, 272, 273, 320, 369 (unten).